应用型本科生涯规划与心理辅导规划教材

【第三版】

大学生心理健康教育

主　编　刘廉明

副主编　顾京慧　许　霞

厦门大学出版社
XIAMEN UNIVERSITY PRESS
国家一级出版社
全国百佳图书出版单位

图书在版编目（CIP）数据

大学生心理健康教育 / 刘廉明主编. -- 3 版. -- 厦门：厦门大学出版社，2022.6(2024.7 重印)

ISBN 978-7-5615-8558-0

Ⅰ．①大… Ⅱ．①刘… Ⅲ．①大学生-心理健康-健康教育 Ⅳ．①G444

中国版本图书馆CIP数据核字(2022)第058507号

责任编辑　眭　蔚

美术编辑　李嘉彬

技术编辑　许克华

出版发行　**厦门大学出版社**

社　　址　厦门市软件园二期望海路 39 号

邮政编码　361008

总　　机　0592-2181111　0592-2181406(传真)

营销中心　0592-2184458　0592-2181365

网　　址　http://www.xmupress.com

邮　　箱　xmup@xmupress.com

印　　刷　厦门集大印刷有限公司

开本　787 mm×1 092 mm　1/16

印张　16.5

字数　402 千字

版次　2016 年 8 月第 1 版　2022 年 6 月第 3 版

印次　2024 年 7 月第 3 次印刷

定价　41.00 元

本书如有印装质量问题请直接寄承印厂调换

厦门大学出版社
微信二维码

厦门大学出版社
微博二维码

前　言

　　社会转型时期,经济的发展、人们生活水平的提高、生活方式的改变以及思维模式的转换等对当代大学生思想观念产生一定冲击和影响。这种冲击和影响使得当代大学生的心理状况具有鲜明的时代特点。为了促进大学生健康成长,健全大学生人格,提升大学生的生命质量,必须充分凸显大学生心理健康教育的价值导向,用科学的价值观引领大学生心理健康教育。

　　根据我校应用型本科转型战略规划及人才培养方案要求,我们组织长期从事大学生心理健康教育的教师编写了本书。本书编写的目的是更好地适应我校应用型本科转型,突出人才培养应用型导向,突出"立足闽北,面向福建,辐射海峡两岸"的办学定位,通过积极心理健康教育使学生能够合理地认识自己,能够根据外界形势的变化调整、平衡自己的心态;通过挖掘作为个体的积极力量,在进行大学生心理健康教育过程中发挥价值导向功能,树立正确的生命价值观,挖掘生命存在的意义;通过挖掘生命潜能和美德,增强个体的适应能力和自我调节能力,促进人格发展,提高抗打击能力,把自身优势发挥到极致。

　　本书由刘廉明担任主编,顾京慧、许霞担任副主编,具体分工如下:丁瑾靓编写第一章、第三章;许霞编写第二章、第八章,吴昌强编写第四章,耿娜编写第五章,张雯编写第六章,朱明编写第七章,顾京慧编写第九章,杨芳敏编写第十章,刘廉明、顾京慧、许霞负责统稿。

　　本书在编写的过程中参考和借鉴了最新大学生心理健康教育理论和内容,吸取了其中许多精粹,谨向原作者表示衷心的感谢。同时,感谢校党委原副书记姚进生在本书编写过程中给予的大力支持。

　　由于作者水平有限,加上成书时间仓促,书中难免存在不足甚至错误之处,敬请专家及广大读者批评指正。

编　者

2022 年 5 月

目　录

第一章　心理学导论

【心灵导读】

张洋、王大超是市场营销专业毕业班的学生,同住一个宿舍,毕业前的求职期间,一家外企到学校招聘,两人分别投递了自己的求职材料。后来,他们都顺利地通过了笔试,并同时收到了面试通知。面试时,他们被分在两个会议室。主考官问了张洋一些关于市场营销的问题,张洋对答如流,并不时提出自己的新见解,受到了主考官的赞赏。在另一个会议室里,王大超的面试也进行得很顺利,主考官对他的回答也十分满意。两人信心满满,似乎胜券在握。

面试快要结束时,主考官向两人分别提出了同样的问题:"对不起,我们公司的电脑出了故障,参加下一轮面试的名单里没有你,非常抱歉!"胜利在望的张洋听到了主考官的话后马上就变得没有了风度,质问主考官为什么会出现这样的事。"我在学校里每次考试都是第一名,刚才的表现也非常好,为什么不能进入下一轮面试?这是公司存心在要我。"主考官对他说:"你先别生气。其实,我们的电脑并没有出错。你以第一名的成绩进入了我们的面试名单,刚才的插曲只不过是我们给你出的最后一道题。面对竞争激烈的就业,你感到惶恐和不安是正常的,但是,你的心理承受能力实在太差了。市场营销部是公司压力最大的部门,作为这个部门的高级人员,需要有良好的心理素质。我们希望你能找到更适合的工作。"张洋愣住了:煮熟的鸭子飞了!没想到这也是一道考题!在另一间会议室,王大超在听完了同样的问题之后面带微笑,十分镇定地说:"我对贵公司这次发生的意外事故十分遗憾,但是我今天既然来了,就说明我和公司有缘分。我想请您再给我一次机会,对公司来说,或许能够意外地选择一名优秀的员工。"主考官露出满意的神情:"你真是一个不错的小伙子,我们愿意给你这个机会。"

从专业知识和能力上看,张洋和王大超不相上下,而最终制胜的一张牌是他们的心理素质。大学生心理状态是否正常、健康,往往会影响他们对人对事的态度和看法,是关系到他们能否健康成长与发展的重要问题。

在当今信息时代,没有学过心理学的人不能算是真正受到良好教育的人,因为我们需要用心理学知识来指导工作、学习和生活。例如,人如何调节自己的心理活动,进而改变自己的行为?人有哪些需要?这些需要怎样转化为学习动机、工作动机?人的行为与大脑有什么关系?遗传与环境在个体的心理发展中起什么作用?人的气质和性格又是如何形成的?人的智商是如何促使学习和工作成功的?等等。采用科学的方法研究这些问题,便形成了一门探索心灵奥秘的学科——心理学。心理学的目的就是要回答关于我们自身的各种问题,即我们怎么思考,如何感受,又是如何行动的。心理学无处不在。它所包含的全部内容都是我们对人类自己的理解：我们的学习，我们的喜怒哀乐，我们行为的动机。所有这些经验，无论是在上学、工作或休闲时，我们无时无刻不在经历着。那到底什么是心理学？心理学研究如何进行？这门学科和其他邻近学科有什么联系和区别？心理学研究发展趋势又是如何？在这一章，我们将简要回答这些问题。首先介绍心理学的性质，包括心理学的研究对象、学科性质等；其次介绍心理学的发展简史，特别是诞生的背景，以及哲学和自然科学对心理学的影响，当前的主要研究取向等；最后介绍心理学研究的原则和方法。我们希望通过这些知识能帮助大家更好地了解心理学，为大家进一步的学习、工作和生活打下坚实的基础。

第一节　心理学的性质

一、心理学的研究对象

(一)个体心理

"世界上没有两片一模一样的叶子"，世界上也没有完全相同的两个人。人与人之间的差异就体现在各种心理现象上。人的心理现象是自然界最奇妙的一种现象，个人所具有的心理现象称为个体心理。它主要包括认知、情绪、意志、需要、动机、气质、性格、能力等方面。

1. 认知

认知也可以称为认识，是指人认识外界事物的过程，或者说是对作用于人的感觉器官的外界事物进行信息加工的过程。具体而言，认知是个体认识客观世界的信息加工活动。感觉、知觉、记忆、想象、思维等认知活动按照一定的关系组成一定的功能系统，从而实现对个体认识活动的调节作用。在个体与环境的作用过程中，个体认知的功能系统不断发展，并趋于完善。

(1)感觉是人脑对直接作用于感觉器官的客观事物的个别属性的反应。感觉是其他一切心理现象的源头和"胚芽"，没有感觉就没有其他一切心理现象。例如当菠萝作用于我们的感觉器官时，我们通过视觉可以反映它的颜色；通过味觉可以反映它的酸甜味；通过嗅觉可以反映它的清香气味，同时，通过触觉可以反映它的粗糙的凸起。人类通过对客观事物的各种感觉认识到事物的各种属性。有了感觉，我们就可以分辨外界各种事物的属性，因此才能分辨颜色、声音、软硬、粗细、重量、温度、味道、气味等；有了感觉，我们才能了解自身各部分的位置、运动、姿势、饥饿、心跳；有了感觉，我们才能进行其他复杂的认识过程。失去感觉，就不能分辨客观事物的属性和自身状态。因此，我们说，感觉是各种复杂的心理过程（如知觉、记忆、思维）的基础，就这个意义来说，感觉是人关于世界的一切知识的源泉。

(2)张天翼的《最后列车》写道："风刮得脸子疼：不知道是因为沙子打着疼，还是因为冷。手没了知觉。"知觉是人脑对直接作用于感官的客观事物的整体反映，是一种基本的心理过程。它比感觉要复杂，并常常和感觉交织在一起，也称为感知活动。知识经验越丰富，对物体的知觉越完善、越全面。例如显微镜下面的血样，只要不是色盲，无论谁看都是红色的；但医生还能看出里面的红细胞、白细胞和血小板，没有医学知识的人就看不出来。

（3）人在感知过程中形成的事物的形象，仍然能在人脑中保持一定的时间，并不会随着刺激停止作用于感觉器官而消失，甚至会在一段时间和特定条件下重现出来，这就是记忆现象。记忆是人脑对经验过事物的识记、保持、再认或回忆，"记忆"二字简述了记忆的完整过程，即"记"对应于识记和保持，"忆"对应于再认或回忆。如果自己常常对某些事情记忆模糊，甚至毫无印象，这就是遗忘现象。著名心理学家艾宾浩斯研究发现，遗忘的发生是先快后慢的曲线形。

（4）想象是对头脑中原有的表象加工改造形成新形象的过程。例如，毛泽东在《沁园春·雪》写道："北国风光，千里冰封，万里雪飘。望长城内外，惟余莽莽；大河上下，顿失滔滔。"当读到此诗时，对于没有到过北方的读者，即使无法经历与诗人相同的情景，但在头脑中仍然可以呈现出"大雪""长城""大河"等表象，借助这些表象的重新组合，读者头脑中会展现出一副雄伟壮阔而又妖娆美好的画面，一个壮美雄浑而气势磅礴的意境。

（5）思维是人脑对客观现实概括的、间接的反映过程，是一种高级的认知过程。思维的第一特征是概括性，即在大量感性材料的基础上，把一类事物的共同特征抽取出来并加以概括。例如借助思维，人可以把形状、大小各不相同而能结出枣子的树木归一类，称为"枣树"；把枣树、杨树、银杏、桉树等依据其有根、木质茎、叶等共性归在一起，称为"树"。间接性是其第二大主要特征，主要指借助一定的媒介或经验对客观事物进行反映。如医生通过病人的舌头、体温、脉搏、血压、脸色等，便可了解病人身体内部脏器的活动状态。思维的间接性，使人的认知能力突破了时空的限制，从具体一事一物的认知的局限性中摆脱出来。

2. 情绪

"人非草木，孰能无情。"人们在认识和改造世界过程中，不可避免要体验到各种情绪情感。情绪是人对客观事物是否符合自己需要所产生的态度体验。在情绪发生时，人们会经历诸如喜怒哀乐等主观感受，还常常伴随着特定的生理唤醒和外部行为表现。例如，当人们体验到愤怒情绪时，常常血压升高、呼吸加快、肾上腺素分泌增加；外部行为表现可能会面红耳赤、捶胸顿足、怒目圆睁。大脑两半球对情绪的控制和调节存在一定的差异。在积极情绪时，左半球出现较多电位活动；在消极情绪时，右半球出现较多电位活动。

3. 意志

"万事皆由人的意志创造。"人的主观能动性是人和动物最本质的区别，人不仅能认识世界，还能改造世界。个体自觉地组织自己的行为，克服困难，实现预定目的的心理过程，这就是意识能动性的体现，成为意志。人的意志总是和行为紧密联系着，为了达到一定的目的，往往要克服各种困难。例如，学生为了取得好成绩而努力刻苦读书，人为了成功而奋斗不止。

4. 需要和动机

（1）需要

需要是有机体内部一种缺乏或不平衡的状态，包括生理的和心理的不平衡，表现为机体对内部和外部生活的稳定要求。例如渴了会产生喝水的需要，饿了会产生进食的需要。这部分需要也可以是来自外部周围环境的要求，如父母对孩子的高分期望使得孩子努力向上，孩子的这种需要是由外部要求引起的。马斯洛的需要层次理论认为，生理需要、安全需要、归属与爱的需要、尊重的需要、自我实现的需要这五种需要是人最基本的需要，需要层次越低，它的力量越强。只有当低级需要得到满足时，才会出现高级需要。例如，当一个人温饱得不到满足，他就不会追求尊重的需要。

（2）动机

顾名思义动机是指人行为的内在动力。人们为什么对某些事物感兴趣,而对另一些事物没有兴趣? 是什么力量促使我们不断努力学习和工作? 这就是动机,动机是指引起和维持个体活动,并使活动朝向某一目标进行的内在动力。需要是动机产生的内部条件,如人口渴了,机体内部水分缺失则会产生喝水的需要;人饿了,机体内缺乏食物或营养会引起生理不平衡。当需要得到满足后,机体在生理上的不平衡状态就消除了。心理学研究表明,动机与活动效率之间的关系是倒 U 形的曲线关系,即动机强度过高或过低,都会使活动效率下降。这种现象称为耶克斯-多德森定律。

5. 气质、性格和能力

（1）气质是指心理活动的速度、强度、灵活性和指向性等方面的动力特征,这些心理特点以同样的方式表现在各种活动中,即平时所说的"脾气""秉性"等。这些"性情"是由人先天的生理特点所决定的,受神经系统活动过程的特性所制约,其本身并无好坏之分。比如有的婴儿出生时哭声特别响亮,有的婴儿哭声却很微弱;有的人行事稳重,安静温和,而有的人行为鲁莽,脾气急躁。气质的心理结构十分复杂,根据其典型特征及行为表现,可分为多血质、胆汁质、黏液质和抑郁质四种类型(见表 1-1)。

表 1-1　四种气质类型

气质类型	行为特征
多血质	活泼好动,反应敏捷,情绪发生快而多变,注意和兴趣易转移,善交际,亲切有生气,但往往轻率,具有外倾性
胆汁质	直率,精力旺盛,热情奔放,急躁,莽撞,易感情用事,自制力差,具有外倾性
黏液质	沉着,安静,情绪不易外露,行动缓慢,注意稳定不易转移,自制力强,不善随机应变,具有内倾性
抑郁质	行为孤僻,多愁善感,动作迟缓,情绪体验深刻,善于觉察细节,富于想象,具有内倾性

（2）性格是与社会关系最密切的人格特征之一,具体表现为人们对现实和周围世界的态度,并表现在他的行为举止中。因此,性格表现了一个人的品德和价值观,它有道德评价的含义,有好坏之分,反映了一个人的道德风貌。例如,在日常生活中,有人自私自利,有人大公无私;有的人终日精神饱满,乐观开朗;有的人却整日愁眉苦脸,烦闷悲观,等等。这些不同心理特质的差异就是性格差异的表现。

（3）能力是个体顺利完成某种活动所必须具备的各种心理条件的总和,它直接影响着活动的效率。人们在完成活动中表现出来的能力有所不同。能力指顺利完成某一活动所必需的主观条件。能力是直接影响活动效率,并使活动顺利完成的个性心理特征。遗传素质、环境和教育、实践活动与非智力因素都会影响能力的形成与发展。一般能力测量即智力测量,首先使用科学的方法去测量人的智力始于法国,法国心理学家比内与西蒙合作编制了第一个智力测验量表,即比内-西蒙智力量表,这是科学智力测验的开端。

(二)群体心理

群体是人们以一定方式的共同活动为中介而组合成的人群集合体。群体心理学是研究结成群体的人们的心理现象、心理活动的社会心理学分支。社会是一个宏观环境,对个体而言,是一种具体的关系。社会要把每个生物人变成社会人,群体这个微观环境起着直接作用。群体心理自然会对个体心理发展产生效应。在个体层面,如个体社会化与自我意识、社会知觉、态度等;在群体层面,如群体凝聚力、群体心理氛围等;在社会层面,如风俗、时尚、阶级及民族的心理特征等。

1. 社会助长

当个体处于群体之中时,群体对个体的积极或消极反应都有增强作用,即个体完成某种活动时,由于他人在场而提高了绩效的现象。他人在场的形式有实际在场、隐含在场和想象在场。它有两种效应:结伴效应和观众效应。结伴效应是指在结伴活动中,个体会感到某种刺激作用,从而提高工作效率。观众效应是指个体从事活动时,是否有观众在场,观众多少及观众表现对其活动效率有明显影响。

2. 从众

从众是个体在群体压力下在认知、判断、信念与行为等方面自愿与群体中多数人保持一致的现象,俗称"随大流",即个体的意见与行为与群体中多数人相符合。在任何社会中,多数人的观念与行为保持大体一致是必要的。一个社会需要共同的语言、共同的价值观念与行为方式,只有这样社会成员之间的交往、沟通才有可能;反之,他们的沟通与互动则促进这种共同性和一致性的发展。

3. 社会惰化

社会惰化与社会促进相反,是指个体与他人一起活动时,其效率比单独活动时更低的现象,即他人在场工作效率变低。研究表明,产生惰化的原因是个体的责任意识下降,行为动力相应降低造成的。

二、心理学的学科性质

心理学是介于自然科学和社会科学之间的中间学科或边缘学科。一方面,心理学要研究心理的神经生物学基础,还要研究在计算机上模拟人类的行为等问题,从这个角度来看,心理学的研究目标和手段与自然科学相近,具有自然科学的性质。另一方面,人是社会性的动物,人的心理受到社会的制约,因此心理学还研究社会心理,从这个意义上,心理学的研究又具有社会科学的性质。

心理学是认知科学的主干科学。20世纪70年代,在认知心理学的推动下,出现了认知科学。它将心理学、语言学、认识论等学科联合起来,在高度跨学科的基础上研究人的智力和认知。

心理是脑的功能,脑是心理活动的器官。没有脑的心理或者说没有脑的思维是不存在的。

三、研究心理学的意义

心理学作为一门科学,正确地揭示心理现象的规律,具有重要的理论意义和现实意义。

(一)理论意义

在理论上,它有助于正确地解释心理现象的本质和起源。意识与物质、思维与存在的关系问题是哲学的一个基本问题。古往今来的哲学家们就根据他们对这个问题的回答,从而划分成唯物主义和唯心主义两大阵营。唯物主义哲学家认为物质是第一性的,精神是第二性的。辩证唯物主义则认为精神和意识是高度组织起来的物质——脑的机能,是客观现实在人脑中的反映。意识不具有物质实体所具有的物理特性,但它和脑的物质活动有不可分割的联系。这些论断不仅彻底粉碎了唯心主义与二元论,同时也为辩证唯物主义哲学提供了自然科学基础。所以,列宁把心理学列为"构成认识论和辩证法的知识领域"的基础科学之一。同时,心理学提供的科学事实,对一切封建主义、宗教迷信思想是个有力的打击。几千年来,由于生产力的低下,科学水平的局限,精神领域很容易成为宗教迷信的神秘堡垒。即使在科学发展的现代,仍有人甘受巫神之害,相信梦是吉凶的预兆。现代生理学家的研究认为,梦与睡眠时的内外刺激及大脑遗留的痕迹的兴奋有关。有些心理学家认为,做梦不是坏事,梦可以重新组合已有的知识,也可以清洗掉不需要留下的痕迹。这些事实可以帮助人们破除迷信,纠正偏见,清洗糊涂观念。正如列宁所说的:"心理学提供的一些原理已使人们不得不拒绝主观主义而接受唯物主义。"

(二)现实意义

在实践上,心理学能够帮助人们运用所揭露的心理规律去预测和控制心理现象的发生和进行,从而为人类不同领域的实际服务,提高活动效率。例如:父母应根据亲子关系对情绪的作用培养和发展儿童健康的情绪;教师应根据注意规律组织教学,提高听课效果;劳动者可以根据噪音对身心的危害,对噪音加以控制,对环境加以改造等。总之,现代心理学是一门有重要实践意义的学科,它和人类生活的各个领域都有密切的关系。

第二节　心理学发展简史

一、现代心理学产生的历史背景

德国心理学家艾宾浩斯说过:心理学有一个很长的过去,却只有一个短暂的历史。因此,心理学是一个既古老又年轻的科学。说它古老,是因为心理学的源头在西方可以追溯到古希腊的哲学家柏拉图(Plato,公元前 427—前 347)和亚里士多德(Aristotle,公元前 384—前 322)的思想中。柏拉图是一位理性主义者,他认为灵魂无所不知,只是来到人的体内后,将已知晓的观念忘记。所以,他认为:"知识就是回忆。"亚里士多德则是一位经验主义者,他认为,知识来源于经验,外物作用于感官产生感觉和意象,简括的意象构成经验,从经验中抽取概念,构成原理,就是知识。柏拉图和亚里士多德的观点对后世影响极大,一直影响着后来心理学的发展。在中国,心理学思想的源头可以追溯到先秦时期的思想家的著作中。中国先秦时期的思想家如孔丘、孟轲、墨翟、荀况等都对天人关系、身心关系、知行关系、人性本质、学习等进行过深入探讨,提出过一些重要的思想。但是,在很长的历史时期,心理学都在哲学的母腹中孕育着,并没有成为一门独立学科。

现代心理学的发展有两大源头:一是近代西方哲学思潮的影响。近代哲学是指17—19世纪欧洲各国的哲学,其中主要指法国17世纪的唯理论和英国17—18世纪的经验论。唯理论的著名代表是17世纪法国著名哲学家、杰出的自然科学家笛卡儿。他认为只有理性才是真理的唯一尺度。在身心关系的问题上,他认为灵魂与身体有密切的关系,认为某些心理现象如感觉、知觉、想象等认知活动都离不开身体的活动。笛卡儿还相信"天赋观念",即人的某些观念是由人的先天组织所赋予的。笛卡儿关于身心关系的思想推动了对动物和人的解剖学和生理学的研究,这对现代心理学的诞生有直接的影响。经验论起源于英国哲学家霍布斯和洛克,他们反对笛卡儿的"天赋观念"说,认为一切都是后天从经验中获得的。二是19世纪实验生理学的影响。19世纪中叶,生理学已成为一门独立的实验科学。生理学的发展,特别是神经系统生理学和感官生理学的发展,对心理学走上独立发展的道路产生了重要的影响。如1840年德国人雷蒙德发现了神经冲动的电现象。1850年,德国著名科学家赫尔姆霍兹用青蛙的运动神经测量了神经的传导速度,这项研究为在生理学和心理学中应用反应时的测量方法奠定了基础。1861年,法国医生布洛卡从尸体解剖中发现,严重的失语症与左侧额叶部分组织的病变有关,从而确定了语言运动区(布洛卡区)的位置。1869年英国神经学家杰克逊提出了大脑皮层的基本机能界限:中央沟前负责运动,中央沟后负责感觉。所以,有人形象地作了一个比喻:现代心理学的发展,哲学是父亲,生理学是母亲,哲学与生理学结合,生育的孩子,就是心理学。

二、科学心理学的诞生

人类从古代开始,历经中世纪、文艺复兴以至到19世纪中叶,对心理的探索和研究都是在一种无明确的研究目的、目标,无明确的研究思想、方法的混沌状态下自发地或不自觉地进行的,夹杂在对哲学和神学的研究中。心理学的内容融汇或包括在哲学和神学的内容体系中,心理学家是由哲学家、神学家、医学家或其他科学家兼任,心理学的方法也主要是思辨的方法。

2000多年前,中国古代思想家荀子、王充等都有不少关于心灵的论述。在国外,古希腊哲学家如柏拉图、亚里士多德等都有不少关于心灵的论述。亚里士多德的《论灵魂》是历史上第一部论述心理现象的著作。

心理学的真正历史,是1879年冯特在德国莱比锡大学建立世界上第一个心理实验室才开始的。在心理学史上,人们公认1879年是心理学正式诞生之年,冯特被誉为"心理学之父"。他的《生理心理学原理》是心理学史上第一本真正的心理学专著。此外,1860年费希纳创立了心理物理学,他的《心理物理学纲要》的出版开创了心理物理学的新领域;德国心理学家艾宾浩斯用实验法研究高级心理现象,即记忆的实验研究。这三个德国人共同创立了科学心理学,对心理现象的研究引进了实验的方法,使心理学成为一门实证的科学。

三、学派的纷争

19世纪末20世纪初,心理学的研究呈现出百花齐放、百家争鸣的局面。当时出现了以冯特、铁钦纳为代表的构造主义学派,以华生、托尔曼、斯金纳为代表的行为主义学派,以詹姆斯、杜威、安吉尔为代表的机能主义学派,以韦特海默、考夫卡、苛勒为代表的格式塔学派,以弗洛伊德、阿德勒、荣格为代表的精神分析学派等。这些学派的基本理论观点不同,研究的范围和方法不同,却都想以自己的理论体系来统帅整个心理学,于是形成长期的争论和对峙。这在一个新学科的开创阶段是不可避免的,它表明这个学科的不成熟,也表明它正在发展壮大。

(一)构造主义

构造主义的奠基人为冯特,著名的代表人物为铁钦纳。构造主义认为心理学是研究人的直接经验即意识,意识可以分解为感觉、意象和感情三种元素。感觉是知觉的元素,表象是观念的元素,而情感是情绪的元素。所有复杂的心理现象都是由这些元素构成的。在研究方法上,构造主义强调自我观察的方法。心理学研究的目的在于通过内省,即被试对自己经验的观察和描述去了解在不同的刺激情境下各种元素的结构。

(二)行为主义

1913年,美国心理学家华生发表了《在行为主义者看来的心理学》,宣告了行为主义的诞生。行为主义反对研究意识,主张心理直接研究行为,探索刺激与反应之间的联系。这一学派认为,只要确定了刺激与反应之间的关系,就可以通过控制外界环境而塑造人的心理和行为。行为主义还主张"环境决定论",认为个体的行为完全是由环境所控制和决定的。行为主义强调用客观方法研究可以观察的行为,这对心理学走上科学道理有积极的作用,因此在世界各国心理学界产生了很大的反响。但是由于它过分夸大环境的作用,否认心理的内部结构和过程,否定研究意识的重要性,因此也在某种程度上限制了心理学的发展。

(三)机能主义

机能主义的代表人物是美国心理学家詹姆斯、杜威和安吉尔。机能主义也主张研究意识,但是,他们并不把意识看成个别心理元素的集合,而是看成川流不息的过程。该学派认为意识是个人的、变化的、连续的和有选择性的。意识的作用在于使有机体适应环境。因此,心理学应研究个体适应环境时的心理或意识的功能。在研究方法上,机能主义认为不应该局限于内省法,而可以采用观察、测验、调查等方法。与构造主义强调意识的构成成分不同,机能主义强调意识的作用和功能。

(四)格式塔

格式塔心理学派的创始人有韦特海默、苛勒和考夫卡。格式塔(Gestalt)在德文中意味着"整体",它反对把意识分解为元素,主张从整体上研究心理现象。德国心理学家韦特海默等人认为整体大于部分的相加,在此基础上建立了完形心理学。整体不能还原为各个部分、各种元素的总和;部分相加不等于整体;整体先于部分存在,并且制约着部分的性质和意义。例如,一幅山水画包含许多景色,但它不是各个景色的简单相加,因为一些相似的景色可以组成不同的意向,但也可能产生不和谐的画面。因此,分析不同景色的特点,并不能了解整幅画的特点。格式塔心理学很重视心理学实验,在知觉、思维和学习等方面开展了大量的实验研究。

(五)精神分析

精神分析学派是由奥地利精神病医生弗洛伊德创立的。它的理论主要来源于精神病的临床实践经验。与其他心理学流派不同,精神分析学派则重视异常心理的分析,并强调心理学应该研究无意识现象。精神分析强调心理学研究无意识,人的行为源自本能和原始冲动,特别是性冲动。欲望以无意识的形式支配人,并且表现在人的正常和异常行为中。欲望或动机受到压抑,是导致精神疾病的重要原因。精神分析是在针对神经症的临床实践上发展起来的一整套理论与技术,是对人的精神结构有史以来最为深邃和细致的考察。拉康强调,精神分析就是对人的主体历史的重构,精神分析的目的是达到"你即如此"的狂喜。也就是说,精神分析表面上能够解决症状,实质上是在分析中对人的整个精神历史进行梳理,达到直面症状、重构人格的自我更新。

(六)人本主义

人本主义是德文 Anthropologismus 的意译,又译为人本学。希腊文词源 antropos 和 logos 意为人和学说。人本主义心理学家认为,心理学应着重研究人的价值和人格发展,他们既反对弗洛伊德的精神分析把意识经验还原为基本驱力或防御机制,又把意识看作是行为的副现象。关于人的价值问题,人本主义心理学家大都同意柏拉图和卢梭的理想主义观点,认为人的本性是善良的,恶是环境影响下的派生现象,因而人是可以通过教育提高的,理想社会是可能的。在心理学的基本理论和方法论方面,他们继承了 19 世纪末狄尔泰和韦特海默的传统,主张正确对待心理学研究对象的特殊性,反对用原子物理学和动物心理学的原理和方法研究人类心理,主张以整体论取代还原论。人本主义倡导以人为本的心理学学派,强调个体的个人价值观和潜在力量,他们认为人性本善,人生的最高追求是自我实现,因此,如果有人产生心理问题,咨询师只要给予无条件支持他们,给他们提供合适的成长环境和实现自我价值的条件即可,因为他们相信每个人本身就具有积极向上和自我愈合的潜能。

总之,19 世纪末 20 世纪初,各派心理学在研究对象、研究领域和研究方法等方面都存在许多分歧。心理学有很长的过去,却只有很短暂的历史。在心理学作为独立科学的早期发展中,在旧的理论体系中存在不同学派的纷争,这不断推动了心理学的发展。除了以上主要的心理学流派,现代心理学还涌现出一些新的研究取向。

四、当代心理学的研究取向

心理学成为一门独立的学科以后,学派纷争的局面并没有持续很久。20 世纪 30 年代以后,各派之间就出现了互相吸收、互相融合的新局面。随后,各种新的心理学思潮相继产生,它们以一种范式、一种潮流、一种发展方向的形式出现。我们将这种形式叫研究取向。

(一)生理心理学研究

生理取向的心理学家关注个体行为的生理基础,把生理学看成描述和解释心理功能的基本手段,它探讨的是心理活动的生理基础和脑的机制。它的研究包括脑与行为的演化,脑的解剖与发展及其和行为的关系,以及认知、运动控制、动机行为、情绪和精神障碍等心理现象和行为的神经过程和神经机制。对心理活动生理基础的研究由来已久,从解剖学、生理学的研究发现大脑机能定位,到心理活动的脑物质变化的生化研究,再到脑电波、脑成像技术的应用,历经100多年,但其迅速发展还是近几十年。

(二)行为主义研究

1930年起出现了新行为主义理论,新行为主义者修正了华生的极端观点。他们指出在个体所受刺激与行为反应之间存在着中间变量,这个中间变量是指个体当时的生理和心理状态,它们是行为的实际决定因子,包括需求变量和认知变量。需求变量本质上就是动机,包括性、饥饿以及面临危险时对安全的要求。以斯金纳为代表,斯金纳在巴甫洛夫经典条件反射基础上提出了操作性条件反射,他自制了一个"斯金纳箱",在箱内装一个特殊装置,压一次杠杆就会出现食物。他将一只饿鼠放入箱内,它会在里面乱跑乱碰,自由探索,偶然一次压杠杆就得到食物,此后老鼠压杠杆的频率越来越多,即学会了通过压杠杆来得到食物的方法,斯金纳将其命名为操作性条件反射或工具性条件作用。食物即是强化物,运用强化物来增加某种反应(即行为)频率的过程叫作强化。斯金纳认为强化训练是解释机体学习过程的主要机制。

(三)新精神分析研究

20世纪30年代,经济危机席卷资本主义国家,加上后来的第二次世界大战,精神病、神经病发病率大大增高。患者的病因反映了当时社会上种种复杂因素。一些从西欧,特别是从德国移居美国的精神病学家和精神分析理论家,在新的社会历史条件下,在医疗实践和理论探讨中,开始背离了正统的精神分析路线。他们反对弗洛伊德学说中的本能论,抛弃了里比多(即性力)的概念和人格结构说,把文化、社会条件和人际关系等因素提到了精神分析的人格理论和治疗原则的首位,逐渐形成了新精神分析派。这一派的主要代表人物有H.S.沙利文、K.霍妮、E.弗罗姆等人。新精神分析这一派中各种理论的侧重点虽互有差异,但也有其共同特征,大致为:(1)它们都强调社会和文化因素对人的心理和行为的影响;(2)它们大都强调家庭环境和童年经验对人格发展的重大作用;(3)它们都重视自我的整合和调节作用,对精神病、神经病的治疗持乐观态度。

(四)认知心理学研究

认知心理学是20世纪50年代中期在西方兴起的一种心理学思潮,70年代开始其成为西方心理学的一个主要研究方向。它研究人的高级心理过程,主要是认知过程,如注意、知觉、表象、记忆、思维和语言等。以信息加工观点研究认知过程是现代认知心理学的主流,可以说认知心理学相当于信息加工心理学。它将人看作一个信息加工的系统,认为认知就是信息加工,包括感觉输入的编码、贮存和提取的全过程。按照这一观点,认知可以分解为一系列阶段,每个阶段是一个对输入的信息进行某些特定操作的单元,而反应则是这一系列阶段和操作的产物。信息加工系统的各个组成部分之间都以某种方式相互联系着。随着认知心理学的发展,这种序列加工观越来越受到平行加工理论和认知神经心理学的相关理论的挑战。1967 年,美国心理学家奈塞尔(U.Neisser)出版了《认知心理学》一书。他指出:认知是指感觉输入受到转换、简约、加工、存储、提取和使用的全部过程。该书的出版标志着现代认知心理学的诞生。控制论、信息论、计算机科学对认知心理学的发展具有深远的影响。计算机科学与心理学相结合,产生了一门边缘学科——人工智能。人工智能与认知心理学关系极为密切,计算机的出现使人们找到了分析人的内部心理过程和状态的新途径。

(五)积极心理学研究

积极心理学是心理学领域的一场革命,也是人类社会发展史中一个新里程碑,其是一门从积极角度研究传统心理学研究的东西的新兴科学。积极心理学作为一个研究领域的形成,以 Seligman 和 Csikszentmihalyi 2000 年 1 月发表的论文《积极心理学导论》为标志。它采用科学的原则和方法来研究幸福,倡导心理学的积极取向,以研究人类的积极心理品质,关注人类的健康幸福与和谐发展。作为心理学的一个分支流派,积极心理学主要对最理想的人类机能进行科学的研究,其目标是发现使个体和团体、社会良好发展的因素,并运用这些因素来增进人类的健康、幸福,促进社会的繁荣。

(六)进化心理学研究

进化心理学产生于 20 世纪 80 年代,主要代表人物有 David Buss、Jerome H. Barkow、Ledaosmides 和 John Tooby 等人。进化心理学认为,人类的心理(mind)就是一整套信息处理装置,这些装置是由自然选择而形成的,其目的是处理我们祖先在狩猎等生存过程中所遇到的适应问题。

它是一种综合了生物学、心理学和社会科学的研究思想。进化心理学是现代心理学原则和进化生物学的结合,它试图用进化的观点对人的心理的起源和本质以及一些社会现象进行深入的探讨和研究。进化心理学甫一出现就赢得了诸如"进化心理学:关于心理的新科学""心理学整合的新范式""心理学发展的新取向"等溢美之词。

进化心理学认为,当代人类的大脑里装着一个有着漫长进化历史的心理,因此,过去是了解现在的钥匙。这里的"过去"不仅是指个体的成长史,更主要是指人类的种系进化史。人类祖先 99% 的进化历史发生在更新世(Pleistocene)的狩猎-采集时代。这种漫长历史的进化过程给我们的心理带来了长久历史的积淀。当今人类的心理中,仍然带有漫长的历史所留下的痕迹。今天的每一个活着的人都是进化的产物,他们作为"活化石",能帮助我们了解祖先的过去。

五、中国心理学发展简史

在 20 世纪的 100 年中,世界各国的心理学大都受到美国心理学的影响,美国心理学成了左右世界各国心理学发展的标准、模型。与此同时,各国心理学家根据本国的传统文化,使心理学的研究符合自己的国情,建立适合本国特点的心理学模式,已成为势不可挡的潮流。中国心理学正是顺应这一发展趋势和潮流而开始了自己矛盾曲折的发展轨迹。在最初的 20 世纪前叶,中国心理学只是对西方心理学的简单复制与模仿。新中国成立后,开始系统地学习苏联心理学,确立以马克思主义的基本原理作为心理学研究的指导思想。十年"文革"动乱,心理学发展走向低谷,心理学被视为"伪科学"。改革开放以后,西方心理学重新受到重视,但人们同时开始反思美国心理学的单一文化特性并开始尝试以多元文化论(multi-culturalism)的观点看待心理学,心理学者本着实事求是的态度从头开始研究中国人,使心理学中国化的研究悄然兴起。特别是近年来,国内心理学界包括港台地区的心理学家也进一步对西方心理学的一统模式进行反思,从本质上强调根据中国文化的不同特点,研究中国人的特殊心理,建立适合国情的真正意义上的中国心理学。

具体说来,中国心理学的中国化研究历程经历了三个阶段:(1)酝酿期。主要是重新验证国外的研究成果,对比国内外研究的异同,揭示中国人心理与行为发展的特点。(2)孕育期。主要是研究中国人心理发展的特有规律及重要现象,以揭示在中华民族文化下中国人的心理发展规律,特别是改革开放的社会条件下中国人心理发展的特点。(3)整合期。本阶段主要着力对当今众多心理学概念与理论的分析批判,在辩证唯物主义的指导下,超越原有的研究层次,建立适合中国国情的新的心理学理念。

以上发展历程告诉我们,实施构建中国心理学,要求广大心理学者必须熟悉中国国情、民风、人民的心态、民族性格、习惯与行动方式,以满足中国人民的需要和利益为价值取向,以来自于现实的重大课题为中心,以古今中外一切合理有效的理念、方法及工具为手段,按实际需要开展中国心理学研究,从而逐渐形成系统的中国心理学理论和方法,并且在理论实践上能推陈出新,有所突破,努力在实践中去实施并创立一个全新的有中国特色的心理学体系。

第三节 研究心理现象的原则与方法

一、研究心理学的原则

(一)客观性原则

科学就是对客观事物本质的认识,就是按照事物本来的面目来说明、解释事物。心理现象是世界上最为复杂的事物,认识它、解释它并不是一件轻而易举的事情。古往今来,无数思想家、科学家致力于心理现象的探索,取得过辉煌的成果,也走过许多弯路,甚至犯过不少错误。研究心理现象关键在于,一要有科学的手段,二要有实事求是的态度。

科学心理学诞生以前,心理学靠思辨和总结自己经验的方法进行研究,所以心理学只能孕育在哲学的襁褓中。19 世纪中叶,心理学引进了实验的方法,才使心理学从哲学中分化出来,成为一门独立的科学。20 世纪中叶,心理学和先进科学技术,例如和计算机科学结合,使心理学获得了长足的进步。今天,随着科学技术的发展,心理学研究有了更多的手段。脑外科手术的进步,脑化学、电子技术,脑电波、脑成像、记录单细胞活动的微电极技术的应用,以及计算机技术的飞速发展,为我们了解与人的行为相联系的脑结构、脑的生物化学活动,以及神经系统加工信息的过程提供了基础,也为心理学的发展开辟了更加广阔的前景。

有了科学的研究手段,还要有科学的态度,这就是实事求是,就是坚持心理学研究的客观性原则。做到这一点并不容易,人们往往从某一理论假设出发,对调查或实验资料有好恶之分,喜欢支持自己假设的资料,轻视和自己的假设不一致的资料,因而会歪曲事实;人们也往往对心理现象进行主观的猜测,而不去找它的证据,因而以臆想代替事实,像对动物心理或儿童心理进行研究的时候经常发生的那样。

(二)辩证发展原则

心理现象和其他现象一样,都是发展变化的。婴儿从出生,历经幼儿期、学龄期、青年期、中年期,最后到老年期,人的心理也有一个发生、发展、成熟和衰老的过程。心理培训就是同一心理现象,例如人的需要,也是发展变化的。婴儿时期,人的生理需要是主要的;随着年龄的增长,人的社会性需要越来越发展。随着时代的发展,人的需要越来越提高;在不同的场合,人的需要也不一样。20世纪中叶,手表、自行车、缝纫机是小康的象征;21世纪的今天,人们在追求宽敞的住房和现代化的交通工具。在学校、课堂,人们在追求知识;到了餐厅,人们想吃到美味佳肴。因此我们不能用一成不变的眼光看待人的心理。

心理现象又像其他现象一样,是相互联系、相互制约的。个性在心理过程的基础上形成,又通过心理过程表现出来;个性一旦形成,又会对心理过程产生制约的作用。没有感性认识就不会有理性认识,感性认识越丰富,越有利于对事物本质的认识;同时,只有理解了的东西才能更好地感知它,思维又影响着人的感性认识。所以事物都是相辅相成、相互制约的。我们必须用辩证发展的眼光来看待事物,不能割断事物之间的密切联系。

(三)理论联系实际的原则

心理学的研究有其理论目的,这就是探索心理发生、发展和活动的规律,为解答精神——普通心理学和物质的关系提供科学的依据。心理学还有其实践的任务,这就是运用心理学的规律为人类的实践活动服务,解答教育、医疗卫生、人力资源管理、体育运动、司法、交通、文化艺术、航空航天等领域提出来的各种实际问题,以提高人的工作和生活质量。理论脱离实际的研究既没有效益,也不利于心理学本身的发展,是没有生命力的。

二、心理学的研究方法

(一)观察法

观察法是指在自然条件下,有目的、有计划地系统观察人的行为和活动,从中发现心理现象产生和发展的规律的方法。观察法分为自然观察和参与观察,自然观察法(naturalistic observation method)是指在自然情境中对被观察者的行为作系统的描述记录。例如,以非参与方式观察记录不同班风下的师生之间的互动方式,观察不同企业文化下员工的休闲模式。非参与观察是指观察者以局外人的身份,从侧面对观察对象进行观察。观察者不能控制条件,只能听任活动的自然进行。但是,观察法所得到的资料比较真实、客观。

（1）观察法一般在以下情况下采用：研究对象无法加以控制；在控制条件下，可能影响某种行为的出现；由于社会道德的要求，不能对某种现象进行控制。

（2）观察法的优点有：①直接性。与被观察的客观事物直接接触，获得的信息资料真实可靠。②情境性。在自然状态下，获得生动朴素的资料，不会产生反应性副作用。③及时性。观察及时，可以捕捉到正在发生的现象。④真实性。被观察者处于自然状态下被别人观察，因而这种方法可以获得比较真实的材料，为以后的研究指出方向。

（3）观察法的主要缺陷有：①在自然条件下，事件很难按严格相同的方式重复出现，因此，对某种现象难以进行重复观察，而观察的结果也难以进行检验和证实；②在自然条件下，容易受无关变量的影响，影响某种心理活动的因素是多方面的；③由于对条件未加控制，观察时研究的现象却没有出现；④受观察者本人的限制，观察容易产生个人偏差，即观察的结果容易受到观察者本人的兴趣、愿望、知识经验和观察技能等影响；⑤受观察对象的限制，适宜于对外部现象及事物外部联系的研究，不适宜于对内部核心问题及事物内部联系的研究。

（二）心理测验法

心理测验（mental test）是根据一定的法则和心理学原理，使用一定的操作程序给人的认知、行为、情感的心理活动予以量化。心理测验按功能分为能力测验、成就测验和人格测验；按对象可分为个别测验和团体测验；按测验形式分为文字测验和操作测验；按过程分为标准化测验和非标准化测验。

心理测验要注意两个基本要求，即测验的信度（reliability）和效度（validity）。信度主要是指测量结果的可靠性或一致性。如果一个测验的可靠性程度高，那么同一个人多次接受这个测验时，就应得到相同或大致相同的结果。信度只受随机误差的影响，随机误差越大，信度越低。以单元测验为例，如果一个考试在两个月时间内接受两次测验，得到的分数大致相等，那么试题的信度就较高；如果一次测验得了 90 分，另一次得了 32 分，那么单元测验的试题的信度就不高。效度是指一个测验有效地测量出所需要的心理品质，即测量工具能测出其所要测量特质的程度。效度是科学的测量工具所必须具备的最重要的条件。例如，高校的入学测验是为了测量学生的成绩水平，如果一个学生高考时得了高分，入学后的成绩也好，而另一个学生得了低分，入学后的成绩也低。这说明高考试题具有良好的效度。

（三）调查法

调查法（survey method）是以提问题的方式，要求被调查者就某个或某些问题回答自己的想法。例如，如果我们想了解受教育水平不同的人对孝道的态度，可以就此问题去调查不同的人。调查法可分为问卷调查（questionnaire survey）和访问调查（interview survey）两种方式。问卷调查也称问卷法（questionnaire method），是研究者根据研究课题的要求，设计出问题表格让被调查者自行填写以收集资料的一种方法。这种方法具有向许多人同时收集同类型资料的优点。其缺点是发出去的调查表难以全部收回，只能得到被调查者对问题的相对完整的答案。访问调查也称晤谈法（interview method），是一种以面对面的方式向被调查者提出问题进行调查的方法。要使晤谈法富有成效，首先应创造坦率和信任的良好气氛，使被调查者做到知无不言；同时，研究者应当有良好的准备和训练，以应对晤谈时可能遇到的问题。

（四）个案法

个案法（case study）是收集单个被试各方面的资料以分析其心理特征的方法。通常收集的资料包括个人的生活史、家庭关系、生活环境和人际关系等。根据需要，也常对被试做智力和人格测验，从熟悉被试的亲近者那里了解情况，或从被试的书信、日记、自传或他人为被试写的资料（如传记、病历）进行采集和分析。用此种方法的研究，不同于用同一种方法或对许多被试的调查所收集到的资料经由统计分析得出一般性倾向的研究。

1.个案法优点

（1）能充分包括个案信息。个案研究因为要详细地记录个案的历史信息和现实表现，可以揭示许多在实验中可能被忽略或专门被排除的变量，因此，它可以发现可能会引起某些特定结果的潜在变量，从而为进一步的研究提示假设。

（2）可以证明或发现"规则例外"。个案研究可被用来证明一种"规则例外"，它只要提供一个否定证据、一个反例，就可以证明行为的所谓普遍"法则"并不总是成立的。个案研究常被用于为某种理论提供反证或批评，这种批评往往都是建设性的，它能通过引入新变量，使理论进一步延伸和发展。

（3）比较权威和可靠。与传统实验研究得到的"冷冰冰"的事实和数据相比，个案研究中的详细描述更人性化、更生动，也更富有情感，因此看起来比较可靠，它的被接受程度高。

2.个案法缺点

（1）只描述行为而不探讨行为的内部机制。如个案研究可以详细地描述被试的年龄、性别、家庭背景等特征，但无法阐明这些特征如何影响被试的反应；它可以描述一个独特被试对某一实验处理的反应，但它不能解释其原因；它还可以提供对结果的某些解释，但这种解释往往都是不确定的。

（2）个案研究涉及的是独特个体生活中的独特事件，因此，我们没有理由期望在研究限定的条件之外，能够得到同样的结果。不过，如果研究描述的是比较典型的病例和治疗过程，就可以将结果适用人群的范围拓宽一些；相反，如果研究包括异常的实验环境、奇特的历史背景、古怪的行为或较个性化的处理程序，就不宜将研究结果推广到被试以外的人群。

（3）容易产生误差。首先是选择偏差，研究者显然要汇报那些最成功和令人印象深刻的案例，不可能针对一个根本无效而复杂的新处理作一份详细报告（杂志不会发表这样的报告）。其次，个案研究由研究者的观察组成，这些观察受解释、印象和暗示的支配，被试的报告一般要经过研究者的筛选，由他们决定哪些重要哪些不重要。最后，病人提供的报告也可能带有偏见或虚假成分，报告的内容可能是他们夸大、缩小、撒谎或纯粹出于想象的事。

（五）实验法

实验法是指有计划有目的地控制条件，使被试产生某种心理现象，然后进行分析研究探究因果关系的方法。由实验者选择用来引起被试心理或行为变化的刺激变量叫自变量，由自变量引起的被试者心理和行为的变化叫因变量。实验法就是要寻找自变量和因变量的因果联系。例如，探讨学生阅读速度和记忆的关系，就要求学生阅读的材料数量及速度等是自变量，而学生对材料的记忆成绩则是因变量。

实验法分为两种：实验室实验和自然实验。

1.实验室实验

实验室实验是借助专门的实验设备,对实验条件严加控制的情况下进行的。例如,我们在实验中安排三种不同的照明条件(由弱到强),让被试分别在不同照明条件下,对一个短暂出现的信号做按键反应,通过仪器记录被试每次的反应时间。这样就可以了解照明对按键反应时的不同影响。它的特点是可严格控制无关变量,有计划地操纵自变量,以观测因变量的变化。各种心理活动是相互联系和相互影响的,而引起和制约心理活动的内部和外部条件又是复杂的。为了对一种心理活动进行研究,常在实验室里控制影响心理活动的条件,特别是控制外部的刺激条件,以便于观察和分析心理活动的变化和条件变化间的依存关系,从而找出心理活动的客观规律。

2.自然实验

自然实验也叫现场实验,是指在日常生活情境中进行的心理实验。它是心理学研究的一种重要方法。例如,在教学条件下,由教师向两组学生传授相同的材料,其中甲组学生在学习以后完全休息,而乙组学生继续进行另外的工作。一小时后,再比较他们的回忆成绩。结果甲组学生比乙组学生成绩好。这说明学习后适当的休息有助于知识的保持。但是,在自然实验中,由于条件控制不够严格,因而难以得到精密的实验结果。其主要特点是:①主动性。按照研究的目的有意控制或变化某一条件,以引起特定的心理现象,再对其进行考察或作定量分析。②自然性。让被试处于日常活动的环境中,并尽量不让其觉察到实验者的意图以及自己是实验的对象。前一个特点使其有可能避免观察法等待考察现象出现需时过长或难以分辨结果的多因性,后一个特点使其有可能排除实验室实验中因人为的实验环境或紧张气氛影响被试心理表现。

(六)相关法

相关法是指通过测量来发现事物之间关系的方法。相关是两个事件、两种测量或两个变量之间存在一致而有序的关系。

为了确定存在于两个变量之间相关的精确程度,需要计算一个名为相关系数(correlation coefficient)(r)的统计量。这个值在+1.0到-1.0之间变化,其中+1.0表示完全的正相关,-1.0表示完全的负相关,而0.0表示根本没有相关。事物之间的相关强度和方向通常用相关系数来表达,分为正相关、负相关和无相关。正相关是一种测量的增加伴随着另一种测量的增加,或一种测量的减少伴随着另一种测量的减少;负相关是一种测量的增加伴随着另一种测量的减少;无相关即没有上述两种关系。一个正的相关系数意味着当一列分数增加时,第二列分数也增加。而负相关正好相反,第二列分数和第一列分数朝相反的方向变化。一个非常接近于零的相关意味着两个测量分数之间存在很弱的联系,或是根本不存在联系。当相关系数越来越大,直至接近于最大值+1.0的时候,根据一个变量的信息来预测另一个变量将变得越来越精确。例如,一位研究者想考察工人的生产效率和压力的相关,可以测量人们在生活中经受了多大的压力,还可以测量人们在工作中表现得多好。

相关法的优点:能表明相关的存在;可进行预测;可用于实验室、临床或自然状态下的研究。相关法的缺点:难以进行控制;相关可能是巧合;不能证实因果关系。

三、现代心理学研究中的伦理道德

心理学以人或动物的心理为研究对象,其实验研究往往也以人或动物为被试,这为心理学特别是实验心理学研究带来诸多道德问题。心理学一方面尽可能有效地进行实验;另一方面也必须保障人类被试的权利,承担道德责任。于是,涉及人类或动物为被试的心理学研究必须遵循以下伦理原则。

(1)保障被试的知情同意权。研究者必须事先告知被试实验的目的和程序,以便让被试能够做出是否参加实验的决定。如果某人同意参加实验,就称为知情同意。有时实验目的不能事先告诉被试,否则将会使被试的行为发生变化并"污染"实验的结果。在这种情况下,研究者就要隐瞒实验目的,但研究仍旧应该尽量给被试足够的信息,做到"知情同意"。

(2)随时都可以自由退出实验。在以人为被试的研究中,被试应该知道在整个实验过程中,他们随时都有退出实验的自由。如果被试感到实验程序让他们十分不适时,可以选择退出。

(3)询问执行任务的情况并保护被试不受伤害。在实验过程中,实验人员有义务保护被试免遭实验程序带来的身心伤害。绝大多数心理学研究(包括所用方法)在进行时或完成后对被试没有任何伤害。然而,即使看起来无害的实验程序有时也可能使被试产生沮丧、尴尬等负面影响。为了防止此类情况,被试可以了解其执行任务的情况。

(4)保密。除非得到了被试同意,否则所有的实验数据都应保密。虽然这并不意味着结果不能公布或发表,但是其前提条件是必须隐匿任何与个人身份有关的数据信息。

在科学界讨论最热烈的话题之一就是以动物为被试研究的道德问题。随着动物保护组织数量的不断增加,它们的声势也不断壮大。今天,之所以出现有关动物被试的争论比有关人类被试的多,主要原因可能是动物不像人类那样能够获得知情同意和自由退出实验等准则的保护。另外,一些激进的动物保护主义者认为,所有的生命都是有价值的,它们能感知疼痛。根据这一观点,动物和人类具有同样的价值,任何一种对动物的利用形式都是不道德的。这种利用形式包括食用鸡肉、穿戴皮具、饲养宠物等(按照动物保护主义者的观点,宠物是奴隶的一种形式)。

❓思考与练习

1.心理学的研究对象是什么?人的心理现象包括哪些方面?在学习这门学科之前,你是怎样认识心理学的?

2.为什么说心理学是一门中间科学?

3.心理学有哪些主要研究方法?这些方法的特点是什么?

4.发现身边的心理学,寻找生活中心理学的应用实例。

5.搜集资料,查询近10年来中国心理学家的重要贡献有哪些。

参考文献

[1]戴维·迈尔斯.心理学[M].第七版.黄希庭,等译.北京:人民邮电出版社,2006.

[2]彭聃龄.普通心理学[M].北京:北京师范大学出版社,2012.

[3]阿特金森等.心理学导论[M].孙名之,等译.台北:晓园出版社,1994.

[4]荆其诚.现代心理学发展趋势[M].北京:人民出版社,1990.

[5]高觉敷,潘菽.中国心理学史[M].北京:人民教育出版社,1985.

第二章　心理健康与心理咨询

【心灵导读】

"迷茫大一"凸显新生教育缺失

现如今国内高校录取后的新生工作开始变得越来越温情。如何帮助新生顺利实现从"高中生"到"大学生"的角色转变？第三方调查机构的调查显示，高校给出的答卷似乎不太令人满意。调查结果显示，国内高校在新生入学教育方面的缺失，导致新生入学面临诸多适应问题。

"学习问题"成为 59.6％的 2020 级新生和 52.2％的 2019 级新生入学后遇到的主要问题。调查显示，36.2％的 2020 级被调查新生表示入学后"缺乏学习动力"，2019 级新生有着同样感受的则占到 29.5％。"对所学课程内容没有兴趣"的 2020 级新生占 32.4％，2019 级中该比例为 26.2％。

相关专家分析说，国内的高中教学方式和大学教学方式差距较大，进入大学后，松散的教学管理、讲座式的授课、师生之间不频繁的沟通模式和不经常出现的学习反馈，都会让一些新生感到难以适应。

武汉一所理工类大学研究高教的李老师将此称作"迷茫的大一"。李老师曾经和被学校劝退的学生做过交流，让他惊奇的是，这些学生几乎没有一个能够回答这样一个问题："毕业后你想干什么？"在李老师看来，小学、中学阶段，这些孩子有明确的学习动力，就是考大学，家长和老师所有的引导也基本上围绕这一目标展开；进入大学，他们的目标和压力一下消失了，没有新的导航，自然会出现学习目标的模糊。

"人际关系问题"是大学新生入学后面临的第二大难题，2019 级新生遇到人际问题的更多，达 41.3％；2020 级略低，为 38.2％。人际问题中，主要压力来自异性和室友。近两成的 2019 级和 2020 级新生"交异性朋友有困难"，一成多的新生"与室友相处不融洽"。

"学校生活条件不方便"、"学校食堂饮食不习惯"、"与他人作息时间不协调"是新生遇到的三大主要生活问题。在接受调查的 2019 级和 2020 级新生中，有着类似困惑的新生均超过一成。

事实上，这些细节问题同样导致了"新生不适综合征"。

有媒体资料显示，因各种心理障碍引起心理疾病而休学、退学的大学生人数已占大学总休学、退学人数的 50％左右，在大学期间出现心理问题的人中，70％以上的人在入学初期有适应不良的表现。

正处在青春期后期和成年早期的大学生,思想活跃,感受灵敏,面临着多重发展的任务,在挫折面前容易出现心理失衡的现象,出现各种心理障碍。然而,由于长期以来对心理健康缺乏正确的认识,对自己的心理状况缺乏了解,缺乏心理健康意识和心理自助及求助的能力,已经成为危害当代大学生可持续发展和校园安全稳定的重要因素之一。因此,开展大学生心理健康教育工作,提高大学生心理健康水平,应当成为高校素质教育的重要组成部分。

第一节 大学生心理健康

健康是人生的第一财富,没有了健康就没有了一切。人作为一个有着复杂的心理活动、生活在一定社会环境中的完整的人,健康不仅是在身体上没有疾病,还应该具备心理上的健全和社会的适应。

一、什么是心理健康

(一)心理健康的内涵

1.健康新含义

传统的健康观念往往只把注意力局限于生理上的健康而往往忽视了心理健康,甚至认为健康就是身体没有疾病。《辞海》(1989年版)中健康的概念是:"人体各器官系统发育良好、功能正常、体质健壮、精力充沛并具有良好劳动效能的状态。通常用人体测量、体格检查和各种生理指标来衡量。"一般大众的认识,健康就是"机体处于正常运作状态,没有疾病"。这个概念,在当时被广大群众所认可和接受,其中包括医疗工作者。因为,在过去很长一段时间内,我们对"心理和社会适应能力上的完好状态"处于无知的状态。直到改革开放后随着经济的发展、社会的进步,人们才开始重视心理和社会适应能力对健康的影响。

其实,早在1948年世界卫生组织(WHO)成立时就在它的宪章中开宗明义地指出:"健康乃是一种在身体上、心理上和社会上的完满状态,而不仅仅是没有疾病和虚弱的状态。"世界卫生组织关于健康的这一定义,把人的健康从生物学的意义扩展到了精神和社会关系(社会相互影响的质量)两个方面的健康状态,把人的身心、家庭和社会生活的健康状态均包括在内。1978年9月,国际初级卫生保健大会发表的《阿拉木图宣言》中,对健康内涵的描述进行了重申:"健康不仅是疾病和体弱的匿迹,而且是身心健康、社会幸福的完美状态。"并且提出:"健康是基本人权,达到尽可能的健康水平,是世界范围内的一项最重要的社会性目标。"1990年世界卫生组织对健康又做出了最新定义:"一个人在躯体健康、心理健康、社会适应良好和道德健康四个方面皆健全才算健康。"

现代健康的含义是多元的、广泛的,包括生理、心理和社会适应性及道德四个方面,其中社会适应性和道德归根结底取决于生理和心理的素质状况。心理健康是身体健康的精神支柱,身体健康又是心理健康的物质基础。良好的情绪状态可以使生理功能处于最佳状态,反之则会降低或破坏某种功能而引起疾病。身体状况的改变可能带来相应的心理问题,生理上的缺陷、疾病,特别是痼疾,往往会使人产生烦恼、焦躁、忧虑、抑郁等不良情绪,导致各种不正常的心理状态。作为身心统一体的人,身体和心理是紧密依存的两个方面。

2.心理健康

心理健康的含义,国内外不少专家从不同角度加以研究和阐述,却至今尚未达成一致的看法,给出明确的定义与内涵。

《简明不列颠百科全书》对心理健康的定义是:"心理健康指个体心理的本身在环境许可范围内所能达到的最佳功能状态,不是指绝对的十全十美的状态。"

1946 年国际心理卫生大会对心理健康的定义是:"所谓心理健康,是指在身体、智能以及情感上与他人的心理健康不相矛盾的范围内,将个人心境发展成最佳的状态。"

心理学家英格里希指出:"心理健康是一种持续的心理情况,当事者在那种情况下,能做出良好的适应,具有生命的活力,而能充分发挥其身心的潜能;这仍是一种积极的、丰富的情况,不仅是免于心理疾病而已。"

精神病学家孟尼格尔认为:"心理健康是指人们对于环境及相互之间具有高效率以及快乐的适应情况。不只是要有效率,也不只是要有满足之感,或是能愉快地接受生活的规范,而是需要三者的同时具备。心理健康者应能保持平静的情绪,有敏锐的智能,以及适应社会环境的行为和令人愉快的气质。"

兴起于 20 世纪末的积极心理学提出了"心盛"(flourishing)理论,强调积极的心理健康是一种充分的幸福状态,在这种状态中个体对待生活充满积极情感,心理和社会功能完好。积极心理学家塞利格曼认为心盛包含五个核心因素,分别是"积极情绪""沉浸体验""人际关系""人生意义""自我实现"。在心盛视角下,心理健康不仅是没有心理疾病,而且是心理的繁荣昌盛,是最佳体验、最佳功能以及社会和谐,是主观幸福感、心理幸福感和社会幸福感的全面繁荣。

尽管关于心理健康的定义,不同的心理学流派的学者对其理解并不完全一致,但也存在一些共同的地方,那就是:心理健康是指生活在一定的社会环境中的个体,在正常发展的智能基础上所形成的一种积极的状态,表现在具有良好的个性、良好的处世能力、能与环境保持良好的适应能力。

·【延伸阅读】·

积极心理学简介

"积极"一词源出于拉丁语 positum,含有实际的和潜在的意义。在心理学中,是指每个人实际的和潜在的能力。

1998 年,积极心理学运动倡导者之一,前任美国心理学会主席、宾夕法尼亚大学教授塞利格曼(E.P.Seligman)在《构建人类的优点:被心理学遗忘的使命》一文中批判二战后的心理学研究,将视野局限在对人类心理问题、心理障碍和环境压力对个体造成负面影响的研究,心理学演变为矫正和治疗的科学,消极取向的心理学成为主导性模式,提醒当代心理学有必要重新关注普通人的心理,关注人性中的积极层面。塞利格曼和米哈里·契克森米哈(Mihaly Csikszentmihalyi)联名在《美国心理学家》杂志发表《积极心理学导论》,在总结了早期分散在心理学各领域中有关的积极心理研究成果的基础上,倡导该领域的研究应该向更深入、更广阔的方向发展,提出积极心理学研究模式。他们宣称:"当代心理学正处在一个新的历史转折时期,心理学家扮演着极为重要的角色,有着新的使命,那就是如何促进个人与社会的发展,帮助人们走向幸福,使儿童健康成长,使家庭幸福美满,使员工心情舒畅,使公众称心如意。"

积极心理学(Positive Psychology)是利用心理学目前已经比较完善和有效的实验方法与测量手段,来研究人类的力量(strength)和美德(virtue)等积极方面的心理学思潮。积极心理学研究的对象是平均水平的普通人,它是用一种更加开放、欣赏性的眼光去看待和理解人类的潜能、动机和能力。

1.主观层面上积极情绪体验研究

积极的情绪体验是积极心理学极其关注的重点之一。B.L.Fredick 提出了"拓展-构建"(broaden and build)理论。研究表明,人类的各种积极情绪并不是截然分开的,而是具有高度的相关性和一致性,往往在体验到一种积极情绪的同时也会体验到其他的积极情绪。看起来相对离散的积极情绪会增强个体瞬时的思想和行动能力,并对指导自己思想和行动的心理资源有长远的影响,其中研究最多的是关于主观幸福感、积极情绪与健康的关系。

(1)主观幸福感

主观幸福感(subjective well being,简称 SWB)是指个体依据自己设定的标准对其生活的看法和主观感受,是一个多纬度的个性心理特征。SWB包括生活满意度和情感体验两个基本成分。前者是个体对其生活总体质量的认知评价,即个人对其总体生活满意程度做出的判断和对重要生活领域(如工作、婚姻、学习、健康、人际关系等)满意程度的判断;后者是个体生活中的情感体验,包括积极情感(快乐、愉悦、轻松等)和消极情感(抑郁、焦虑、紧张等)两方面。

(2)积极的情绪与健康

关于情绪与健康领域的大多数研究都偏重于病理性质的研究,局限于消极情绪如何导致疾病的。由于积极情绪和消极情绪呈负相关,研究者设想,用后者代替前者将会有预防和治疗上的效果,从而研究了积极情绪状态对于生理和免疫系统的直接和间接影响。研究结果显示,积极的情绪状态会促进血液中一种免疫抗体 S-lgA 的分泌,从而提高机体免疫系统的活动。积极的情绪状态对于患者的心身状况改善也有积极的影响,导致积极的康复活动。Taylor 等人的研究发现,AIDS 感染者中,对自身的康复能力抱有超乐观态度的人,症状出现得相对较晚,在康复锻炼中表现更好,生存时间也更长。

2.个人层面上积极人格特质的研究

积极的人格特质是积极心理学得以建立的基础。它的基本理论假设是人类是自我管理、自我导向、具有适应性的整体。20 世纪五六十年代,以马斯洛、罗杰斯等人为代表的人本主义心理学家重新关注人性的积极层面,重视积极的心理活动。研究者发现,人性层面的积极力量和美德,如勇气、乐观、爱、人际技能、职业道德、信仰、希望、忠诚、坚忍等对于心理疾患起着不容忽视的调节、缓冲作用。越来越多的心理学研究者意识到,当代心理学不仅应着眼于心理疾病的诊断与治疗,而且更应该研究如何发掘、培养、发挥积极的心理品质,研究人的优点比仅仅修复疾病更有价值,因为人类的积极品质是人类赖以生存和发展的核心要素,更有助于深刻理解人性。逐渐地,幸福、快乐、希望、乐观、智慧、爱、满意感、士气、宽容等积极因素进入了当代心理学研究的视野,积极成为心理学研究中新的价值取向。

总而言之,积极心理学中的"积极"包含的主要内容是:积极是对前期集中于心理问题研究消极心理的"反攻";倡导心理学要研究人心理的积极方面;强调用积极的方式对心理问题做出适当的解释,并从中获得积极意义。目前积极心理学的研究领域主要集中在三大方向,主观层面上积极情绪体验研究:对过去的幸福感和满意感、对现在的愉悦、对未来富有建设性的认知,如希望、忠诚;个人层面上积极人格特质研究:乐观、爱和职业能力、勇气、人际技能、美感、宽恕、创造性、天赋和智慧;群体层面上积极组织系统研究:如何创造良好的社会环境促使个体发挥其人性中的积极层面,如责任感、利他、文明、忍耐和职业伦理。

提高人类生活质量是积极心理学研究人的优点和价值,关注正常人的心理机能,重视人性中积极方面,使心理科学更加科学地理解人性,并实施更有效、积极的干预,以促进个人、家庭与社会的良性发展。积极心理学更关注于重建人类的新人文精神,体现人文关怀,最终实现人类的可持续发展,这是其发展和壮大的本质和目标。积极心理学不是一个冷冰冰的技术领域,而是既体现对人类命运深切关怀又理性严谨的新型学科。

(二)心理健康的标准

正如对心理健康的含义不同的心理学家有不同的理解,对心理健康的标准亦是如此,目前还缺乏公认的标准。

1.心理健康标准的若干论述

对一个人的心理健康与否的判断标准,比较有影响和代表性的标准有以下几种:

(1)国际心理卫生大会的标准

1946年第三届国际心理卫生大会上提出的一个人心理健康的标准是:①身体、智力、情绪十分调和;②适应环境,人际关系中彼此忍让;③有幸福感;④在工作和职业中,能充分发挥自己的能力,过着有效率的生活。

(2)马斯洛与米特尔曼提出的标准

美国人本主义心理学家马斯洛和米特尔曼曾合著了一本《变态心理学》,在这本书中他们提出了被认为非常经典的10条心理健康的标准:①有足够的自我安全感;②能充分了解自己,并能对自己的能力做出适当的评价;③生活理想切合实际;④不脱离周围现实环境;⑤能保持人格的完整与和谐;⑥善于从经验中学习;⑦能保持良好的人际关系;⑧能适度地发泄情绪和控制情绪;⑨在符合集体要求的前提下,能有限度地发挥个性;⑩在不违背社会规范的前提下,能恰当地满足个人的基本需求。

(3)奥尔波特(G.W.Allport)提出的标准

美国人本主义心理学家奥尔波特认为,心理健康者的功能发挥是在理性和意识水平上进行的。他提出健康个性具有6个特征:①自我广延的能力。即有很广的活动范围,有很多朋友和爱好,积极参与各种社会活动。②密切的人际交往能力。健康成人与他人的关系是亲密的,富有同情心,无占有感和嫉妒心,能宽容自己与别人在价值观与偏好上的差异。③情绪上有安全感和自我认可。健康成人能忍受生活中不可避免的冲突和挫折,经得起一切不幸遭遇,还具有一个积极的自我形象。④体现知觉的现实性。健康成人看待事物是根据事物的实际情况,而不是根据自己希望的那样来看待事物。他们在评价一种形势和决定顺应这种形势时仍明白。⑤体现自我客观化。健康成人对自己的所有和所缺都十分清楚和准确,理解真实自我与理想自我之间的差异。⑥体现定向一致的人生观。健康成人表现出定向一致,为一定的目的而生活,有一种主要的愿望。这种定向一般来说是属于宗教的,但不一定就是宗教。

(4)积极心理学提出的标准

积极心理学批判传统的心理健康标准,认为人的生命系统不是由问题构成的,而是一个开放的、自我决定的系统。他既有潜在的自我内心冲突,也有潜在的自我完善的内在能力,个体一般都能自己决定自己的最终发展状态。积极心理学认为心理健康标准应该包含以下几个特征:①行为正常,且表现出持续性;②认知良好,没有认知偏差;③个体能够经常感受到主观幸福感;④有统一安定的人格(具有弹性),有较高的抗压能力和坚韧的忍耐力;⑤具有积极改善环境的能力。

2.大学生心理健康的标准

大学生作为一个特殊的群体,有着其独特的年龄特征、心理特征和社会角色特征,综合国内外专家学者的观点,目前比较被认可和被广泛接受的我国大学生心理健康的基本标准如下:

(1)智力正常。智力是指一个人的认识能力与活动能力所达到的水平,是人的观察力、注意力、记忆力、想象力、思维力、创造力和实践活动能力的综合。智力正常是大学生胜任学习任务、适应环境变化的心理保证,是大学生心理健康的基础。衡量大学生的智力发展状况,除了智商是否达到正常水平之外,还应该关注个体是否有强烈的求知欲、乐于学习、能够积极参与各项学习活动。

(2)情绪健康。心理健康的个体积极稳定的情绪体验占优势,但是并非没有消极情绪或者一直保持积极情绪,而是其善于控制和调节自己的情绪,同时能适度合理地表达、宣泄自己的负性情绪。

(3)意志健全。意志是人在完成有目的的活动时,所进行的选择、决定与执行的心理过程。意志健全的大学生在各种活动中都有自觉的目的性,能适时地做出决定并运用切实有准备的方式解决所遇到的问题,在困难和挫折面前,能采取合理的反应方式,能在行动中控制情绪和言行,而不是盲目行动,畏惧困难,顽固执拗。

(4)人格完整。人格是气质、性格、能力、兴趣等个体比较稳定的个性心理特征的总和。人格完整的个体在各个方面能够以整体的精神风貌协调、和谐地表现出来,不产生自我统一性的混乱。人格完整是大学生心理健康的核心标准之一。

(5)自我评价恰当。心理健康的个体能体验到自己的价值,既能对自己的能力、性格、优缺点做出客观的评价,不过高估计自己,不狂妄自大从而提出不切实际的生活目标和个人理想;同时也不会过低估计自己的能力而放弃发展的机会;能接受自己,对自己的优缺点抱有正确的态度,既不骄傲也不自卑。

(6)人际关系和谐。良好而深厚的人际关系是生活幸福和事业成功的前提。人际关系和谐的个体敢于与人交往、善于与人交往、乐于与人交往;既有广泛的人际关系,又有稳定的知心朋友,在交往中保持独立而完整的人格;能客观地评价别人和自己,在与人交往中不苛求他人,能正确处理人际冲突,化解矛盾,处理好竞争与互助的关系。

(7)适应能力强。适应能力强指个体在与环境互动的过程中能够正确认识环境及主动适应环境,并在力所能及的范围内改进环境。心理健康的大学生一方面能与社会环境保持良好的接触,做出客观的认识和评价;另一方面能够主动调整个人与社会环境的矛盾冲突,主动适应环境,并敢于面对现实的挑战。

（8）心理行为符合大学生的年龄特征。在人发展的不同年龄阶段,都有相对应的不同的认知、情感和行为的反应模式,及与角色相应的心理行为特征。如果一个人的心理行为经常严重偏离自己的年龄特征,一般都是心理不健康的表现。

3.对心理健康标准的理解

在判断一个人的心理是否健康时,我们并不能生搬硬套心理健康的标准。因为心理健康标准仅仅是一种参考,是一种相对的衡量的尺度。因此,我们在理解和运用心理健康标准时应注意以下几点:

（1）相对性

心理绝对健康只是一种理想状态,心理有病也只是少数人,绝大多数人在某个阶段或多或少都有一些心理问题,我们不能简单地根据一事一时下结论。心理健康的人也可能在某些时候会有轻微的心理问题,在遇到一些挫折时出现暂时的心理失衡,没有一点心理问题的绝对心理健康是不存在的。

而且,从社会文化的角度看,心理健康也具有相对性。心理健康标准往往会随着时代变迁、社会发展、制度变革、社会文化背景的差异而有所变化。

（2）动态发展性

心理健康的状态并非静止的,而是处在不断变化之中,它随着人的成长、环境的变迁而改变。所以,应用发展变化的眼光判断大学生心理健康状况。事实上,有些不健康的心理行为可能是人在成长中不可避免的发展性问题,或暂时性的心理表现,其状况会随着自身的发展而自行消失。

（3）连续性

心理健康与不健康不是泾渭分明的对立面,而是一种连续状态,从良好的心理健康状态到严重的心理疾病之间有一个广阔的过渡带。心理问题的严重程度是逐渐增加的,从健康到不健康有个逐渐过渡的过程。因此,心理健康状况与其说是正常与异常这两种类型上的差异,不如说是程度上的差异。

（4）整体协调性

把握心理健康的标准,应以心理活动为本,考察其内外关系的整体协调性。事实表明,从心理的构成要素看,无论哪一方面要素的缺损或丧失,或各要素之间不能协调地进行符合规律的运作时,都会危及心理健康。从心理过程来看,只有认知、意志、情感以及行为之间协调统一,一个人才能实现心理健康。从个性角度看,保持个性的稳定性这一基本特征也是个体心理健康的标志。

（5）差异性

组成心理健康标准的各要素,在个体身上并非同等发展,而是具有差异性的,且在不同的时间和场合也可能会有所差异。

（6）延伸性

心理健康标准反映的是个体良好适应社会生活所应具备的心理状态的一般要求,而不是最好的心理境界,即心理健康具有延伸性。

最后,需要强调的是,心理是否健康需要心理专业人员的鉴定,大学生不可对号入座或随便给自己或他人贴上某种标签,以免产生不良的心理暗示。

二、大学生心理健康现状

2021年3月,由中科院心理研究所和社会科学文献出版社联合正式对外发布《中国国民心理健康报告(2019—2020)》。报告显示,相比10年前,人们感到心理健康水平有明显下降,而对比1年前,人们感到心理健康水平有所上升。面向未来5年的心理健康期待,报告的结论是:人们积极的预期要多于消极的预期。

世卫组织精神卫生和精神活性物质使用司Brandon Gray博士认为:"新冠疫情对人们的精神健康和福祉产生了重大影响。从逻辑上讲,2020年受大流行影响最严重国家的精神疾病发病率增幅最大。女性比男性受到的影响更大,年轻人,特别是20～24岁的人比老年群体受到的影响更大。"新冠大流行期间,全球焦虑和抑郁症病例增加了25%以上。中国青少年的抑郁检出率为24.6%,其中轻度抑郁检出率为17.2%,高出2009年0.4个百分点;重度抑郁检出率为7.4%,与2009年保持一致。

近年来,大学生的抑郁、自杀等问题日益引发社会关注,对于青少年心理健康问题,国家卫健委发布的《探索抑郁症防治特色服务工作方案》提出,高中及高等院校将抑郁症筛查纳入学生健康体检内容,将心理健康教育作为中学、高等院校必修课,更是将学生作为四大重点防治群体之一。

根据某校对2018级、2019级、2020级、2021级学生入学时心理普查结果,发现近四年该校新生心理健康问题呈逐年递增趋势,2019年自杀潜在风险在较高和极高的等级上的比例达到最高,2020年和2021年较高和极高检出比例略低于2019年,如表2-1所示。

表2-1 2018—2021近四年心理潜在风险检出率对比

风险等级	极高(比例)	较高(比例)	中等(比例)	较低(比例)	正常(比例)	合计
2018	65(1.61%)	242(5.99%)	658(16.29%)	636(15.74%)	2439(60.37%)	4040
2019	119(2.96%)	551(13.70%)	1245(30.95%)	1315(32.69%)	793(19.71%)	4023
2020	72(2.00%)	357(9.90%)	997(27.64%)	1276(35.38%)	905(25.09%)	3607
2021	96(2.58%)	410(11.03%)	1060(28.52%)	1252(33.68%)	899(24.19%)	3717

根据这四年的普查结果,发现该校学生中心理困扰最多的集中在强迫倾向、人际关系敏感、焦虑、抑郁情绪困扰四项。可见,强迫倾向、人际关系敏感和抑郁情绪困扰在在校学生中具有一定的普遍性,并呈现逐年上升的趋势,需要得到学校及学生个体本人的关注,否则将极有可能影响学生的发展潜力。

三、影响心理健康的因素

影响大学生心理健康的原因是多方面的,既有大学生自身的内部因素,也有诸如家庭、学校和社会等外部因素。大学生心理健康水平是诸多因素综合作用下的结果。

（一）内因

1.生理

生理和心理是一体的,生理上出现的种种问题也会影响到大学生的心理健康。对大学生的心理健康产生影响的生理因素主要有:大脑器质性的病变和有害物质的入侵,如脑肿瘤、脑外伤、长期酗酒或吸毒;躯体疾病,如各类的慢性疾病;遗传因素的影响;神经系统发育的不健全;生理发育不良。

2.心理

个体心理因素是影响和制约大学生心理健康的主要内因,一般来说有以下几点:

（1）认同的危机。大学阶段是大学生解决"自我同一性"危机时期,在确定"自我同一性"过程中,大学生会经历种种内心矛盾和迷茫,情绪起伏大,容易诱发心理障碍。

（2）性的生物性与社会性冲突。从生理上看,处于青年期的大学生已经性成熟,有了性的欲望与冲动,然而由于社会道德、法律等约束,这种欲望被限制和压抑着。不适当的性压抑是导致心理障碍的重要因素之一。

（3）挫折承受力。整个社会紧张性刺激增多而带来的应激或压力在广度和深度上都在增加,而不少大学生的心理素质却远远跟不上,相当一部分人心理素质脆弱,遇到较强的挫折时,就会出现心理失衡的状态。

（4）情绪调整力。大学生正处在情绪最强烈而又最动荡时期,容易缺乏冷静的思考,因而常会因做错事而懊恼悔恨。同时,由于情绪具有弥散性的特点,大学生对事物的判断有时会失去客观性,夸大或灾难化挫折事件,使人生蒙上阴暗的色调。

（5）个性发展状况。性格内向孤僻、沉郁、压抑,过于自卑或过分自尊,固执、冲动、多疑、偏激、爱慕虚荣、人际敏感、感情脆弱等个性特征,都不利于心理健康。

（6）内心矛盾冲突。青年期大学生正处于由不成熟趋向成熟的过程中,成熟不成熟常常交叠在一起,这典型地反映在他们的内心矛盾冲突中。比如,自立与依赖的矛盾,自信与自卑的矛盾,理想与现实的矛盾,闭锁性与开放性的矛盾,冲动与压抑的矛盾等。当一个人长期处于内心矛盾中或内心冲突过大时,就可能破坏心理平衡而出现心理障碍。

青年期发展的任务重,情绪体验深刻,内心敏感脆弱,很容易受到伤害,当不良的社会环境因素与不良的生理、心理因素交互作用时,就会导致心理健康问题。因此,特别需要加强心理健康教育。

（二）外因

1.家庭因素

家庭可能是影响大学生心理健康最重要的外因。家庭对大学生心理健康的影响并不在于经济条件,通过对某校2015级大学生心理健康状况的调查,发现家境经济状况和家庭所处的地域对大学生的心理健康的影响未达到统计学的意义,因此很有可能家境的好坏对个体的心理健康的影响非常有限。那么对大学生心理健康产生较大影响的是什么呢?

（1）家庭环境气氛

家庭环境气氛对个体的健康成长非常重要。研究发现,从小成长在冷漠或暴力的家庭氛围中,其心理发展将受到阻碍,并且会抑制他们潜能的发挥。在暴力或冷漠疏远的家庭中成长起来的个体,容易缺乏安全感,对人缺乏基本的信任感,过于敏感、多疑,难以和同学、老师建立和谐、信任的人际关系,严重危害个体的心理健康。成长在专制型的家庭氛围中的孩子,从不敢大声说话,自由说笑,或向父母表达自己的见解,那么这些个体进入大学后,往往也难以充分地表现自己,难以有较强的自信心去参与竞争。

(2)父母对子女的态度及教养方式

个体早期与父母的关系以及父母对儿童的态度与教养方式也是影响个体心理健康的重要因素。如果个体在早期与父母建立和保持良好的关系,对其以后的社会适应和人际关系有着积极的促进作用。相反,如果个体在早期不能与父母建立起亲密关系,或者由于父母离异而过早与父母分离,都会对他们今后的成长产生消极影响。大学生中存在比较严重的心理障碍的学生,有相当一部分与父母存在复杂而又矛盾的不健康关系。

很多研究都发现,在个体的早期发展过程中,若父母能够正确地回应个体的需求,用爱、支持和鼓励来呵护其成长,那么个体会建立起对他人的信任感和安全感。这种信任感和安全感的建立保证了个体成年后与他人建立起健康和谐的人际关系。反之,个体会因为缺乏基本的信任感和安全感而无法与他人和世界建立起良好的关系而危害到心理健康。

2.学校教育

学校是培育健全人才的重要场所,如果教育思想出现偏差,教师教育方法失当,校风、班风不良等都可能会引起大学生的心理问题。如以升学为目的的学校,教育重心片面地只放在学习成绩上,而忽略了其他方面,可能就会形成过度竞争的氛围,使学生长期处在紧张焦虑的情绪中而影响心理健康。教师若将重心放在少数尖子学生的身上,对后进生少有关心,甚至歧视,这就容易造成学生的自卑感,使其变得冷漠、消沉退缩、自暴自弃。

3.社会

社会对个体心理健康的影响是多维度的。在生产力高度发展和社会竞争日趋激烈的今天,尖锐复杂的社会矛盾不可避免地给人类的学习、生活和工作带来一系列的不良的影响,主要有:(1)现代社会生活节奏加快,往往使个体的大脑处于持续的过度紧张状态,容易"积劳成疾"。(2)现代社会是一个竞争的社会,与竞争相伴的是成功与失败,若个体缺乏足够的心理准备,对失败所带来的挫折的承受力较弱,就有可能出现心理健康问题甚至产生心理疾病。(3)现代社会的大机器生产,替代了过去的手工业操作,节省了大量的劳动力和时间,但是相当一部分人没有由此感觉到轻松和获得更多有益于身心的娱乐,而是在对物欲满足的追求中,迷失了自我的存在感和价值感。(4)生活方式的现代化,使现实生活中的人际交往相对减少,缺乏人与人的真实互动,容易导致心理疾病的产生。

大学生是社会中非常活跃、敏感又有知识的人群,他们往往能够敏锐地感觉到社会变化的种种冲击。毕业就业竞争激烈、社会中不良现象等,都会给部分学生带来压力,影响他们的心理健康。

第二节 大学生心理咨询

一、大学生心理咨询的意义和特点

(一)大学生心理咨询的意义

据调查,目前很大一部分大学生认为自己有心理压力,且大部分学生对压力的处理缺乏信心。他们表现出的最主要的心理问题是焦虑、抑郁、强迫等,主要集中在生涯、学业、人际关系、情绪、性格、适应及恋爱等方面。这些心理困扰甚至心理疾病已成为困扰大学生学习和生活的大问题,如果不能得到及时解决,就可能对大学生的人格成长和身体健康产生严重影响。

1. 心理咨询是解决大学生心理问题、疏导心理障碍、预防和治疗心理疾病的有效途径

大学生作为一个处于"心理断乳期"的特殊群体,面对生活、环境、理想、现实等种种问题时,常常因苦无良策或处理不当而陷入痛苦、焦虑、失望和困惑中,造成心理压抑和心理紧张。面对诸如此类的心理困扰,心理咨询可以帮助大学生消除、矫正或缓解各种心理问题,调整异常行为表现,从而促使其行为发生改变,使其个性健康成长与发展。

2. 心理咨询是提高大学生心理素质的重要手段

高校心理咨询不仅可以帮助大学生有效地解决心理问题,而且通过主动地对大学生进行心理健康相关知识的传授和心理素质的拓展训练,还可以使他们学会运用心理学的知识和方法进行自我调节,提高问题处理能力和决策水平,增进心理健康。

3. 心理咨询是新时期高校德育教育的新任务、新内容、新途径

心理咨询与思想政治教育相结合,是符合中国国情和高校现状的,也是有科学基础的。因为大学生中存在的许多心理问题都与他们的人生观、价值观和道德观有着直接的联系,是交织在一起的。要从根本上解决这些心理问题与思想问题,就必须接受科学的人生观、价值观和道德观的引导。因此,高校心理咨询工作中人生观、世界观和道德观的渗透,可以对大学生产生积极的影响。

(二)大学生心理咨询的特点

1. 以学生为主体

大学生心理咨询工作以学生为本,并以此为前提,通过与学生建立相互理解和信任的人际关系,帮助学生毫无顾虑地宣泄自己、剖析自己、展示自己,以便准确地获取和掌握来访者的第一手真切资料,为最终正确地引导学生解决问题提供可靠的依据。同时,以学生为主体的特点可以充分发挥大学生的主观能动性,使他们学会自我心理调适,自主地选择和做出决定,达到自我超越、健康成长的最终目标。

2. 以问题解决为核心

心理咨询以多倾听、少干预、助人自助的工作模式使师生间形成了融洽的、相互信任的

关系,为问题的解决创造了条件。这种关系有利于准确地把握学生的思想、心理以及社会状况,以便有的放矢地采取适宜的帮助方式,科学地帮助学生解决成长和发展过程中遇到的困难和障碍。

3. 坚持防治与发展并重

大学生正处于人格发展和逐渐定型的关键时期,心理咨询能及时发现存在心理问题的学生,并通过多种途径为他们提供帮助,防患于未然。与此同时,面向全体大学生的心理教育,可以引导大学生在成长的过程中少走弯路,促进大学生心理各方面的积极发展。

二、大学生心理咨询的内容

大学生心理咨询的侧重面因年级、性别、专业等因素而存在不同。主要的咨询内容有:角色转换与适应不顺导致的心理失衡,人际交往不良导致的心理困惑,生理和情感问题导致的心理痛苦,上网成瘾导致的心理异常,择业、就业压力导致的心理隐患,经济困难引发的心理问题等。

三、心理咨询的原则

(一)保密性原则

咨询人员应对来访者的有关资料给予保密,不得对外公开来访者的姓名、个人情况等;尊重来访者的个人隐私权,不能在咨询室以外的其他地方随意谈论来访者的问题。如因工作需要不得不引用咨询事例时,应对材料进行适当处理,不得公开来访者的真实姓名、单位或住址。但是当咨询的过程中发现来访者有伤害自己或要伤害到他人的情况出现时,本着生命至上的原则,需立即报告相关部门介入干预,减少伤亡的产生。

(二)价值中立原则

咨询人员在心理咨询过程中应保持客观、中立的立场,不以咨询人员自身的价值观评判来访者的心理和行为,更不对来访者进行批评或指责。

(三)专业能力限定原则

咨询人员的主要目的是帮助来访者分析问题的所在,培养来访者积极的心态,树立自信心,让来访者的心理得到成长,自己找出解决问题的方法。当来访者面临的问题超出咨询人员的专业能力范围时,心理咨询人员应主动、及时地把当事人转介到合适的心理咨询机构。

(四)时间、感情限定的原则

心理咨询必须遵守一定的时间限制。咨询时间一般规定为每次50分钟左右(初次受理时可以适当延长),不能随意延长咨询时间或间隔。咨访关系的确立是咨询工作顺利开展的关键,是咨询者和来访者心理的沟通和接近。但这是有限度的。来自来访者的劝诱和要求,即便是好意,在终止咨询之前应该予以拒绝。

(五)"来者不拒、去者不追"的原则

心理咨询人员在向来访者提供咨询服务时,应给予来访者自己的意愿,到心理咨询室求询的来访者必须出于完全自愿,这是确立咨访关系的先决条件。"来者不拒",指对来访者积极提供可能的帮助;"去者不追",指在心理咨询过程中,来访者退出或离开,应及时安排,做好结束咨询工作,不必勉强建议来访者继续进行心理咨询服务。

(六)重大决定延期的原则

心理咨询期间,由于来访者情绪过于不稳和动摇,应规劝其不要轻易做出如退学、转学等重大决定。在咨询结束后,来访者的情绪安定、心境得以整理之后做出的决定往往不容易后悔或反悔的概率较小。就此应在咨询开始时予以告知。

四、大学生如何接受心理咨询

心理咨询的每个阶段都需要来访者主动、密切的配合,因此,来访者做好充分的心理准备,对提高咨询效果十分必要。

(一)咨询前的准备

1. 有主动咨询的愿望

来访者自愿是建立良好心理咨询的基础。如果来访者没有沟通的意愿,仅仅是被老师、家长带来的,就很难敞开真实的自我,这必然使咨询的效果受到影响。

2. 减少不必要的担心

保密原则是心理咨询师最基本的职业道德。有些来访者因担心咨询的谈话内容外露,咨询时往往隐去某些关键点,这样不利于咨询师发现问题,做出正确的诊断和引导。此外,心理咨询的关注点在于帮助来访者解决心理上的困惑,不是做思想工作,来访者不必因担心咨询师嘲笑而犹犹豫豫。

3. 选择适合的咨询师

咨询前,要了解一些关于咨询师的情况,尽量找受过专业培训、具有从业资格的咨询师;同时,也要根据自己的心理困惑来选择咨询师。如果与咨询师接触后,感觉不适合,可以提出中止咨询或请求转介其他咨询师。

4. 了解咨询的时间规定

咨询是有时间限制的,通常一次咨询的时间约50分钟。根据来访者表述的心理问题程度和咨询师所使用的方法不同,咨询次数不固定,有的1~2次就能达到咨询目标,有的需要更长的时间,甚至1年、2年。心理咨询一般需要提前预约,来访者应按照约定的时间准时前去咨询,如遇特殊情况,需提前联系,以便更改咨询时间。

(二)咨询过程中的准备与配合

1. 来访者要有自助意识

心理咨询是"助人自助"的过程,咨询师不能替来访者改变或做决定。心理咨询需要来

访者积极主动地配合,参与到咨询方案的制定中,认真完成咨询作业,勇于改变自我,战胜自我,最终才能走出心理困境。

2. 来访者要有耐心

心理咨询是一个循序渐进的过程,通常要经过了解来访者的问题、诊断、设立咨询目标、选择咨询方法、制定咨询方案、实施和反馈等过程,欲速则不达。有些心理问题在咨询过程中还可能出现反复,这就更需要来访者的耐心和信心了。

3. 真诚坦率的交流

心理咨询主要是以语言沟通为基础的。面对咨询师,来访者应如实、直截了当地讲述心理困惑和内心感受,即使分不清问题所在,也无须担心,只要真诚坦率地敞开心扉,咨询师能从倾听的过程中捕捉一些关键点,来访者需要实事求是地回答。

4. 认真完成咨询作业

来访者和咨询师共同制定咨询目标和计划是咨询过程中的一个重要环节,来访者要在不同的咨询阶段认真完成各种实践作业,坚持咨询计划并做好反馈,这样才能收到理想的咨询效果。

目前很多高校均设有学生心理咨询机构,在一些综合医院也有心理门诊。如果有什么心理问题,请主动寻求心理帮助,这是一种勇气、一种自信、一种充满现代文明气息的行为。

【课堂活动】

解开千千结

训练目的:增进班级成员的熟悉程度,同时明白"心结"的解开需要大家一起努力。

训练时间:约 15 分钟。

操作步骤:

将班级成员分成若干小组,以小组为单元,成员手拉手围成一个圈,看清楚自己左手和右手是谁,确认后松手,在圈内自由走动,待老师叫停时,成员定格,位置不动,伸手拉住之前左右手牵着的人,从而形成许多结或扣;不能松手,但可以钻、跨、绕,要求成员设法解决难题,恢复到起始状况。可继续增加难度,在此基础上进行变式。

分享:

完成后分享活动的感受,使成员们意识到人际交往有时会产生"心结",人越多,产生的"结"就可能越多。只要相互努力改善,就能将其打开。

五、大学生心理咨询中常用的治疗方法

(一)以人为中心的治疗

以人为中心的治疗是人本主义心理疗法之一,创始人是人本主义心理学家卡尔·罗杰斯。他认为人性发展的基本属性是建设性的,人有追求美好生活和为之奋斗的本性。变态行为和疾病的产生,主要是因为不适当的环境使人的潜能不能发展或向歪曲的方向发展,人际关系是各种不适当的环境因素中最重要的。因此,治疗师的主要任务是提供良好的治疗关系,使来访者对他的有机体的经验更加开放;养成对有机体这个敏于生活的工具的信赖感;接受存在于个人内部的评价源;在生活中不断学习,主动参与到一个流动的、前进的过程中去,并从中不断地发现自己的经验之流中新的自我的生成与变化。以人为中心的治疗主要有两种形式:一是个别谈话治疗,即来访者中心疗法,对象一般是有心理冲突或心理疾病的患者,治疗中要提供适宜的环境气氛,开发出来访者自身改造自我概念和指导自己行为的潜能;二是通过"交朋友"小组进行小团体治疗。交朋友小组的成员由背景或问题相似的人组成,一般10人左右,通过集体活动的相互影响来矫正一些适应不良行为及心理障碍。

(二)认知疗法

认知疗法是由美国心理学家 A. 贝克创立的。认知疗法是根据认知过程影响情感和行为的理论假设,通过认知和行为技术来改变患者不良认知的一类心理治疗方法的总称。该疗法的基本观点是:认知过程及其导致的错误观念是行为和情感的中介,适应不良行为和情感与适应不良认知有关。认知疗法常采用认知重建、心理应付、问题解决等技术进行心理辅导和治疗,其中认知重建最为关键。一般来说,认知疗法适用于各种神经症,但主要是用来治疗抑郁症,还适用于焦虑障碍、社交恐怖、偏头痛、考前紧张焦虑、情绪激怒等病人。

(三)行为疗法

行为治疗主要关心当前的行为问题,强调通过学习、训练提高患者的自我控制能力,通过控制情绪、调整行为及内脏生理活动来矫正异常行为,治愈心理疾病。治疗过程通常分三步:首先,确认来访者的不良行为,据此制定治疗目标,选择治疗技术和方法;其次,以适当的方法对不良行为进行矫正,帮助来访者建立起新的行为模式;第三,记录靶行为的基线水平及变化过程,以评价治疗过程。行为疗法具体包括系统脱敏法、满灌疗法、厌恶疗法、生物反馈疗法等,其核心都是利用控制环境和实施强化,使来访者习得良好行为,矫正不良行为。

1. 系统脱敏法

系统脱敏法是 20 世纪 50 年代由精神病学家约瑟夫·沃尔帕创立的,主要适用于来访者在某些特定情境下产生超出一般程度的紧张、焦虑或恐怖状态。该方法主要是诱导患者缓慢地暴露出导致神经症焦虑的情境,并通过心理的放松状态来对抗这种焦虑情绪,从而达到消除神经症焦虑习惯的目的。根据这一原理,在心理治疗时便应从能引起个体较低程度的焦虑或恐怖反应的刺激物开始进行治疗,一旦某个刺激不再引起患者的焦虑和恐怖反应后,便可向处于放松状态的患者呈现比上一个刺激略强一点的刺激。如果一个刺激所引起的焦虑或恐怖状态在患者所能忍受的范围之内,经过多次反复的呈现,他便不再会对该刺激感到焦虑和恐怖,治疗目标也就达到了。

2. 满灌疗法

满灌疗法又称为"冲击疗法"、"暴露疗法",它与系统脱敏疗法正好相反。它不需要进行任何放松训练,而是一下子呈现最强烈的恐怖、焦虑刺激(冲击),或一下子呈现大量的恐怖、焦虑刺激(满灌、泛滥),以迅速校正病人对恐怖、焦虑刺激的错误认识,并消除由这种刺激引发的习惯性恐怖、焦虑反应。治疗一开始就让患者进入最使他恐惧的情境中,一般采用想象的方式,鼓励病人想象最使他恐惧的场面,或者心理医生在旁边反复地甚至不厌其烦地讲述他最感到害怕情景中的细节,或者用录像、幻灯放映最使病人恐惧的情景,以加深病人的焦虑程度,同时不允许患者采取堵耳朵、闭眼睛、哭喊等逃避措施。在反复的恐惧刺激下,使患者因焦虑紧张而出现心跳加剧、呼吸困难、面色发白、四肢发冷等植物神经系统反应,病人最担心的可怕灾难并没有发生,焦虑反应也就相应地消退了。或者直接把患者带入他最害怕的情境,经过重新实际体验,觉得也没有什么了不起,慢慢地就不怕了。

3. 厌恶疗法

厌恶疗法或称厌恶性条件法,是一种具体的行为治疗技术。其内容为:将欲戒除的目标行为(或症状)与某种不愉快的或惩罚性的刺激结合起来,通过厌恶性条件作用,达到戒除或至少是减少目标行为的目的。厌恶疗法常用于治疗酒癖、性行为变态、强迫观念等。通过对患者的条件训练,使其形成一种新的条件行为,以此消除患者的不良行为。在治疗时,厌恶性刺激应该达到足够强度。通过刺激确能使患者产生痛苦或厌恶性反应,治疗持续的时间应直到不良行为消失为止。如强迫观念的患者,用拉弹橡皮圈法治疗,头几天,当强迫观念出现时要接连拉弹30~50次,才能使症状消失。另外,要求患者要有信心,主动配合治疗。当治疗有进步时医生要及时鼓励患者,必要时最好取得患者家人的配合,效果会更好。

4. 生物反馈疗法

生物反馈是借助仪器将与心理生理过程有关的体内某些生理活动的信息(如肌电活动、心率、血压、脑电、皮肤温度等)通过视觉或听觉的方式显示给人,人们通过学习和训练,能够有意识地控制自己的生理心理活动,从而达到调整机体功能、防病治病的目的。生物反馈疗法既可单独使用,也可与药物及其他身心治疗方法相配合,可用于治疗头痛、偏头痛、哮喘、癫痫、高血压、皮肤科疾病以及焦虑症、恐怖性神经症、失眠、腰背痛等多种疾病。

(四)精神分析疗法

精神分析疗法又叫心理分析疗法,是心理治疗中最主要的一种治疗方法,由奥地利精神科医师弗洛伊德在19世纪末创立。弗洛伊德通过对大量精神病患者、神经症患者的观察与治疗,认为许多心理障碍的形成是由于那些被压抑在个人潜意识当中的本能欲望或意念没有得到释放。故而,精神分析疗法致力于挖掘病人压抑到潜意识中的幼年创伤性经验,带入到意识之中,启发病人重新认识这些经验,使潜意识的矛盾冲突获得解决,从而消除病人的症状。这一疗法的适应症是心因性神经症,最适于使用精神分析治疗的是歇斯底里、强迫症和恐怖症。

(五)森田心理疗法

森田心理疗法简称森田疗法,由日本慈惠医科大学森田正马教授于1920年创立的适用于神经质症的特殊疗法,是一种顺其自然、为所当为的心理治疗方法,具有与精神分析疗法、行为疗法可相提并论的地位。其基本治疗原则就是"顺其自然"。顺其自然就是接受和服从事物运行的客观法则,它能最终打破神经质病人的精神交互作用。而要做到顺其自然,就要求病人在这一态度的指导下正视消极体验,接受各种症状的出现,把心思放在应该去做的事情上。这样,病人心里的动机冲突就排除了,他的痛苦就减轻了。森田疗法主要适用于焦虑症、恐怖症、强迫症、疑病症、神经症性睡眠障碍等。

在多年的心理咨询与治疗的实践中，人们越来越清楚地认识到，没有哪一种理论和方法适用于所有来访者、所有问题和所有情况。上述各种咨询治疗方法通常因人而异、因病而异地综合使用着。

【心理体验】

一、焦虑自评量表（SAS）

该表是美国杜克大学医学院 Zung 1965 年编制的，由 20 个问题组成。最大的特点是简便省时，易于掌握，能迅速反映出被测者个人主观感受到的焦虑程度。

请仔细阅读每一条，把意思弄明白，然后根据最近一星期的实际感觉，选择最适合你的答案。

A. 没有或很少时间，记 1 分；B. 有时有，记 2 分；C. 大部分时间有，记 3 分；D. 绝大部分或全部时间有，记 4 分。

1. 我觉得比平时容易紧张或着急。　　　　A　　B　　C　　D
2. 我无缘无故在感到害怕。　　　　A　　B　　C　　D
3. 我容易心里烦乱或感到惊恐。　　　　A　　B　　C　　D
4. 我觉得我可能将要发疯。　　　　A　　B　　C　　D
*5. 我觉得一切都很好。　　　　A　　B　　C　　D
6. 我手脚发抖打颤。　　　　A　　B　　C　　D
7. 我因为头疼、颈痛和背痛而苦恼。　　　　A　　B　　C　　D
8. 我觉得容易衰弱和疲乏。　　　　A　　B　　C　　D
*9. 我觉得心平气和，并且容易安静坐着。　　　　A　　B　　C　　D
10. 我觉得心跳得很快。　　　　A　　B　　C　　D
11. 我因为一阵阵头晕而苦恼。　　　　A　　B　　C　　D
12. 我有晕倒发作，或觉得要晕倒似的。　　　　A　　B　　C　　D
*13. 我感到吸气呼气都很容易。　　　　A　　B　　C　　D
14. 我的手脚麻木和刺痛。　　　　A　　B　　C　　D
15. 我因为胃痛和消化不良而苦恼。　　　　A　　B　　C　　D
16. 我常常要小便。　　　　A　　B　　C　　D
*17. 我的手脚常常是干燥温暖的。　　　　A　　B　　C　　D
18. 我脸红发热。　　　　A　　B　　C　　D
*19. 我容易入睡并且一夜睡得很好。　　　　A　　B　　C　　D
20. 我做噩梦。　　　　A　　B　　C　　D

评分标准：正向计分题 A、B、C、D 按 1、2、3、4 分计，反向计分题（标注 * 的题目题号：5、9、13、17、19）按 4、3、2、1 计分。总分乘以 1.25 取整数，即得标准分。低于 50 分者为正常，50～60 分者为轻度焦虑，61～70 分者为中度焦虑，70 分以上者为重度焦虑。

二、抑郁自评量表（SDS）

请仔细阅读每一条，把意思弄明白，然后根据最近一星期的实际感觉，选择最适合你的答案。

A. 没有或很少时间，记 1 分；B. 有时有，记 2 分；C. 大部分时间有，记 3 分；D. 绝大部分或全部时间有,记 4 分。

1. 我觉得闷闷不乐,情绪低沉。	A	B	C	D
*2. 我觉得一天之中早晨最好。	A	B	C	D
3. 我一阵阵哭出来或想哭。	A	B	C	D
4. 我晚上睡眠不好。	A	B	C	D
*5. 我吃得跟平常一样多。	A	B	C	D
*6. 我与异性密切接触时和以往一样感到愉快。	A	B	C	D
7. 我发觉我的体重在下降。	A	B	C	D
8. 我有便秘的苦恼。	A	B	C	D
9. 我心跳比平时快。	A	B	C	D
10. 我无缘无故地感到疲乏。	A	B	C	D
*11. 我的头脑跟平常一样清楚。	A	B	C	D
*12. 我觉得经常做的事情并没困难。	A	B	C	D
13. 我觉得不安,平静不下来。	A	B	C	D
*14. 我对将来抱有希望。	A	B	C	D
15. 我比平常容易生气激动。	A	B	C	D
*16. 我觉得作出决定是容易的。	A	B	C	D
*17. 我觉得自己是个有用的人,有人需要我。	A	B	C	D
*18. 我的生活过得很有意思。	A	B	C	D
19. 我认为,如果我死了,别人会生活得更好些。	A	B	C	D
*20. 平常感兴趣的事我仍然照样感兴趣。	A	B	C	D

评分标准:正向计分题 A、B、C、D 按 1、2、3、4 分计,反向计分题(标注 * 的题目,题号:2、5、6、11、12、14、16、17、18、20)按 4、3、2、1 计分。总分乘以 1.25 取整数,即得标准分。低于 50 分者为正常,50～60 分者为轻度焦虑,61～70 分者为中度焦虑,70 分以上者为重度焦虑。

第三节　大学生心理困惑及异常心理

刚刚步入大学校园的学生正处于人生发展过程中急剧变化的"心理断乳期",在人格上从青少年向成年人转变,在心理上由不成熟向成熟过渡。据一项以全国 12.6 万大学生为对象的调查显示,约 20.23% 的人有不同程度的心理障碍,主要表现在自闭、抑郁、焦虑、偏执、强迫、精神分裂等方面。

一、大学生常见的心理困惑及异常心理

(一)新生入学适应问题

来自全国各地的大学生在家庭环境、受教育背景、成长经历、学习基础等方面存在较大

个体差异,进入大学后,在自我认知、同学交往、软硬环境适应等方面都面临着全面的调整和适应,适应问题广泛存在。有的思家、恋旧,怀念过去的成就与风光,无法面对新的生活,常常偷偷以泪洗面;有的厌学、彷徨,无所事事;有的失眠、抑郁,在焦灼中挨度日子;更有的则打起退堂鼓,觉得自己低别人一等,丧失自信,产生自卑,甚至想休学、退学。

(二)学习方面的心理困惑

大学生的主要任务是学习,虽然大学生在学业方面是同龄人中的优秀者,但由于大学学习与中学存在很大的不同,所以很多学生存在学习问题,包括学习方法、学习态度、学习兴趣、考试焦虑等。大量的事实表明,学习成绩差是引起大学生焦虑的主要原因之一,学习上的困难与挫折对大学生的影响是最为显著的。

(三)人际交往方面的心理困惑

进入大学后,如何与周围的同学友好相处,建立和谐的人际关系,是大学生面临的一个重要课题。由于每个人待人接物的态度不同、个性特征不同,再加上青春期心理固有的闭锁、羞怯、敏感和冲动,都使大学生在人际交往过程中不可避免地遇到各种困难,从而产生困惑、焦虑等心理问题,这些问题甚至会严重影响他们的健康成长。

(四)恋爱与性心理困惑

处于青年期的大学生,随着性生理与性心理的日渐成熟,恋爱问题是不可避免的。但由于大学生接受的青春期教育不够,很多学生根本没弄懂什么是真正的爱情,对异性的神秘感和渴望交织在一起,由此产生了各种心理问题,严重的还导致心理障碍。他们有的在求爱遭到拒绝后陷入深深的自责与自卑中,有的为面对"第三者"而焦虑、抑郁,有的为单相思或暗恋某人而茶饭不香,有的为失恋而萌发报复或自杀念头……

(五)求职择业方面的困扰

职业选择方面的心理冲突往往出现在高年级学生中,经过前几年的苦读苦练,大学生们总希望自己能找到一份满意的工作。在求职择业中他们往往将个人理想、收入多少、社会声望、工作条件、发展前途等列入考虑的因素,而如今社会竞争激烈,用人单位的要求也越来越高,加之很多大学生在校时一心只读圣贤书,与社会接触少,对社会缺乏真正的了解,这些情况导致大学生在找工作时觉得不遂人愿,与自己想象中的差距太大,从而失落、不安、彷徨和焦虑。

(六)自我认知失调带来的困扰

大学生正处于心理学家埃里克森人格发展八阶段理论中"自我同一性和角色混乱的冲突"这一阶段。"我是谁"和"我将去往何处"是大学生需要思考并作出规划的两大人生问题。大学生在尝试着把自己的各个层次统合起来,形成一个最为协调一致的自我整体过程中,难免出现诸如自卑、自负、失去自我等心理困惑。

(七)生活上的其他挫折带来的情绪波动

一些偶然的因素,诸如失去朋友、家庭发生重大变故、经济困难等,带给某些大学生生活上的挫折,影响他们情绪的稳定。由于绝大多数大学生是在家长和老师的保护下一帆风顺地成长起来的,较少遭到挫折,更缺乏独立承受挫折的心理能力,因而,一旦遇到较大的挫折,他们往往束手无策,耐受性较差,从而造成焦虑、烦恼、自卑、痛苦、嫉妒、失望、逆反等不良心理。

二、大学生常见的心理障碍

心理障碍是指一个人由于生理、心理或社会原因而导致的各种异常心理过程、异常人格特征和异常行为方式。主要分为三大类:神经症、人格障碍和性心理障碍。

(一)神经症

神经症又称神经官能症、心理症或精神神经症,是一组轻性心理障碍的总称。神经症是由心理因素引起的,基本上都是主观感觉方面的不良,没有相应的器质性损害,表现为当事人一般有良好的自知力,对自己的不适有充分的感受,一般能主动求治。在大学生群体里,常见的神经症有神经衰弱、焦虑症、抑郁症、恐怖症、强迫症等。

1. 神经衰弱

神经衰弱是由于大脑神经活动长期持续性过度紧张,导致大脑的兴奋和抑制失调、神经活动能力的减弱而产生的心理障碍。它的常见症状为:精神容易兴奋与疲劳,经常感觉乏累,注意力不集中,记忆不佳;对刺激尤其是声光刺激过度敏感,于是不顺心,易激惹,甚至暴怒;有睡眠障碍,白天嗜睡,夜间难眠,多梦易醒,醒后难再入睡,次晨感到疲倦;心境不佳,疑病和焦虑;伴有神经功能紊乱,表现为头痛、头昏、胸闷、气短、心悸、多汗、厌食等。当大学生遭遇如亲人亡故、人际关系紧张、情感受挫、学业失败等负面生活事件时,由这些负面生活事件所引起的忧虑、愤怒、怨恨、委屈及悲伤等情绪体验可导致大脑皮层的神经活动失调,进而引起神经衰弱;当大学生生活不规律及学习安排不当,没有良好的休息和睡眠,同时伴有思想负担或压力,也往往易于导致神经衰弱的发生。

2. 焦虑症

焦虑症是以广泛和持续性焦虑或反复发作的惊恐不安为主要特征的神经症性障碍。患病者的焦虑和惊恐并非由实际威胁或危险所引起,或其紧张不安与惊恐程度和现实环境不相称。焦虑症分为急性焦虑症和慢性焦虑症。急性焦虑常伴有大祸临头感、失去控制感、喉部窒息感和死亡来临感,并出现剧烈的心跳、胸闷、呼吸急促、咽部受阻、站立不稳等症状。每次发作持续时间长短不一,短者数分钟,长者可达一小时以上,但一般为 15 分钟至半个小时。慢性焦虑也称广泛性焦虑症,常与生活紧张、工作压力大、事业受挫、人际关系不良等心理因素有关,常出现心悸、胸闷、气促、头昏、眼花、疲乏、震颤等症状。入睡困难、噩梦、易惊等睡眠障碍常为慢性焦虑症的重要特点。

在日常生活中,许多人都体会过焦虑情绪,比如,考试前夜难以入眠,比赛之前忐忑不安等,这些暂时性的焦虑反应不属于心理异常,不会造成身体和心理的损害。焦虑有时是在应急情况下出现的一种正常的反应,仅在反应过分强烈或体验与事实严重不相符时才会对身心产生危害。

3. 抑郁症

抑郁症又叫忧郁症,是最常见的一类心理障碍。在现实生活中,每个人都会有情绪波动,很多人都有过情绪低落的体验,但这不一定就是患了抑郁症。抑郁症是一种以持久的情绪低落状态为特征的神经症,常伴有焦虑、躯体不适和睡眠障碍等症状。抑郁症在心理障碍中最为常见,也最不容易辨别,起病大多缓慢,病人内心感到痛苦,最初往往是失眠、乏力、食欲不振、学习及工作效率低下等。其典型的症状可概括为"三低"和"四失去"。"三低"指情绪低落、思维缓慢、言行迟缓。"四失去"指失去兴趣——对任何事情都不感兴趣,包括以往的特长爱好;失去精力——精神不振,四肢无力,既不能进行剧烈运动,又不能持续思考,因而萎靡不振,力不从心;失去自信——自我评价过低,夸大缺点,妄自菲薄;失去希望——悲观失望,厌倦生活,并且常有失望与无助感,生活中感到痛苦,在绝望中时常有自杀的念头。

就大学生群体而言,其所表现的抑郁症一般可分为"内源性"和"外源性"两种。"内源性"抑郁症主要源于内在因素,如有些大学生过于追求完美,对自己要求过高,当无法达到目标时便产生幻灭感,从而引发抑郁症。"外源性"抑郁症的致病因素则主要是由外来压力引起的,如沉重的学习压力、各种激烈的竞争、失去亲人、失恋、人际关系紧张、环境不适等,因无从排解而烦躁、苦闷,从而引发抑郁症。

4. 恐怖症

恐怖症是以对某一特殊物体、活动或情境产生持续的、不合理的恐惧为特征的神经症性障碍,常伴有植物神经功能紊乱,患者常不得不回避某一害怕的对象或情境。常见的恐怖症类型有社交恐怖症、场所恐怖症和物体恐怖症。恐怖症的产生往往与患者以前在某一特定场景受到的惊吓或痛苦的经历有关,为了防止再次出现过去的痛苦经历,患者在心理防御机制上就采取了躲避、退缩的行为。明显的精神刺激可诱发恐怖症的产生。另外,恐怖症的形成也与认知和个性有关,恐怖症患者多羞怯、胆小、内向,依赖性强,遇事易出现焦虑和强迫倾向。大多数成人的单纯恐怖来源于儿童期曾有过的体验。

大学生中较常见的是社交恐怖症,是指对某一特定社交场所和对象产生的恐惧心理。如有的大学生不敢与他人的目光相对,眼睛总是游离于窗外或天花板;有的大学生不敢与异性说话或交往,一看到异性就脸红、心跳,严重者可出现面红耳赤、出汗、心慌、震颤、眩晕、呕吐等。

5. 强迫症

强迫症是指当事人的一种以自我强迫为突出症状的神经症。所谓自我强迫,是指患者的行为不受自己意志的支配,明知行为违反自己的意志却仍然不自觉地重复,从而导致精神焦虑和痛苦。强迫性格的形成与患者成长环境和幼年的教育方式有很大关系。强迫症的临床症状多种多样,大体上分强迫观念和强迫动作,二者有时单独出现,有时同时出现。这些观念和行为在当事人心中往往有特别的象征意义,如果不那样做,就总觉得内心不安。强迫观念包括强迫回忆,患者反复回忆无关紧要的事或过去的经历;强迫疑虑,对自己的行动是否正确无误产生不必要的疑虑;强迫性穷思竭虑,即对自然现象或日常生活事件发生的原因进行无效的反复思考;强迫性对立思想,即摆脱不了和自己的认识相对立思想的纠缠,感到苦恼;强迫动作,如强迫洗涤,即当患者的手或身体接触陌生人或陌生人用的东西时,不能控制地去洗手、洗涤全身;强迫计数,患者不可克制地计算某些东西;强迫性仪式动作,患者常重复一套刻板动作,如进门一定要左脚先跨,又或者上床睡觉前一定要按规定的次序脱衣脱鞋,然后绕床一圈,不这样做,会感到心中不安。

无论强迫观念还是强迫行为,一个共同的特点就是明知这种思考或动作毫无意义,甚至荒谬,却难以控制,不去做,痛苦,做完之后再反复数次地做,更加痛苦。

(二)人格障碍

人格障碍也称病态人格,是指人格特征显著偏离正常人而使患者形成了特有的行为模式,不能适应正常的社会生活。人格障碍的类型有很多,目前尚无一致公认的分类。参照美国《心理障碍的诊断和统计手册》(DSM-Ⅱ)中的分类,人格障碍有三大类:第一类以行为怪癖、奇异为特点,包括偏执型、分裂型人格障碍;第二类以情感强烈、不稳定为特点,包括癔病型、自恋型、反社会型人格障碍;第三类以紧张、退缩为特点,包括回避型、依赖型人格障碍。

1. 偏执型人格障碍

偏执型人格障碍又称妄想型人格障碍,是一种以猜疑和偏执为主要特点的人格障碍,表现为主观、固执、敏感多疑、好忌妒、心胸狭隘。一方面自我评价过高,过分自负,总认为自己正确,好与人争论,喜欢钻牛角尖,脱离实际地争辩与敌对,固执地追求个人不够合理的"权利"或利益,容易与他人发生冲突和争执。另一方面,猜疑心强,对人充满不信任和戒备,常将他人无意的、非恶意的甚至是友好的行为误解为敌意或歧视,容易感情冲动,并伴有攻击性行为。在遭遇挫折和失败时,习惯把责任推诿给客观和他人。

2. 分裂型人格障碍

分裂型人格障碍主要表现为:退缩、孤僻、胆怯、安静沉默、过分敏感、害羞、性格怪僻;从不关心他人对自己的鼓励、赞扬或者批评,对人际关系采取不介入的态度,常常独来独往,很少表露自己的情感。这类人常沉湎于幻想之中,且幻想内容缺乏情感色彩;对现实的认识能力保持完好,但活动能力差,缺乏进取心,对竞争环境采取回避态度,难以适应多变的现代生活。

3. 癔病型人格障碍

癔病型人格障碍又称表演型人格障碍。其主要特征表现为过分做作,暗示性强(包括自我暗示和他人暗示),以自我为中心,情感不稳定,往往易因细微刺激引起暴发性情绪,反应过强。日常生活就好像在舞台上一样,通过一些夸张的、戏剧性的行为引人注目。

4. 自恋型人格障碍

自恋型人格障碍的主要特征是自我评价过高,自傲自负,但脆弱,过分关注别人的评价,要求别人持续地关注和赞美;内心对批评感到愤怒和羞辱,但外表以冷淡和无动于衷的反应来掩饰。他们不能理解别人的细微情感,缺乏将心比心的同理心,人际关系方面多彼此利用。

5. 反社会型人格障碍

反社会型人格障碍主要表现为思想信念和行为常与社会规范发生冲突,自私自利,情感冷漠,不诚恳,不坦率,不考虑社会义务,缺乏悔恨羞愧之心,法制观念差。以不负责任和违背社会道德的行为模式为主要特征,这种人格障碍对社会的危害最大。

具有这种人格的大学生以行为不符合社会规范为主要特征,往往缺乏道德观念,对现实社会的主导价值和规范不仅没有吸收的欲望,而且总试图加以否定;行为自私,对他人冷酷、仇视,缺乏好感和同情心;危害别人时没有自罪感和内疚感,不能从挫折与惩罚中吸取教训,缺乏罪恶感。他们大多以自我为中心,以个人满足为最高目标,没有爱恋能力,对人也不忠实。对社会的不满和无知使得他们的社会交往充满对立和怀疑,社会适应性困难,有时可能伴有畸形的侵犯动机,甚至会走向犯罪。

6. 回避型人格障碍

回避型人格障碍又叫逃避型人格,其最大特点是行为退缩、心理自卑,面对挑战多采取回避态度或无能力应付。主要表现为缺乏自信,怀疑自身价值,敏感,特别是遭到拒绝和反对时,感觉受到了较深的伤害。在生活中尽管有交往的需要,但大多数人仍与周围人保持一定距离,很难同别人进行深入的感情交流。

7. 依赖型人格障碍

依赖型人格障碍又称衰弱型人格障碍,主要表现为缺乏信心和独立意识,感到自己能力低下,被动服从别人;精力不足,容易疲劳;对身体不适合的精神刺激的反应特别敏感,情绪容易波动,经常为小事伤感,缺乏生活乐趣。他们不肯负责,也缺乏自尊自重,常有过多的申诉和要求,总是希望别人能给自己帮助或让自己去依靠。网瘾、吸毒成瘾的人具有此种人格。

(三)性心理障碍

一项对某市5所高校所作调查的结果显示,大学生中各种心理障碍的发生率分别为:性恐惧4.8%,性压抑9.8%,性放纵4.1%,性冷淡2.2%,自慰焦虑4.8%;有各种性心理变态倾向者的人数比例分别为:同性恋5.1%,露阴癖5.2%,窥淫癖4.3%,异装癖2.1%,恋物癖1.3%。1991年完成的首次全国性文明调查大学生组的统计资料显示,有30.7%的男生和13.3%的女生对自己的性功能有过怀疑和担忧,14.4%以上的男生和19.5%以上的女生有性心理变态倾向。

1. 露阴癖

所谓露阴癖,或称暴露癖,是比较常见的一种性变态心理,指将自己的生殖器暴露给非自愿的异性看,从对方恐慌害怕或惊叫厌恶的反应中获得性欲的唤起和满足。这种行为既可在较为僻静、阴暗的地方发生,也可在人多拥挤的场合发生。露阴癖者选择的异性大多是比自己年轻的女生,通常是自己不熟悉的女性,一般情况下并不对异性构成直接的暴力侵害,只要其露阴成功,立即离去,以逃避制裁。

2. 恋物癖

恋物癖,即以物代人,以某种异性用品(如女性贴身用品)作为性欲对象,刺激和满足自己的性欲,一般以成年男性居多。恋物癖的特点是性行为的对象不是女性的性器官,而是女性使用的物品,所恋之物多数是女性用过或正在使用的贴身穿戴物,通常是以非法手段取得。患者大多性格内向、抑郁,平时缺少异性伙伴,性启蒙较早。有的恋物癖大学生平时品行良好,无流氓行径,发作前有明显的紧张性、焦虑性冲动,失去自控能力,事情过后有强烈的自责、悔恨以及改过心理。

3. 窥淫癖

窥淫癖指寻找时机窥视异性裸体及他人的性行为来获得异常的性满足和性快感,并以此来代替正常的情欲和性交,这是一种异常的心理行为表现。窥淫癖者为了达到窥视的目的常常不择手段,甚至不惜冒很大的风险,常在夜晚潜伏在他人住房的窗外、厕所或浴室,偷看年轻夫妇的性生活及正在上厕所或洗澡的女性裸体。

4. 异装癖

异装癖是指一些喜欢穿着异性服装的人，多数为男性女装化。本症特征是以穿着异性服饰而得到性满足。通常从青春期开始穿着异装，初期穿1～2件异性服装，以后逐渐发展，直至在公共场所亦浓妆艳抹地招摇过市，有愉快的性满足感和性冲动出现。

思考与练习

1.如何正确理解现代健康的新概念？

2.你认为自己目前的心理健康状况如何？哪些因素对你的心理健康水平的提高产生了积极的影响？可以通过哪些方式进一步提高自身的心理健康水平？

3.心理咨询的原则有哪些？

4.参观本校的心理咨询机构并采访一位心理咨询师，听听他对促进大学生心理健康的建议。

参考文献

[1]黄希庭.心理学导论[M].北京:人民教育出版社,1991.

[2]马建青.大学生心理健康[M].北京:人民出版社,2011.

[3]樊富珉,王建中.当代大学生心理健康教程[M].武汉:武汉大学出版社,2006.

[4]苗元江,李明景,朱晓红."心盛"研究述评——基于积极心理学的心理健康模型[J].上海教育科研,2013(1):26-29.

[5]马甜语.积极心理学:理念、视野及动向[J].赣南师范学院学报,2006(1):30-34.

[6]崔丽娟,张高产.积极心理学研究综述——心理学研究的一个新思潮[J].心理科学,2005,28(2):402-405.

[7]樊富珉.心理咨询学[M].北京:中国医药科技出版社,2006.

[8]钱铭怡.心理咨询[M].北京:光明日报出版社,1997.

[9]江光荣.心理咨询与治疗[M].合肥:安徽人民出版社,1995.

第三章　自我意识

【心灵导读】

2012 年,小李从农村考进了位于省会的一所大学,成为一名大一新生。他的父母都是农民,家里条件十分艰苦,家中也没有什么积蓄。小李从小就很懂事,学习也很用功,最终以高分考入大学。小李的父母为了能让孩子读书,东拼西凑地借齐学费,但供不起小李的生活费,于是小李就找了几份兼职来挣钱谋生。由于大城市生活水平高,小李的生活过得紧巴巴的。小李平常生活非常节俭,不舍得多花一毛钱,可他回到宿舍听着舍友们谈论着自己从来没有听说过的名牌,吃着自己从来没舍得买过的零食,感到万分自卑。同学们谈论的一些话题他根本就闻所未闻,根本插不上话。从此,小李不再跟舍友一起聊天一起吃饭了。渐渐地,小李变得形孤影单。有一天家里来电告诉他,母亲病了,得经常吃药,家里的经济负担更重了。小李觉得自己拖累了家里,愧对父母。在学校里也没有朋友,没有人愿意接近他,他觉得自己成了多余的人。而小李的室友则说,刚认识小李还感觉他挺好的,但慢慢发现小李愈发内向,越发不爱和他们交流,凡事独来独往。室友们以为他不爱搭理别人,也就很少主动和小李接触。

分析:小李在学校因为自己的生活状况而担心被同学瞧不起,从而对室友采取回避的态度,追根究底也是因为他内心深处的自卑情结在作祟。这种回避态度使得他室友们认为是他内向而不易亲近,这样小李自然不会有朋友。但小李却没有找到自己的症结所在,他应该树立正确的自我意识,既接纳自己,也接纳别人,帮助自己建立积极自信的心理。

弗洛伊德有句名言:"在和本我的关系上,自我好像是骑在马背上的人,他驾驭着这匹桀骜不驯的马,约束着它前进的方向。"本章我们主要介绍自我意识、大学生自我意识发展及自我意识的培养等内容。

第一节　自我意识概述

一、自我与自我意识理论依据

(一)詹姆斯的自我理论

詹姆斯(William James,1842—1910),美国心理学家、美国实用主义哲学家的先驱。他是自我概念的创始人,在其著作《心理学原理》《彻底的经验主义》中,对"自我"概念进行了详尽的阐述。詹姆斯认为"自我是个体所拥有的身体、特质、能力、抱负、家庭、工作、财产、朋友等的总和",把自我分为经验自我和纯粹自我。

经验自我(the empirical self)指人们可能经验到的一种对象,即与世界的其他对象共存的存在物。詹姆斯认为:"每个人的经验自我,就是他试图用'我'(me)来称呼的一切。"詹姆斯认为"我"与"我的"很难区分。他反对将"从属于我的"东西与"真正的我"区别开,自我与世界之间没有明显的界限,我的身体、服饰、妻子、儿女及财产都是自我本身的各种关系,参与了自我的构成。

经验自我又分为物质自我(material self)、社会自我(social self)和精神自我(spiritual self)三种成分。社会自我高于物质自我,精神自我又高于社会自我。詹姆斯认为物质自我的核心部分是身体,因为人一生中总是通过身体与周围的事物发生关系,并依据身体提出各种需求。社会自我指一个人"从同伴那得到的承认",即他在别人心目中的形象,最特殊的社会自我是他的恋人的态度。精神自我属于"经验的自我",意味着一个人内心的或主观的存在。具体地说,指他的心理能力或性情。

纯粹自我指一个人知晓一切东西,包括自我的那些东西,所以又称能动自我或主动自我。詹姆斯在论述纯粹自我时,是以"个人同一性"(personal identity)理论为依据的。个人同一性就是"现在的自我与它想起的那些过去的自我相同"。纯粹自我是由不断更迭和传递其内容的当下思想所构成。詹姆斯把作为对象的个人称为经验自我(me),把当下思想看成是纯粹自我(I)。他认为纯粹自我接受不同的感觉并影响感觉所唤起的动作;它是兴奋的中心,接受不同情绪的震荡;是努力和意志的来源,意志似乎从此发出命令。

【课堂活动】

让我们先做一个小游戏:起立和坐下。

现在,我们大家一起进行一个活动,请大家从椅子上站起来,OK!

规则:当我举起左手,请大家站立起来;当我举起右手,请大家坐下;当我蹲下,请你举起右手;当我站立,请你举起左手。

思考:

第一个问题:是谁让你起立或者举手的?

第二个问题:如果我请你和我一起做的活动不是起立和坐下,而是要大家躺在地板上,你会怎么样?

第三个问题:请大家再想一想第一个问题,是谁让你起立和坐下的? 找到答案了吗?

一切的都是"我"的选择,"我"对自己的生活负全责。每个人都是自己生活的唯一创造者和责任人。"我"是自己的主人,"我"是我学习、生活、工作、情绪的主人。"我"对我的幸福与不幸、快乐与痛苦、成功与失败负责!

关键是——你真的认识你自己吗?

我拥有什么,我想要得到什么?

我知道自己的性格、气质、兴趣、爱好、习惯吗?

我是否接受自己过去,是否坦然面对现在,是否对将来充满自信?

（二）罗杰斯的自我理论

很多年以后，罗杰斯重新唤起了人们对"自我"概念的兴趣。他把自我定义为人格的连续性、稳定性所赖以产生的最小单元。罗杰斯把自我概念划分为两个部分：实际自我（actual self），这是人对自我现状的知觉；理想自我（ideal self），指人对自己将要成为怎样的人的理想。罗杰斯认为，人格一致性并不是指人格各个部分之间或特质与行为之间或过去与现时机能之间的一致性，而是指现实的自我与理想的自我之间的一致性。现实的自我总会与理想的自我有距离，这促使人们努力追求理想。而如何追求个人理想就构成了不同人的生活风格。

另一个与自我有关的概念是同一性（ideal self）。罗杰斯认为，这是独特的人格感的核心，包括认识到自我与他人的区别，认识到其他与自我有关的内容，认识到其他与自我相异的内容。罗杰斯还论述了自尊（self-esteem）的概念，指对自我的概念化的评价性态度，影响着人的心境和行为。

（三）米德的自我概念

米德进一步考察了詹姆斯的自我理论，认为自我与人的互动过程和人的社会化过程是相互结合的，自我具有主体性和客体性两面。米德的概念就是自我分为主我（I）和客我（me），主我是思考者和行动者的主体，是创造者和创始人。客我是一个人采取的影响他行动的他人态度。

换句话说，"自我"是社会化的结果，客我反映了文化、法律、道德、规范等。米德指出，自我的本质是认知的：它是内在化的姿态会话。个体通过扮演他人形成自我，这个扮演的过程就是人与人之间的互动过程，是由理解姿态完成的。米德对心灵、自我和社会的依次研究论述，实际上呈现了个体与社会之间的互动过程。

（四）埃里克森的自我发展阶段论

埃里克森（E.H.Erikson）是美国著名精神病医师，新精神分析派的代表人物。他认为，人的自我意识发展持续一生。他把自我意识的形成和发展过程划分为八个阶段，这八个阶段的顺序是由遗传决定的，但是每一阶段能否顺利度过却是由环境决定的，所以这个理论可称为"心理社会"阶段理论。每一个阶段都是不可忽视的。

埃里克森的人格终生发展论为不同年龄段的教育提供了理论依据和教育内容，任何年龄段的教育失误，都会给一个人的终生发展造成障碍。它也告诉每个人你为什么会成为现在这个样子，你的心理品质哪些是积极的，哪些是消极的，多在哪个年龄段形成，给你以反思的依据。

埃里克森自我发展的八个阶段如表 3-1 所示，从中可以看到自我的形成与社会文化因素的关系，也可以看到自我与社会生活在个体人格发展中的作用。他的八个阶段是他临床经验的总结，尚缺乏严格的科学事实作依据，但比起弗洛伊德强调本能的生物学观点来，侧重了社会文化因素在自我意识形成与发展中的作用。他的理论有相对的合理性，在西方心理学界有相当大的影响。

表 3-1　埃里克森自我发展的八个阶段

	阶段	大致年龄	自我危机	自我品质	理论关键词
1	口唇-感觉期	0~1 岁	基本信任 vs 不信任	希望	基本信任感(basic mistrust) 希望(hope)
2	肌肉-肛门期	2~3 岁	自主 vs 害羞和怀疑	意志	羞愧和怀疑(shame and doubt)
3	运动-性器期	4~5 岁	主动 vs 内疚	目的	内疚感(guilt)
4	潜伏期	6~12 岁	勤奋 vs 自卑	能力	勤奋(industry) 自卑(inferiority)
5	青少年期	13~19 岁	自我同一性 vs 角色混乱	忠诚	同一性(identity) 角色混乱(role confusion) 总体主义(totalism) 同一性混乱(identity diffusion) 提前终止(foreclosure) 延缓(moratorium) 同一性获得(identity achievement)
6	成年早期	20~24 岁	亲密 vs 孤独	爱	亲密感(intimacy) 孤独感(isolation) 亲密的个体(intimate individuals) 前亲密的个体(preintimate individuals) 刻板的个体(stereotyped individuals) 假亲密的个体(pseudointimate individuals) 孤独的个体(isolation individuals) 混乱的个体(merger individual)
7	成年中期	25~64 岁	繁殖 vs 停滞	关心	繁殖期(generativity) 停滞期(stagnant) 繁殖感状态(generative statuses) 繁殖型(generative style) 传统型(conventional style) 代理型(agentic style) 理他型(communal style) 停滞型(stagnant style)
8	成年晚期	64~死亡	自我整合 vs 绝望	智慧	自我整合(ego integrity) 子孙满堂(grand-generativity)

(五)弗洛伊德的自我三结构说

在弗洛伊德的学说中,人格被视为从内部控制行为的一种心理机制,这种内部心理机制决定着一个人在一切给定情境中的行为特征或行为模式。弗洛伊德认为完整的人格结构由三大部分组成,即本我、自我和超我。自我(ego)是面对现实的我,它是通过后天的学习和环境的接触发展起来的,是意识结构的部分。自我是本我和外界环境的调节者,它奉行现实原则。它既要满足本我的需要,又要制止违反社会规范、道德准则和法律的行为。

自我是意识的结构部分。它是在本我与现实的接触中,本我的一部分经历了特别的发展而产生的专门组织。自我处于本我和外部世界之间,是理性的、意识的现实化的本我。弗洛伊德说:"每个人都有一些心理过程的连贯组织,我们称之为他的自我。意识就隶属于这个自我。"

(六)奥尔波特的自我理论

美国心理学家奥尔波特(G.W.Allport)在其《人格的模式与成长》一书中,提出了一系列关于自我意识的概念,如自我同一、躯体感觉、自我尊重、自我想象等。这些自我状态是逐步发展的。奥尔波特根据自我的发展阶段,把自我意识分为三个形态,即生理的自我、社会的自我和心理的自我。同时,将自我意识的发展分为三个阶段:自我中心期、客观化时期、主观化时期。

·【延伸阅读】·

斯芬克斯之谜

从前,城堡外有一只长着翅膀的狮身人面怪物——斯芬克斯,它每天都坐在人们出城必经的山路上,向过路人提出一个谜语。如果不能猜中,它就把这个人吃掉。长久以来,出城的人都因无法猜出谜底而被它吃掉。有一天,俄狄浦斯来到城堡外时被斯芬克斯挡住。怪物同样给他出了这道难倒世人的谜语:"早晨用四条腿走路,中午用两条腿走路,晚上用三条腿走路。这种用不同数目的腿走路的生物,腿用得最多的时候,就是它力量和速度最小的时候。"俄狄浦斯微微一笑,回答道:"这就是人啊。人在幼年,即生命的早晨,是个软弱无力的孩子,要用两条腿和两只手在地上爬;到了壮年,正是生命的中午,当然只用两条腿走路;但是到了老年,已是生命迟暮之时,只能拄着拐杖,就好像是用三条腿在走路。"斯芬克斯听到俄狄浦斯猜中的谜底,羞愧难当地跳下山去。这个神话证实了:早在古希腊时代,人们便已经开始思考这样一个最简单,也最深奥的问题——"Who Am I?"(我是谁)

二、自我意识的内涵

人生活在世界上,总是要与周围的各种事物发生各种联系。人为了生存与发展,人类发挥主观能动性不断地探索和发现周围世界的规律,以便能与周围世界保持平衡。在这一适应过程中,人类为了扮演好自己的角色,不得不对自身进行反省,以了解自己是一个什么样的人,有什么能力,在社会中发挥什么作用等一系列问题,这样就形成了人对自身的意识,即自我意识。什么是自我意识呢?自我意识是自己头脑中对自己的认识,是对自己身心活动的觉察,是人的意识发展的高级阶段,是人格结构的核心部分。

自我意识不仅是人脑对主体自身的意识与反映,而且人的发展离不开周围环境,特别是人与人之间关系的制约和影响,所以自我意识也反映人与周围现实之间的关系。自我意识具有意识性、社会性、能动性、同一性等特点。

一是意识性。意识性是指个体对自己以及自己与周围世界的关系有着清晰、明确的理解和自觉的态度,而不是无意识或潜意识。从马克思主义哲学角度来看,这种自我意识是主体我对客体我的一切主观能动的反映。

二是社会性。自我意识是个体长期社会化的产物。这不仅因为它是在社会实践中产生的,而且因为它的主要内容是个体社会属性的反映。对自我本质的意识,不是意识到个体的生理特性,而是意识到个体的社会特性,意识到个体的社会角色,意识到个体在一定的社会关系和人际关系中的地位和作用,这是自我意识发展到成熟的重要标志。

三是能动性。自我意识的能动性不仅表现在个体能根据社会或他人的评价、态度和自己实践所反馈的信息来形成自我意识,而且能根据自我意识调控自己的心理和行为。

四是同一性。心理学研究表明,自我意识一般需要经过 20 多年的发展,直到青年中后期才能形成比较稳定、成熟的自我意识。虽然这种自我意识有可能因个体实践的成败和他人的评价的改变而发生变化,但到青年期以后,个体会对自己的基本认识和态度保持同一性。正因为自我意识的同一性,才会使个体表现出前后一致的心理面貌,从而使自己与其他人的个性区别开来。

三、自我意识的结构

自我意识是一个具有多维度、多层次的复杂心理系统,可以从多个角度来分析。

(一)生理自我、社会自我和心理自我

生理自我,是对自身生理状态的认识和评价。如对体重、身高、身材、容貌等体像和性别方面的认识,对身体的痛苦、饥饿、疲倦等的感觉,如"我是一个苗条的女生"。

社会自我,是对自己与周围关系的认识和评价。如自己在朋友、同学、家庭、社会中所处的地位,自己与他人关系,如"我的人际关系很和谐"。

心理自我,是对自身心理状态的认识和评价,如能力、知识、情绪、气质、性格、理想、信念、兴趣、爱好等。例如"我是一个敏感、疑心重的人"。如表 3-2 所示。

表 3-2　生理自我、社会自我、心理自我

	自我认识	自我体验	自我调控
生理自我	对自己的身体、外貌、衣着、风度、家属、所有物等的认识	英俊、漂亮、有吸引力、迷人、自我、悦纳	追求身体的外表,物质欲望的满足,维持家庭的利益等
社会自我	对自己的名望、地位、角色、性别、义务、责任、力量的认识	自尊、自信、自爱、自豪、自卑、自怜、自恋	追求名誉地位,与他人竞争,争取得到他人的好感等
心理自我	对自己的智力、性格、气质、兴趣、能力、记忆、思维等特点的认识	有能力、聪明、优雅、敏感、迟钝、感情丰富、细腻	追求信仰,注意行为符合社会规范,要求智慧与能力的发展

因此说,自我意识就是个体对自己的身心状况和对自身与别人以及与周围世界关系的认识。

(二)自我认知、自我体验和自我调控

自我意识既是心理活动的主体,又是心理活动的客体,从知、情、意三个方面可分为"自

我认识、自我体验和自我调控"，它是多层次的心理现象。

自我认识主要涉及"我是一个什么样的人"的问题，它是自我意识的首要成分。它包括自我观察、自我分析、自我评价等，其中自我评价是核心。如观察自我，认为自己是个外表很胖的人、诚实的人、脾气温和的人。

自我体验是主观自我对客观自我产生的情绪体验，主要解决"对自己是否满意""对自己是否接受"等这类问题，并以自尊、自爱、自信、自卑、自怜、自恋等表现出来，其中自尊是关键。

自我调控主要是指个体对自己的行为活动和态度的调控，表现为人的意志行为。主要解决诸如"我如何改变自己""我怎么样控制自己""我如何成为一个理想的人"等问题，包括自我监督、自我控制和自我检查，表现为自立、自强、自律、自制、自卫等。

(三)现实自我、投射自我和理想自我

关于自我的话题，我们不可避免会受到周围环境的影响，包括家庭、学校和社会教育等。从这个观念角度上可将自我意识分为现实自我、投射自我和理想自我。

现实自我是个体对自己当前总体实际状况的基本看法，也就是对客观存在的我的认识。如"我认为我是一个诚实的人"。

投射自我是个体想象自己在他人心目中的形象，现实自我与投射自我一致，个体产生加快自我发展的倾向；反之，个体会感到别人不理解自己，或试图改变现实自我。例如，"我认为我很诚实"，这是现实自我；"但是我总感觉别人认为我总是在撒谎"，这是投射自我，这就会使我感觉别人不懂我。

理想自我是个体想要达到的完美的形象，希望成为我所希望的自己。例如，"我希望今后我成为一个完美的人"。理想自我建立在现实自我基础上，符合社会期望，自我意识获得快速发展。

四、自我意识的形成和发展

人的自我意识是随着年龄不断增长而逐渐形成的，一般需要经过20多年的发展，具体起始于婴幼儿期，萌芽于青少年期，形成于青春期，直到青年中后期才比较稳定和成熟。

(一)生理自我的发展(0～3岁)

生理自我是个体对自己躯体的认识，包括占有欲、爱护感和羞耻感等。1岁左右时，儿童可以区分自己的动作和动作的对象，如用手拿到一个玩具，拿到什么是什么。他知道手是自己的，知道是由于自己手的抓握，就得到了玩具。2岁左右时，开始知道自己的名字，并能初步用代名词"我""你"。3岁左右时，开始出现疑虑感、羞愧感、占有欲等，能使用"我"来表示自己，开始把自己当作客体转化为把自己当作主体来认识。这就是自我意识的萌芽。

(二)社会自我的发展(3～14岁)

这个时期，个体通过学前教育和义务教育，受到社会文化的影响，逐渐形成角色观念

如性别角色、伙伴角色、学生角色等,意识到自己是社会的一员,并开始积极关注外界世界。

(三)心理自我的发展(14 岁至成年)

这个时期,人的性意识觉醒,抽象思维能力和想象力大大提高。自我意识经过分化、矛盾、统一趋于成熟。个体开始关注自己的内心世界,强调自我的价值和理想。这是自我意识发展的最后阶段。

五、自我意识的作用

(一)目标导向作用

目标是个体发展的导航机制。个体通过正确的自我认识,确立较为合理的"理想自我",为个人将来的发展确定了目标,对个人的认知、情感、意志、行动产生很大影响,是个体行动的动力。

(二)自我控制作用

个体要实现抱负,除了科学的目标外,同时还要有自立、自主、自信、自制的意识,并对自己偏离目标的情感和行动加以调节和控制。自我控制是自我意识发挥能动作用的一个重要方面,它是目标的守护神,是成功的卫士。一个缺乏自我控制的意识和能力的人,将是一个情绪化的人,缺乏毅力的人,终将一事无成。

(三)内省作用

内省可谓个体成长中所进行的自我监督和自我教育。当在实现预期目标的过程中,"理想自我"的实现遇到各种障碍时,自我意识就会对自己的认识、情感、意志、行为等进行反省,并重新调整认识,形成新的"理想自我",使其与"现实自我"趋于统一。

(四)激励作用

积极、正确的自我意识可以帮助个体建立自信、自励、自主的良好心理品质,激励个体去大胆尝试,积极进取,最大限度地调动个体的潜能,激发思维活动,获得成就。

(五)自我意识是道德的必要前提

自我的概念不仅包括现实的自我,还包括理想的自我。因此,社会道德就在个人的自我意识中找到了存在的处所,也找到了可以调节、激发(或抑制)个体心理与行为的杠杆。就个体而言,一个人的自我意识里就包含了道德、信念和道德体验,以及与之相联系的如责任、义务、使命、荣誉等价值观念。

·【延伸阅读】·

认识自己

日本保险业泰斗原一平在 27 岁时进入日本明治保险公司开始推销生涯。当时,他穷得连中餐都吃不起,并露宿公园。

有一天,他向一位老和尚推销保险,等他详细说明之后,老和尚平静地说:"听完你的介绍之后,丝毫引不起我投保的意愿。"

老和尚注视原一平良久,接着又说:"人与人之间,像这样相对而坐的时候,一定要具备一种强烈吸引对方的魅力,如果你做不到这一点,将来就没什么前途可言了。"

原一平哑口无言,冷汗直流。

老和尚又说:"年轻人,先努力改造自己吧!"

"改造自己?"

"是的,要改造自己首先必须认识自己,你知不知道自己是一个什么样的人呢?"

老和尚又说:"你要替别人考虑保险之前,必须先考虑自己,认识自己。"

"先考虑自己? 认识自己?"

"是的,赤裸裸地注视自己,毫无保留地彻底反省,然后才能认识自己。"

从此,原一平开始努力认识自己,改善自己,大彻大悟,终于成为一代推销大师。

哲理:"认识自己,改造自己。"这是我们一生中要努力追寻的目标。哪一种事情适合自己干? 如何让周围的朋友喜欢自己? 可以说是你事业成功的关键。如入直销行列,首先便推销你自己——你的形象、你的修养、你的气质、你的人格。

第二节　大学生自我意识发展

一、青年期自我意识发展

青年期一般指个体从 17~35 岁。自我概念是个体对自我形象的认知,是一个人对自身的连续性和同一性的认知。对自我的认识包括三种成分:其一是认识成分,即对自己的个性品质特征和独特性的认知;其二是情感成分,即对自身品质的评价及通过自我评价而产生的自尊体验;其三是品行成分,即由认识成分和情感成分而派生出来的对自己行为的实际态度。

(一)自我概念的特点

一个人是否具有适当的自我概念,对个性发展至关重要。

1.自我概念的抽象性日益增强

青年不再运用具体的词语描述其人格特征,而是逐渐运用更加抽象的概念来概括自己的价值标准、意识形态及信念等。

2.自我概念更具组织性和整合性

青年在描述自我时，不再一一引出个别特点，而是将对自我觉知的各个方面（哪怕是相互矛盾）整合成具有连续性和逻辑性的统一整体。

3.自我概念的结构更加分化

青年能够根据自己的不同社会角色分化出不同的自我概念，他们懂得自我在不同的场合可以以不同的面目出现。

(二)自我概念认识水平提高的主要途径

1.自我探索是自我认识发展的内动力

主动自我关注和自我探索是构成自我认识发展的内在动力。青年期有意识地通过日记等方式倾诉自己的内心活动，描绘自我的情绪、情感体验，评价自己的个性特征和行为表现，以提高自我认识水平，并通过各种学习方式寻求对自我特征和表现的解释等。

2.透过他人对自己的评价来认识自我

他们关注他人对自己的评价，并能够综合评价以提高自我认识。可以说，认识自己的过程也是通过来自他人的评价而发展起自我概念的过程。他们更注重教师、同学和家长对自己的评价。来自周围的这些重要人员的积极或消极评价，会激起他们强烈情感反应，也会巩固、增强或者动摇他们对自己的认识。这些评价的影响作用不可低估。

3.通过对同龄人的认同感来认识自己

通过他人认识自己的途径，主要是通过把自己与同龄伙伴作比较，并与这些人产生心理上的认同感，进而加深对其自身特点的认识和了解。

确认自我认同感是青年期的重要发展任务。埃里克森提出，自我同一性的确立和防止社会角色的混乱是青年期的发展任务。自我同一性是关于个体是谁、个体的价值和个体的理想是什么的一种稳定的意识。每个人在青年时期都在探索并尝试去建立稳定的自我同一感，即自我认同感。

(三)同一性症候群

有的学者(小此木启吾)把同一性症候群特点归纳为如下六个方面：

1.同一性意识过剩

陷入时刻偏执于思考"我是什么人""我该怎么做"的忧虑中，而不能自拔；处于高度焦虑中，难以从"是我""不是我""我怎么会是这样"等的烦恼中解脱出来，从而失去自我。

2.选择的回避和麻痹状态

有自我全能感或幻想无限自我的症状，无法确定或限定自我定义，失去了自我概念、自我选择或自我决断。只能处于回避选择和决断的麻痹状态。

3.与他人距离失调

无法保持适宜的人际距离，或拒绝与他人来往，或被他人孤立。

4.时间前景的扩散

时间前景的扩散是一种时间意识障碍，表现为不相信机遇，不期待对将来的展望，陷入一种无能为力的状态。

5.勤奋感的扩散

勤奋感崩溃,或无法集中精力工作和学习,或极专注地只埋头于单一的工作。

6.否定的同一性选择

参加非社会所承认的集团,接受被社会所否定、排斥的生活方式和价值观等。

青年期的主要任务是通过对自我求索来了解自己,了解自己在他人眼中的形象以及对自己未来职业和理想进行认真而具体的思考,并由此而建立起较为稳固的自我同一性,从而确定下一步进入成年的人生目标。

确立自我同一性是个体一生的发展课题,青年期自我同一性的解决与前几个阶段任务完成的程度固然有密切关系,但是,青年期未能很好地解决这个矛盾并不意味着今后就无法解决了。已经建立的自我同一,也不一定一劳永逸,它还会在今后遇到种种威胁和挑衅。因此,自我同一性的形成和确立是动态的、毕生的发展任务。

(四)延缓偿付期

青年期的发展是自我发现、自我意识形成和人格再构成的时期,是从不承担社会责任到以社会角色出现并承担社会责任的时期。在这个时期,他们要经历复杂而艰难的同一性确立和对社会生活的选择。这种确立和选择需要一个过程,因此他们有一种避免同一性过程提前完结的内在需要,而社会也给予青年暂缓履行成人的责任和义务的机会,如大学学习期间。这个时期可以称为青年对社会的"延缓偿付期"。这是一种社会的延缓,也是一种心理上的延缓,所以也称"心理的延缓偿付期"。

有了这种社会和心理的延缓偿付期,青年便可以利用这一机会通过实践、检验、树立、再检验的往复循环过程,决定自己的人生观、价值观及未来的职业,并最终确立自我同一性。

二、大学生自我意识发展的特征

(一)自我意识的产生与发展

1.自我意识的萌芽(0~3 岁)

七八个月的婴儿便开始出现自我意识的萌芽,即能意识到自己的身体,听到自己的名字并能做出正确的反应;2 岁左右的儿童,开始使用第一人称代词"我",这在自我意识形成过程中是一个飞跃;3 岁左右的儿童,开始出现羞耻感、占有欲,凡事要求"我自己来""我自己做",其自我意识开始出现了自主性要求的新发展阶段。但这一时期的幼儿的行为是一种以自我为中心的行为,以自己的想法解释外部世界,并把自己的想法投射到外界事物。这一时期的自我意识被认为是生理自我时期,或称为自我中心期。

2.自我意识的发展(3 岁至青年初期)

这个时期是个体接受社会教化影响最深的时期,也是角色学习的重要时期。个体经历了从幼儿园、小学、中学到大学的人生成长最为关键的时期,通过在游戏、学习、劳动等活动中不断地练习、模仿和认同,逐渐习得社会规范,形成各种角色观念,如性别角色、家庭角色、同伴角色等,并能有意识地调节控制自己的行动,开始意识到自己在人际关系、社会关系中的地位和作用,意识到自己所承担的社会责任和享有的社会权利。虽然进入青春期后,个体开始积极关注自己的内部世界,但他们主要是根据别人的观点去评价事物、认识他人,对自己的认识也趋从于权威或同伴的评价。因此,这一时期个体自我意识的发展成为"社会自我"发展阶段。

3.自我意识的完善(青年中期至终生)

从青年中期开始,个体的自我意识开始进入完善与提高阶段。处于青年中期的大学生,他们的自我意识发展经历着一个明显的"分化—冲突—统一"过程。这时,原本"笼统的我"被打破,出现了两个"我":一个是处于观察地位的主体我(I),另一个是处于被观察地位的客体我(Me),出现了"主观我""理想我""现实我"的分化。这一时期称为心理自我的发展时期,也称为自我意识"主观化"时期,个体世界观、人生观、价值观的形成是心理自我成熟的标志。

(二)大学生自我意识的发展规律

1.自我意识的分化

所谓分化,是指大学生的意识转向以自己本身的心理活动为对象,原有的自我意识(在儿童、青少年时期是统一不可分割的)一分为二:一个是理想自我,一个是现实自我。自我意识的分化是个体自我意识不断走向成熟的标志。大学生进入青年期后,原来儿童青少年笼统的我被打破,出现了两个"我":一个是处于观察地位的"主体我"(I),也就是"理想我";另一个是处于被观察地位的"客体我"(Me),也就是"现实我"。"理想我"无时无刻不从观察者的角度对"主观我"进行观察、分析、评价和监督,检验现实自我是否符合理想自我的要求和标准。这种"理想我"与"现实我"的分化标志着大学生自我意识已开始走向成熟。正是这种分化,促进了大学生主动、迅速地对自己的内心世界和行为产生新的意识,开始注意那些自己从来没有被注意的"我"的许多方面和细节,从而为客观地评价自己或他人、合理地调节自己的言行奠定了基础。

2.自我意识的矛盾

由自我意识的分化带来的种种矛盾冲突是大学生自我意识发展中的正常现象,也是大学生迅速走向成熟的集中表现。大学生富于理想,自我期望较高,在进行自我观察、自我分析、自我评价时,常常不得不正视"理想我"与"现实我"之间较大的差距,这种差距致使自我意识矛盾的产生。归纳起来,大学生自我意识的矛盾冲突表现在以下几个方面:

第一,理想自我与现实自我的矛盾冲突。

这是大学生自我意识矛盾最突出、最集中的表现。大学生怀着无数美好的憧憬进入大学校门,为自己设定了完美的理想自我,对大学进行了理想化的设定,对未来充满信心,抱负水平较高。然而,现实往往是残酷的,由于相对狭窄的生活范围,社会交往比较单一,缺乏社会阅历,对自我认识的参照点较少,因此大学生的现实自我在能力、经验、知识等方面与理想自我存在较大的差距。自我意识的这一冲突,一方面使大学生感到焦虑苦恼,痛苦不安,可能影响到他们的心理发展和心理健康;另一方面也促使他们设法解决矛盾,以便实现"理想我"与"现实我"的统一。但是由于个人的社会背景、社会生活经验、智力水平、追求目标等方面差异,自我意识的统一也出现个别差异。

第二,独立意向与依附心理的冲突。

美国心理学家埃里克森从人格发展上概括出大学生所处阶段的主要矛盾是亲密与孤独

的矛盾。进入大学,大学生的独立意识迅速发展,他们在生理与心理的成熟促使他们渴望独立,尤其是离开父母之后,他们希望自己能够在生活、学习、思想、经济等方面独立,以独立的姿态面对生活、学习和工作等一系列问题,以证明自己已经长大;与此相应,长期的校园生活使他们应有的社会阅历与经验相对匮乏,在心理上又对父母、朋友存在深深的依赖,特别是遇到困难和挫折时,这种依赖表现得更为明显。尤其是对于独生子女来说,由于长期受到父母的溺爱和保护,这种独立与依赖的矛盾表现得尤为突出。不成熟的独立性与依赖性相互纠缠,便构成了大学生自我意识冲突的主要根源。过分的依赖使大学生缺乏对问题的分析、判断与决断能力,显得优柔寡断,缺乏主见;而过分的独立又使部分大学生陷入"凡事不求人"的偏执状态,采取我行我素、孤傲自立的行为方式,在遭遇挫折时又会出现不知如何寻求帮助的情况。这种独立意向与依赖心理的矛盾一直困扰着他们。

第三,过度的自我悦纳与自我拒绝的冲突。

这是大学生自我意识混乱的两种表现形式:一种是过高的自我评价,即过度的自我悦纳。自负便是一种过度的自我悦纳,拥有这种心理的人,缺乏自知之明,往往认为自己对别人错,把自己的意志强加在别人身上。另一种则是过低的自我评价,即自我拒绝。自卑是一种自我否定、自我拒绝,表现为对自己缺乏自信,对自己不满和否定。拥有这种心态的人总以为自己存在着缺陷、不足与失误,因而遇事总会胆怯、逃避、退缩,缺乏主见。自负和自卑总是紧密联系在一起的,自负表现强烈的人往往也是极度自卑的人。与其他群体相比,大学生体现出较高的自尊与自信,他们渴望成功,不甘落后,对成功的渴望与期望较高。当遭遇失败与挫折,如考试失败、恋爱受挫等小小失利时,便开始怀疑自己的能力,进而自我否定,自我排斥甚至自我放弃。

第四,交往需要与自我封闭的冲突。

大学生有强烈的交往需要,渴望理解,需要友谊,寻求归属和真爱,希望能向知心朋友倾吐对人生的看法和态度,盼望能有人分担痛苦和分享快乐。但同时他们又存在自我封闭的倾向,大部分人往往不愿意主动敞开心扉,喜欢把自己的心事深藏起来,在公开场合很少发表自己的意见和看法。在与他人交往时有较强的戒备心理,总是包着一层厚厚的铠甲,与他人保持距离。正是这种矛盾冲突,使得不少大学生感到十分孤独。自我意识发现自己的内心世界——个人秘密也不便向外泄露;加之长辈不能正确地对待他们,于是在一个阶段里造成青年心理上的闭锁性。闭锁性导致与父母、师长及交往熟悉的人之间产生距离,感到缺乏可以倾诉衷肠的知心人。成人对他们往往训诫多于鼓励,批评多于同情,故可由闭锁产生孤独感。

第五,求知欲强而识别力低的矛盾。

求知欲旺盛,对增长知识十分有益,但由于识别能力低,有时会瑕瑜不分,甚至吸收了有害的糟粕。对不理解的东西往往不像儿童那样去询问别人,而且是按自己的想法去理解,自圆其说,因之可能造成一误再误。

第六,情绪与理智的矛盾。

青年追求所需要的尽快满足,并往往容易感情用事。虽然他们也懂得一些世故道理,却不善于处理情感与理智之间的关系,以致不能坚持正确的认识和理智的控制,而成为情感的俘虏。事后又往往为此追悔莫及,苦恼不已。

第七,幻想与现实的矛盾。

青年想象丰富,抽象思维活跃,对未来充满希望,对当前一时难以满足的需要,往往容易靠想象构思"美妙"的幻境,以"白日梦"来补偿现实。这种幻想或不切实际的"理想"容易和现实发生矛盾,甚至导致对现实不满,轻者苦闷牢骚,重者可能受不良倾向影响而做出越轨行为。此外,这种矛盾也会表现为"理想我"与"现实我"的冲突,自寻苦恼,造成心理平衡的危机。

总之,青年自我意识发展过程中矛盾是复杂的,除上述外,还有反抗与屈从、自负与自卑、自信与气馁等,这些都是青年心理不成熟的表现。

3.自我意识的统一

自我意识的统一是指自我认识、自我体验和自我调节的统一,自我与外部世界——客观环境、社会发展的统一,集中体现在理想自我与现实自我的统一。自我意识的矛盾、分化所带来的痛苦,促使大学生去解决矛盾而求得自我意识的统一,这种统一的方法即自我统一性。主要指主体我与客观我的统一,自我与客观环境的统一,理想我与现实我的统一,也表现为自我认识、自我体验、自我控制与和谐统一。由于自我意识具有复杂性与多维性,大学生逐渐在多维度中审视自我、调整自我,向理想自我靠近,也就是我们常说的建立自我同一性。由于个人的社会背景、生活经验及智力水平等方面的差异,因此自我意识分化与统一的途径不同,其结果与类型也不同。在协调统一的过程中,既可能出现积极的、有利于心理健康的状态,也可能出现消极的、不利于心理健康的状态。一般来说,大学生自我意识的统一会出现以下几种类型:

(1)自我肯定型。这类大学生的特点是正确的理想自我占优势,对现实自我的认识比较全面、客观、深刻,理想自我与现实自我能够通过积极的努力达到统一。统一后的自我完整而强有力,既适应社会发展的需要,又有助于大学生自身的健康成长。例如,一位大学三年级的同学这样分析自己:"我向往能干一番轰轰烈烈的事业,但我也明白成功要受许多条件的限制,我不能苛求社会来满足我的要求。每个人都有自己的生活坐标,踏踏实实奋斗,静静地体会,勇敢地把握才是生活的真谛。"

(2)自我否定型。这类大学生的特点是对现实自我的评价过低,理想自我远远高于现实自我,经过努力仍无法拉近距离,或距离虽不大,但主观上缺乏自我驾驭能力,心理常呈现出一种消极的防御状态,理想的我与现实的我是一种消极的统一。这些大学生只想通过简单的努力去实现理想的我,因而一遇到困难、挫折便会灰心丧气,在一定程度上放弃理想自我而迁就现实自我,以求得自我意识的统一。他们自卑感重,对自己缺乏信心,极易悲观失望。

(3)自我扩张型。自我扩张型的大学生过度地高估了现实自我,以致形成虚妄的判断,确立一个不切实际的甚至错误的理想自我,并认为理想自我的实现轻而易举,理想自我与现实自我的统一是虚假的统一。如有的大学生自认为自己与众不同,整天以幻想的我、理想的我代替真实的我,不肯面对现实的我;有的大学生常常自吹自擂,埋怨社会和他人。自我扩张型的大学生很容易产生心理变态,个别大学生还可能用违反社会道德甚至违法犯罪的手段谋求理想自我与现实自我的统一。如一些大学生为满足自己"人生在世,吃穿二字"的物质需要,不惜偷盗同学或学校的财物,供自己挥霍之用,从衣袜鞋帽到收录机、自行车,以致锒铛入狱。

(4)自我萎缩型。当大学生感到理想自我很难实现,甚至永远无法实现,而现实自我往往提高非常缓慢,甚至无法改变,以至于无法容忍时,就会出现自暴自弃、自责内疚等消极情绪,这就是大学生自我意识的萎缩。自我萎缩型的大学生表现为理想自我极度缺乏或丧失,对现实自我又极为不满。他们认为理想自我难以实现,甚至永远无法实现,于是要么放弃对理想自我的追求,消极放任,玩世不恭;要么自轻自贱,自怨自艾,出现自我拒绝心理,甚至出现理想自我与现实自我的对抗,严重者可导致精神分裂症或因绝望而轻生。

(5)自我矛盾型。自我矛盾型的大学生,理想自我与现实自我无法协调,因而自我意识难以统一,无法转化出一个新的自我。这种大学生内心冲突强度大,延续时间长,新的自我无从确立,积极的自我难以产生,内心始终充满矛盾和冲突,自我认识、自我体验和自我控制缺乏稳定性和确定性。

总体上说,大学生自我意识的发展水平较高,自我认识、自我体验和自我控制有了较大的发展,整体逐渐趋于稳定。此外,自我意识呈现出年级差异:大一新生自我意识最强,大二、大三最低,大四自我意识最成熟。

三、自我意识的影响因素

自我意识是在个体生理与心理能力发展到一定成熟程度的基础上发生、发展的,也是在个体与社会环境长期相互作用的动态过程中形成和发展的,许多社会因素对自我意识的形成和发展起着重要的作用。

(一)个体因素

1. 生理因素

自我意识的发生、发展与个人生理的发展、年龄的增长是密切相关的,离开了生理及相应的心理能力的发展,自我意识不可能发生。自我意识的发生主要有物-我知觉分化、人-我知觉分化和有关自我的词的掌握三个标志。

物-我知觉分化可分为三个发展阶段。最初出现的是物-我感觉分化。刚刚出生的婴儿不知道自己身体的存在,其吮吸自己的手指、触摸身体部位时就像吮吸、触摸别的东西一样。当婴儿感觉到两者的区别时,就出现了物-我感觉分化。此时,婴儿出现了主体自我——感觉。到1岁末时幼儿开始能将自己的动作和动作的对象区别开来,在感觉上对自己的动作与动作的对象或结果产生了分化,这是在物-我感觉分化基础上形成的对自己动作和动作相联系的外物的分化知觉。在进一步的发展中,幼儿开始直觉到他所做的动作是自己开发的,自己是活动的主体,标志着儿童出现了最初相对于客体(尤其是无理性客体)的主体意识。

人-我知觉分化可以分为两个发展阶段。一是对人微笑,二是从形象上区别他人和自己。婴儿认识他人的形象比认识自己的形象出现得更早。6个月以前的婴儿已经能够对不同的他人做出不同的反应,从镜中认识自己的父母的形象。7~8个月的婴儿开始关注镜中的自我形象,10个月时出现与镜中自我玩耍的倾向。1岁零8个月开始能区别同伴包括照片区分;2岁零2个月的幼儿能准确认识镜中或照片上的自我形象,标志着儿童出现了最初(相对于他人)的自我意识——自我知觉。

1岁以后,幼儿开始能将自己同表示自己的词语(如名字)联系起来。同时,发展起对自己躯体的认识和对自己身体感觉的意识。"我"这个词的掌握在儿童自我意识的形成上是一个质的变化。儿童从把自己当作客体的人转变为把自己当作主体的人来认识,最终形成自我意识。由此出发,儿童随着年龄的增长,在社会生活中进一步发展起自我评价,产生自我情感,到 3 岁时出现明显的自尊心和羞耻感。

国内外很多研究表明,除了生理的发展以外,个体的年龄也是影响个体的自我意识水平的因素。自我意识不是一成不变的,而是在一个人的一生中不断发展变化的。个体自我意识从发生、发展到相对稳定和成熟,大约需要 20 年的时间。皮尔斯和哈里斯在 1964 年的研究证实,三年级和五年级在自我意识量表中的得分高于六年级。韩进之等的研究表明,中小学生自我意识发展趋势呈现由低到高的曲线形。第一个上升期为小学一年级至小学三年级,由小学三年级到小学五年级进入平稳期。第二个上升期为小学五年级到初中一年级,此后进入初三平稳期。第三个上升期为初三到高一,此后进入高三平稳期。期中自我评价随年级的增加几乎呈现直线上升的趋势。自我体验的发展则是先快后慢,不能同步随理性认识的提高而提升。在自我控制方面,低年级学生行为控制偏向于外在权威,高年级学生行为控制的外在压力则逐年减弱,自主性增强。

个体自我意识的发展在第二飞跃期是初中阶段。自我意识最不稳定的阶段是在青少年时期的中断。杨心德的研究发现,初中生自我意识各个因素的发展是不平稳的,初中二年级可能是自我意识发展的一个重要时期。杨善堂等的研究表明,初中生的成人感、独立性、自尊心及自我评价能力随年级增高而不断发展,期中初中二年级是自我意识发展的关键期。

有的学者还认为,个体间的性别差异也是影响个体自我意识发生和发展的因素,对此至今还无定论。国外心理学者皮尔斯和哈里斯在年级相同的学生中,没有发现性别不同对自我概念有实质性的影响。国外的一些学者的评述论文包括年龄跨度为 6 岁到 50 岁的研究对象,也没有切实可靠的证据,这说明年龄和性别对整体自我意识产生正面或负面的影响。但我国学者杨心德的研究表明,初中生自我意识的发展存在性别差异,男生略高于女学生。杨善堂的研究也发现初中学生自我意识的发展存在着显著的性别差异。

2. 心理因素

自我过程是影响自我意识形成,影响自我意识的方向或目标的心理加工过程,它对自我意识的形成与发展有重要的影响力。其中,自我评价、自我修养对自我意识有较大的作用力。

自我评价是个体对自身状况所做的肯定与否定的判断。它常常发生在我们希望准确地、客观地描述自我的时候。自我评价通常依赖社会比较和自我评价来实现。社会比较指通过将自己与他人比较以获取有关自我的重要信息的过程。自我评价作为自我意识的一部分,其本身的发展变化也就影响了自我意识的变化。自我评价发生了变化,必然会引起一定的心理行为的变化,而这些变化会使自我意识出现相应的波动。

自我修养就是个体培养正确对待自己,端正自我态度的过程。自我修养要求准确全面地认识和评价自己,设立切合实际的努力目标,学会进行自我批评,正确对待成绩和挫折。而这些自我修养的内容本身就是自我意识得以健康发展的因素。

(二)社会因素

从上面的分析中我们可以看出,自我意识的产生并非与生俱来,而是后天形成和发展的。生理的成熟和发展是个体自我意识产生的前提条件,但这只是一个前提条件,自我意识的形成和发展还有赖于个体在生理成熟和发展的同时参与社会生活和社会互动。个体自我意识的形成和发展与社会环境息息相关。

1. 家庭环境

个体最早的社会环境是家庭,家庭对个体自我意识的形成和发展起着关键性的作用。一般而言,家庭环境是指家庭的物质生活条件、社会地位、行为及感情的总和。杜亚松等人的研究表明,自我意识得分高者在评价家庭环境各方面都优于自我意识水平低者。1967年,霍金斯研究发现,城市学生自我意识各分量表得分及总分均高于农村学生,我国学者钱秋玲等人的研究结果与之一致。钱秋玲等人研究还发现,高社会阶层的儿童自我意识高于低社会阶层的孩子。杨善堂的研究发现,初中学生自我意识的发展存在着显著的城乡差异。

国外不少研究者发现,父母离异对儿童心理发展(包括自我意识的发展)有显著的消极影响,但是马斯等的研究则表明,父母分居、离异对儿童自我意识并不产生远期的负面影响,国内学者苏畅、钱秋玲等人的研究结果与之一致。

很多研究者认为,儿童对自己的看法是他们父母如何看待他们的反应。哈特研究表明,父母的满意度、教育、兴趣、对待孩子的态度和方式与孩子的自我概念显著相关,如父母对孩子的情感和关注持积极的态度,可以提高孩子的自信心,有利于孩子更好发展。一些国外研究者还发现,学生愈感觉父母用关怀、奖励、宽容、赞赏、爱护、温暖和高期望的态度来管教他们,他们的自我意识就愈高。国外研究表明,孩子自我意识中的多个因子与父母采取情感温暖、理解式教育方式呈显著正相关,与惩罚、严厉、拒绝、否认式教养方式呈负相关。国外学者德琼娜研究发现,父母与孩子的沟通交流对孩子的自我意识有令人惊讶的作用——自我意识低下者常缺乏与父母的交流。研究发现,父母对儿童(8~13岁)的评价,尤其是母亲的评价与儿童自我意识明显相关。父母评价的一致性与儿童自我意识也有很强的联系。父母教育不一致的儿童的自我意识低于父母教育一致的儿童。独生子女自我意识好于非独生子女,两者在自我意识多个因子间差异有显著性。

2. 学校环境

学校是家庭生活以外的主要生活环境之一,个体自我意识发展的黄金时期大多是在学校里度过的。作为学校权威的老师,以及个体在学校中的同辈群体都会对个体自我意识的发展和变化产生重要的影响。其中,老师对待学生的态度与方式、师生关系和学生学业成绩对学生自我意识的形成和发展具有非常重要的作用。

师生关系是学生的一种重要的社会交往形式,师生关系是促进学生学习和减少学生行为问题的关键因素。个体有关自己的大多数信息都来源于他人,是对他人评价的反应。他人评价对自我意识形成具有重要作用。在师生交往中,老师对学生行为的评价、情绪反应和行为表现影响着学生对自己的体验和评价,尤其对学生个性发展中的诸多心理因素如自我意识和自尊心等影响深刻。国内学者林崇德等人的研究发现,冷漠型和冲突型师生关系的小学生在自我意识发展方面都低于亲密型师生关系的学生。

对于学生学业成绩与自我意识的关系,各国学者研究结果并不完全一致。哈特在1992年的研究表明,自我意识与学业成绩存在显著的相关,而且这种相关因年龄、社会地位、文化、种族和测量量表的不同而不同。马斯等人在2000年的研究发现,学习成绩好但学业自我意识却低,而在学业自我意识基础上形成的学校地位也低,对自我意识有不良影响。但是他们在2002年的研究发现,学业成绩和学业自我意识呈中等程度的相关。国外学者还做过一项研究,他们发现成绩优良的学生在评估有关自我的三个方面——个人能力、学业能力和社会能力时,都比成绩落后的学生给自己打的分高。杨国枢等人的研究发现,自我意识与学业成绩、智力几乎没有相关或相关性很低。关于成绩与儿童自我意识的关系还有待于进一步研究。

个体在学校中的同学和朋友对个体自我意识的形成和发展也会产生影响。学校是一个人际互动的重要场所,尤其对于儿童和青少年来说,他们会依据同伴的看法和反应反观自己,重新定义自己、评价自己。同时也会在和同学的交往中通过不同的角色扮演来促成更高的自我意识的发展,使自己更加适应社会环境。而且学校学习生活的"榜样"作用也不容忽视。"榜样"也可以是参照群体。一般而言,个体常常根据参照群体的价值取向定义自己,形成自我观念,将参照群体的价值取向理解为期望,约束自己的思想、行为,融入自己的意识之中,与参照群体比较以进行定位。因此,个体在学校生活中选择什么样的人作为自己的"榜样"对于其自我意识的发展和变化至关重要。社会心理学家谢里夫把参照群体的规范看作个体的社会目标、自我评价、社会评价乃至世界观形成的基准线。

3. 社会文化环境

社会文化对个体社会化过程有重要的影响力,必然也将与自我意识的形成和发展密不可分。政治、经济、国家的宣传体系、宗教团体、风俗禁忌、习惯传统以及生产力发展水平都在日常生活中潜移默化地渗透到人们的自我意识中。在同一文化背景下生活的人们,就可能形成共同的自我意识成分。这在跨文化研究中有明显的例证。例如,美国的儿童更为积极、主动、进取,敢于向环境中的问题挑战,而墨西哥儿童更为被动、驯良、忠顺,忍受环境压力而不去改变它们。

四、大学生自我意识发展偏差及调适

大学生自我意识偏差包括自卑、从众、虚荣、自我中心、自我同一性混乱问题。在这些问题中,最典型的是自卑和自我同一性混乱。

(一)自卑

自卑是个体在社会化比较过程中产生的自我评价偏低,自愧无能,并伴有自怨自艾、悲观失望等情绪体验的消极心理倾向。往往是认知歪曲所致自我否定及自我贬低的情感体验,其主要表现在于对自己的能力、品质评价过低,还会有一些特殊的情绪体现,如害羞、不安、内疚、忧郁、失望等。A.阿德勒对自卑感有特殊的解释,称其为自卑情结。他对于这个词主要有两种相联系的用法:自卑情结指由以一个人认为自己的能力或自己的环境和天赋不如别人的自卑观念为核心的潜意识欲望、情感所组成的一种复杂心理;是驱使人成为优越的力量,又是反复失败的结果。自卑情感可通过调整认识、增强信心和给予支持而消除。这种心理表现为对自己缺乏一种正确的认识,在交往中缺乏自信(主要因素),办事无胆量,畏首畏尾,随声附和,没有自己的主见,一遇到有错误的事情就以为是自己不好。这样导致他们失去交往的勇气和信心。

自卑感是坏事吗?A.阿德勒对此矢口否认。事实上,要成其为人就意味着感到自卑。这对于一切人都是共同的,所以,它并不是懦弱或者异常的现象。实际上,这种情感是隐藏在所有个人成就后面的主要动力。一个人由于感到自卑才推动他去完成某些事业。在某人获得一项成就时就能体验到一种短暂的成功感,但是与别人获得的成就相比较,又使他产生自卑感,这样就又激起他去争取更大的成就,由此反复无止境。尽管自卑感对所有积极的成长起着一种激励作用,但是它也会导致精神病症。一个人能被自卑感弄得心灰意冷,以致达到万念俱灭、百事皆休的地步。自卑的人通常都会拿自己的缺点和别人的优点相比,总是觉得自己处处不如别人,看不到自己的价值,长此以往,就会产生一种悲观厌世的情绪。因为找不到自己的价值所在,所以容易对生活失去希望,严重自卑的人甚至会有轻生的念头。

自卑并不可怕,只要掌握一些方法,完全可以克服自卑心理,让你成为一个自信的人。

1.正确认识自己

学会从多角度看问题,全面辩证地看待和评价自己,不仅要如实地看到自己的短处,也要恰如其分地看到自己的长处,切不可因自己的某些不如人之处而看不到自己的如人之处和过人之处。要多去发现自己的长处,树立自信心。要用理性的态度面对失败和挫折,做到大志不改,不因挫折而放弃追求。善于挖掘自己的潜能,利用自身的特点,大胆尝试,勇于拼搏。一个人只有客观地评价自己和他人,与他们进行正确的社会比较,才有助于肯定自己,才能克服自卑感。

2.正确地归因

不能因一次失败,就认为自己能力不行。殊不知这次失败的原因很可能是多方面的,不一定是能力不足造成的。

3.自我鼓励

当你在干一件事之前,首先应有勇气,坚信自己能干好。但在具体施行时,应考虑可能遇到的困难。这样即使失败了,也会由于事先在心理上做了准备而不致造成心理上的大起大落,导致心理失调。善于运用表扬与肯定的方法树立自己的自信心。在工作、学习、思想方面的积极表现、正确做法和细微的进步,要采取一定的方式给予及时的、恰当的评价和鼓励,并对自己提出新的要求,从而使自己受到鼓舞,增强自信心。自卑的人一般都比较敏感脆弱,经不起挫折的打击。因此应当注意,要善于自我满足,知足常乐。在学习上,目标不要定得太高。适宜的目标,可以使你获得成功,这对自己来说是一种最好的激励,有利于提高自己的自信心。之后,可以适当调整目标,争取第二次、第三次成功。在不断成功的激励中,不断增强自信心。

4.运用积极的自我暗示

当遇到某些情况感到信心不足时,不妨运用语言暗示:"别人行,我也能行""别人能成功,我也能成功",从而增强自己改变现状的信心。经常回忆因自己努力而成功的事,或合理想象将要取得的成功,以此激发自信心。

5.学会对比

在与别人比较时,为了避免自卑心理的产生,应该选择与自己各方面相类似的人、事比较,否则与自己相差悬殊,或者拿自己的弱点与别人的优点相比,总免不了产生自卑感。与人比较时要讲究"可比性"——选择适当的参照系,否则只有"人比人,气死人"。要扬长避短。例如苏格拉底其貌不扬,于是在思想上痛下功夫,最后在哲学领域大放异彩。

【课堂活动】

每位同学写出下面未完成语句。4人一组每人在小组中读出自己所写内容。当有同学在分享时,请认真聆听,思考哪些与自己所写相同,哪些不同,为什么?

1. 我最欣赏自己的外表是_____。
2. 我最欣赏自己的朋友的态度是_____。
3. 我最欣赏自己对学习的态度是_____。
4. 我最欣赏自己的一次成功是_____。
5. 我最欣赏自己的性格是_____。
6. 我最欣赏自己对家人的态度是_____。
7. 我最欣赏自己做事的态度是_____。

(二)自我同一性混乱及调适

自我同一性的概念最早由心理学家埃里克森提出,但埃里克森提出的自我同一性的概念是一个相对模糊的概念,相应地,自我同一性混乱也是一个模糊的概念。埃里克森认为青年期自我同一感的确立是自我分化和整合统一的过程。

1.自我分化是把整体的我分化为"主体我"与"客体我"

青年期发现和认识本质的我,是从明显的自我分化开始的。儿童期的自我是具有稳定性的、整体的自我。青年期的自我是将整体的自我分为"主体我"和"客体我",主体我是观察者、分析评价者、认同者,"客体我"是被观察者、被分析评价者、被认同者,即由主体我来分析、认识客体我。

其实,自我意识主要表现为自我概念、自我评价和自我理想的辩证统一。在自我分化认识自我的过程中,自我概念好比"我是什么样的人",自我评价好比"我这个人怎么样",自我理想好比"我应该成为什么样的人"。自我概念、自我评价和自我理想的辩证统一就是以自我概念为基础,进行自我评价,进而超越现实的自我,实现自我理想的过程。

在自我分化和自我认识的过程中,必然会产生观察者对被观察者反应的一致与否、分析者对被分析者评价的准确与否、知者对被知者的认识贴切与否的问题,于是自然会出现主体我与客体我的矛盾斗争,造成对自我的肯定或否定的认知。

2.通过自我接纳和自我排斥达到自我认识的整合统一

自我分化为"主体我"和"客体我"的目的是达到主体我与客体我的统一。"自我"经过一段时期的矛盾冲突,主体我和客体我便在新的水平上协调一致,即自我的整合和统一。新的整合和统一主要是通过自我接纳和自我排斥的过程实现的。

自我接纳是对自我积极肯定的心理倾向。自我接纳是以积极的态度正确对待自己的优点和缺点,接受自己的长处和短处;以平常心面对自我现实;能根据自己的能力和条件,确定自己的理想目标。

自我排斥是对自我消极否定的心理倾向,即否定自己,拒绝接纳自己的心理倾向。自我排斥与自我接纳一样,是自我意识发展过程中不可缺少的心理过程,是个体形成良好的心理品质所必要的心理过程。

青年期自我的发展经过自我分化,再通过自我接纳和自我排斥等过程之后,自我的发展便得到进一步深化和提高,在新的水平上达到整合统一,形成自我同一感。大多数青年人都能形成并确立自我同一感。

　　3.不能确立自我同一感

　　如果客体我和主体我之间的矛盾难以协调,青年便难以确立自我形象,也无法形成自我概念。于是,他们在这个过程中会表现出明显的内心冲突,甚至引起自我情感的激烈变化,引发现实的"我"与理想的"我"之间的矛盾冲突,从而导致自我同一性扩散或社会角色混乱,并造成自我同一感危机。

　　4.解决自我同一感危机的方式

　　有学者(马西亚)归纳出解决青年同一感危机的四种方式。

　　(1)同一性确立。体验过各种发展危机,经过积极努力,选择了符合自己的社会生活目标和前进的方向,以达到成熟的自我认同。

　　(2)同一性延续。正处于体验各种同一性危机之中,尚未明确做出对未来的选择,但是正在积极地探索过程中,处于同一性探索阶段。

　　(3)同一性封闭。在还没有体验同一性困惑的情况下,由权威代替其对未来生活做出选择。这实际上是对权威决定的接纳,属于盲目的认同。

　　(4)同一性混乱(扩散)。无论是否经历过同一性危机,或是否进行过自我探索,他们并没有对自己的未来生活抱有向往或做什么选择,他们不追求自己的价值或目标。这也称为角色混乱。

　　在一段时期内,为寻找自我、发现自我而出现暂时的同一性扩散或角色混乱,多属正常现象。通过角色试验、亲身体验的自我痛苦探求,可能实现新的、更富创造性的、积极的自我同一。

　　但是,如果长期遭到同一性挫折,就会出现持久的、病态的同一性危机,就无法知道自己究竟是什么样的人,想要成为什么样的人,不能形成清晰的自我同一感,致使自尊心受挫,道德标准受阻,长久地找不到发展方向,无法按自己设计的方式正常生活。有的会走向与社会要求相反的、消极的同一,还有的甚至会出现同一性扩散症候群的特征。

第三节　大学生自我意识的培养

一、良好的自我意识的标准

　　自我意识在人格结构中占有极其重要的地位,人的认知、情感、意识都受到自我意识的影响,因此健全的自我意识是全面发展的重要途径,也是心理健康的有效保证。一个人的自我意识是否健全,可以下述几个方面作为参照:

　　(1)拥有健全自我意识的人能够自我肯定和自我统合。

　　(2)拥有健全自我意识的人,其自我认识、自我体验、自我监控协调一致。

　　(3)拥有健全自我意识的人具有独立性,同时又与外界保持协调。

　　(4)拥有健全自我意识的人能够自我发展,自我具有灵活性。

　　(5)拥有健全自我意识的人心理健康,不仅自己健康发展,而且能促进社会文明和进步。

二、正确认识和评价自我

正确地认识自我是建立健全自我意识的基础。德国著名作家约翰·保罗说："一个人真正伟大之处,就在于他能够认识自己。"如果一个人能够全面、正确地认识自我,客观准确地评价自我,就能量力而行,确立合适的理想自我,并为实现理想自我而不懈努力。认识自我就是全面了解自我,不仅要了解自己的性格、气质、能力、兴趣爱好,特别是自己的长处和短处,而且要了解自己与他人、周围环境的关系,从而把握自己在社会中的位置。大学生自我认识和评价有以下两种途径:

(一)对镜评价

"以铜为镜,可以正衣冠;以史为镜,可以知兴替;以人为镜,可以明得失。"大学生可以通过认识他人的言行特征来认识和评价他人,同时在这个过程中也学会了自我认识。社会就像一面大镜子,周围人对我们的评价能帮助我们更好地认识自己、了解自己,特别是了解自己不易察觉的潜意识行为和想法。

社会心理学利用镜像自我来描述反射性评价。镜像自我即以他人为镜子,我们在他人眼中看到的自我。在个体关注自我发展的过程中,个体所具有的自我情感取决于对他人态度所做出的归因。通过镜像自我认识自己有三个过程:对我们在他人眼中的形象进行想象;想象这个人如何评价我们;我们因为这种想象里的判断而感觉好或不好。

(二)自省评价

自我反省是认识自我的一个重要途径。根据自我知觉理论,主要从行为对态度影响的角度,来阐释人们如何认识自己。一般而言,大学生的自省评价是通过自己的活动和行为结果来评价自我的能力和品质。例如,通过考试来认识自己的知识掌握水平,评价自己的学习成绩;通过克服困难的种种行为来认识与评价自己的意志品质等。

三、积极悦纳自我

悦纳自我,是指对自己的本来面目的认同、肯定态度。一个人只有肯定自己、认同自己,才会有自豪感、自尊感,以积极的态度认可自我,欣然接受自己;相反,以消极的态度拒绝自我,加剧心理冲突,容易产生心理疾病。心理学研究表明,心理健康者更多地表现出对自己的接受和认可,而心理障碍者则明显表现出对自我的不满和排斥。一个人只有积极地悦纳自我,才有可能科学地塑造自我,确立正确的自我奋斗目标。

·【延伸阅读】·

有一个女孩,左额头上有一块伤疤,这让她觉得自己很丑,对自己的形象非常没有信心,不愿意和别人打招呼,甚至不愿意抬头走路,情绪每天都很低落。

一天,妈妈送了她一只发卡,说把这个发卡别在头发上,就能挡住那块伤疤了。女孩对着镜子把发卡别好,确实遮住了伤疤,她立刻觉得自己变漂亮了,于是就别着发卡出门了。在刚出家门的时候,由于她太高兴了,不小心和迎面走来的一个人撞上了,她面带微笑地说了声"对不起",就去上学了。

一整天,女孩都觉得心情很好。好像每个人对她都比平时更亲切,她也主动和别人打招呼,上课听讲也更认真了,因为她觉得好像每个老师都在注意她。尤其是在放学的时候,几个平时不怎么说话的同学,居然来找她一起回家。

回到家里,女孩兴奋地和妈妈说:"妈妈,你送给我的这个发卡实在太神奇了!今天我感觉特别棒,从来没有感觉这么好过。"接着,她就把当天在学校发生的一切和妈妈讲了。

妈妈听后,纳闷地说:"女儿,可是你今天并没有戴这个发卡啊,你看,早上你出门后,我在门口捡到了它!"

心理研究表明,心理暗示有着十分强大的作用,如何利用积极的心理暗示悦纳自我呢?悦纳自我的首要条件是接纳自我,接纳意味着不仅接纳自己的优点,也接纳自己的缺点。一个接纳自我的好办法就是把自己当作独一无二的人,一个独特的个体。完成下面的句子可以帮助大家找到自己的独特性:

写出 20 句"我是怎样的人",要求尽量反映个人特征,风格。

我＿＿＿＿＿＿＿＿＿＿＿＿＿＿＿。

我是＿＿＿＿＿＿＿＿＿＿＿＿＿＿。

我是一个＿＿＿＿＿＿＿＿＿＿的人。

四、有效调控自我

(一)合理运用社会比较策略

自我体验是在自我评价的基础上产生的一种情绪体验,取决于个体的自我认识与自我评价。而个人对自我的认识与评价,又往往是通过比较来实现的。如何比较,比较什么,这对于个体的自我评价和自我体验十分重要。

(二)调整自己的抱负水平

抱负也称自我期望,是指一个人在完成某件实际工作之前,预期自己所能达到的成绩目标。抱负水平过高或过低,都不利于大学生人格的健全。大学生应该努力提高自己的认识水平,调整自己的抱负水准,使之切合自身和客观现实。

(三)进行合理归因

一个人把成功或失败归因于什么,会影响他对今后行为的认识。若把失败归因于稳定的原因如能力不足,则当失败时一般不会再去争取胜利;若认为失败是不稳定原因造成的,如认为是自己努力不够,则将倾向于通过再努力,以求成功。合理的归因方式是在分析成功的时候,更多地归因于自我努力;在分析失败的时候,更多地归因于自己不够努力,这样会让人产生自我调控感,从而逐步建立自我效能感。

五、当代大学生如何塑造健康的自我意识

针对上述当代大学生自我意识出现的偏差,为了帮助他们调整自我意识,更好地完善自我,形成健康、积极、向上的自我意识,可以从以下几个方面入手:

(一)正确地、全方位地认识和评价自我

古诗云:不识庐山真面目,只缘身在此山中。全方位认识自我是形成自我意识的基础,是调适现在的我与理想的我的有力保障。如果大学生能够全面地了解自我,客观准确地了解和分析自身的长处和短处,认清自己与团体的关系,了解自己在社会实践中所处的位置,并对自我做出不偏不倚的评价,就能充分发挥自己的聪明才智,实现自己的人生价值。

1. 通过自省来认识自我

曾子曰:"吾日三省吾身。"大学生应学会自省,在不断地检查自身行为是否正确的过程中发现自身的不足,从事件的结果中获得经验和教训,在不断自省中发现长短得失,这样才能有的放矢地完善自我。

2. 通过分析他人的评价来认识自我

研究表明,如果一个人的自我评价与他人对其的客观评价在很大程度上一致,则说明他的自我意识比较成熟。因此,如果在实际生活中,当代大学生经常通过老师、朋友的评价来认识自己,虚心倾听多方面评价,则有助于正确认识自我。与此同时,需要特别注意的是,应该正确、客观地看待他人的评价,有则改之,无则加勉,不盲目地被他人评价所左右。

3. 通过与他人的对比来认识自我

唐太宗有句名言:"以铜为鉴,可正衣冠;以古为鉴,可知兴替;以人为鉴,可明得失。"大学生可以通过与同伴性格、能力、学习、人际关系等各个方面的比较,认清自己的优势和劣势、长处和短处,以此判断自己在团体中的地位,更加了解自己。但要注意选择恰当的参照标准,一方面不能专门"以己之长比人之短",也不能专门"以己之短比人之长";另一方面要选择与自身多方面条件相近的人作为标准,这样才能做到客观公正。

4. 通过自我发展的纵向比较来认识自我

罗曼·罗兰曾在回忆录中写道:"四十年后,你再翻一翻自己年轻时代的内心'日记',你会在那里发现另外一个人。"大学生不仅可以通过与他人的横向比较来认识自我,也可以从过去的自己和现在的自己的纵向比较中认识自我。在自我意识逐步完善的过程中,一方面要勇于超越自我,另一方面不要一味地跟自己过不去,要在自我的发展历程中进一步认识自我、发展自我。

(二)欣然接受自我

根据心理学家的研究,心态积极乐观者更多地表现出对自我的接受和认可,相反,心态悲观多有心理问题者则会常表现出对自我的不满。当代大学生中的一部分会对自己的容貌、个性、能力或者家庭等某个方面不满,而又苦于无法改变,就容易产生自我排斥心理。如果对自己的不满过于强烈,就会加剧心理冲突,容易产生心理疾病,而欣然接受自我则是形

成健康积极的自我意识的关键和核心。一个人只有先自我接纳，才能为他人所接纳，要做到欣然接受自己，即悦纳自我。

1. 接受自己本来所具备的一切，

要做到欣然接受自己，首先就要接受自己的一切，包括长相、体型、性格、能力以及家庭背景等，并要坚信只要自己真正付出努力，一定条件下，别人可以，我也一定能可以，以此来增强自信心。

2. 正视自己的短处，争取做到扬长避短

"金无足赤，人无完人"，这是妇孺皆知的道理。每个人都有自己的优点和缺点、长处和短处，要学会扬长避短。一般来说，人的短处有两种：一种是可以改变的，如不良的习惯、性格缺陷等，对此要抱闻过即改的态度，虽说"江山易改，禀性难移"，然而"世上无难事，只怕有心人"；另一种是无法补救的，如先天性的其貌不扬、身材矮小或后天造成的四肢残缺等，对此则要勇于面对，有接受自己缺陷的勇气，以"内秀"补"外丑"。

（三）不断完善自我

人自我意识的发展是一个动态可变的过程，当代大学生的自我意识发展也不例外。因此，在经过正确认识和评价自我并欣然接受自我之后，还需要不断地完善自我。当代大学生尤其需要不断完善自我，为未来进入知识经济时代打下坚实的基础。

1. 确立符合自身实际情况的理想自我，以不断完善自我

人的行为需要目标作为指引和最终的评定标准。正确的目标能为自我的确立寻找合适的人生坐标，能激发人的动机，指导人的行为，促使个体向预定的目标前进。大学生要积极探索人生，理解人生，树立正确的人生观、价值观和世界观，从个人与社会的联系中认识有限人生的价值和意义，并通过实现这一目标而努力地完善自我。

2. 培养自控力，以实现自我

人在实现目标的过程中，不仅有自身欲望的干扰，还会有外界刺激的诱惑。自身的欲望会让人背弃理想，贪图安逸。外界刺激的诱惑更容易使人偏离正确的前进方向，从而放弃对先前树立目标的追求。因此，一个人如果想要达到既定目标，成就事业，就必须具备很强的自控力，这样才能让自己抵制诱惑，约束自己的情感，把握自己的行为。

（四）不断超越自我

在生活和学习过程中，免不了遇到困难和挫折。在困难和挫折面前，不灰心，不丧气，保持自信和乐观态度是积极的自我意识的集中体现。塑造自我，成为自己，按照社会的要求和个人的特点来发展自我、实现自我、超越自我，是当代大学生的思想行为特点之一。成为自己，超越自己，就是做一个"自如的我、独特的我、最好的我"，不给自己提脱离实际的过高要求，坦然地面对自己的客观存在；既立足于现实又不甘落后，能够充分利用自己的才智，积极发挥自己的特长，根据自己的条件规划自己的生活；用明日之我战胜今日之我，从"小我"走向"大我"。

思考与练习

1. 和同学讨论,了解自我意识的成长发展历程。

2. 案例分析

小林来自农村,因家境不佳,所以以优异的成绩"屈就"某大学。这使他从上大学的第一天就有一种比其他学校的大学生差的感觉。他从内心深处希望改变这一状况。在大学四年的学习中,他一方面努力完成学业,另一方面也为生计奔波。在别人眼里他始终是个坚强而有头脑的人。而他却不这么认为,他觉得这只是自己一种无奈的选择。平常的他可以与周围的每个人融洽相处,加上他的阅历较多,所以总会有新奇的事说给他人听,让人感觉似乎他是个很开朗的人。但他说这不是真实的他,他不敢与人谈家,谈学校,谈那奔波的辛苦,因为这些都是他心底最隐秘的东西,是他感到极度自卑的地方,想改变却又是徒劳的。他认为这个自卑的"我"才是真正的"我",而那个外在的"我"不过是个假象而已,从来也不曾存在过。

问题:

(1)分析小林的现实我、理想我和投射我。

(2)如何帮助小林建立正确的自我意识?

3. 心理活动:生命曲线

(1)在一张纸的中央画一个坐标,横坐标表示年龄,纵坐标表示生活的满意度,如图:

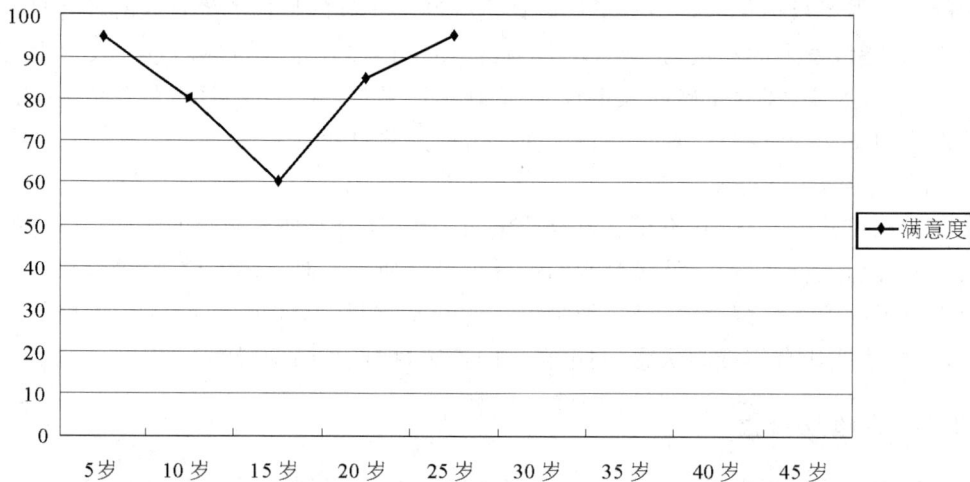

(2)闭目安静地思考一下,找出自己生活中的一些你认为对你具有重要影响的经历,并评价一下自己对这些事件的感受,然后在坐标上用一个点表示,并将事件简要地标注在点的旁边。

(3)将不同的点连成线,边看着线边反省,并对未来人生的趋向用虚线表示出来。

(4)思考:

——你有什么感悟?

——你对过往的人生历程满意吗?

——你在这张图表中得到了什么启示?

参考文献

[1]理查德·格里格,菲利普·津巴多.心理学与生活[M].王垒等,译.北京:人民邮电出版社,2003.

[2]杨善堂.初中学生自我意识发展特点的研究[M].北京:商务印书馆,1990.

[3]陈琦,刘儒德.当代教育心理学[M].北京:北京师范大学出版社,2007.

[4]张德芬.遇见未知的自己[M].北京:华夏出版社,2008.

第四章 大学生人格培养与完善

【心灵导读】

很多年前,有一位学大提琴的年轻人去向 20 世纪最伟大的大提琴家卡萨尔斯讨教:"我怎样才能成为一名优秀的大提琴家?"卡萨尔斯面对雄心勃勃的年轻人,意味深长地回答:"先成为优秀而大写的人,然后成为一名优秀而大写的音乐人,再然后就会成为一名优秀的大提琴家。"听到这个故事的时候,我还年少,对老人回答中所透露出的含义理解不多。然而,在以后的工作生涯中,随着采访接触的人越来越多,这个回答在我脑海中便越印越深。

在采访北大教授季羡林的时候,我听到一个关于他的真实故事。有一年秋天,北大新学期开学,一个外地来的学子背着大包小包走进了校园,因为实在太累了,他就把包放在路边。这时正好一位老人走来,年轻学子就拜托老人替自己看一下包,自己则轻装去办理手续,老人爽快地答应了。近一个小时过去,学子归来,老人还在尽职尽责地看守着。学子谢过老人,两人分别。几日后北大举行开学典礼,这位年轻的学子惊讶地发现,主席台上就座的北大副校长季羡林正是那一天替自己看行李的老人。

我不知道这位学子当时是一种怎样的心情,但我听过这个故事之后却强烈地感觉到:人格才是最高的学位。

不久前,我在北大又听到一个有关季先生的清新而感人的新故事。一批刚刚走进校园的年轻人,相约去看季羡林先生,走到门口,却开始犹豫。他们怕冒失地打扰了先生,最后决定每人用竹子在季老家门口的地上留下问候的话语,然后才满意地离去。

这该是怎样美丽的一幅画面啊!在季老家不远,是北大的博雅塔在未名湖中留下的投影,而在季老家门口的问候语中,是不是也有先生的人格魅力在学子心中留下的投影呢?

听多了这样的故事,便常常觉得自己像个气球,仿佛飞得很高,仔细一看却是被浮云托着;外表看上去也还饱满,但肚子里却是空空的。这样想着的就不免有些担心:这样怎么能走更长的路呢?于是,"渴望老年"四个字对于我就不再是幻想中的白发苍苍或身份证上改成 60 岁,而是如何在自己还年轻的时候能吸取优秀老人身上所具有的种种优秀品质。于是,我也更加知道了卡萨尔斯回答中所具有的深义。怎样才能成为一个优秀的主持人呢?心中有个声音在回答:先成为一个优秀的人,然后成为一个优秀的新闻人,再然后就会成为一名优秀的节目主持人。

(摘自:白岩松《人格是最高的学位》)

常言道:播下一种行动,你将收获一种习惯;播下一种习惯,你将收获一种性格;播下一种性格,你将收获一种命运。大千世界中的芸芸众生,为什么有的人英勇,有的人懦弱;有的人急躁,有的人沉稳;有的人勤奋,有的人慵懒。因此,在现实的生活中也就有的人春风得意,有的人却暗淡无光;有的人财运亨通,有的人一贫如洗。

从某种程度上来讲,以上讲的大都是心理学意义上的人格问题及不同人格对个人自身发展的作用。本章将从心理学的角度系统地阐述什么是人格、人格的相关理论、大学生人格发展的影响因素,以及如何培养正确的人格观。

第一节 人格概述

一、什么是人格

人格(personality)即人的性格或人的社会功能总和,分为十几种,包括研究型人格、娱乐型人格、市场型(服务型)人格、政治型人格、接纳型人格、剥夺型人格、贮藏型人格、生产型人格、综合型人格、好动型人格、畸形人格等。西方语言中“人格”一词,如法文的personnalité、英文的 personality,多源自拉丁文的 persona,即“面具”,原意是指古希腊戏剧演员戴的假面具,类似于我国的一些原始戏剧中的面具,如现今京剧演员的脸谱。这从某种意义上暗示了“人格”的社会功能。心理学中的人格和我们日常谈论的人格含义有很大的不同,具有较宽泛的内涵。研究者从各自的研究需要或研究角度出发,得出对人格研究的不同结论和内容。

总的来讲,心理学中谈的人格是指个体在遗传的基础上,通过与后天环境的相互作用而形成的各种心理特性的总和。它是一个相对稳定的组织结构,在不同的时间和环境里影响着个体思想、情感和行为。它是区别于他人的、相对稳定的和具有独特倾向性的心理特征的总和,包括气质、性格、能力、需要、动机、兴趣、爱好、理想、信念等方面内容。它存在于个体内部,指导个体外部行动,同时它并不等同于外在行为表现。虽说我们可以从某人的行为推断他的人格,但是不等于我们可以由某人的人格推定其行为。另外,至于人们日常使用的人格概念,更多的是突出它的道德意义,如人格高尚、有魅力等,这种用法不属于心理学范畴的人格含义。

二、人格的基本特征

(一)整体性与多样性

人格是一个具有丰富内涵的概念,是由多种成分构成的一个有机体,包含在人格中的各种心理特征彼此交织,相互影响,具有内在的统一性,受个体的自我意识调控。这种调控的统一性是个体心理健康的一个重要指标。

(二)稳定性与可变性

一个人的某种人格一旦形成就相对稳定下来了,要想改变它那是比较困难的,正所谓"江山易改,禀性难移"。但是人格也并不是一成不变的,随着个体的生理和心理的成熟,或者个体所处环境的变化,人格也可能发生或多或少的变化,尤其是在中小学的学习阶段,这也是为什么我们提出大学生应该注重自身人格的培养与发展。人格是稳定性和可变性的统一。

当然,在某一有限的时空界限内,某一个体人格的突然变化,且又找不到合理解释的理由,那就要考虑其是否有心理异常问题。如某一平时内敛、省吃俭用的男同学,突然变得豁然开朗,逢人就搭讪,并且大批量地采购零食,逢人就分,这一情况的出现没有合理的情境或理由,就很可能是他心理问题爆发了。

(三)独特性与共同性

"世界上没有两片一模一样的叶子。"人格也是如此,人与人的人格特征是不同的。不同的个体都受到了不同遗传因素、不同的家庭环境、不同的社会时期等因素的影响,并在这些因素的共同作用下成长起来。此外,不同人对于同一问题认知或者同一情感的产生有可能是相同的,这也就是人格的个体表现形态是不同的,但是所表现出来的人格的构成要素某些特性是共同的。所以人格具有独特性与共同性,独特性中包含着共同性,共同性又通过独特性表现出来。

(四)生物性与社会性

作为高级动物的人,首先具有个体的生物性,但是只有社会中的人才能称得上是人,才具有人的属性,否则也就称不上人。就个体生物性来讲,个体人格主要表现在外在表现不同上;而从个体社会性的角度来看,任何一个人总是受他生活的社会文化特征及其所接受的教育影响,这也就是个体还是要受到所处社会的政治、经济、文化因素的影响,表现为积极主动地参与社会实践活动,尽可能地发挥出个体自身的主观能动性。

(五)社会功能性

同一事件对不同人的影响是不同的,从心理学学理的角度来讲,外界环境的刺激总是通过个体人格的中介作用后才发生效用。就好比同样是面对困难,有的会奋起努力,有的却一蹶不振;在面对同一事件,中国人大多从集体的利益出发,而欧美自由资本主义国家的国民大多从个人利益最大化的角度出发。所以从某种角度来讲,人格对于个体来讲具有极强的社会功能性,其功能的发挥与否与个体的进退息息相关。

三、人格结构

人格和个性这两个概念既有一定的区别又有着密切的联系。苏联心理学界通常使用个性这个概念,强调的是个性是一个个体不同于他人的心理特性的总和。西方心理学界更多地使用人格概念,把个性中除了能力以外的其他部分称作人格。这种轻微的不同,反映了心理学家对人格概念理解的不同。我们把人格看作是和个性可以互通的概念,但在此部分分析人格结构时又采用西方的观点,将能力排除在人格的结构之外。此外,在后面介绍西方的人格理论,以及所采用的人格测量工具亦是如此。特别要强调的是日常生活中人们常用的人格概念和心理学中人格概念含义是不同的。比如日常说的某人人格高尚、某人人格卑劣,这种突出人格的道德含义的提法不属于心理学中所指的人格,是一个人的心理面貌的提法,在具体的学习中应加以区别。人格包括气质和性格,气质和性格对个体的心理活动起重要的调节作用。

(一)气质

在心理学界研究人的个别差异问题时,往往从两个方面出发,一个是研究个体间的能力差异,另一个是研究个体间的个性差异,也即个体在气质和性格方面表现出来的差异。气质和性格在人格结构中属于最稳定又可变的成分,是个体经常地、稳定地表现出来的心理特点。

1. 气质的概念

气质是心理活动表现在强度、速度、稳定性和指向性等方面动力性质的心理特征。它是与生俱来的,反映了人格的自然属性,相当于日常生活中所说的脾气、禀性或性情。具体来讲气质具有以下四个方面的特征。

第一,气质反映的是心理活动的动力方面的特征。气质主要反映了心理活动在速度、强度、稳定性和指向性方面的动力特点。在心理活动的速度方面,主要表现为知觉、记忆、思维的速度和情绪变化的速度等;在心理活动的稳定性方面,主要表现为注意的稳定性和情绪的稳定性等;在心理活动的强度方面,主要表现为意志努力的强度和情绪体验的强度等;在心理活动的指向性方面,主要表现为内向或外向等特点。应当指出,人的心理活动的动力特点除了受气质影响外,还与人的心理活动的内容、目的、动机有关。例如,不论什么气质的人,遇到高兴的事,都会情绪高涨;遇到不愉快的事总会情绪低落。

第二,气质是一种典型的心理特征。气质使人的全部精神活动都染上独特的色彩,表现出与他人不同的典型特点。具有某种气质的人,会在不同情境中表现出相同性质心理活动的动力特点。例如一个性情急躁的人,在争论时,会情绪激动;在探究问题时会急不可待地要了解探究的结果。

第三,气质是一种稳定的心理特征。气质依赖于生物组织而存在,具有稳定性,所以在一般情况下,它不会因活动的情境发生变化而变化。在环境和教育的影响下,可能有所改变,但其变化很慢,相对于其他心理活动来说,几乎看不出其变化。俗话所说的"禀性难移",即指气质具有稳定的、不易改变的特点。气质虽具有稳定性,但不是固定不变的。在生活过程及教育与实践活动中形成的各种个性特征,对气质都会产生影响,后天所获得的暂时联系系统可以掩盖神经系统的特性,并在长期影响下使其得到发展和改造,这使得气质也具有一定程度的可塑性。

第四,气质具有天赋性。气质是与生俱来的。婴儿一生下来就存在明显的气质差异。例如,有的婴儿生下来就哭声响亮,对外界刺激的反应迅速;有的则比较安静,对外界刺激的反应缓慢。这种心理活动的特点,在今后的游戏、学习、人际交往中都会表现出来。气质的天赋性还表现在气质特性与遗传有密切关系。同卵双生子的气质特点要比异卵双生子更相近,即使将他们一出生就分开抚养,他们仍然会保持原来的气质特点,变化不大。每个人出生时就具有某种气质,它受人的神经系统特性的影响。人的气质不受个人活动的目的、动机和内容的影响,在目的、内容不同的活动中,人的气质特征都会以同样的方式表现出来。例如,具有安静迟缓气质特征的人,无论在参加考试、当众演说或参加体育比赛时都会表现出来。所以人的气质是最稳定、最牢固的心理特征。当然人的气质也不是一成不变的,但是较之其他心理特征,它的变化要缓慢得多。

2. 气质的类型

(1)气质类型的心理指标

人心理活动的动力特征从多方面表现出神经系统的基本特性,在这些心理特征中可以验证实验结果,也可以从生活指标来判断不同人的气质类型。心理学用以区分气质类型的心理指标有六项:感受性、耐受性、反应的敏捷性、可塑性、情绪的兴奋性、外倾性与内倾性。

感受性是指个体对外界刺激的感觉能力。它可以用人产生某种感觉所需要的最小刺激量来衡量。感受性是心理活动强度的重要指标。

耐受性是指个体耐受刺激作用的能力。它可以从个体耐受刺激的强度或作用时间两方面进行衡量。耐受性也是心理活动强度的重要指标。

反应的敏捷性是指心理活动的灵活性。它一方面表现为在不随意活动中,能否迅速指向一定的对象;另一方面表现为随意性心理活动的速度或不同活动相互转换的速度。

可塑性是指个体根据外界事物的变化情况而改变自己适应性行为的可塑程度。可塑性强的人较容易对自己的思想、态度、行为进行改变,而较少出现不愉快的情绪反应;可塑性弱的人较难改变自己的思想、态度、行为,在改变时经常出现不愉快的情绪反应。

情绪的兴奋性是指在行为中表现出来的情绪的兴奋程度。情绪的兴奋性不仅反映个体的神经活动的强弱,还反映出个体兴奋与抑制的平衡性。例如,神经活动强的人,如果兴奋与抑制平衡,其强烈情绪就不表现出来;如果抑制水平低,其强烈情绪就会表现出来。

外倾性是情绪兴奋性强的体现,其心理活动和行为反应都倾向表现于外;内倾是情绪的抑制过程强占优势的反映,其心理活动和行为反应都不轻易表现出来。

(2)气质类型的心理特征

由于气质特征的种类很多,它们的组合形式是多种多样的,因而气质的类型很多。但较为代表性的气质类型有四种,即胆汁质、多血质、黏液质和抑郁质。每一种气质类型都具有独特的气质特征。

胆汁质的气质特征是感受性低而耐受性高;不随意反应性强,易受外界刺激的影响,反应迅速但不灵活;可塑性较低;情绪兴奋性高,抑制能力差;外倾性明显。具有这种气质的人像"夏天里的一把火",是种火爆脾气。这种人情感和行为动作产生迅速而且强烈,有极明显的外部表现;性情开朗、热情,坦率,但脾气暴躁,好争论;情感易于冲动但不持久;精力旺盛,经常以极大的热情从事工作,但有时缺乏耐心;思维具有一定的灵活性,但对问题的理解具有粗枝大叶、不求甚解的倾向;意志坚强,果断勇敢,注意稳定而集中但难以转移;行动利落而又敏捷,说话速度快且声音洪亮。《水浒传》中的黑旋风李逵就是这种气质的典型人物。

多血质的气质特征是感受性低而耐受性高;不随意反应性强,易受外界刺激的影响;具有较高的可塑性;情绪兴奋性高,反应迅速而灵活;外倾性明显。具有这种气质的人像春风

图 4-1　四种典型气质类型

一样,富有朝气。这种人乖巧伶俐,惹人喜爱;情绪丰富而外露,表情多变;活泼、乐观、好动、灵活,喜欢与人交往,有种"自来熟"的本事,但交情粗浅。语言表达力强而且富有感染力,思维灵活,行动敏捷,对各种环境适应力强,教育的可塑性强,但往往缺乏耐心和毅力,稳定性差,见异思迁。《水浒传》中的浪子燕青就是这种气质的典型人物。

黏液质的气质特征是感受性低而耐受性高;不随意反应性低,不易受外界刺激的影响;可塑性较差;情绪兴奋性低,反应速度慢,具有稳定性;内倾性明显,外部表现较少。具有这种气质的人像冬天一样冰冷耐寒且缺乏生气。这种人安静稳重,沉默寡言,喜欢沉思,表情平淡,情绪不外露;自制力很强,不怕困难,忍耐力高;与人交往适度,朋友少却知心。思维灵活性略差,但考虑问题细致而周到,这往往弥补了思维的不足。这种人平时总是四平八稳,所以有时"火烧眉毛也不急",行为主动性比较差,经常是别人让做某事才会去做。《水浒传》中的豹子头林冲就是这种气质的典型人物。

抑郁质的气质特征是感受性高而耐受性低;不随意反应性低,不易受外界刺激的影响;可塑性较差,具有刻板性,不灵活;情绪兴奋性高,情绪体验深刻,反应速度慢;具有严重的内倾性。具有这种气质的人给人以"秋天落叶"般的无奈、忧愁的印象。这种人情绪体验深刻、细腻而又持久,主导心境消极抑郁,多愁善感,给人以温柔怯懦的感觉。聪明而富有想象力,自制力强,注重内心世界,不善交际,孤僻离群,软弱胆小,萎靡不振。行为举止缓慢而单调,虽然踏实稳重,但是优柔寡断。《红楼梦》中的林黛玉就是这种气质的典型人物。

研究表明,在俄罗斯著名作家中,可以找到四种气质类型的典型代表。普希金有明显的胆汁质特征;赫尔岑是典型的多血质;克雷洛夫属典型的黏液质;果戈理在抑郁质方面较为突出。也有人对我国著名文人的气质类型进行了分析,其中也不乏单一的四种典型类型的代表人物。李白被认为是胆汁质,杜甫属抑郁质,郭沫若在多血质方面较为显著,茅盾属黏液质。

3.气质理论

(1)体液说

体液说是最早的气质学说。公元前 5 世纪,古希腊医生希波克拉特(Hippocrates)认为,人体有四种体液:血液、黏液、黄胆汁、黑胆汁。希波克拉特根据哪一种体液在人体中占优势,把气质分为四种:多血质、黏液质、胆汁质和抑郁质。多血质的人体液混合物比例中血液占优势,黏液质的人体内黏液占优势,胆汁质的人体内黄胆汁占优势,抑郁质的人体内的黑胆汁占优势。希波克拉特用体液多少来解释气质的类型,虽然缺乏科学根据,但人们在日常生活中确实能观察到这四种气质类型的典型代表。所以,这四种气质类型的名称为许多学者所采用,一直沿用至今。

(2)体型说

体型说是由德国精神病学家克瑞奇米尔(E.Kretschmer)提出来的。他根据对精神病患者的临床观察,认为人的身体结构与气质特点有一定的关系,可以按照人的体型划分人的气质类型。他把人的气质分为三种类型:(1)肥胖型。这种人身材短胖,圆肩阔腰,易患躁狂抑郁症。他们的气质特点是:好社交,通融,健谈,活泼,好动,表情丰富,情绪不定,气质类型为躁郁性气质。(2)瘦长型。这种人高瘦纤弱、细长、窄小,易患精神分裂症;其特点是不善社交,内向,退缩,世事通融,害羞沉静,寡言多思,气质类型是分裂型气质。(3)斗士型。这种人骨肉均匀,体态与身高成比例,易患癫痫病;其特点是正义感强,注意礼仪,节俭,遵守纪律和秩序,气质类型为黏着性气质。美国心理学家谢尔顿也是体型说的代表之一。他从胚胎学角度把人分为三类:内胚叶型(柔软、丰满)、中胚叶型(发达、健壮)和外胚叶型(高大、细瘦)。内胚叶型相当于肥胖型,中胚叶型相当于筋骨型,外胚叶型相当于细长型,并发现气质与体型之间确实存在某种相关。但是,这种相关可能来自于社会对各种体型者的不同态度所致,并不能科学地说明体型和气质之间的联系。

(3)血型说

1901 年,维也纳大学的卡尔·兰德斯坦纳(Karl Landsteiner)发现血液的不同类型,创立 ABO 系统,以解决输血过程的障碍问题。这引发了日本心理学家古川竹二的灵感。1927 年古川竹二敏感地将四种血型和四种气质类型联系在一起。他在大量的调查基础上认为,希波克拉特的四种气质类型不是由胆汁和黏液决定,而是由血型决定的。他把兰德斯坦纳的 ABO 系统与四种气质类型相结合,创立了"气质的血型说",根据血型把人的气质划分为 A 型、B 型、O 型和 AB 型四种:

A 型人精明、理智、内向,不善交际。沉思好静,情绪稳定,忍耐力强。具有独立性,易于守规。做事细心谨慎,但不果断。责任心强,固执。感情含蓄,注重仪表,但不新奇,是处理家务的能手。

B 型人聪明、活泼、敏捷。外向,善交际。兴趣广泛多变,精力分散。大事故少,小事故却不少,行动奔放,不习惯束缚。易感情冲动,热心工作,不怕劳累。缺乏细心和毅力。动作语调富于感情,易引起他人注意。爱情上,女性比男性主动。

O 型人外向直爽,热情好动,富于精力,爱憎分明,见义勇为。有主见,主观自信。急躁好强,有野心,易激发感情。说话易用教训人的口气,易得罪朋友。动作粗犷,不灵活,不易做耐心的工作。爱情上多属主动,易被别人爱,也易接受别人的爱。长寿者多。

AB 型的人属于复合气质类。机智大方,办事干净利落,冷静、不浮夸。行动有计划,喜分担责任。兴趣广泛。因倾向不同,有的人有领导能力,有的人则沉默寡言,满腹心事。待人接物缺乏经验、易吃亏。

古川竹二的研究引起了许多人的兴趣,因为此项研究涉及人类学的许多未知领域,潜伏着人类对自身了解的重大突破。但是,许多学者认为,这种理论没有多少科学根据。因此,气质与血型关系问题是一个有争议和需要进一步研究的问题。

(4)激素说

激素(hormone)是由内分泌细胞分泌的高效能化学物质,在血液中的浓度极低,但对生理和心理活动有重大影响。气质的激素说是由英国心理学家柏尔曼(L.Berman)提出来的。柏尔曼认为,人的气质特点是由内分泌活动所决定的。他根据人的某种内分泌腺特别发达而把人划分为甲状腺型、垂体型、肾上腺型、性腺型、副甲状腺型和胸腺型。他认为,不同类型的人有不同的气质特点。

甲状腺型:甲状腺分泌增多者精神饱满,不易疲劳,知觉敏锐,意志坚强,处事和观察迅速,容易动感情甚至感情迸发。甲状腺分泌减少者可能发生痴呆症。

脑垂体型:脑垂体分泌增多者性情强硬,脑力发达,有自制力,喜欢思考。骨骼粗大,皮肤甚厚,早熟,生殖器发达。脑垂体分泌减少者身材短小,脂肪多,肌肉萎弱,皮肤干燥,思想迟钝,行动懦弱,缺乏自制力。

肾上腺型:肾上腺分泌增多者雄伟有力,精神健旺,皮肤深黑而干燥,毛发浓密,专横,好斗。肾上腺分泌减少者体力衰弱,反应迟缓。

副甲状腺型:副甲状腺分泌增多者安定,缺乏生活兴趣,肌肉无力。副甲状腺分泌减少者注意力不易集中,妄动,容易激动。

胸腺型:胸腺位于胸腔内,幼年发育,青春期后停止生长,逐渐萎缩。如果成年胸腺不退化者,则单纯、幼稚,柔弱,不善于处理工作。

性腺型:性腺分泌增多者常感不安,好色,具有攻击性。性腺分泌减少者则性的特征不显现,易同性恋,进攻行为少。

(5)活动特性说

气质的活动特性说是美国心理学家巴斯(A.H.Buss)于 1975 年提出的。巴斯用活动性、情绪性、社交性和冲动性等反应活动的特性为指标,将人的气质划分为活动性、情绪性、社交性、冲动性四种类型。活动性的人倾向于喜欢迎接新的任务,爱活动,不知疲倦,在婴儿期表现为手脚乱动,儿童期表现为在教室里坐不住,成年期显示出强烈的事业心。情绪性的人觉醒程度和反应强度大,婴儿期表现为经常哭闹,儿童期易激动,难以相处,成年期表现为喜怒无常。社交性的人渴望与他人建立密切的关系,婴儿期表现为离不开父母亲人,孤单时哭闹得很凶,儿童期容易接受教育,成年后与周围的人非常融洽。冲动性的人缺乏抑制能力,在婴儿期就表现为急躁,儿童期经常坐立不安,注意力易分散,成年表现为讨厌等待等。

(6)高级神经活动类型说

高级神经活动类型说是巴甫洛夫(Иван Петрович Павлов)提出的。人的气质是由人的高级神经活动类型决定的。巴甫洛夫用条件反射方法研究动物高级神经活动时发现,大脑皮层神经活动的兴奋与抑制过程具有三个基本特征:一是神经过程的强度,即神经细胞和神经系统兴奋与抑制的工作能力和耐力。兴奋与抑制能力强,其神经活动就是强型;兴奋与抑制能力弱,其神经活动就是弱型。二是神经过程的平衡性,即兴奋与抑制在强度方面的相对均势或优势。兴奋与抑制的能力基本接近,就是平衡型;兴奋能力明显高于抑制能力,就是不平衡型。三是神经过程的灵活性,即兴奋与抑制过程相互转化的速度。抑制与兴奋转换迅速的,叫灵活型;抑制与兴奋转换慢的,叫不灵活型。巴甫洛夫根据神经系统的这三个基本特性的相互组合的特点,把高级神经系统活动划分为四种基本类型:强、不平衡型(兴奋型)、强、平衡、不灵活型(安静型),强、平衡、灵活型(活泼型)和弱型(抑制型)。具体见表4-1。

表 4-1 神经活动类型与气质类型对应关系

高级神经活动类型	强度	平衡性	灵活性	行为特点	气质类型
不可遏制型	强	不平衡		攻击性强,易兴奋,不易约束,不可抑制	胆汁质
活泼型	强	平衡	灵活	活泼好动,反应灵活,好交际	多血质
安静型	强	平衡	不灵活	安静、坚定、迟缓,有节制,不好交际	黏液质
抑制型	弱			胆小畏缩,消极防御反应强	抑郁质

(二)性格

性格是人的心理的个别差异的重要方面,人的个性差异首先表现在性格上。恩格斯说:"刻画一个人物不仅应表现他做什么,而且应表现他怎样做。""做什么",说明一个人追求什么、拒绝什么,反映了人的活动动机或对现实的态度;"怎样做",说明一个人如何去追求要得到的东西,如何去拒绝要避免的东西,反映了人的活动方式。如果一个人对现实的一种态度在类似的情境下不断地出现,逐渐地得到巩固,并且使相应的行动方式习惯化,那么这种较稳固的对现实的态度和习惯化了的行动方式所表现出的心理特征就是性格。

1. 性格的含义

(1)性格的概念

性格是个体在对现实的态度及其相应的行为方式中表现出来的稳定而有核心意义的心理特征,是一个人经常表现出来的如何对人、对事、对物、对自己的基本特点。它是一个人的心理面貌的本质属性的独特结合,是人与人之间相互区别的主要方面。

性格与个体的态度和行为方式关系密切。性格首先表现为个体对现实的态度和相应的行为方式。在现实生活中,人们通过认知活动了解到现实世界的一定对象或活动与自己需要的关系:有的能满足自己的需要,有的妨碍自己需要的满足。在这种认识的基础上,人们会形成一定的态度,产生一定的情感反应和行为倾向:喜欢那些能满足自己需要的对象,并乐于从事自己喜欢的活动;讨厌那些妨碍满足自己需要的对象,不愿意从事自己不喜欢的活动。例如,人们在学习活动中,由于经常失败或遭到挫折,就会产生厌恶学习的情绪。在行为方式上就会表现出对学习活动的消极对待,如懒惰等。

性格是个体稳定的心理特征。人的性格是个性心理特征的一个重要方面,它不是一个人一时性的偶然表现。偶然形成的态度和相应的行为方式不能称为性格,只有当它们巩固下来,成为对现实稳定的态度或习惯化的行为方式,才能称为性格。例如,一个学生因为偶然的原因而撒谎,我们就不能认定他"不诚实"。但如果他经常撒谎,则可以认定这个学生具有"不诚实"的性格。例如，一个人在受辱的情况下发了脾气，我们不能就此断定他性格粗暴，对人不友善，但如果他经常发脾气，我们就可以推断他的性格中有粗暴的一面。

性格是具有核心意义的心理特征。性格是个体在后天获得的，是现实生活中社会关系的反映。性格中的许多特征反映了个体道德品质的好坏。性格反映出一个人的道德品质及世界观，它在个性中具有核心意义。一个人能力的高低、动作的快慢、情绪的急缓虽然也都属于人的个性特征，但并不体现一个人个性的本质。而性格涉及一个人对现实的稳固的态度和行为方式，它就具有直接的社会意义，要受到社会的道德意义的评价。一个性格与社会进步相一致的人，无论其能力大小，气质类型如何，都可能对社会进步做出贡献；但如果这个人的性格是与社会进步相违背的，就会对社会产生危害，而且能力越强危害越大。因此，人的性格就有了好坏之分。例如，勤劳、勇敢、坚定、大公无私，对社会有积极作用，就是优良的性格特征；而懒惰、怯懦、动摇、自私自利，对社会有消极影响，就是不良的性格特点。

（2）性格的特征

①性格的态度特征

性格的态度特征，是指个体在对现实生活各个方面的态度中表现出来的一般特征。个体态度的对象是多方面的，因而，性格的态度特征也是多方面的。性格的态度特征主要表现在：其一，对别人、集体、社会态度的特征。如爱祖国、爱人民、爱集体、诚实、正直、有礼貌、大公无私、诚恳、坦率、有同情心等；与此对立的态度特征有自私自利、虚伪、粗鲁等。其二，对劳动或工作的态度特征。如有责任心和进取心、敢于创新、勤奋、认真细致等；与此相对立的态度特征有不负责任、懒惰、安于现状、墨守成规、粗心大意等。其三，对自己态度的特征。如自信、自尊、自强、自制、谦虚、严于律己等；与此相对立的态度特征是自卑、羞怯、自暴自弃、自我放纵、骄傲自满等。

②性格的理智特征

性格的理智特征是指个体在认知活动中表现出来的心理特征。性格的理智特征主要表现为人认识事物的态度和活动方式上的差异。性格的理智特征也是多方面的，表现为各种不同的认知特点的差异。在感知方面，有的人不易受环境的影响，而能按照一定的目的任务主动地观察，属于主动观察型；有的则明显地受环境刺激的影响，属于被动观察型。有的倾向于观察对象的细节，属于分析型；有的倾向于观察对象的整体和轮廓，属于综合型。有的倾向于快速感知，属于快速感知型；有的倾向于精确地感知，属于精确感知型。在想象方面，有主动想象和被动想象之分，有广泛想象与狭隘想象之分等。在记忆方面，有主动与被动之分，有善于形象记忆与善于抽象记忆之分等。在思维方面，也有主动与被动之分，有独立思考与依赖他人之分，有深刻与肤浅之分等。

③性格情绪特征

性格的情绪特征是指个体在情绪表现方面的心理特征。在情绪的强度方面，有的人情绪强烈，不易于控制；有的则情绪体验微弱，易于控制。首先，在情绪的稳定性方面，有人情绪波动性大，情绪起伏变化大；有人则情绪稳定，心平气和。其次，在情绪的持久性方面，有的人情绪持续时间长，对工作学习的影响大；有的人则情绪持续时间短，对工作学习的影响小。最后，在主导心境方面，有的人经常情绪饱满，处于愉快的情绪状态，主导心境是乐观的；有的人则经常郁郁寡欢、低沉，主导心境是悲伤的。

④性格的意志特征

人的意志是自觉地调节和控制自己的行为的心理过程。性格的意志特征是指个体在调节自己的心理活动时表现出的心理特征。性格的意志特征主要表现在自觉性、坚定性、果断性、自制力、坚韧性、独立性、纪律性、勇敢、镇静等方面。自觉性是指在行动之前有明确的目的,事先确定了行动的步骤、方法,并且在行动的过程中能克服困难,始终如一地执行。与之相反的是盲从或独断专行。坚定性是指能采取一定的方法克服困难,以实现自己的目标。与坚定性相反的是执拗性和动摇性,前者不会采取有效的方法,一味我行我素;后者则是轻易改变或放弃自己的计划。果断性是指善于在复杂的情境中辨别是非,迅速做出正确的决定。与果断性相反的是优柔寡断或武断、冒失。自制力是指对自己的行为和情绪善于控制。与自制力相反的是任性。

应当指出,性格的各种特征并不是孤立、静止地存在,也不是各种性格特征的机械的组合,而是相互联系,相互制约成为一个整体。首先,各种性格特征之间具有内在联系。例如自觉性强的人,往往具有很强的坚定性和自制力。一个认真负责、踏实勤奋的人,往往也具有坚持性、自制力。一个谦虚的人,很少可能同时是暴躁的。正因为如此,可以根据某人的一种性格特征推知其他的性格特征。其次,各种性格特征在不同的场合有不同的组合。例如,一个懒惰的学生在教师面前就较少地表现这种弱点,而在父母面前则表现得较多。最后,性格是可以改变的,具有可塑性。一个胆小的学生,经过一定的训练会变得很勇敢。

2. 性格的类型

性格类型是指一类人所共有的性格特征的有规律的结合。按照一定的标准将性格加以分类,在理论上和实践上都是有意义的。通常性格有以下几种分类方式。

(1)依据心理活动的心理机能分类

按照性格结构中认知、情绪、意志三种心理机能哪种占优势,可以将性格分为理智型、情绪型、意志型。理智型的人善于以理智来调节自己的言行,深思熟虑地解决问题。情绪型的人言行受情绪支配,处理问题不冷静,但情绪体验深刻。意志型的人自觉性强,处事果断,勇于克服困难,善于控制自己的言行和情绪。除了这三种典型的类型外,还有一些混合类型,如理智-意志型,在生活中大多数人性格是混合型。

(2)依据心理活动的倾向性分类

按照个体心理活动是否外露,可以将性格分为内向型和外向型。这种分类是瑞士心理学家荣格(C. Jung)提出的。外向型的人的特点具体表现为:心理活动倾向于外露,社会适应能力强,对人对事都能很快熟悉起来。表情丰富,活泼,开朗,情感外露,易激发情绪,不善掩饰自己的思想和情绪。善交往,好交际、不拘小节,不太注意客观环境的反应。自己喜欢自由,缺乏谦虚态度。反应敏捷,动作迅速。好动但不太多思考,做事不太精细。内向型的人的具体表现为:心理活动倾向于内敛,不易适应环境,社会适应能力弱。不轻易相信别人,不善与人交往,思想和情绪不易外露。愿独处,沉静,孤僻,喜欢安静。反应敏感、迅速,处事谨慎,往往心胸狭窄,不宽容人。多思虑,好疑心。冷静,办事稳妥。

(3)依据心理活动的独立性分类

按照个体心理活动的独立性程度,可以将性格划分为独立型和顺从型。独立型的人心理活动的独立性强,有主见,不易受外界环境的影响,习惯于更多地利用内在参照即自己的认识,他们具有独立判断事物、发现问题、解决问题的能力,而且应激能力强。顺从型的人心理活动的独立性弱,缺乏独立的思想观点,在情感上依赖他人,容易受外界环境的影响而改变自己原有的观点,信奉权威。他们易受环境或附加物的干扰,常不加批评地接受别人的意见,应激能力差。

(4)依据人的社会生活方式分类

德国心理学家斯普兰格(E.Spranger)从文化社会学的观点出发,根据人认为哪种生活方式最有价值,把人的性格分为理论型、社会型、经济型、权力型、审美型、宗教型六种类型。

(5)依据性格与职业选择的关系分类

霍兰德(J.L.Holland)提出,按照性格与职业选择的关系将性格划分为现实型、研究型、艺术型、社会型、企业型、常规型六种类型。每个人都是这六种类型的不同组合,只是占主导地位的类型不同。而每一种职业的工作环境也由这六种不同的工作条件所组成,其中有一种占主导地位。一个人的职业是否成功,是否稳定,是否称心如意,在很大程度上取决于其个性类型和工作条件之间的适应情况。

·【延伸阅读】·

性格与职业、专业相互适应性理论

我国著名心理学家张厚粲教授针对我国实际情况,提出了性格与职业、专业相互适应的理论。她认为人的性格可以分为艺术型、经营型、事务型、研究型、自然型、技术型、社会型七种类型,其行为特点以及与其相适应的职业类型分别是:

艺术型的人在个性上敏感深刻,自由奔放。他们喜欢在宽松自由的环境中,借助于音乐、文字、形体、色彩等形式表达自己的感受,追求与众不同。他们情感丰富,做事凭直觉,不适合常规性的工作。他们所适合的工作应为作曲、服装设计、写作等。

经营型的人在个性上精明自信,乐观进取,对商业信息比较敏感,善于说服他人接受自己的观点。喜欢追求经济效益和个人成就,具有一定的组织计划能力。他们工作时精力旺盛,喜欢冒险竞争,不喜欢讨论纯学术问题。他们喜欢从事营销、经营管理、与法律打交道的工作等。

事务型的人细致认真、严谨自律,喜欢规范明确、秩序井然的工作环境,偏爱系统性、条理性、规则性比较强的活动,不太喜欢变化过多或比较冒险的活动。他们喜欢做的工作是银行业务员、秘书、图书资料管理员等。

研究型的人严谨缜密,勤学好问,善于观察分析,更偏重逻辑思维,喜欢以理性思考的方式探究事物,富有批判精神,喜欢独立的工作氛围,重视知识在个人发展中的作用。他们喜欢成为数据统计分析师、科研人员等。

自然型的人喜欢户外活动,对大自然中的事物充满了浓厚的兴趣。喜欢探索生命现象,了解各种动植物的生活习性和生长发育规律,不喜欢受约束,实干意识比较强。他们喜欢从事农产品开发、医疗、矿产勘探等工作。

技术型的人稳重踏实、崇尚实干。在人和事物之间,偏爱与具体有形的事物打交道,不善社交,喜欢在需要动手的环境中,通过使用各种工具、设备,按照一定工作程序,制造出具有实用价值的产品。这类职业有信息工程技术人员、机械师、飞行员等。

社会型的人为人热情友善,容易相处。在人和事物之间,偏爱与人打交道。善于表达,喜欢倾听和了解他人,关心社会,乐于助人。交友广泛,亲和力强,有较强的合作精神,但缺少竞争意识。从事的职业有教师、社区工作者、心理咨询人员、导游等。

第二节 人格理论

一、精神分析理论

精神分析理论的创始人是弗洛伊德,其学派的主要代表人物包括荣格、阿德勒、埃里克森等人,具体而言他们的理论可以作以下概括。

弗洛伊德认为人格的结构由本我、自我、超我三个部分组成。本我是人格结构的基础。本我由许多原始的、与生俱来的本能或欲望(如饥、渴、性等)组成,其中以性和攻击冲动为主。本我受"享乐原则"的支配。自我是在出生以后从本我中分化出来的。自我受"现实原则"支配,一方面它要满足本我的原始冲动,追求快乐;另一方面它还要符合良心、道德等超我的评价,以社会能够接受的方式满足个体需要。超我是社会教化的结果。个体在一定的社会文化背景下,获得了一定的知识经验和行为规范,这些知识经验和行为规范就内化为个体的超我。

荣格把整个人格叫作"心灵"。他认为,人格中包括许多概念,每一概念都反映了一种内部的力量;每一个概念都有与之对立的另一个概念,如心灵包含一切意识和潜意识的思想、情感和行为。它由意识、个体潜意识和集体潜意识三个部分组成。意识与无意识、内倾与外倾、思维与情感等,对立的双方构成一个人格单元;按照能量守恒定律,其中一个方面发展了,另一个方面就相对削弱。人格就是这些处于动态平衡中的各种(阴阳)对抗的内在力量形成的"集群"。荣格把自己的这种对人内在动因(集群)的分析的心理学,叫作分析心理学,以区别于弗洛伊德的心理分析。意识是人的心灵中唯一能够被个体直接感知到的部分。自我是意识的核心,它由各种感知觉、记忆、思维和情感组成。意识和自我是一致的,都是为了使人格结构保持同一性和连续性。同时,意识也在不断发展,重新塑造和完善新的自我,他把这一过程叫作个性化(individuation)。荣格认为,个性化或人格的发展并不是以自我为主体的,人格的主体是潜意识的自性(the self)。

阿德勒最有代表性的一个概念是"自卑情结"。他认为,人自一出生起就处于弱小、卑微、幼稚、依赖和无助的境地,都体验着自卑。随着在家庭、学校和整个社会中的不断成长、发展,人始终努力克服自卑,追求优越,这一过程构成了人的整个生活方式。阿德勒指出,人格就是围绕这一潜在的基本努力而构造起来的,每个人克服自卑、寻求优越而获得补偿的方式,决定了他的生活风格,而当外界压力与内在努力自强的愿望不协调时,就发生人格冲突。

精神分析学派以对心理异常者的临床观察和经验为基础,不仅提出了人格结构,并且阐述了人格的发展,虽然某些观点有失偏颇,但还是一种较为完善的人格理论。

二、特质理论

特质理论的创始人是奥尔波特,学派的主要代表人物包括卡特尔、艾森克、吉尔福特。

(一)奥尔波特认为特质是人格的构造单位

特质具有相对持久性和动力性,能引导行为,并造成行为的一贯性,是个体独特性的来源。奥尔波特尤其强调特质本身而不是环境因素决定着行为。他举例说,就像"火既可以熔化黄油,也可以固化鸡蛋"一样,虽然环境条件一样,但结果却不同,这是由不同事物的本质属性造成的。奥尔波特认为,每一个人都具有三种类型的特质:根本特质、核心特质、次要特质。特质之间是相对独立而又彼此重叠的,一系列特质相互交织整合在一起,就构成了人格。然而,对于不同人来说,不同特质在人格中扮演的角色和起的作用并不相同。各种特质并不是散在地堆积在一起的,而是有机地组织在一起的。他假定存在一个人格组织者,叫作"统我",统我不是生来就有的,而是逐渐发展起来的。具体如图4-2所示。

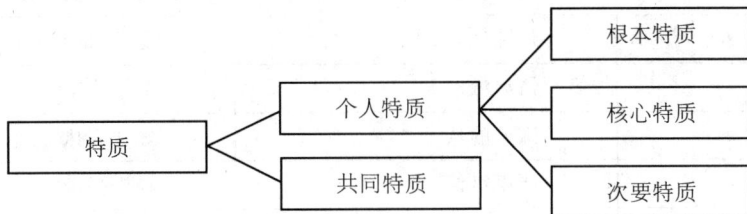

图4-2　奥尔波特人格特质

(二)卡特尔的特质因素理论

卡特尔的特质因素理论认为,人格特质是人格结构的基本单元,通过分析人格特质的特点,可以揭示个体的人格结构。特质的种类很多(如图4-3所示),有人类共同的特质,有各人所独有的特质;有的特质决定于身体结构(遗传),有的决定于环境;有的与动机有关,有的则与能力和气质有关。

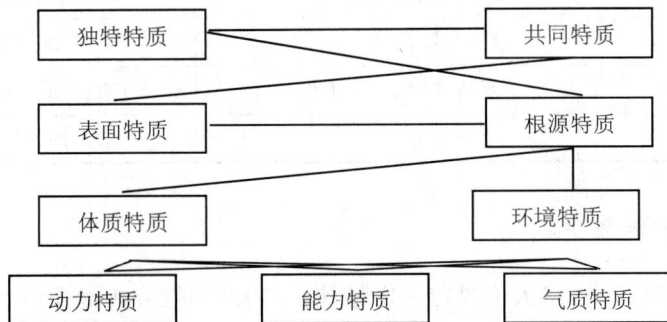

图4-3　卡特尔的特质结构网络

卡特尔根据人格特质的独特性,将人格特质区分为独特特质和共同特质。前者是个体所特有的人格特质,后者是许多人(同一群体或阶级的人)所共有的人格特质。根据人格特质的层次性,将人格特质区分为表面特质和根源特质。表面特质是指一群看起来似乎聚在一起的特征或行为,即可以观察到的各种行为表现,是能够从个体外部行为中直接观察到的特质,是个体的行为表现。它们之间具有相关性。根源特质是行为的最终根源和原因,虽不能直接被观察到,但对个体的行为起制约作用。根源特质是堆砌成人格的砖块。卡特尔通过对实证材料的因素分析,透过对表面特质的因素分析找到它们所属的根源特质。卡特尔认为,每个人都具有16种根源特质:乐群性、聪慧性、稳定性、恃强性、兴奋性、有恒性、敢为性、敏感性、怀疑性、幻想性、世故性、忧虑性、实验性、独立性、自律性、紧张性。见表4-2。但是,每个人的人格特质存在一定的量的差异。正是这种量的差异,才使个体之间表现出人格结构上的差异。他经过一系列的运算发现,遗传与环境对特质发展的影响谁更重要,是因特质的不同而异的。例如智力特质估计遗传占80%~90%,并估计出整个人格结构中大约有2/3决定于环境,1/3决定于遗传。

表4-2　16种人格因素高分者与低分者的不同特征

人格因素	低分者特征	高分者特征
A 乐群性	缄默孤独	乐群外向
B 聪慧性	迟钝、学识浅薄	聪慧、富有才识
C 稳定性	情绪激动	情绪稳定
E 恃强性	谦逊顺从	好强固执
F 兴奋性	严肃审慎	轻松兴奋
G 有恒性	权宜敷衍	有恒负责
H 敢为性	畏怯退缩	冒险敢为
I 敏感性	理智、着重实际	敏感、感情用事
L 怀疑性	信赖随和	怀疑、刚愎
M 幻想性	现实、合乎成规	幻想、狂放不羁
N 世故性	坦白直率、天真	精明能干、世故
O 忧虑性	安详沉着、有自信心	忧虑抑郁、烦恼多端
Q1　实验性	保守、服从传统	自由、批评激进
Q2　独立性	依赖、随群	自主、当机立断
Q3　自律性	矛盾冲突、不明大体	知己知彼、自律谨严
Q4　紧张性	心平气和	紧张困扰

(三)艾森克的特质理论

艾森克的特质理论中,将人格界定为由精神质、内外倾性和神经质(情绪稳定性)三个基本维度。人格类型的鉴别主要通过内外倾性和神经质两个维度进行,如图4-4所示。根据两个维度的分析,可以把人分成稳定内倾型和稳定外倾型及不稳定内倾型和不稳定外倾型四种类型。稳定内倾型表现为平静,性情平和,可信赖,克制,有思想,谨慎,被动,相当于黏液质;稳定外倾型表现为领导性,关心自由,活跃,随便,敏感,健谈,开朗,社交性,相当于多血质;不稳定内倾型表现为喜怒无常,刻板,有理想,悲观主义,有节制,不善社交,安静,相当于抑郁质;不稳定外倾型表现为爱生气,不安静,敢作敢为,易兴奋,易变动,爱冲动,乐观主义,有活力,相当于胆汁质。艾森克认为居中间位置的人占多数,只是少数人属极端典型的类型。

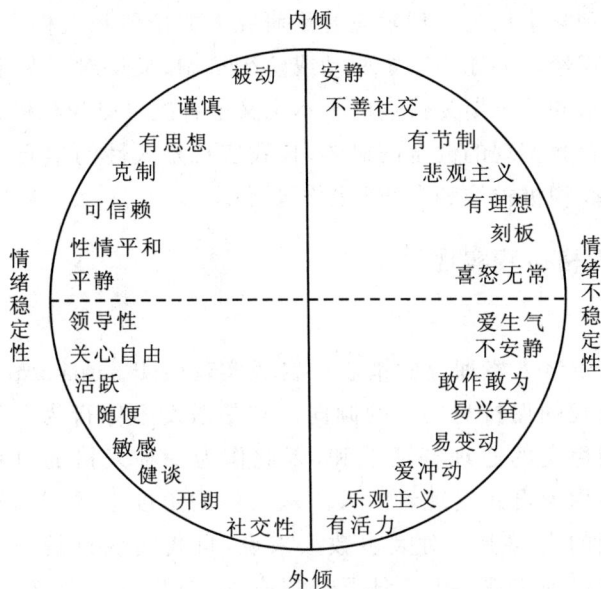

图 4-4　艾森克人格结构维度

·【延伸阅读】·

"大五"人格理论

20 世纪 80 年代末以来,人格研究者在人格描述模式上达成了一些共识,认为人格有五种最主要的稳定的特质,即大五因素模型。外向性(E),其特征是热情奔放的、健谈的、自信的、活跃的、社交的、果断的、富有冒险精神的、乐观的;情绪稳定对神经质(N),其特征是平静的、非神经质的、不易发怒的对焦虑的、敌对的、压抑的、冲动的;认真性(谨慎性)(C),其特征是有条理的、负责任的、可依靠的、尽职胜任的、公正自律的、谨慎克制的;适意性(随和性、宜人性)(A),其特征是善良的、合作的、可信任的、直率、利他的、依从的、谦虚的;开放性(O),其特征是明智的、有想象力的、独立思考的、具有审美能力的、情感丰富、求异、富有创造力的。这五个特质的头一个字母构成了"ocean"一词,代表了"人格的海洋"。

"大五"因素模式也引发一些争论,一些有代表性的研究指出,研究人格适应包括评价性特质。特里根等人(Tellegen & Waller,1987)用不同的选词原则,获得了七个因素,构成了七因素模型。这七个因素是:正情绪性、负效价、正效价、负情绪性、可靠性、宜人性、因袭性。与"五因素模型"相比较,"七因素模型"增加了正效价(如优秀的、机智的、勤劳的等)和负效价(如邪恶的、凶暴的、自负的等)两个因素,称"大七"人格理论。

三、人本主义理论

人本主义理论心理学家认为心理学应着重研究人的价值和人格发展,他们既反对弗洛伊德的精神分析把意识经验还原为基本驱动或防御机制,又反对行为主义把意识看作是行为的副现象。以马斯洛和罗杰斯为代表的人本主义论者提出更为积极的人格理论。他们认为人是积极主动追求自我实现的健全的机体,自我实现是人性的本质。人本主义提出人格的自我理论、自我观念、积极关注和自我和谐等要点。

(一)马斯洛的人格自我实现

1. 自我实现价值

自我实现观是马斯洛人格理论的精髓。自我实现(self actualization)是指个体趋向完美、趋向实现、趋向自我的保持与提高的倾向。它是激发个体行为和发展的基本推动力。人格是指一个人长期稳定的心理特征总和,因此作为一种人格的自我实现,只有少数人才能够做到这种可以称为自我实现者的人。从人格的角度上看,马斯洛认为自我实现只能出现在年龄大一些的人身上。对大多数人来说,自我实现只是一个目标或一个希望,在很大程度上不一定得到实现。但个体之所以存在,有生命的意义,就是为了自我实现。自我实现是创造潜能的充分发挥,追求自我实现是人的最高动机,它的特征是对某一事业的忘我。高层次的自我实现具有超越自我的特征,具有很高的社会价值。越是成熟的人,越富有创造的能力。

2.需求层次理论

在马斯洛看来,人类价值体系存在两类不同的需求:一类是沿生物谱系上升方向逐渐变弱的本能和冲动,称为低级需求和生理需求;另一类是随生物进化而逐渐显现的潜能或需求,称为高级需求。人潜藏着这五种不同层次的需求:生理需求、安全需求、爱和归属需求、尊重需求和自我实现需求,但在不同时期表现出来的各种需求的迫切程度是不同的。人的最迫切需要才是激励人行动的主要原因和动力。人的需要是从外部得来满足逐渐向内在得到的满足转化。低层次的需要基本得到满足以后,它的激励作用就会降低,其优势地位将不再保持下去,高层次的需要会取代它成为推动行为的主要原因。有的需要一经满足,便不能成为激发人们行为的起因,于是被其他需要取而代之。高层次的需要比低层次的需要具有更大的价值。热情是由高层次的需要激发的。人的最高需要即自我实现就是以最有效和最完整的方式表现他自己的潜力,唯此才能使人得到高峰体验。人的五种基本需要在一般人身上往往是无意识的。对于个体来说,无意识的动机比有意识的动机更重要。对于有经验丰富的人,通过合适的技巧,可以把无意识的需要转变为有意识的需求。

3. 高峰体验

马斯洛还认为:在人自我实现的创造性过程中,产生出一种所谓的"高峰体验"的情感,这个时候是人处于最激荡人心的时刻,是人的存在的最高、最完美、最和谐的状态,这时人具有一种欣喜、如痴如醉、销魂的感觉。实验证明,人待在漂亮的房间里面就显得比待在简陋的房间里更富有生气、更活泼、更健康;一个善良、真诚、美好的人比其他人更能体会到存在于外界中的真善美。当人们在外界发现了最高价值时,就可能同时在自己的内心中产生或加强这种价值。总之,较好的人和处于较好的环境的人更容易产生高峰。

(二)罗杰斯的人格自我理论

罗杰斯和马斯洛都是人本主义心理学的代表人物,主张人的自我实现观点,但两人各自的侧重点不同。罗杰斯的人格理论是以个体为中心展开的,所以常常被称为人格的自我理论。

1. 自我概念

所谓自我和自我概念是指个人经验中一切有关自己的知觉、认知和感受。这些经验是围绕如下问题而形成的,即:"我是谁""我是怎样的人""我能干什么"等。自我概念的内容包括自己的特点和能力、自己与他人即环境的关系。自我概念是以人为中心的治疗理论的基础。罗杰斯认为自我概念是人格的形成、发展和改变的基础,是人格能否正常发展的重要标志。心理失调产生的原因是自我概念与经验之间的不协调。

罗杰斯认为自我概念是个体在其生活环境中对每一经验的评估及与环境相互作用中形成的。如果一个人的行为方式作用于环境事物,产生直接经验与间接经验相一致,就会顺利形成自我概念。否则,自我概念的形成就会遇到困难。一个人对他人的反应方式取决于这一自我概念。对任何一个新的体验都可能产生三种不同的反应:(1)自我概念相结合,融为一体;(2)对其不加理会;(3)产生扭曲的反应。当新的体验和个人自我概念不一致,或被视为对自我概念的威胁时,就容易产生后两种反应。自我概念非常刻板的人,在适应新环境方面容易遇到困难。罗杰斯认为,以病人为中心的心理治疗过程,是通过建立良好的治疗关系,减轻病人内心的压力,使其不至于歪曲或拒绝与自我概念(理想化概念)不一致的体验。

2. 积极关注

按照罗杰斯的理论,个体根据直接经验和评价性经验形成自我概念时,对别人怀有强烈寻求积极关注的心理倾向。罗杰斯把积极关注分为两种:一种是无条件的积极关注,另一种是有条件的积极关注。无条件积极关注就是指个体在任何条件下,即便表现出弱点和错误的时候,都能得到他人的积极关注。罗杰斯认为,对成长中的个体,应尽量提供无条件的积极关注,使他在自然的情境中,形成自我和谐的观念,从而奠定自我实现的人格基础。有条件的积极关注正好相反,会给孩子设定一些条件。比如如果考不到前十名,就不准看电视;如果考了第一,就给奖励。身在其中的孩子,即使学习很好,也终日生活在压力之下,甚至失去学习的兴趣,造成学习的退步或者自我发展的不良。

人本主义理论提供了较全面的动机观,关注人类的重大意义主题,关心我们的自尊水平和实现自我潜能方面对成功的影响程度,而且他们的理论较成功地应用到某些心理治疗的方法里面。关于人本主义的批评主要来自于它对现象学过分依赖,忽略了人格的早期经验影响等因素(见表4-3)。

表 4-3　弗洛伊德与罗杰斯人格理论的比较分析

	弗洛伊德	罗杰斯
人性观	人性本恶。他说:"历史的事实及我们的经验都证明人性本善只是一种错觉。"在他看来,人的本性是自私的、反社会的。社会要保持某种表面的秩序就必须对无节制的本能加以约束	他积极肯定人的本性,认为人本性善,人基本上是社会化的,是向前发展的和现实的
人格结构的核心	以无意识为核心	意识在人格结构中起主要作用
异常人格	弗洛伊德认为,在通常的情况下,本我、自我和超我是处于协调和平衡的状态的,从而保证了人格的正常发展,如果三者失调乃至破坏,就会出现各种神经症,危及人格的发展	人格异常是由于个体自我概念与经验之间的不一致。也就是说,如果个体不再以自己内在的价值而以别人的价值尺度去衡量真实经验,不协调就产生了

四、人格的社会学习理论

社会学习理论是 20 世纪 60 年代兴起的一种理论,是阐明人怎么在社会环境中学习,从而形成和发展其个性的理论。它的创始人是美国新行为主义心理学家阿尔波特·班杜拉(Albert Bandura,1925—　)。班杜拉最初站在行为主义立场上,认为行为在很大程度上由环境决定。后来他提出一个更为复杂的观点,称为"交互决定论"(reciprocal determinism)。该观点是建立在吸收了行为主义、人本主义和认知心理学的有关部分的优点,并批判性地指出它们各自不足的基础上,具有自己鲜明的特色。班杜拉认为,人类既不是由内力驱动,也不是单纯受环境摆布,人有自己独特的认知过程,他们参与行为模式以至人格的获得和维系。班杜拉把交互(reciprocal)这一概念定义为"事物之间的相互作用",把决定论(determinism)定义为"事物影响的产物"。

(一)观察学习

班杜拉将社会学习分为直接学习和观察学习两种形式。直接学习是个体对刺激做出反应并受到强化而完成的学习过程。其学习模式是刺激—反应—强化,离开学习者本身对刺激的反应机器所受到的强化,学习就不能产生;观察学习是指个体通过观察榜样在处理刺激时的反应机器受到的强化而完成学习的过程。如果人们只通过第一种方式进行学习,那是非常缓慢而费力的,有时还要付出很大代价。幸好,人类可以通过观察榜样进行学习,实际上人类的大部分行为是通过观察学习而获得的。正因为人类具有观察学习的能力,所以人们才能不依靠尝试错误一点一点地掌握复杂的行为,而很快地学到大量的复杂的行为模式。由此可以看出,观察学习在人类学习中占有十分重要的地位,尤其在青少年儿童的学习中,观察学习的地位就更为重要。因此,班杜拉对观察学习进行了比较系统的研究,积累了较丰富的实证资料。他的社会学习理论是以观察学习为核心而建立的。

班杜拉后来指出替代强化是模仿或者观察学习的重要成分。替代性强化是班杜拉提出的一个非常重要的概念，指通过观察别人受强化，在观察者身上间接引起的强化作用。按照替代强化的观点我们模仿榜样的行为取决于榜样的行为结果是奖励还是惩罚。

班杜拉以儿童的外部行为作为研究的出发点，通过一系列实验对儿童的社会学习行为做了大量的研究。模仿学习的实验是这样进行的：将被试儿童分为甲、乙两组，在实验的第一阶段让两组儿童分别看一段录像片，甲组儿童看的录像片是一个大孩子在打一个玩具娃娃，过一会儿来了一个成人，给大孩子一些糖果作为奖励。乙组儿童看的录像片开始也是一个大孩子在打一个玩具娃娃，过一会儿来了一个成人，为了惩罚这个大孩子不好的行为，打了他一顿。看完录像片后，班杜拉把两组儿童一个个送进一间放着一些玩具娃娃的小屋里，结果发现，甲组儿童都会学录像片里大孩子的样子打玩具娃娃，而乙组儿童却很少有人敢去打一下玩具娃娃。这一阶段的使用说明对榜样的奖励能使儿童表现出榜样的行为，对榜样的惩罚则使儿童避免榜样行为。在实验的第二阶段，班杜拉鼓励两组儿童学录像片里大孩子的样子打玩具娃娃，谁学得像就给谁糖吃。结果两组儿童都争先恐后地使劲打玩具娃娃。这说明通过看录像，两组儿童都已经学会了攻击行为。第一阶段乙组儿童之所以没人敢打玩具娃娃，只不过是因为他们害怕打了以后会受到惩罚，从而暂时抑制了攻击行为，而当条件许可时，他们也会像甲组儿童一样把学习到的攻击行为表现出来。

(二)自我效能感

班杜拉提出，许多行为上的个体差异常取决于自我效能感的不同水平。他宣称，自我效能在影响人的行为方面扮演关键角色。自我效能感指个体对自身应付特定情境能力的估计。除了自我效能感，动机还取决于结果期望与结果价值。

结果期望是指人们对如果适当做事后所渴望的奖励或者强化是否会来到的预期。例如，努力工作是否会获得高的评价、加薪、升职等。结果价值是指个体认为奖励和强化对自己有多大价值，比如高评价、加薪、升职对自己有多大的价值，在任意给定的情境下，是什么决定了个体的自我效能感呢？按照班杜拉的观点，自我效能感的形成与发展主要受到四个因素的影响：

(1)行为的成败经验：个体成功的敬业会提高其自我效能；

(2)替代性经验：同伴的成功促进自我效能感的提高，增强实现同样目标的信心；

(3)他人评价和自我知觉信息：个体可以从他人的评价、态度中获取有关自己能力高低的信息，而有关直接经验的自我知觉信息的影响最大；

(4)个体的情绪和生理状态信息：稳定、健康的情绪状态对于增强自我效能感至关重要，而紧张、焦虑等容易降低个体在具体情境中对自我效能的判断。

第三节　大学生人格发展的影响因数及评估办法

一、人格发展的影响因素

(一)遗传因素(为个体的发展提供可能性基础前提)

人类是依靠基因将自己的性状传递给下一代,达到延续种族生命以及扩大种群数量的。有研究表明,基因控制着人体的各个系统,其中包括各种激素的分泌腺,这些分泌腺直接或间接影响着人的情绪、感情,甚至性格。由此可知,遗传主要决定了人格形成和发展的基础,如气质的形成,包括兴奋性强弱、主动或被动、反应速度快慢、活动水平高低、反应强度等。

图 4-5 是一对同卵双胞胎奥斯卡·斯托卡和杰克·伊弗,自出生起他们就被分开,31岁初次见面。奥斯卡·斯托卡和杰克·伊弗出生在特里尼达,父亲是犹太人,母亲是德国人。刚出生时他们就被分开。母亲把奥斯卡带到德国,由信奉天主教和纳粹主义的外婆抚养;杰克由犹太人父亲抚养,他在青年时期大部分时光是在以色列的一个集体农场度过的。居住在两地的这一家人从未通过信,兄弟俩过着截然不同的生活。30 多年未曾见过面的兄弟俩竟然表现出惊人的相似性:都穿着蓝色、双排扣、带肩章的衬衫,都留有短髭戴金丝边眼镜;都喜欢吃辣的食物,喝甜酒,喜欢把涂了黄油的土司放在咖啡里;都习惯在便前先冲洗厕所,甚至乘电梯时都会打喷嚏,等等。

图 4-5　同卵双胞胎奥斯卡·斯托卡和杰克·伊弗

(二)家庭因素(起主导作用)

家庭是制造孩子性格的工厂,父母是孩子的第一任教师。家庭教育孩子是早期的教育,对一个人的人格形成和发展具有重要而深远的影响。有研究表明,父母不同的教养方式将培养出不同人格特征的孩子。

(1)专断拒绝型的父母对孩子感情冷漠而态度严厉。这会导致两种结果:一是孩子内心痛苦而萌生敌意,内在的愤怒使他们在思想和行动上易趋片面性和极端性,个性发展偏激而缺乏友善的人际关系。二是孩子的敌意不被允许表达出来,孩子本身甚至在意识里不承认这种敌意,从而会产生忧郁或焦虑,怨恨自己,结果导致个性上缺乏自信。

(2)放任纵容型的父母满足孩子无限度的需要,代替他们"克服困难"。这样的孩子将缺乏自律能力,没有坚持性、自觉性和勇气;还容易助长自私心理,在自我的圈子里打转,他们只是索取而不给予,不会考虑他人的利益,不会助人,独立能力和自助力差。

(3)规范教导型父母是比较理想的父母。他们按孩子的年龄向他们提出必须遵守的规则,因而他们对孩子有约束力;但与此同时,在遵守规则的限度内,对孩子的自主性给予尊重和鼓励。在事情面前,给孩子留有独立处理的余地,尊重他们的见解,鼓励他们的创造性。这种条件下长大的孩子自我要求严格,因受到肯定而自尊,屡见成功而自信。这样的父母与子女感情比较相通,也比较和善相处。由此培养孩子以父母的准则待人,宽厚而热情。

培养学生的健全人格,首先应从家庭教育开始,具体做到:(1)家长应更新人才观、教育观,走出只重职能培养的误区,关注孩子的人格健康成长;(2)营造良好的家庭情绪气氛,培养孩子乐观、愉快等积极情绪;(3)改善教育方式,培养孩子独立自主、热情开朗等人格特征;(4)不断增强自身的心理素质,以健康的心态和良好的心理素质教育和影响孩子。

(三)学校方面

学校是对学生进行有目的、有计划教育的场所,学校教育是学生健全人格培养的主渠道。具体地说,学校可以通过以下途径促进学生人格的健全发展。

1. 课堂教育

(1)开设人格辅导课程。这是一种以培养学生良好人格品质或调整学生不良人格特征为目标而专门设计的课程,一般要由具有教育与心理专业知识与技能的教师来承担,在新课程标准中,已将它列入课程计划中。

20世纪以来,西方学者对如何将学生心理素质培养与常规教育结合起来做了许多尝试,提出了一些有影响的人格教育的教学模式。最具有代表性的有开放式教室教学模式、敏感性训练模式、成就动机训练模式和自我教育课程模式等。

(2)在学科教学中渗透人格教育。学科学习是学生的主导活动,在学科教学中渗透人格教育是培养学生健全人格的一条重要途径。在学科教学中,教师可以挖掘蕴含在教材中的人格教育因素,有意识地培养学生的人格。例如,语文课程教学可以结合知识的传授,陶冶学生的性情,激发学生的热情,丰富学生的情感体验。体育课程教学可以训练学生勇敢、坚强的人格特征。数理化等自然科学课程可以培养学生严谨求实的科学态度、灵活创新的思维方式。此外,教师还可以通过民主的课堂气氛、富有启发式的教学方式来培养学生独立、创造、合作等积极的人格特征。

2. 课外活动

(1)在班级、团队活动中渗透人格教育。在班级、团队活动的设计和实施过程中,有意识地将健全人格的培养渗透进去,充分发挥各项目活动的整体育人功能。

(2)优化课外活动,促进学生人格健全发展。通过开展高品位、系列性的课外活动来培养学生的科学研究精神、团队合作精神、坚忍不拔的品质和人际交往能力。学生的课外包括:①社会实践活动,如社会调查、报告会、参观、夏令营等。②文学艺术活动,如学习书法、绘画、音乐、舞蹈等。③体育锻炼活动,如打球、长跑等。④义务劳动,如植树、校园美化等。

3. 校园环境

苏霍姆林斯基指出:"只有创造一个教育人的环境,教育才能收到预期的效果。"一个人的人格就是在与其生活学习环境互相作用的过程中形成和发展的,环境如果不断要求一个人做出积极主动的反应,为他提供人格发展的机会,则其人格自然会得到较为充分的发展;反之,便可能产生人格发展问题,甚至是人格障碍。因此,应重视校园环境建设,改善学生所处的环境和心理环境。良好的物质环境指为学生创造一个有利于身心和谐发展的生活空间。良好的心理环境主要是指学校中和谐的人际关系和积极向上的班风、校风等。在学生人格教育中,良好的心理环境尤为重要,创设健康、积极向上的校园心理环境,应该注意以下几个方面:

信息环境方面,随着科学技术的发展,教师已不再是学生获取信息的主要来源,新闻媒体、网上信息对学生的影响日益增强。其中好的信息,如社会的主流意识、现代化的生活观念等,无疑会使学生开阔眼界,增长知识,发展智力,发挥创造力,有益于其人格的形成。但一些不良的信息如一些垃圾网站所渲染的色情、暴力、极端的个人主义和拜金主义,则会给尚未成熟的学生的思想、情感造成混乱,增加其心理负担。所以学校应该对学生获得信息的来源进行有限监控,并采取方式方法提高学生辨别各种信息的能力,以最大限度地减少不良社会信息对学生心理健康的影响。

人际环境方面,在学校中,教师与学生、学生与学生之间的人际关系构成了学生学习生活特定的人际关系,生活在和谐健康的生活环境中,可以增强学生的环境适应能力,使其保持良好心境并形成活泼开朗、积极进取的性格;若生活在紧张僵硬的人际关系中,则学生容易形成抑郁、猜疑、冷漠等不良性格,严重的可能会导致病态人格。所以学校应当注意协调学生之间和师生之间的关系,指导学生掌握一些人际关系知识和技能,特别是提供各种机会帮助那些有人际交往障碍、适应不良的学生改善自己的个性品质,使他们成为学校集体中被人接纳和自我接纳的成员。同时,教师也应当加强自身交往能力的锻炼,建立民主、平等交往的现代新型师生关系,以自己的人格魅力去感染和塑造学生健全的人格。

组织环境方面,对学校教育、教学工作影响最明显、最直接、最具体的因素是校风和班风。我国学者戴昭曾调查了校风较好的中小学的179名学生,发现所调查的全部项目都在心理健康之列的学生有95名,占53%,调查的个别在最不健康之列的有2人,占1%;她又调查校风较差的中小学生的160名学生,其结果分别是23人(占15%)和12人(占7.8%)。通过对比不难看出校风对学生心理健康的影响。所以,学校要对师生进行宣传教育,使师生对学校产生认同感和荣誉感,以自觉的行动来维护学校的利益和形象,同时也应加强建章立制,严格管理,狠抓落实,运用一定的手段来奖优罚劣,维护正气,压制邪恶,净化校园环境,形成良好校风,促进学生健康人格的形成。

4. 教师的健康人格

教师是人类灵魂的工程师,也是学生人格的塑造者。关于教师人格的重要性,许多心理学家和教育家有过深刻的论述。乌申斯基说:"在教育工作中,一切都应该建立在教师人格的基础上。因为只有从人格的活的源泉中才能涌现出教育的力量。""没有教师对学生的直接人格方面的影响,就不可能有深入人格的真正教育工作。只有人格能够影响人格的发展和形成。"苏霍姆林斯基也指出:"我们工作的对象是正在形成中的个性的最细腻的精神生活领域,即智慧、感情、意志、信念、自我意识。这些领域也只能用同样的东西去施加影响。"以上论述的核心思想是教育者的人格就是一种教育力量,对学生的人格和发展有着重要的影响。许多事实也表明,教师的人格特征对学生会有潜移默化的影响。任何一个学生都喜欢和蔼可亲、温和、宽容、民主、合作、公平、幽默、关心理解学生的老师,他们不仅愿意接受这些老师传授的各种教育,而且会自然而然地学习和模仿这些老师的行为举止。相反,一个心理不协调、人格不健全的老师,常常脾气暴躁,缺乏耐心,工作生硬,对学生偏激不公正,甚至谩骂、体罚,不仅不能建设性地帮助学生,而且会影响学生身心正常发展。因此,充分发挥老师的人格魅力是学生健全人格培养十分重要而有效的途径,每一个教师都应充分认识到自身人格健全的重要性,足够重视自身的人格修养,努力地实现人格的提升,以高尚的人格去塑造学生健全的人格。

(四)社会方面

社会是青少年人格形成发展的大环境。有人把社会视为一个"场",就像电场一样,社会中的每个人就像带电粒子,只要进入该电场,就会受到感应。社会这个"电场"的本质是该社会的道德状况、人文精神以及人的精神风貌等方面的综合作用。因此,社会应维护建设好组成社会"电场"的各因素的品质,共同促进青少年学生的人格健全发展。

(五)自我方面

布特曼说:每一个人都是他自己性格的工程师。人是一个不断完善的调节系统,一切外来的影响都要通过自我调节而起作用。因此,个体自我教育也是培养学生健全人格的重要途径。

在人格教育中,可以引导学生自觉地对自己的人格特征进行自我分析、自我评价,拟订自我教育计划,对自己的行为进行自我监控,从而有意识地培养自己积极的人格特征。具体地说,可以通过以下环节进行人格的自我教育。(1)自我反省:一个人要经常地反省自己的思想和言行。孔子曾讲:"见贤思齐焉,见不贤而内自省也。"意思是说,看到一些好的行为或好的榜样,自己就要学习效仿;看到一些不好的行为或榜样,就要反省自己是否有同样的缺点和不足。(2)自我认识与自我评价:一个人要学会客观、全面地认识自己的长处,也要敢于承认自己的短处。(3)自我调节:在正确的自我认识和自我评价的基础上,进一步发挥和增进自己的长处,并且勇于改正缺点和错误,这是一个人进步的前提之一。

二、人格发展情况评估

人格差异表现在很多方面,对此,我们首先要了解个体人格状况,通过外在行为表现的观察是一个方面;另一方面以一定的手段和工具进行人格测量和评估也是必需的,它不仅是人格研究中最重要的工作之一,而且在工业管理、教育及心理治疗中都有广泛的应用意义。这里介绍几种典型的,具有代表性的人格测验方法。

(一)自陈量表式人格测验

自陈量表是一种问卷人格测验,量表中有很多陈述性题目,受试者根据题目的陈述选择适合自己情形的选择项。自陈量表不仅可以测量外显行为(如态度倾向、职业兴趣、同情心、异常行为等),同时也可以测量自我对环境的感受(如欲望的压抑、内心冲突、工作动机等)。问卷法的人格测验往往存在一个难题,即被试是否坦率而真实回答测题。在录用考核(或入学许可)中进行该类测验时,往往偏向好的一方面,即选择社会所期望的答案,或把自己表现得更好。人格测验有如上的缺点或限制,但它的记分比较客观,解释比较容易,可操作性强,因而在国内外心理治疗、人事测评、心理研究中应用较多。

1. 明尼苏达多项人格测验

明尼苏达多项人格测验简称 MMPI,是由美国明尼苏达大学心理学家哈特卫(S.R. Hathway)和精神医生麦金利(J.C.Mckinley)根据经验效标法编制而成的,于 1943 年问世。它可以用于测试正常人的人格类型,也可以用于区分正常人和精神疾病患者。经过 60 多年的不断修订、补充,被翻译成 100 多种文字,有大量的有关研究文献,至今已发展非常成熟。它从多个方面对人的心理进行综合的考察,是世界上被使用次数最多的人格测验之一。MMPI 于 20 世纪 80 年代被引入中国,中国科学院心理研究所组织了标准化修订工作,经过几十年的发展和修正完善,MMPI 在中国得到了广泛运用。一般而言,在结果计分解释中主要使用 4 个效度量表:疑问(Q)、说谎(L)、诈病(F)、校正(K);10 个临床量表:疑病(Hs)、抑郁(D)、癔症(Hy)、精神病态(Pd)、男子气-女子气(Mf)、偏执(Pa)、精神衰弱(Pt)、精神分裂(Sc)、轻躁狂(Ma)、社会内向(Si)。

这个量表在编制时采用正常与异常两个对照样本,注重被试的主观感受,而不是客观事实。MMPI 不仅可以用作临床上的诊断依据,而且可以用来评定正常人的人格。

2. 卡特尔 16 项人格特征测验

卡特尔 16 项人格特征测验(16PF)是美国心理学家卡特尔(R.B.Cattell)经过多年的研究,运用一系列严密的科学手段研制出来的。他把对人类行为的 1800 种描述称为人格的表面特质,并将这种描述通过因素分析的统计合并成 16 种因素,称这 16 种因素为根源特质。具体来说,16PF 直接测量的 16 种人格特征,包括:

(1)乐群性:描述是否愿意与人交往,待人是否热情;

(2)聪慧性:描述抽象思维能力,聪明程度;

(3)稳定性:描述对挫折的忍受能力,能否做到情绪稳定;

(4)恃强性:描述是否愿意支配和影响他人,是否愿意领导他人;

(5)兴奋性:描述情绪的兴奋和活跃程度;

(6)有恒性:描述对社会道德规范和准则的接纳和自觉履行程度;

(7)敢为性:描述在社会交往情境中的大胆程度;

(8)敏感性:描述敏感程度,即判断和决定是否容易受到感情的影响;

(9)怀疑性:描述是否倾向于探究他人言行举止之后的动机;

(10)幻想性:描述对客观环境和内在想象过程的重视程度;

(11)世故性:描述是否能老练、灵活地处理事物;

(12)忧虑性:描述体验到的烦恼和忧郁程度;

(13)实验性:描述对新鲜事物的接受和适应程度;

(14)独立性:描述独立程度,亦即对群体的依赖程度;

(15)自律性:描述自我克制、自我激励的程度;

(16)紧张性:描述生活和内心的不稳定程度,以及相关的紧张感。

除直接测量这16种人格特征外,卡特尔教授等还发展出一系列公式,利用前面16个量表的分数以及这些公式,还可以计算出一些二元人格特征,主要包括:

(1)焦虑性:描述对现在环境的适应程度,是否感到焦虑不满;

(2)向外性:描述性格特征的内向或者外向程度;

(3)安详机警性:描述个体的情绪困扰程度,以及进取精神;

(4)果敢性:描述做事情时的犹豫或者果断程度;

(5)心理健康因素;

(6)专业有成就者的个性因素;

(7)创造能力个性因素;

(8)在新环境中有成长能力的个性因素。

在临床实践中,这些二元人格特征应用于心理咨询、人员选拔和职业指导等各个环节,为人事决策和人事诊断提供很好的参考依据。

·【延伸阅读】·

国内流行的部分自陈式人格测验

常见的主要人格测验:

Achenbach 儿童行为量表	加利福尼亚人格问卷(CPI)
DISC 个性测验	明尼苏达多相人格测验(MMPI)
NYLS 3～7 岁儿童气质回答	内在-外在心理控制源量表(I-E 量表)
Rutter 儿童行为问卷	青年心理适应性量表
艾森克人格问卷(EPQ 儿童版、成人版)	人性哲学量表
儿童自我意识量表	社会支持评定量表(SSRS)
儿童孤独量表(CLS)	瑟斯顿性格测试(TTS)
大学生人格问卷(UPI)	生活事件量表(LES 青少年版、成人版)
个人评价问卷	信任他人量表
状态与特质性孤独量表	应付方式问卷
霍兰德职业人格测验	自我和谐量表
考试焦虑量表	自尊量表(SES)
焦虑自评量表(SAS)	中国大学生适应量表
卡特尔 16 项人格测验(16PF)	中国大学生人格量表

(二)投射测验

所谓投射法就是让被试者通过一定的媒介,建立起自己的想象世界,在较少拘束的情景中,显露出其个性特征的一种个性测试方法。投射测试中的媒介可以是一些没有规则的线条,也可以是一些有明确意义的图片;可以是一些有头没尾的句子,也可以是一个故事的开头,让被试者来编故事的结尾。因为这一刺激是模糊的,所以一个人的反应只能是来自于他的想象。通过不同的回答和反应,可以推测受测者的人格与人生态度,了解被试内心想法。投射测验首先为精神分析学家所使用,他们希望通过这种测验揭示病人人格的无意识动力。因为刺激是模糊的,被试者较少带有防御心态,较容易将个人内在情感、个人动机和先前生活经验的冲突带入测验情境中,这些个人的、特异的方面投射到刺激中去,使得人格评估者可以做出各种解释。

投射法的最大优点在于主试者的意图目的藏而不露,这样创造了一个比较客观的外界条件,使测试的结果比较真实、比较客观,对心理活动了解得比较深入,缺点是分析比较困难,需要有经过专门培训的主试。下面介绍在世界上广泛使用的两个投射测验,遗憾的是这两个测验在中国大陆目前还没有标准化,应用很少。

1. 罗夏墨迹测验

该测验由瑞士精神科医生、精神病学家罗夏(Hermann Rorschach)创立。罗夏墨迹测验是最著名的投射法人格测验。罗夏测验是由 10 张经过精心制作的墨迹图构成的,这些测验图片以一定顺序排列,其中 5 张为黑白图片,墨迹深浅不一;2 张主要是黑白图片,加了红色斑点;3 张为彩色图片。这 10 张图片都是对称图形,且无明显意义。

测验实施过程中这些图片在被试面前出现的次序是有规定的。主试的说明很简单,例如:"这看上去像什么""这可能是什么""这使你想到什么"。主试要记录的内容有:(1)反应的语句;(2)每张图片从出现到开始第一反应所需的时间;(3)各反应之间较长的停顿时间;(4)对每张图片反应总共所需的时间;(5)被试的附带动作和其他行为等。

目的是诱导出被试的生活经验、情感、个性倾向等心声。被试在不知不觉中便会暴露自己的真实心理,因为他在讲述图片上的故事时,已经把自己的心态投射到情境之中了。在测验过程中,主试以记号对各种反应进行分类,并计算各种反应的次数,以便在绝对数、百分率、比率等方面进行比较。

这样的模糊墨迹图可能引起不同的反应,不同的反应看起来不可解释,实际上研究者已经给罗夏墨迹测验的反应设计了一套比较容易的计分系统,使得在不同的施测者之间可以进行比较。即使墨迹测验有一套相当完备的解释系统和大量的临床资料,但对罗夏墨迹测验及其计分系统的效度,仍然存在较大的争议。

2. 主题统觉测验

主题统觉测验(thematic apperception test)由美国哈佛大学默里(H.A.Murry)于 1938年编制,简称 TAT。其方法属于投射技术。向被试呈现一系列模糊情景的图片,要求被试根据这张图片讲述一个故事,包括情境中的人在干什么、想什么,故事是怎么开始的,而每个故事又是怎么结尾的。被试在讲故事时会将自己的思想感情投射到图画中的主人公身上,默里提出的方法是要从故事中分析一系列的"需要"和"压力"。他认为,需要可派生出压力,而且正是需要与压力控制着人的行为,影响了人格的形成和发展。主题统觉测验经常用来揭示个体在支配需要上的差异,诸如权利、领导和成就动机。经过几十年的临床实践和研究,主题统觉测验被证明是测量个体成就需要的有效工具。临床医学家还用这种测验结果进行病理分析。

上述两种类型人格测验法各有一定的优势和不足,临床工作者在进行人格评估的时候更多是结合使用不同的测验,如罗夏墨迹测验和 MMPI 可以作为相互补充的测验。在一些情形下,被试有良好的合作动机,使用自陈测验,可以对特定的结果做出高效率的测验;而另外的情况下,临床专家的直觉补充了自陈实验的常模解释不足。在实践中,这两种方法的有效结合有利于做出最好的评估。

·【延伸阅读】·

怎样成为一名"算命先生"

你喜欢得到他人的赞扬和仰慕,但你有时对自己身上的小毛病比较在意,有时也会怀疑自己是否在用正确的方法做正确的事情。你喜欢接触新鲜事物,喜欢迎接各种挑战,不喜欢生活在条条框框的限制下。你喜欢独立思考,不轻信别人的观点。你有时表现得格外外向,待人和善,乐于与他人交往;有时你则会很内向,做事谨慎保守。有时你脑中会冒出一些很有意思,但不太靠谱的新奇想法。

OK,怎么样,说得像你吗?

当然像了,因为每个人都是上面说的那样。1948年,福勒(Bertram R.Forer)教授进行了一项实验,他让他的学生们做一份性格测试问卷,学生们辛辛苦苦地填完问卷后,福勒告诉大家,老师会对各位同学的问卷进行分析,每个人都可以得到针对自己的性格分析结果。第二天,福勒教授准备了一堆一模一样的性格分析报告来到教室,同学们人手一份,然后让同学们对这份"山寨"的性格分析报告与自己性格的相符度打分,结果显示,平均符合程度竟然高达85%!

上述实验只是福勒教授所做的大量研究中的一小部分。福勒教授的研究发现,面对一个模糊的描述,人们往往会将它与自己的情况对号入座,然后就觉得很准。这种倾向叫作"福勒效应"。心理学家认为,"福勒效应"可以解释为什么有些人对伪科学信以为真,比如占星术、塔罗牌、心理测试游戏等。

在心理学上,"福勒效应"产生的原因被认为是"主观验证"(subjective validation)的作用。主观验证的意思是,当有一条观点专门用来描述你本人的时候,你就很有可能接受这一观点。在我们的头脑中,"自我"占据了大部分的空间,所有关于"我"的东西都是很重要的。我们的车牌号码、手机铃声、电脑桌面、卧室的墙纸等自己都会精心设计,为的就是体现自己独特的个性。

从基因角度上来看,每个人几乎都是一样的。相似的基因造出了相似的大脑,大脑中相似的机制引发每个人的思维,尽管不同的生长环境、不同的文化背景会对每个人的思维产生影响,但大体上来说,每个人的情感、个性总有很多共性的。

占星网站上有一段星座运势分析:"在今天的某一个时间,你会觉得自己工作得不够努力,不足以达到自己的目标,因此你会感到焦虑,这种焦虑情绪也许会成为你更加努力工作的动力,但你不必给自己太大的压力,只要把工作按部就班做好,一切都会顺利的。"星座运势网还有一段给你的忠告:"如果已经太晚,就不要逼自己继续伏案了,你应该去打打游戏、逛逛街,好好休息放松,明天才能充满能量地继续工作。"星座运势基本上讲的都是我们每天经历的事情,于是,我们就会将星座运势与自己的时间经历联系起来,这样一看,星座运势上说的,还真的挺准。这一切,正是主观验证在起作用。

主观验证能对我们产生影响,主要是因为我们心中想要相信。如果想要相信一件事,我们总可以收集到各种各样支持自己的证据。就算是毫不相干的事情,我们还是可以找到一个逻辑让它符合自己的设想。

那些星座运势就是利用人们这种容易受主观验证影响的天性。星座专家根本不用动脑筋看水晶球占卜,他们只要随便信口开河说一些模棱两可的话,你们的大脑便会自动通过主观验证将这些话与自己的生活细节联系起来,然后再通过"验证偏见"加以确认。可能这些话最终在每个人脑中留下的观念都不一样,但在每个人眼里,星座运势都是对的。所以星座运势这么流行,算命先生经久不衰,其实一直是有广泛群众基础的。心理学家 Ray Hayman 也是一位多年研究主观验证的专家,在搞科学研究之前,他原本是一位正宗的魔术师。后来,他发现每天玩扑克耍花样赚不到什么钱,于是他尝试给人看看手相,做做"心理辅导"。Hayman 使用冷读法,不需过多言语,通过对细节的观察对客户进行分析(比如看到穿白褂,身上有一股葱油味儿的,这人八成是个厨子),然后根据客户眼神、动作的反应,判断对方的真实想法。几个回合下来便对对方了解个大概,这就可以做出一些比较靠谱的分析了。有时分析中可能会有些纰漏,但咨询者往往只记住那些说得对的地方,而忘记有纰漏的地方。很快,Hayman 先生的心理辅导获得了客户们的绝口称赞,Hayman 甚至都开始相信自己真的有超能力了。

这时,另一名心理学家 Stanley Jaks 给了他一个建议:你下次给人看手相时候,可以试试照着与你原本想法完全相反的方向去说。结果让人意外:前来心理诊所的人依旧很满意 Hayman 医生的心理辅导。Hayman 发现,冷读术是很管用的,但就算不用这些伎俩,一样可以把客户"忽悠"得团团转。这时 Hayman 如梦方醒,原来自己不是什么通灵专家。不管自己说什么,对方都与他本人的实际经历对号入座。自己能受到这些客户的赞同,只是靠着他们脑中主观验证的作用罢了。

第四节　大学生健康人格的塑造

一、大学生健康人格的内容

健康人格是个人在其生活经历中以其生活方式和生活风格逐步建立起来的一种自我意识,是人的世界观、心理素质、道德修养等方面的综合体现和重要标志,也是人能够准确把握自己、寻找适合自己发展的社会位置以及获得他人尊重和好感的基础。大学生健康人格的主要内容应包括以下几方面:

(一)正确的自我意识

具有健康人格的大学生对自己应有恰如其分的评价,充满自信,扬长避短,在日常生活中能有效地调节自己的行为,与环境保持和谐、平衡。

(二)良好的情绪调控能力

人格健康的大学生应具有调节和控制情绪的能力,经常保持愉快、开朗的心境,并且具有幽默感。当消极情绪出现时,能合情合理地宣泄、排解、转移、升华。

(三)良好的社会适应能力

人格健康的大学生能和社会保持良好的接触,以一种开放的态度主动关心社会、了解社会,观察所接触到的各种现象,能看到社会发展的积极面和主流,并具有社会责任感。在认识社会的同时,能与时俱进,使自己的思想、行为跟上时代的发展,与社会的要求相符合,能适应新的环境。

(四)和谐的人际关系

人格健康的大学生乐于与他人交往,能与别人建立良好的关系,与人相处时,尊敬、信任等正面态度多于妒忌、怀疑等消极态度。健康的大学生常常以诚实、公平、信任、宽容的态度对待他人,同时也受到他人的喜爱和接纳。

(五)乐观的生活态度

常常能看到生活的光明面,对前途充满希望和信心,对自己所从事的工作或学习抱有浓厚的兴趣,并在工作和学习中发挥自身的智慧和能力,获得成功。即使生活中遇到困难和挫折,也勇于面对,不畏艰险,勇于拼搏。

(六)健康的审美情趣

健康的审美情趣对于大学生树立审美观、人生观、科学的世界观,塑造健康的人格结构具有重要作用。具有高尚、健康的审美情趣,能提高自身的修养,自觉抵制各种不健康思想的侵蚀,追求更高的人生价值,实现人的自我完善。

二、当代大学生理想人格的塑造

人格的形成是以一定的遗传素质为自然前提的,但环境因素和自我努力在人格的形成和完善中起决定性作用。大学生的自我意识已趋于成熟,因此,自我塑造是培养健全人格的主要途径。

(一)认识自我,优化人格整合

无论多么健全的人,其人格品质中都有好的一面和不好的一面,只不过不同的人好与不好的表现形式不一样。所以,应该首先了解自己的人格特征,然后对自己的人格品质不断进行优化。

人格塑造是为了实现优化人格整合,达到人格的健全。人格整合的基本含义是:随着个体心理的成熟,人格的各个方面逐渐由最初的互不相关,发展到和谐一致状态的过程。优化人格整合,一要择优,二要汰劣。

择优即选择某些优良的人格特征作为自己努力的目标,如自信、勇敢、勤奋、坚毅、善良、正直等。汰劣即针对自己人格上的缺点、弱点予以纠正,比如自卑、胆怯、抑郁、冷漠、懒散、任性、自我中心等。当然,择优与汰劣往往是同步进行的。

(二)学会自我教育

健全人格的自我塑造的一个很重要途径就是帮助大家学会自我教育,因为自我教育是其他教育和环境影响的内化和深化,是人格形成中由被动变为主动的过程。其主要内容和方法包括以下几个方面:

1. 学会反省

在自我教育的过程中,要学会自我反省,即经常地反省自己的思想和言行。在自我反省的过程中,要学会客观地、全面地认识自己和评价自己,既不要自我膨胀,也不要自我贬低;既要善于发现自己的长处,也要敢于承认自己的短处。

2. 培养自我调控能力

自我调节是主动按照自己的实际情况与社会的要求对自己的思想、道德、学习及行为提出具体的奋斗目标,并对自己的活动进行有意识、有目的的调控。在自我调节的具体过程中,应从自己的实际情况出发,在学习、活动、性格发展等实践方面,不断学会自己教育自己,自己管理自己,从而增强自我调控能力。

学习自我控制,还要对环境的影响保持自己相对的独立性。在当前社会变迁、价值多元化、各种思潮的涌现以及各种生活方式竞相呈现的时代,应接受环境中积极的影响,抵制各种不良的诱惑,提高自己抗拒不良诱惑的能力。只有如此,才能使自己的观念、价值观等不受干扰,使自己的个性健康发展。

3. 保持良好的心境

在日常的学习生活中,应主动培养健康的生活情趣,合理调节自己的情绪,保持积极、乐观的心境。一般而言,一个人偶尔心情不好,不至于影响其性格,但若经常生气、发脾气,为一点小事大动肝火,就容易形成暴躁易怒、神经过敏、冲动、沮丧的性格特征。因此,大学生要乐观地对待生活,即使遇到困难和挫折时,也要从积极的一面去思考问题,学会正视现实,勇于面对挑战,采取积极、进取的态度去适应环境。

(三)增强应对挫折的承受力

大学生富于理想,总是把未来看得很美好,而对可能遇到的困难和挫折缺乏充分的心理准备。另外,由于有些学生自身的优越感很强,对社会缺乏了解,人生经历单一,缺乏艰苦生活的锻炼,再加上社会、家庭等多种原因,使得其应对挫折的承受力较差,稍有小事即可引起挫折感,难以面对现实生活的挑战。由于挫折往往会导致心理上的曲折感、缺陷感和失落感,与此相随的便是抑郁与失望。因此,加强对自己的挫折教育,增强挫折承受力,这对健全人格的培养有着重要的意义。

1. 确定适当的抱负水平

人要有理想和抱负,但理想和抱负不可漫无边际。在现实生活中,有相当多的挫折是自己造成的,其主要原因之一就是自我评价和自我期望太高,预期的抱负水平因超出了自己的能力而无法实现,久而久之会产生"习得性无助感",最终放弃自己的努力。因此,学会客观、全面地评价自我,并经常将自己的优缺点与社会的要求进行综合分析,以确定合适的抱负水平,量力而行,才能增加成功的机会,恢复自信心。

2. 调整认知,改变归因

所谓归因,是指人们把自己的行为或结果加以解释或推测的过程。通常人们活动成败的原因主要有四个方面,即能力高低、努力程度、任务难易、运气好坏。如果将失败归因于外在的可控制因素,则有助于增强自我效能感。

3. 接受自我,悦纳自我

心理学实验研究表明,自我认识与其本身实际情况愈接近,个体所表现的自我防御行为就越少。同样,个体自我接受的态度与防御行为的关系也极为密切。一个不能接受自己的人,往往会对以这种或那种方式损害自己人格的一切因素都特别敏感,这些因素也最容易引起他的心理挫折感,因此,应正确地认识自我,悦纳自我。

首先必须有自知之明,对自己的各方面有一个客观、全面的评价。在此基础上学会接受自己,对自己不提出苛刻的期望和要求,自己的生活目标和理想符合实际情况,对自己总是感到满意。同时努力发挥和发展自己的优势、潜能,即使对于自己无法弥补的缺陷,也能泰然处之。总之,要使"理想的我"和"现实的我"之间的差距尽可能缩小,进而愉快地接受现实中的"我"。

4. 以积极的态度对待挫折

在人生经历的漫长道路上,谁都会遇到各种挑战和逆境,都会受到不同程度的挫折。因此,当面对挫折时,不恐慌,不逃避,不气馁,以积极的态度面对,并及时总结失败的经验教训,在哪里摔倒,就从哪里爬起,不断提高自己对挫折的承受能力。

(四)积极参与社会实践,培养良好习惯

人格发展、塑造的过程是个体实现社会化的过程,是个体与他人、集体、社会相互作用的过程。人的任何目标都要通过实践才能达到。大学生正处在自我意识的高度发展阶段,内心都希望独立自主,希望参与学校活动和社会实践。只有亲身参与各种社会实践活动,才能加深社会认同和理解,真正增强自己的社会责任感,尽快地适应未来的社会角色。另外,健全的人格体现在良好的行为方式中。心理学研究也证明,良好习惯的形成有助于改变人格的内在品质和结构。因此,健全人格塑造的另一重要途径就是培养良好的习惯。从点滴小事做起,锲而不舍,经过长期艰辛的锻炼,一定能实现自己确定的健全人格的目标。

(五)扩大社会交往,建立良好的人际关系

和谐的人际关系既是我们心理健康不可缺少的条件,也是人格塑造的重要途径。在交往过程中应注意以下几个方面:

1. 真诚热情

在人际交往中,热情能给人以温暖,能促进人的相互理解,因此,待人热情是沟通人的情感、促进人际交往的重要心理品质。人际交往中,若对方感到了真诚与热情,自然也会给予你肯定的评价。所以在交往中,不但要有饱满的热情,同时又要坦诚言明自身的利益,显得真诚而又合情合理。这样,自然会得到对方的接纳。

2. 彼此信任

美国哲学家和诗人爱默生说过,"你信任他人,他人才对你重视"。在人际交往中,信任就是要相信他人的真诚,从积极的角度去理解他人的动机和言行,而不是胡乱猜疑,相互设防。信任他人必须真心实意,而不是口是心非或虚情假意。

3. 肯定对方

人类普遍存在着自尊的需要,只有在自尊心高度满足的情况下,才会产生最大限度的愉悦,才会在人际交往中乐于接受对方的态度、观点。我们都有较强的自尊心,因而在交往中首先必须肯定对方,尊重对方,这是成功交往的重要因素之一。

(六)在业余爱好活动中培养健全的人格

丰富多彩的兴趣、爱好可以培养高尚的情操,潜移默化地作用于大学生的学习、生活和工作。在保证自己的学习和社会工作完成的前提下应该去发展健康、高尚、有益于知识增进和性格培养的兴趣。例如,可以选择音乐、舞蹈等业余爱好,培养自己开朗活泼的性格;也可以选择游泳、足球、武术等运动项目,培养自己勇敢的性格。此外,还可以通过参加棋类、绘画、书法等活动,培养自己耐心细致的个性品质。

(七)防止"过犹不及"

人格的社会性决定了健康的人格是为大多数人所接纳的,有助于取得正常的人际关系,但绝不是说发展自己的人格是为了取悦别人。如果发展自己的人格是为了取悦他人,就失去了人格的独特性和个性化,就失去了人格发展的意义。发展健全良好的人格的核心目的就是为了发挥个体潜能,培养良好的工作、生活能力,让每个个体生活得更快乐、更美好。如果失去了自我,在人格上变成附庸,那就发展成了人格问题,甚至人格障碍。凡事都有"度",人格发展和表现的"度"是十分重要的,人格塑造过程中应掌握好度,否则就会"过犹不及",适得其反。

具体说来,应该是:自信而不自负,自谦而不自卑,勇敢而不鲁莽,果断而不冒失,稳重而不犹豫,谨慎而不怯懦,豪放而不粗俗,好强而不逞强,活泼而不轻浮,机敏而不多疑,忠厚而不愚昧,干练而不世故,等等。人格健全的过程,就是心理健康和心理成熟的过程。塑造健全人格,是一项系统的自我改造、自我实现的工程,要从小做起,贵在坚持。大学生应从塑造健全人格做起,努力将自己塑造成为符合时代要求的具有良好综合素质的现代型人才。

(八)走进心理咨询,避免人格发展误区

每个个体都有着巨大的潜能,同时又有着有限的能力。我们又不是无所不能的,每个人都有他的局限性。当感到自己的工作、生活、人际关系、内心体验出现了不协调,甚至出现了人格问题、人格障碍时,当自己不能自我调节的时候,我们就要走进心理咨询室,让心理老师来协助我们解决心理困扰,在专业心理咨询的协助下发展我们健全的人格。通过心理咨询,大学生可以更清楚地看清自己,发扬自身良好的人格品质,并努力克服和纠正自身人格的缺点。走进心理咨询室,是大学生人格健全发展的重要途径之一。

·【延伸阅读】·

你的性格决定了你的健康

从一个人的性格能判断其健康状况吗?答案是"能",而且性格还会很大程度上影响到

人的健康。健康心理学家表示,人的个性受到遗传基因和生活环境的双重影响。个性基本上可以分为以下八类,同时它们也能分别映射出不同的疾病。虽然人们不能绝对对号入座,但它至少能提醒我们身边存在的潜在风险。

1. 乐观型人格

他们往往是看到"杯子里有一半水是满的"的那群人,但他们的问题在于容易体重超标。日本一项实验发现,在同一组减肥人群中,最乐观的人往往也是减重最少的人。研究人员认为,凡事都往好处想的乐天派对自己的体重问题不够关心,而且也更容易屈从于诱惑。此外,他们自视能战胜生活困境的自信心会使其甘愿冒很多风险,这也是他们容易早亡的原因。一项涉及多人的成长调查记录显示,孩童时期就极具幽默感的人竟然比一般人短命,因为他们成年后更容易染上吸烟、饮酒的习惯,并养成很多高风险的嗜好。

2. 焦虑型人格

法国和加拿大研究人员发现,焦虑型人格最容易染上胃溃疡。这些习惯于依赖他人、情绪不稳定的人更容易形成吸烟、饮酒的习惯,并出现饮食不规律和睡眠障碍等现象。这都会促使人体分泌出高出正常值很多的胃酸,进而引发溃疡。另外,过高的压力荷尔蒙——皮质醇也会诱发头痛、痤疮和膀胱感染。有意思的是,有关"性欲和性格"之间关系的研究则发现,焦虑型人格做爱频率最高,其中高度神经质的女性焦虑者短期性伴侣更多,也许是找不到如意伴侣或无法繁衍后代的担忧促使他们和更多人发生性关系。

3. 敏感型人格

英国一项研究发现,性格偏于女性化、富有同情心的男性压力水平较低,不容易得心脏病。研究人员分别根据男性在"领导能力"、"力量"、"侵略性"、"冒险性"和"同情心"、"怜悯心"、"友爱"、"敏感性"等方面的"男性化"和"女性化"表现打分,结果发现,"女性化"表现分数越高的男性患慢性心脏疾病的风险越低。研究人员表示,因为这些"跟着感觉走"的"新男性"更善于表达自己的感情,也更善于向外界求助,包括求医。

4. 争论型人格

敌意和侵略性人格是最不健康的性格之一。希腊一项胸透实验发现,敌意型人格的女性更容易被诊断出乳腺癌,在男性身上则表现为结肠癌。研究人员认为,敌意和愤怒会削弱人体免疫系统,使人更容易被疾病侵袭。易怒者患心脏病的风险会高出常人50%。他们对压力的身心反应都更迅速、更强烈,往往表现为血压和心率升高,这对心脑血管系统会造成很大损伤。

5. 外向型人格

外向型性格的男性不容易得心脏病,不容易被感染,疾病后康复也比较快,也许就由于其体内较低的压力荷尔蒙水平。外向者善于直面生活中的挫折,而且一旦他们发觉身体不适,会及时就医。研究还发现,外向者会比常人多生育14%的子女。

6. 害羞型人格

害羞型人格患心脏病和脑中风的几率高出常人50%。研究人员认为这是因为这些人过着较为封闭的生活,而且他们在新的生活环境面前会感到压力重重。害羞者更容易遭受病毒性感染,一年四季都可能感冒,也许很大程度上是因为他们对压力的反应更强烈。

7. 迟钝型人格

英国研究人员发现,低智商往往和焦虑症、晚发型痴呆以及创伤后应激障碍密切相关。

低智商的儿童患抑郁症和精神分裂症的风险也更高,这也许是因为低智商者较难懂得健康生活的重要性。

8. 善良型人格

俗话说"善有善报"。善良者往往也能得到丰厚的健康回报,诸如糖尿病、疝气、骨病、坐骨神经痛、脑中风和老年痴呆症等疾病都很少和他们有关。善良者的生活方式也很健康,他们喜欢运动,也十分注意饮食健康。

思考与练习

1.你是怎样理解人格的?

2.如何正确看待大学生人格的发展?

3.浅析人格理论流派。

4.如何进行理想人格的塑造?

参考文献

[1]唐国忠.人格调控原理[M].哈尔滨:哈尔滨工程大学出版社,2007.

[2]马克思恩格斯全集[M].第一卷.北京:人民出版社,1956.

[3]波林·罗斯诺.后现代主义与社会科学[M].上海:译文出版社,1998.

[4]唐凯鳞.伦理学[M].北京:高等教育出版社,2001.

[5]珀文,约翰.人格手册:理论与研究[M].黄希庭译.上海:华东师范大学出版社,2003.

[6]江道之.心理咨询[M].北京:中国商业出版社,2001.

[7]叶弈乾.现代人格心理学[M].上海:上海教育出版社,2005.

[8]黄希庭.人格心理学[M].杭州:浙江教育出版社,2002.

[9]胡凯.现代思想政治教育心理研究[M].长沙:湖南人民出版社,2009.

[10]陈秉公.思想政治教育学[M].北京:高等教育出版社,2006.

[11]曾天德.大学生健康人格塑造导论[M].北京:中国社会科学出版社,2008.

[12]吴少恰.大学生人格教育[M].济南:泰山出版社,2008.

[13]张玉芬.大学生人格教育[M].北京:经济管理出版社,2006.

[14]夸美纽斯.大教育论[M]北京:教育科学出版社,1999.

[15]陈仲庚,张雨新.人格心理学[M].沈阳:辽宁人民出版社,1986.

[16]皮亚杰.发生认识论原理[M].王宪钿,等译.北京:商务印书馆.1982.

[17]普罗泰戈拉.西方伦理学名著选辑(上卷)[M].周辅成译.北京:商务印书馆,1964.

[18]郑永廷.人的现代化理论与实践[M].北京:人民出版社,2006.

[19]范蔚.人格教育的理论与实践——青少年学生自我价值感的培育[M].重庆:西南师范大学出版社,2003.

[20]樊富珉.团体咨询的理论与实践——大学心理咨询与教育指导丛书[M].北京:清华大学出版社,2004.

[21]梁晓明.21世纪创新学生健康人格新概念[M].呼和浩特:内蒙古儿童出版社,2000.

[22]约翰·杜威.民主主义与教育[M].第 2 版.王承绪译.北京:人民教育出版社,2001.

[23]张宏宏,欧光明.心理咨询师[M].北京:民族出版社,2012.

[24]朱宝荣.现代心理学原理与应用[M].上海:上海人民出版社,2002.

[25]沈德立.大学生心理健康教育[M].北京:高等教育出版社,2013.

[26]姚本先.心理学[M].北京:高等教育出版社,2009.

[27]张林,徐钟庚.心理学导论[M].杭州:浙江大学出版社,2012.

[28]叶一舵.公共心理学教程[M].北京:高等教育出版社,2010.

[29]汪道之.心理咨询:心理问题个案分析与解决方法[M].北京:民族出版社,2002.

第五章　大学生压力、挫折应对与情绪调节

【心灵导读】

古代阿拉伯学者阿维森纳曾把一胎所生的两只羊羔置于不同的外界环境中生活：一只小羊羔随羊群在水草地快乐地生活；而在另一只羊羔旁拴了一只狼，它总是看到自己面前那只野兽的威胁，在极度惊恐的状态下，根本吃不下东西，不久就因恐慌而死去。医学心理学家还用狗做嫉妒情绪实验：把一只饥饿的狗关在一个铁笼子里，让笼子外面另一只狗当着它的面吃肉骨头，笼内的狗在急躁、气愤和嫉妒的负性情绪状态下，产生了神经症性的病态反应。实验告诉我们，恐惧、焦虑、抑郁、嫉妒、敌意、冲动等负性情绪是一种破坏性的情感，长期被这些心理问题困扰就会导致身心疾病的发生。情绪对动物的影响尚且如此，对头脑高度发达的人类来说，情绪的影响力可想而知。

据中国人民大学心理咨询中心周莉副教授介绍，情绪在人们的日常生活当中非常重要，它是表达人的感觉的无声语言。情绪的好坏决定处理事务的结果。在健康乐观的情绪状态下解决问题时，其结果常常令人满意。相反，在心情郁闷、厌烦、紧张、愤怒的状态下解决问题时，往往会出现过激的行为或出现严重的不良后果。乐观情绪是身心活动和谐的象征，是心理健康的重要标志。而人长期处于不良情绪的状态里，会引发许多身心疾病。不良的情绪会减弱人的体力与精力，容易让人感到劳累，精力不足，没兴趣，思维迟钝，判断力下降。不良情绪还会降低人的自控能力，遇事易冲动，不冷静，做出一些令人后悔的事情来。"比如驾驶员出现不良情绪时，就直接影响行车安全，会诱发许多交通事故。"

现代科学也进一步证明，情绪可以通过大脑而影响心理活动和全身的生理活动。乐观情绪可以使神经系统、内分泌系统的自动调节机能处于最佳状态，有利于促进身体健康，也有利于促进人的知觉、记忆、想象、思维、意志等心理活动。国内外许多科学研究都表明，长寿老人的最大特点之一，就是具有乐观情绪。

人生不如意十之八九，我们在生活中难免遇到一些不如意，产生一些压力。不管是成功后的欢呼雀跃，还是失败后的垂头丧气，都是属于大学生常有的情绪体验。那么什么是压力？什么是情绪？大学生应如何理性管理压力和情绪？

大学时代，是大学生形成系统的世界观、人生观、价值观的关键时期，大学生要树立正确的三观，首先要学会做情绪的主人，得意淡然，失意坦然，积极热情地面对生活和学习，才会绘制出绚烂的人生画卷。

第一节　大学生压力应对与心理健康

一、压力

　　压力(stress)是心理压力源和心理压力反应共同构成的一种认知和行为体验过程。压力是一个外来词,来源于拉丁文"stringere",原意是痛苦。随着西方心理学在中国的发展,stress 一词也不断出现在中国心理学等研究报告中,有关压力的研究也逐年增多。张伯源等认为压力是人或有机体在某种环境下所产生的一种适应环境的反应状态,即在一定的社会生活环境中,对一个人能产生影响的刺激或情境,被其感知到了,并做出主观评价后就会产生相应的一些心理生理变化,从而对刺激做出反应。如果这个刺激或情境需要人做出较大的努力去进行适应,甚至超出一个人所能承受的适应能力,这时就会出现紧张状态(也就是压力)。比如,当我们体验到压力时,我们会出现失眠、焦虑、愤怒、烦躁等一些身体和心理上的反应。

　　压力是不是就是一定不好的呢? 其实不是,为了维持正常的状态,人们需要一个最低水平的刺激输入。贝克斯顿(Boxton)在美国麦吉利大学做了一个感觉剥夺研究,募集了大学生志愿者作为参加实验的人,志愿者每天躺在床上睡觉,并且每天有 20 美元的酬劳,他们可以自己决定何时退出实验。"感觉剥夺"实验中给被试者戴上半透明的护目镜,使其难以产生视觉;用空气调节器发出的单调声音限制其听觉;手臂戴上纸筒套袖和手套,腿脚用夹板固定,限制其触觉。被试单独待在实验室里,几小时后开始感到恐慌,进而产生幻觉……在实验室连续待了三四天后,被试者会产生许多病理心理现象:出现错觉幻觉;注意力涣散,思维迟钝;紧张、焦虑、恐惧等。实验后需数日方能恢复正常。见图 5-1、图5-2。

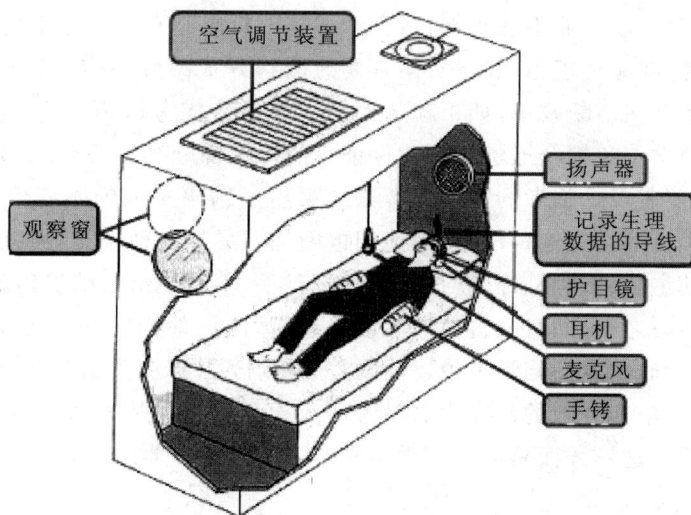

图 5-1　感觉剥夺实验

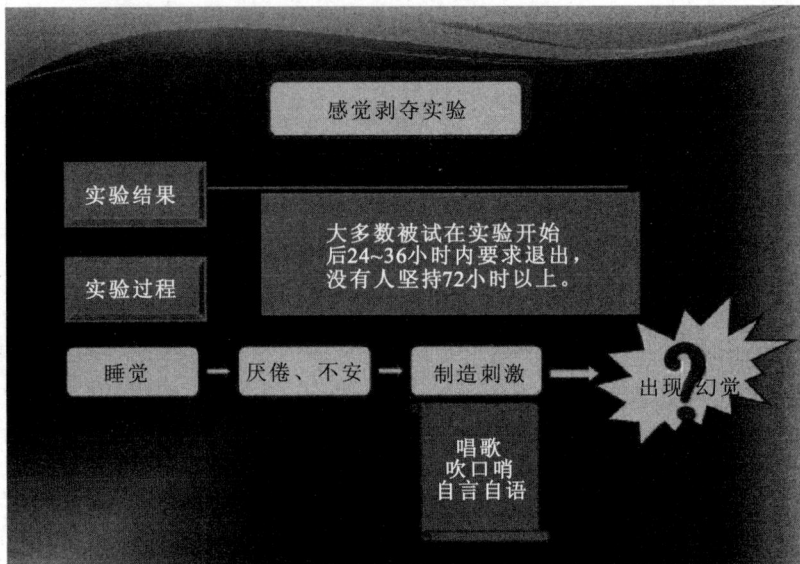

图 5-2　感觉剥夺实验图解

研究人员认为,维持大脑觉醒状态的中枢结构——网状结构需要得到外界的刺激以维持一个激活的状态。当外界接触被阻止时,大脑就即兴创作,自己产生刺激。

实验证明,生命活动的维持需要一定的外界刺激。而人的成长和发展就是不断适应环境压力的过程,没有压力,也就没有成长。所以,压力是无处不在、不可避免的,也是必要的。

二、大学生常见压力类型

(一)学习压力

虽说进入大学后,学习压力相较于高中减轻不少,但据调查显示,大学生仍存在不少学习方面的压力,如对所读专业不感兴趣,宿舍学习氛围较差心有余而力不足等。大学生的课程表面上看似容易,课业负担也比较轻,但是要想取得好成绩并不容易,再加上近年来大学生的考试和评分制度在不断改革,如果疏忽大意很容易造成考试不及格、重修的局面,严重的甚至会导致取消学位和勒令退学。因此保证每门考试都顺利过关对一部分同学也构成了一定的压力,其主要表现是临考的紧张和考试结束后成绩出来前的不安情绪。还有一部分成绩比较好的同学虽然没有这种压力,但他们也面临着另外一种压力,那就是争夺名次和奖学金上的压力。其主要表现是紧盯着自己的竞争对手,不断地给自己提出新的要求,使自己处在一种紧张的状态之中,同时又害怕被其他人超越,因此他们常常因为紧张而疲惫不堪。另外,对于那些想考研究生的同学来说还面临着一种压力,那就是近年来考研热不断升温,竞争日益加剧,为了争夺有限的研究生名额考研大军面临着越来越大的压力。其表现与前两种情况基本相同。这三方面是造成大学生学业上压力的主要因素。

(二)生活压力

大学生活的范围很广,其中某些环节由于特定的原因或没有处理好,会给大学生造成压力。主要有两个方面:一方面是经济状况造成的。大学生来自祖国的四面八方,大部分同学的家庭条件都还可以,但是也有相当多的贫困学生。这些同学家庭经济条件比较差,月生活费比较少,有的同学甚至连学费都很难凑齐,需要申请助学金或贷学金。因此这些同学在生活中不自主地会和其他同学相比,当其他同学买东西而自己不能,其他同学吃好菜而自己吃比较差的菜时,难免会产生一些自卑的情绪,长期下来对他们就会形成一种压力。其表现为自卑,不喜欢和别人一起交流活动,喜欢独处。另外一方面是人际关系处理上带来的压力。大学生来自不同地方,地区差异和人为因素造成性格差异较大,由于性格差异较大,大学生在相处和交往时也会遇到比较大的困难,如果处理不好就不能给自己创造好的人际环境,因而会给大学生活带来很大的压力。

(三)情感压力

人是有感情的动物,人生活的每一天都被丰富而复杂的情感所包围,并且情感的好与坏对一个人行为的影响是巨大的。观察发现,进入大学之后没有了升学的压力,并且每一个能进入大学的学生都有比较好的适合自己的学习方法,大学的学习任务对他们来说不构成很大的负担,因此来自学业上的压力退居其次,而来自情感方面的压力则上升到首位。

这里所指的情感压力主要是指与恋爱有关的情感压力。大学生正处在青春期走向青年期的特殊阶段,生理上的发育基本完成,因此产生对异性的强烈兴趣,这也是完全正常的。大学生在追求异性的过程中会面临压力,主要表现是紧张、害怕,害怕被别人拒绝或是被别人嘲笑,因此处在这种状态的大学生心理波动比较大,有时会因为对方某个积极的言语高兴不已,有时又会因为对方某个小的细节而胡思乱想,心情沮丧。另外,处在恋爱中的大学生也会面临压力,其主要表现是为如何保持和发展这段感情而苦恼,不知道自己的举止能不能让对方满意。也有一些人会因为想结束这段感情但不知如何开口,其结果也会产生紧张情绪。还有一种情况就是失恋的大学生也会面临巨大的压力。其表现一般是失望、沮丧、痛苦、自闭,严重的想不开甚至可能轻生。处在失恋中的大学生的心理情况是十分复杂和异常敏感的,因每个人的性格和气质不同又有不同的表现,会引起不同的后果。

(四)就业压力

近年来高等教育不断改革,为了提高全民教育水平,高等教育的招生人数不断增加,本科毕业生也越来越多。国有大中型企业纷纷实行结构调整,再加上国内经济通货紧缩,消费不旺,因此毕业生供大于求,这些给大学生的就业造成了很大的压力。其表现为很多大学生担心毕业后找不到工作而学习松懈,或是为了找工作四处奔走,身心疲惫。这些都是由于就业原因而给大学生造成的压力。

【课堂活动】

压力小测试

生活总是不会那么一帆风顺。每个人都会遇到这样那样的挫折,感受到或多或少的心理压力。人遭受的心理压力过大,会影响学习效率,损害身体健康。所以,我们要定期地检查自己、了解自己。

以下是一个简单易行的"压力测试仪",你可以对照着检查一下自己。

1. 虽然一直都很好,但常常因为一点小事就想哭。

2. 晚上一旦醒来就睡不着了。

3. 总觉得很疲劳

4. 不能安下心来学习,心烦意乱。

5. 觉得自己没有生下来才好。

6. 早上没精打采,到下午就精神了。

7. 食物不好吃,没有胃口。

8. 对原来喜欢的科目或者运动、游戏提不起劲。

9. 总是不想去上学

10. 头疼,经常搞坏肚子。

11. 原来爱说话,现在却不怎么说了。

12. 想说别人坏话或想欺负人。

在以上项目中,你认为非常符合自己的有多少? 觉得非常符合自己的项目越多,表明你遭遇的心理压力越大。

7项以上:压力相当大。你要跟家人、保健医生、老师商量一下,看看自己这种情况怎么办,如何化解这么大的压力。

4～6项:不用太担心,只是有点压力。不要勉强自己,集中精力做自己喜欢的事,改换心情。

3项及以下:几乎没有压力。偶尔感到压力、难受是正常的。

当然,所有心理测验的结果都只具有一定的相对准确性,千万别把它当成是关于你心理状态的最后结论。如果你的感觉跟测验的结果有明显的不同,很可能就是测验错了,而不是你错了。这个测验也同样如此,它的目的只是想激发你自我探索的过程,促使你留心观察自己,从而生活得更明白、更快乐!

三、大学生压力应对与管理

心理学的研究表明,在从压力性事件的刺激到人的压力体验产生这一过程中,其心理的表现形式是人处在内心冲突之中。而人的内心冲突可以通过中介系统来调节,可以通过改变中介系统的方法来改变压力对人的影响,较好地管理冲突,使压力成为动力而非前进道路上的阻力。心理学在解释压力问题时所提及的中介系统,包括认知系统、社会支持系统、生物调节系统。三个系统都对压力起着增加或减退的作用。

(一)对压力的认知是压力有效管理的前奏

在对压力管理时,一个成熟的策略是压力地图技术:在一张空白纸的中央写出自己的名字,然后把自己在生活中感受到的压力事件分别像气球一样连在自己的名字上,在连线上以0～10分(0表示压力值最低,10分表示压力值最大)标出压力的主观值。这个小小的技术可以帮助大学生对自己的压力有一个直观的认识,同时也可以帮助大学生提高他们的压力认知,会在一定程度上增强他们对压力的掌控力。

(二)直面压力源,加强应对策略训练

压力源是导致压力产生的压力事件和压力情境。在对压力有效的处理上,大学生应该提高对压力源的有效应对能力。对压力源常见的有两方面的应对策略:一是利用自身资源或求助社会,解决面对的挑战和问题,从而促进心智的成长和发展;二是面对那些无法解决的问题,可以暂时远离压力情境和压力事件。在处理策略上,通常情况下,一般人面对自己无法顺利处理的压力源时,常采取无效策略,如逆来顺受、逃避、紧张或鲁莽行事,然而这样做往往无法有效处理问题,有时还会惹来更大的麻烦。由于问题处理过程就是压力调节最重要的把关过程,一旦处理过程出了问题,压力严重程度可能大增或持续时间更久,即可能造成严重的情绪、生理及行为的失常,导致各种心身疾病的发生。

有效地面对挑战和问题的策略如下:

1. 认清压力事件的性质,用自己的话定义问题。
2. 理性思考,分析问题、情境的来龙去脉。
3. 确认个人对问题的处理能力,找到问题解决的自我承诺。
4. 累积、寻求能帮助解决问题的资讯,包括如何动用家庭及社会环境支持系统。
5. 运用问题解决技巧,拟定解决计划,积极处理问题。
6. 若已完全尽力,问题仍无法在短时间内解决,则表示问题本身的处理难度甚高,有可能需要长期奋战不懈,除了必须培养坚韧不拔的斗志之外,可能还需要其他的精神力量支持,如心理援助或相关专家支持指导等。

(三)压力调整的认知策略

同样的压力情境或事件,对于有的大学生是一种挑战,对于有的大学生是一种痛苦无助的感觉,而对于另外的大学生则可能还是一种小小的乐趣。所以,面对同样的压力,由于认知不同,压力的反应和对个体的影响就会不同。在对压力应对和调整的策略中,最有效的调整策略就是认知调整。

认知调整目前多借鉴美国著名心理学家艾利斯于 20 世纪 50 年代首创的理性情绪疗法,简称 RET。这种方法旨在通过纯理性分析和逻辑思辨的途径改变患者的非理性观念,以帮助他解决情绪和行为上的问题。RET 的核心理论是 ABC 理论,其主要观点是强调情绪或不良行为并非由外部诱发事件引起,而是由个体对这些事件的评价和解释造成的。大学生可以用理性情绪疗法来对压力进行认知调整,分为四个步骤:

第一步,大学生要弄清楚他们为什么会有现在的压力感觉,为什么变成目前这个样子,识别其压力、困扰背后的思维方式、信念是不合理的。

第二步,大学生通过内省或在专业辅导下意识到,他们的压力情绪困扰之所以延续至今,不是由于受到早年生活的影响,而是现在他们自身所存在的不合理信念所导致的。对于这一点,他们自己应当负责任。

第三步,通过以与不合理的信念辩论的方法为主的应对技术,大学生认清其信念之不合理,进而使其放弃这些不合理的信念,并实现某种认知层次的改变。

第四步,要认清并放弃某些特定的不合理信念,且学会以合理的思维方式代替不合理的思维方式,以避免做不合理信念的牺牲品。

这四个步骤一旦完成,不合理信念及由此而引起的压力情绪困扰乃至压力障碍就将消除,大学生将会以较为合理的思维方式代替不合理的思维方式,从而较少受到不合理的信念的困扰。

(四)对压力采取有效的生理心理应对策略

由于压力的存在,大学生会产生一系列的心理和生理反应。常见的心理反应为紧张、焦虑、急躁、易怒、生气、愤恨、情绪低落、压抑、退缩、对工作不满、厌烦、注意力分散、自卑、受挫感等,常见的生理反应为新陈代谢紊乱、免疫功能下降、心跳加快、血压升高、消化系统功能下降、肠胃失调、头痛、腰酸背疼、疲劳、眼睛酸胀、肌肉紧张、睡眠状况不好、尿频、便秘、口腔溃疡、发抖、手脚冰凉等。这些反应会与压力源产生交互作用,使压力的感觉增强。为了加强个体的压力应对能力,大学生可以使用一些简单的生理心理应对策略,如渐进式肌肉放松技术、深呼吸技术、冥想、腹式呼吸、生物反馈技术、重复祷告法、安静内省法、音乐放松技术、瑜伽和太极拳等。

研究压力对人类身心影响的学者中,最有名的是加拿大医学教授赛勒博士。他曾指出,"压力是人生的香料"。他提醒我们,不要认为压力只有不良影响,而应转换认知和情绪,多去探究压力的有利影响。人在其一生中,根本无法摆脱压力。既然无法逃避压力,就要学习与压力共处。大学生应借鉴积极的心理学研究成果,利用积极的社会支持系统和自身的积极资源,运用生理应对、认知应对和问题应对策略来面对压力,最终积极迎接现实的挑战,实现幸福的目标。

【心理测试】

应付方式问卷

应付方式问卷由肖计划编制,用于测查个体对应激事件的策略。

填表方法:此表每个条目有两个答案:"是"、"否"。请您根据自己的情况在每一条目后选择一个答案,如果选择"是",则请继续对后面的"有效"、"比较有效"、"无效"作出评估。在每一行的空格里打√,表示您的选择。

题　目	是	否	有效	比较有效	无效
1. 能理智地应付困境					
2. 善于从失败中吸取经验					
3. 制定一些克服困难的计划并按计划去做					
4. 常希望自己已经解决了面临的困难					
5. 对自己取得成功的能力充满信心					
6. 认为"人生经历就是磨难"					—
7. 常感叹生活的艰难					
8. 专心于工作或学习以忘却不快					
9. 常认为"生死有命,富贵在天"					
10. 常常喜欢找人聊天以减轻烦恼					
11. 请求别人帮助自己克服困难					

续表

题　目	是	否	有效	比较有效	无效
12. 常只按自己想的做,且不考虑后果					
13. 不愿过多思考影响自己情绪的问题					
14. 投身其他社会活动,寻找新寄托					
15. 常自暴自弃					
16. 常以无所谓的态度来掩饰内心的感受					
17. 常想"这不是真的就好了"					
18. 认为自己的失败多系外因所致					
19. 对困难采取等待、观望、任其发展的态度					
20. 与人冲突,常是对方性格怪异引起的					
21. 常向引起问题的人和事发脾气					
22. 常幻想自己有克服困难的超人本领					
23. 常自我责备					
24. 常用睡觉的方式逃避痛苦					
25. 常借娱乐活动来消除烦恼					
26. 常爱想些高兴的事自我安慰					
27. 避开困难以求心中宁静					
28. 为不能回避困难而懊恼					
29. 常用两种以上的办法解决困难					
30. 常认为没有必要那么费力去争成败					
31. 努力去改变现状,使情况向好的一面转化					
32. 借烟或酒消愁					
33. 常责怪他人					
34. 对困难常采用回避的态度					
35. 认为"退后一步自然宽"					
36. 把不愉快的事埋在心里					
37. 常自卑自怜					
38. 常认为这是生活对自己不公平的表现					
39. 常压抑内心的愤怒与不满					
40. 吸取自己或他人的经验去应付困难					
41. 常不相信那些对自己不利的事					
42. 为了自尊,常不愿让人知道自己的遭遇					
43. 常与同事、朋友一起讨论解决问题的办法					
44. 常告诫自己"能忍者自安"					
45. 常祈祷神灵保佑					
46. 常用幽默或玩笑的方式缓解冲突或不快					
47. 自己能力有限,只有忍耐					
48. 常怪自己没出息					
49. 常爱幻想一些不现实的事来消除烦恼					
50. 常抱怨自己无能					

续表

题　目	是	否	有效	比较有效	无效
51. 常能看到坏事中有好的一面					
52. 自感挫折是对自己的考验					
53. 向有经验的亲友、师长求教解决问题的方法					
54. 平心静气,淡化烦恼					
55. 努力寻找解决问题的办法					
56. 选择职业不当,是自己常遇挫折的主要原因					
57. 总怪自己不好					
58. 经常看破红尘,不在乎自己的不幸遭遇					
59. 常自感运气不好					
60. 向他人诉说心中的烦恼					
61. 常自感无所作为而任其自然					
62. 寻求别人的理解和同情					

计算方法与结果解释:

一、量表计分方法

"应付方式问卷"有六个分量表,每个分表由若干个条目组成,每个条目只有两个答案,"是"和"否"。计分分两种情况:

A. 除 B 所列举的情况外,各个分量表的计分选择"是"得"1"分,选择"否"得"0"分,将每个项目得分相加,即得该分量表的量表分。

B. 在"解决问题"分量表中,条目 19,选择"否"得"1"分,选择"是"得"0"分;在"求助"分量表中,条目 36、39 和 42,选择"否"得"1"分,选择"是"得"0"分。

"应付方式问卷"分量表条目构成

分量表	分量表条目构成编号
1. 解决问题	1,2,3,5,8,-19,29,31,40,46,51,55
2. 自　责	15,23,25,37,39,48,50,56,57,59
3. 求　助	10,11,14,-36,-39,-42,43,53,60,62
4. 幻　想	4,12,17,21,22,26,28,41,45,49
5. 退　避	7,13,16,19,24,27,32,35,44,47
6. 合　理　化	6,9,18,20,30,38,52,54,58,61

评分方法:各量表项目没有"一"者,选"是"得 1 分;有"一",选"否"得 1 分。

注:自责分量表中,包含了一个"39",而在求助分量表中包含了一个"-39"。

二、计算各量表的因子分

因子分计算方法如下:

$$各分量表因子分 = \frac{分量表单项条目分之和}{各分量表条目数}$$

三、结果解释

个体应付方式的使用一般都在一种以上,有些人甚至在同一应激事件中使用的应付方式是多种多样的。但每个人的应付行为类型仍具有一定的倾向性,这种倾向性构成六种应付方式在个体身上不同的组合形式。这些不同形式的组合与解释为：

"解决问题—求助"，成熟型：这类受试在面对应激事件或环境时，常能采取"解决问题"和"求助"等成熟的应付方式，而较少使用"退避"、"自责"、"幻想"等不成熟的应付方式，在生活中表现出一种成熟稳定的人格特征和行为方式。

"退避—自责"，不成熟型：这类受试在生活中常以"退避"、"自责"、"幻想"等应付方式应付困难和挫折，而较少使用"解决问题"这类积极的应付方式，表现出一种神经症性的人格特点，其情绪和行为均缺乏稳定性。

"合理化"，混合型："合理化"应付因子，既与"解决问题"、"求助"等成熟应付因子呈正相关，也与"退避"、"幻想"等不成熟的应付因子呈正相关，反映出这类受试的应付行为集成熟与不成熟应付方式于一体，在应付行为上表现出一种矛盾的心态和两面性的人格特点。

·【延伸阅读】·

12 条减轻生活压力的建议

在生活当中，压力不可缺少，也是不可避免的。每个人都需要目标，需要挑战，那么压力会对生活起到正面的促进作用。但是，太大的压力往往会对生理和心理上造成其他危害。我有的时候也会觉得压力很大，甚至觉得非常抑郁，当我自己意识到问题的时候，我会选择和别人聊聊天，听听别人的意见。在感觉好些的时候，我经常在想为什么会造成这样的局面。

其实我们总是有太多的希望，我们总是想太多的事情，我们总是太在乎别人的看法，于是，当我们失望的时候，当脑中的事情超负荷的时候，当别人指指点点的时候，压力便不可避免地出现了。下面是一些如何减轻压力的建议，当然了，这里并不是听音乐、打游戏、聊聊天这种方式。因为我坚信一点：如何避免压力的产生比起如何减轻压力要重要得多，所以我们应该了解下面的建议，认识并领会到这些建议。

1. 管理你的时间。我们时常感觉到压力的重要原因，就是总觉得自己的时间不够用。可是事实上，我们有大把的时间可以利用，我们只是将这些时间在不经意间浪费掉了而已。如果你也正在为自己混乱的时间安排而担忧，为什么不尝试着开始你的时间管理呢？你可以选择 GTD(Getting Things Done)，阅读一下我推荐过的文章，相信当你开始建立自己的日程表，建立自己的 to-do list 的时候，你会觉得生活条理了许多，轻松了许多，充实了许多。

2. 管理你的生活环境。如果你有个整洁的生活与工作环境，并不需要装饰得很漂亮，只要干净整洁就可以了，那么当进入到这个环境的时候，你一定会心情愉悦得多。试想一下，一个整洁的办公室，一杯香浓的咖啡，打开窗户，呼吸外面新鲜的空气，不仅仅减少了你的压力，而且会令你精力充沛。反之，如果我们的生活环境就像很多凌乱的大学男生的宿舍一般，那么我想你一定心情舒畅不起来，这就会给你带来很多额外的压力。所以，花点时间把你的书桌、你的办公室都整理一下，整理完了之后你会觉得用在整理上面的时间是值得的。

3. 避免和别人比较。我们总是在无形之中和朋友、和自己熟悉的人比较,比较我们的工作、我们的收入、我们的恋人。如果你在比较当中处于下风,你一定会觉得很压抑,很郁闷,为什么人家就能怎么怎么样,你摆脱不了这个想法;如果你在比较当中胜出的话,你可能会觉得很开心,洋洋得意,但是到了下次你在比较中落败的时候,只会加重你的不良情绪。俗话说"人比人,气死人"就是这个道理。其实我们更需要做的就是和自己进行比较,我们制定一个目标为之努力,我们经常回过头来检验一下自己是否达到了目标,取得了进步。当然如果我们能够正确地面对比较,把和别人的比较当作一种努力前进的动力,那倒也是不错的,只是在比较当中我们很难避免嫉妒情绪的产生。

4. 走自己的路,让别人说去。我们总是太在乎别人对自己的看法,总想让自己的行为得到别人的认可和赞赏,这样做虽然无可厚非,每个人都渴望得到更大程度上的认可,但是这样活着累不累?太累了!我们是为自己而活着的,我们过的是自己的生活,这样为别人而活有什么意义呢?你如果认真想一想,就会发现我们的生命还没有长到能为别人而活的地步,我们能够真正为自己而活的时间是那么有限。所以,你应该再好好想想这句话:走自己的路,让别人说去吧!

5. 正确地面对失败。失败会让人觉得沮丧,可是我们还应知道"失败是成功之母"。我不相信任何一个成功的人没有经历过失败。失败了,当你有足够的勇气站起来面对再次失败的时候,你就朝着成功走近了一步。不在失败中爆发,就在失败中灭亡,不知道这么说合不合适,但是我们应该从失败中找到走向成功的道路。只有正确地面对失败,我们才有了走向成功的资本。

6. 正确地认识自己。人总是喜欢高估自己的能力,所谓眼高手低,眼大肚子小,就是最简单的例子。当我们的目标无法完成的时候,我们毫无疑问地觉得压抑、郁闷,没有人会在这个时候高兴。但是我们又会制定一些不切合实际的目标,所以我们总是要面对一些注定的失败,这便是压力的来源。因此,我们需要真正地认识自己,了解自己的能力,合理地制定目标。

7. 学会休息。长时间的工作与学习总会导致疲劳,精力不足,效率降低,注意力不集中,这些都会让我们感到厌烦和急躁。适当的休息是必要的。我们要学会安排休息时间,这真真正正是一门学问。所有会工作的人都是一个更加善于休息的人,课间的小憩,出门走走,冲杯咖啡,享受音乐,都是很好的休息方式。现在你应该回想一下,自己是不是善于休息呢?

8. 多做,而不是多想。我们在遇到事情的时候总是考虑太多,总是试图去把整个事情考虑清楚才开始行动。但事实证明我很少考虑清楚,同时还导致了很多不必要的担忧,就算你计划得再好,也是计划没有变化快。我和朋友说起来,有人就劝我,有些事情你可以想可以计划,有些事情你无能为力。与其把时间和精力浪费在没有必要的思考和担忧上,不如在有个计划的时候就开始行动,等到遇到了问题再针对性地思考解决。

9. 学会说"不"。很多时候我们碍于面子和关系,在面对别人的请求的时候不好意思说"不"。也正是由于这个原因,我们给自己的生活增加了更多的负担。朋友可能让我们帮忙修改一下简历,同学找我们讲一下题目,我们可能要面对很多的请求,当然在力所能及的前提下应该帮助别人,但我们一定要学会说"不"。

10. 懂得满足。所谓知足者常乐,而真正懂得这个的又有几个人呢?人总是贪婪的,在获取一些利益的时候,我们总是会渴望或者要求更多的利益。总是有新的要求,也就总是有新的压力,总会担心失去些什么。这些本来是不必要的。我们应该学会满足,这样才能更加乐观地面对生活。

11. 寻找适合你的减压方式。减压的方式太多了,听音乐,看电影,做瑜伽……我相信,无论如何你都能找到适合自己的方式,如果有兴趣的话可以去网上找找看。

12. 避免成为一个完美主义者。完美主义者毫无疑问会渴望更好的结果,但是这就需要付出更多的精力,面对更多可能存在的压力。我不是一个完美主义者,不过我似乎有强迫症,总是会对一些事情不罢休,非要做好为止。可能我还有其他事情要做,但是我非要把这件事情先做好,这样就不可避免地扰乱了我的计划。

第二节　大学生挫折应对与心理健康

通俗地讲,挫折就是指生活中做某些事时遇到困难,受到阻碍或者遭遇失败等,简单地说就是人生的一些不如意。它会让人产生紧张、焦虑乃至悲观失望等消极的情绪反应。

一、挫折概述

(一)挫折的成分

挫折包括三个必要成分:挫折情境、挫折认知和挫折反应。

挫折情境,即指对人们有动机、有目的的活动造成的内外障碍或干扰的情境状态或条件,构成刺激情境的可能是人或物,也可能是各种自然、社会环境。

挫折认知,即指对挫折情境的知觉、认识和评价。

挫折反应,即指个体在挫折情境下所产生的烦恼、困惑、焦虑、愤怒等负面情绪交织而成的心理感受,即挫折感。

其中,挫折认知是核心因素,挫折反应的性质及程度主要取决于挫折认知。一般来说,挫折情境越严重,挫折反应就越强烈;反之,挫折反应就轻微。但是,只有当挫折情境被主体所感知时,才会在个体心理上产生挫折反应。如果出现了挫折情境,个体没有意识到,或者虽然意识到了但并不认为很严重,那么,也不会产生挫折反应,或者只会产生轻微的挫折反应。因此,挫折反应的性质、程度主要取决于个体对挫折情境的认知。挫折反应和感受是形成挫折的重要方面,个体受挫与否,是由当事人对自己的动机、目标与结果之间关系的认识、评价和感受来判断的。对某人构成挫折的情境和事件,对另一人不一定构成挫折,这就是个体感受的差异。

(二)挫折承受能力

1. 挫折承受力

所谓挫折承受力,是指个体在遭遇挫折情境时,能否经得起打击和压力,有无摆脱和排解困境而使自己避免心理与行为失常的一种耐受能力,亦即个体适应挫折、抵抗和应付挫折的一种能力。一般来说,挫折承受力较强的人,往往挫折反应小,挫折时间短,挫折的消极影响小;而挫折承受力较弱的人,则容易在挫折面前不知所措,挫折的不良影响大而易受伤害,甚至导致心理和行为的失常。

2. 影响挫折承受力的因素

(1)心理条件和生理条件

一个身体健康、发育正常的人,一般对挫折的承受力比一个疾病缠身、有生理缺陷的人高,因为人的生理状态和心理状态息息相关。心理状态是影响人抗挫折能力的重要因素,比生理状态的影响大得多。

(2)过去经验

国外曾有人做过一个动物实验:他们对一组幼小的白鼠给予电击及其他挫折情境,使其产生紧张状态,然后让它们正常发育。长大以后,这组白鼠就能很好地应付因挫折引起的紧张状态,而另一组没有受到这类挫折刺激的白鼠长大后遭受电击等痛苦刺激时就显得怯懦和行为异常。对人来说也是如此,在婴、幼儿期所受的刺激可使成年期的行为更富有适应性和多变性。相反,极少受到挫折、一贯顺利、总受赞扬的人,就没有足够的机会学习和积累对待挫折的经验,他们的自尊心往往过于强烈,对挫折的承受力很低。

当然,任何事情都应有个"度"。如果青少年期遭遇的挫折太多、太大,也会影响以后的发展,可能形成自卑、怯懦等特征,缺乏克服挫折的勇气。

(3)挫折频率

屋漏偏逢连夜雨,船破又遇顶头风。刚刚失恋不久,考试又未通过,没几天又心不在焉地把计算器丢了……接连遭受挫折,频率过高,挫折承受力必大大降低。

(4)对挫折的认知判断

认知是指我们对周围事物的想法和观点,也就是人的认识活动。挫折刺激正是通过人的认知而作用于情绪,产生这样那样的心理行为反应。由于认知不同,同样的挫折对每个人造成的打击和心理压力是不同的。一般认为,虚荣心强的人对挫折的知觉感受性高,承受力低。因为虚荣心强的人通常将名利作为支配自己行为的内在动力,一旦受挫,目标没有达到,就会因为虚荣心没得到满足而难以忍受。

(5)个性因素

个性是一个人所具有的意识倾向性和较稳定的心理特征的总和。一个人的性格特征、个人兴趣、世界观、价值观都对挫折承受力有重要影响。

性格开朗、乐观、坚强、自信的人,挫折承受力强;性格孤僻、懦弱、内向、心胸狭窄的人,挫折承受力低。当人们对某样东西有浓厚的兴趣,一心钻研,在别人看来很苦的事,他们却乐在其中,挫折承受力就强。诺贝尔在研究炸药的过程中,多次发生爆炸事故,弟弟炸死,父亲重伤,自己也有几次生命危险,却终获成功。可见,个人兴趣也是应付挫折不可忽视的因素。

(6)环境因素

环境条件包括自然条件和社会条件两类。自然环境因素是指个人能力无法克服的自然灾害等非人为因素给人带来的挫折。社会环境因素是指个体在社会生活中遭受的人为因素的限制而引起的挫折,例如受到社会政治、经济、道德及人情、习俗、习惯、偏见等因素的限制。如果没有较好的社会适应能力,就容易产生失落感和挫折感。一般而言,由自然条件导致的挫折反应较轻,由社会条件导致的挫折反应较严重。

二、挫折对大学生心理健康的影响

挫折具有双重性。一方面挫折使人产生心理上的痛苦,情绪失衡,行为失措,甚至会引起种种疾病,以致悲观厌世。研究表明,大学生心理障碍发生率高达 20%～30%,而挫折心理是大学生产生心理障碍的一个重要原因。研究者们强调,挫折感及不适当的应对方式,既是导致个体产生心理和行为问题的一个重要原因,也是个体本身具有心理问题的重要表征之一。挫折有可能引起个体自尊心的降低,出现自卑、敏感、焦虑、抑郁、闭锁等反应,具有强烈挫折感的个体还可能表现出极强的攻击性。因此,挫折可能是引发诸多心理问题的诱因。同时,对挫折的不良或消极的应对方式,也是个体存在心理问题的表现:比如当个体感到无法应对遭受的挫折时,可能产生"习得性无助感",从而放弃努力;或者以特殊的行为方式逃避,如酗酒、上网成瘾等;或者出现情感淡漠,产生自杀倾向。另一方面挫折又具有其积极的一面,它能教会我们全面地观察社会,认识人生,驾驭人生。挫折往往是我们认识自我、认识现实的一个新的转折点,每经历一次挫折,就多了一层对生活真谛的领悟,使自己在其中学习、成长、成熟。

三、当代大学生的挫折心理表现及原因

(一)当代大学生的挫折心理表现

1. 理想与现实的差距

据有关专家统计,目前大学生心理问题的发生率约为 20%～30%。其中,因理想与现实间的差距而产生挫折感的尤其突出。一方面,入学前,大学生们都希望考上理想的大学,学习理想的专业,但因成绩原因或迫于各方面的压力,一部分大学生学非所愿,故一入学就有了沉重的失落感,专业认同感未能得到满足,专业学习兴趣低下,易产生心理挫折。另一方面,他们都认为大学是神圣的科学殿堂,是通向人生成功之路。考上大学后,现实中的校园环境、教学设施与管理、师资条件等方面与想象中的"天堂"有一定差距,他们带着美好的憧憬走进大学校园,却发现大学里是单调的生活、满堂灌的课堂、拥挤的食堂、喧闹的宿舍,使他们陷入心理挫折的困扰之中,失落、责备、抱怨心理随之增长。

2. 人际交往的困惑

有人把大学比作一个小型的社会,指的是大学中人际关系的复杂。寝室人际关系、班里同学关系、院系间的人际关系等,构成了一个大学生在大学校园里的人际关系网。由于来自不同的地区,有着不同的家庭背景,每个人都不敢轻易把自己的信任交给别人。不少新生入学后都感觉大学生之间的关系不如中小学时的关系那样纯粹和单纯。

现在大学生中独生子女的比例越来越高,优越的家庭环境使他们不能吃苦、吃亏,缺乏集体主义精神,事事以自我为中心,不懂得理解、宽容和原谅别人,不知道如何与他人相处,难以与同学形成良好的关系,常常会出现人际交往的困惑。有的因找不到知心朋友而焦急,有的为不被理解而烦恼,往往表现为闷闷不乐、消沉冷漠,产生没有朋友、无所寄托、受人冷落的挫折心理。

3. 学习压力的加大

大学教学与高中"填鸭式"的教育方式有着很大的区别,大学的学习是独立、自主、探索性的。在大学里老师授课量大,进度快,课下一般没有老师的辅导,学生们主要通过自学和实践环节来扩充知识。它要求学生具备较强的自学能力和较高的自觉性。这种由被动变主动的学习方式,有些学生在很长一段时间内不适应,到了期终考试,成绩一下来,几门课不及格,给那些心理脆弱的学生造成很大的心理压力。个别人因为这种心理刺激,产生了破罐子破摔的思想,对学习产生厌烦和倦怠心理,常常表现为缺乏学习韧劲、厌学等消极情绪。与此同时,为了适应市场经济对复合型人才的需求,积极拓展自己的知识面,一部分学生选择辅修计算机、法律、财经、管理等热门课程。他们必须完成繁重的学习任务,必须面对考试过关的压力。他们身心疲惫,长期处于紧张的状态,产生焦虑不安、紧张恐惧的挫折心理体验。

4. 就业形势的严峻

近几年高等教育发展迅速,大学毕业生每年递增数十万人,高校实行"自主择业",把毕业生推向了人才市场,这无疑是对大学生就业观念的强烈冲击和对就业现实的严峻挑战,使他们感受到的压力愈发沉重。他们都希望能找一个理想的工作,但当在求职过程中屡屡碰壁时,他们就会心情烦躁,焦虑不安。特别是当前就业市场上的一些因素造成就业的不公平竞争,诸如应聘中的暗箱操作,还有因户口限制使部分非本地生源学生不能进入一些城市等,使得那些自认为各方面都不如人的学生感到无依无靠,前途渺茫,便丧失了对学习的兴趣,产生悲观情绪,以至任意一种微小的挫折都足以崩断他们那根原本就很脆弱的神经。

5. 恋爱与情感挫折

大学生已进入青春晚期,情感处于不断丰富、不断成熟的过程中,情感需求十分强烈,主要表现为对亲情的需要和对爱情的渴求。大学生谈恋爱是比较普遍的,分手也是家常便饭。有些学生把感情当成儿戏,导致真正投入感情的一方受到伤害。此外,大学生的婚前性行为使得一些女大学生意外怀孕,这无疑给男女双方,尤其是女方带来了更大的伤害(除了肉体上的伤害,心灵上的伤害也不容忽视)。大学生适应了大学生活,情窦初开的他们在两性交往中开始谈恋爱,追求与被追求、拒绝与被拒绝都容易给大学生造成情绪负担。所以经历大一后,情感挫折的比率开始上升。大四面临毕业,种种原因导致不少情侣纷纷分手而各奔东西。

(二)当代大学生挫折心理产生的原因

大学生"挫折心理"的产生,原因不是单一的,而是复杂多变的,往往是客观因素和主观因素相互作用、相互融合、相互制约和相互影响的结果。其中主观因素主要有以下几方面:

1. 生理发育与心理发展不平衡

大学生的生理成熟与心理成熟并不是同步的。在生理上,他们已是"成人",但在心理上还是极度不成熟的,如幼稚、脆弱、依附性强等。而且,他们在上大学前基本上没有任何社会经验,面对各种社会现象、社会问题以及遇到的挫折和困难,其幼稚、脆弱的心理通常难以调适,"挫折心理"障碍也就会随之而来。如果没有得到及时辅导,可能会产生一些偏激的看法和极端的行为。处于青春期的大学生,生理发育已经成熟,渴望接触异性,向往美好爱情。一些大学生在校时就涉足情感问题,由此给自己带来很多困扰。一些大学生由于缺乏生活经历,在感情方面或是择偶标准往往不切实际,过于理想主义;或是恋爱动机不纯,附有攀比、打赌、功利的成分;或是由于家庭、社会舆论的压力,心理难以负荷;或是在交往中发现彼此性格不合给双方带来痛苦；或是陷入单相思、失恋的痛苦中，等等。这一系列的问题让大学生们在情感上难以自拔，心理失调，容易产生不良的后果。还有些大学生由于缺乏必要的性知识，对自己的一些正常的生理问题不能正确对待，从而产生自责感和负罪感。这一类的困扰，都有可能产生挫折心理。

2. 不适应大学生活

高校教育教学信息量剧增，授课学时相对不足，自主性课业负担较重。然而，一些大学生未能实现"角色"转换，不能及时更新学习观念、学习方法，继续保持原有的"跟着老师走"、"围着指挥棒转"的习惯。他们中的许多人由于学习方法的不适应，过度紧张、害怕，学习成绩欠佳，自信心备受打击，于是产生强烈的挫折感。这种状况，一般在低年级学生中较为明显。另一方面学习负担较重，学习压力比较大。大学生为了适应市场经济对复合型人才的需要，他们积极拓宽自己的知识面，重视专业实用课程和社会急需课程的学习。一些学生还想方设法去辅修有实用价值的热门课程，如计算机、外语、法律、财经等。他们废寝忘食，超负荷运转，长期处于紧张的状态。过度疲劳导致一些大学生身体机能失调，一部分学生夜不能眠，食不甘味。这种神经衰弱在大学生中相当常见，而部分同学不知道原因，为此深感苦恼，认为自己的身体不好，严重者则怀疑自己得了某种不治之症，从而导致自信心、主动性的缺乏和进取心的丧失，产生挫折心理。有的大学生入学后在学习、生活、社交等方面很不适应，却一味地怀恋旧友，不去结交新的朋友，遇到不顺心的事情也无人倾诉，无从排解。而他们的主动性又普遍不高，很少有学生会主动去找老师、辅导员倾诉内心的苦闷。不良的心理情绪无处抒发，遇困难不知所措，感到非常苦恼，久而久之便会产生"挫折心理"。

3. 自我评价与抱负值过高

大学生都有自己的理想和追求，并由此决定自己的学习态度和努力方向。一般情况下，在实现目标的过程中，如果一个人的实际成就高于其抱负值，就会感到满足，产生成就感；如果一个人的实际成就低于其抱负，就会感到焦虑，产生挫折，实际成就愈低于其抱负值，其挫折感就愈强烈。如果自我评价和抱负水平过高，而对自身知识、能力素质及客观条件估计不足，为自己树立了一个不切实际的"宏伟理想"，即使再努力也难以达到，于是他们会逐渐丧失信心和勇气，对生活感到失落、空虚和孤独，甚至一味地埋怨客观因素，认为是他人的不公正导致自己的失利。一些大学生从小学到高中都学思敏锐，成绩较好，以为到了大学里也同样会出类拔萃。但由于大学能力培养的多样化，使得这些学生的优越感荡然无存。这些学生如果不及时调整心态，采取行之有效的方法，就很难满足自己对其所期望目标的追求，从而也容易产生挫折感。如一名自认为很优秀的大学生一旦拿不到奖学金，所产生的挫折感比一名自认为平平的同学要强烈得多。在当今竞争激烈、优胜劣汰的市场经济大潮中，大学毕业生也是"商品"，供需见面，双向选择。社会急需的、一专多能、全面发展的高素质人才成了"抢手货"，而就业面窄、能力单一、学业不精、滥竽充数的大学生则四处碰壁，最后成了"积压物资"。这种激烈的人才竞争机制令一部分学生忧心忡忡。

4. 对专业缺乏兴趣

根据社会对专业人才的需求，大学专业有所谓热门和冷门的区别。冷门专业的学生，由于感到今后就业非常难，在学习上缺乏内在的动力；还有些学生即使选择了热门专业，但由于是来自父母或老师的要求，而本人却对所学专业兴趣不高，拿起书本就昏昏欲睡，所以他们上课听不进,实训不动手,明知不对,却难以改正。这种心态从低年级延续到高年级,伴随而来的无疑是失败和挫折。

5. 心态失衡

由于不能全面正确地看待事物,不能正确对待自己和他人,自我评价不恰当,心态失衡。有的大学生或自命不凡,目空一切;或极度自卑,畏缩不前,性格孤僻;或嫉妒他人,暗箭伤人,造成人际关系紧张,这些心态自然使他们产生"挫折心理"。如一些学生争不上荣誉、学习不如人时,就找茬与人闹矛盾,表现出愤愤不平。

6. 动机冲突

在现实生活中,一个人常常会因一个或几个目标而同时产生两个或多个动机,但由于条件所限,使得这些动机不可能同时实现,于是产生难以抉择的心理矛盾,即动机冲突。在大学生中,这种冲突强度大,持续时间长,或者一个动机得到满足,而其他动机无法实现,都可能会引起挫折感。

7. 认知不当

有些挫折感的产生,可能与客观环境关系不大,因为一些个体无论何时何地都对生活充满挫折感,或稍遇不顺就产生挫折感。这是由个体的认知态度和生活态度所导致的结果。一些大学生因认知不当常表现出以下几种态度和行为:"防人之心不可无",处处怀疑别人的行为和动机,不相信真正的友情,没有朋友;只相信自己,拒绝别人的帮助,把自己与他人隔离开来;喜欢卖弄自己的能力,以示自己与众不同,使他人难以接近;做事没有原则,企图取悦、讨好所有的人,不懂得拒绝别人,有时甚至违背做人的原则或人格尊严;游戏人生,对任何人或事都采取无所谓的态度,缺乏积极进取的精神,没有志向,没有理想,空虚,无聊,孤独;缺乏自信心,不敢向挫折挑战,一旦受挫便心灰意冷,意志消沉等。

8. 个性心理品质不完善

虽说人的个性心理品质没有好坏区别,但在对待社会生活中的具体问题时,却有明显的优劣之分。性格孤僻压抑、过于内向、自卑软弱或盲目冲动、固执多疑、感情脆弱等不良个性心理品质虽然本身不直接产生挫折,但却是加重挫折感和臆造挫折的温床。有些大学生稍遇挫折就对生活丧失信心,甚至自杀,往往与上述不良的心理品质有着密切的关系。有些大学生纪律观念淡薄,行为表现差。他们有的不遵守学校的规章制度,上课经常迟到、早退甚至旷课;有的大学生考试多门功课不及格,有的考试作弊被发现;有的学生因行凶或盗窃被抓住等。当他们由于这些行为受到了学校甚至法律上的处分或制裁时,"挫折心理"也随之产生。

四、大学生挫折应对

(一)树立科学的挫折观

就像法国作家巴尔扎克所说:"挫折就像一块石头,对于弱者来说是绊脚石,让你却步不前;而对于强者来说却是垫脚石,使你站得更高。"心理学家认为适度的挫折有其积极进步的意义,因为每战胜一次挫折,主体就会产生新的体会和认识,从而强化自身的抗挫力量,为下一次应付挫折提供更强大的心理耐受力。挫折可引导个人的认识产生创造性的变迁,还可能增强对今后人生中挫折的免疫力。正确认识挫折是战胜挫折的先导和前提。

(二)对挫折正确归因

正确分析挫折的原因,是应对挫折的基础。韦纳的归因理论认为,引起挫折的原因主要有外部因素(如任务难度)、内部因素(如身心状况)、稳定因素(如能力)、不稳定因素(如机遇)、可控因素(如努力)和不可控因素(如别人的反应)六种。如果将失败归结为努力不够,那么,今后可能更努力,因为努力程度是个体可以控制的。如果将失败归结为能力差,那么,人就会担心下一次还会失败,因为能力是相对稳定的,短时间内很难改变。因此,大学生应以积极冷静的态度分析遭受挫折的原因,避免归因的片面性,从自身实际条件出发,努力改变挫折情境。

(三)正确评价自我,调整自身抱负水平

很多挫折的负面效应都是因为大学生自我评价不当、对自身的期望值太高而引发的。过高的自我评价会使个体制定的目标高于实际水平,由于目标不易达到,个体可能体验到心有余而力不足的懊恼和挫折感;过低的自我评价会使个体缺乏面对困难的勇气,惧怕困难,逃避困难,产生空虚、苦闷、不满足感。大学生应学会恰当分析自身的长处和不足,扬长避短,根据自身的实际能力设立奋斗目标,确立自身抱负水平。大学生应学会以积极的心态对待挫折,不断总结经验和教训,及时调整自身抱负水平。

(四)合理运用心理防御机制

所谓的心理防御机制,是指个体面临挫折或冲突的紧张情境时,在其内部心理活动中具有的自觉或不自觉地解脱烦恼,减轻内心不安,以恢复心理平衡与稳定的一种适应性倾向。

运用积极的心理防御机制,可减少内心的冲突和不安,缓解心理压力。

如补偿法,个体追求的目标无法达到,以其他可能成功的活动来代替,从而弥补和减轻心理上的挫折感,正所谓"失之东隅,收之桑榆"。补偿作用若运用得当,对维护个体的自身形象以及应对挫折是有益的。

合理化法,即文饰作用,指个体无法达到目标,用有利于自己的理由来为自己辩解,求得解脱,如"酸葡萄效应"(如得不到的东西就说不喜欢)和"甜柠檬效应"(如情人眼里出西施)。合理化法如运用得当,可以消除心理紧张,缓解挫折感。

升华法,把被压抑的不符合社会要求的冲动或欲望用符合社会要求的建设性方式表达出来,如遭遇挫折后通过写诗、绘画等抒发被压抑的情感。升华作用不仅能使个体的心理冲突得到宣泄,还能满足个体的创作与成就需要。

合理宣泄法,采取不危害他人和社会的方式将内心的消极情绪发泄出来,缓解、消除不良情绪,恢复心理正常。遭受挫折后与亲人、朋友交谈,倾吐心中的不快,发泄自己的不满,压力就可能得到缓解或减轻,失去平衡的心理可以逐步恢复正常。

(五)加强实践,提升能力

通过各种形式的实践经历让"90后"大学生亲身体验到各种挫折,也是提高自身抗挫折能力的有效途径之一。大学生应积极参加高校为我们所创造的各种社会实践,如军训、勤工俭学、社区共建、寒暑假社会实践、素质拓展和野外生存训练等。正是这些实践过程可以有

效地让大学生在面对挫折时,增强适应和应变能力,培养毅力和忍耐力,学会思考和选择,进而成长和成才。

(六)建立和谐的人际关系,积极寻求社会支持

人在困境中,会变得敏感而脆弱,这时尤其需要他人的支持。因此,在别人遇到困难时能给予关怀,是一种美德;在自己遇到难题时,能够求助,能够获得他人的支持,是一种至关重要的能力。建立和谐的人际关系,建立由家人、朋友、同学、同事、网络、危机干预机构等共同构成的社会支持系统是培养和提高挫折应对能力的重要途径。心理学研究表明,一个人与他人一起处在挫折压力中时,可以降低消极情绪体验。因此,大学生在面对挫折时,除了积极改变自我之外,还应学会交往,与他人建立良好的人际关系,这对其压力的缓解是很有帮助的。交往是人们为了交流思想和感情而彼此间相互作用的过程,它使人们能够在关系互动中相互了解、相互依赖,形成稳定的心理联系,满足人们的情感需要。同时,由交往形成的人际关系又可以满足人的归属、情谊、认可等社会性需要。因此,学会交往,建立良好的人际关系是提高大学生应对挫折能力的有效手段。

大学生加强人际交往,融洽人际关系时,首先要掌握交往技能,使自己与别人的交往得以顺利进行。例如,掌握基本的交往礼节礼貌,具有良好的口头表达等;其次要养成良好的交往品质,要自觉地择友而交,要相互理解、相互尊重,对朋友要真诚、宽容;最后要把握各种机会参与交往,并保持沟通畅通,避免误解,避免产生不愉快。

·【延伸阅读】·

学会如何面对挫折

人生难免会遇到挫折,而挫折有着正面和负面的影响。它既可使人走向成熟,取得成就,也可能破坏个人的前途,关键在于你怎样面对挫折。没有河床的冲刷,便没有钻石的璀璨;没有挫折的考验,也便没有不屈的人格。正因为有挫折,才有勇士与懦夫之分。

英国哲学家培根说过:"超越自然的奇迹多是在对逆境的征服中出现的。"

无论你现在正面对挫折,还是一帆风顺,都可以试试下面的建议。

建立符合自身情况的目标。

我们每个人都有自身的优势和劣势,应该在全面了解自己的长处与短处的同时,充分发挥自己的优势,努力改进自己的劣势,建立符合自己客观实际水平的奋斗目标。

诚实而平静地检讨自己的过失。

犯错误是我们人类的天性,人要想在社会中有所作为,不犯错误是不可能的,重要的是要以一种怎样的态度去对待自己的过错。我们应该坦诚地面对自己的失误,及时采取弥补措施,并且从自己的过失中吸取教训,争取一个错误不犯两遍。

不把跟别人比较作为唯一衡量自己的尺度。

释迦牟尼说:"不要把你所得到的东西估价过高,也不要羡慕旁人,羡慕旁人的人,不会有宁静的心情。"我们应该收回自己放在外界的过多精力,使力量转而投向自己的内心,努力

培养精神上的独立性和自主性,建立自己的为人标准和处理原则,而不是把跟他人的比较作为衡量自己的唯一标准。

学会自我接纳。

自我接纳是主观幸福感的因素之一。对自己应有比较客观全面的认识,摆正自己的位置,正视自己的优缺点,接受自我,欣赏自我,并在此基础上发展自我,不断完善自我。

具有信念与理想。

在生命的旅途中,我们常常遭遇各种挫折和失败,会陷入到某些意想不到的困境。这时,信念和理想犹如心理的平衡器,它能够帮助人们保持平稳的心态,度过挫折和坎坷,防止偏离人生的轨道。

所以,面对任何挫折,给自己的伤痛加个期限,告诉自己,在这个期限以内,我可以无尽地消沉,低落。一旦期限已到,我就不需要再疗伤了,即使伤口还在,它也不能再妨碍我的前行了。时间是一剂良药,它可以在不知不觉中治愈我们的伤口。但这种治愈,并不是简单地随着时间而忘记,而是在生活阅历不断累积的过程中,我们的心变得更加豁达。

第三节　大学生常见不良情绪困扰

拿破仑说:"能控制好自己情绪的人,比能拿下一座城池的将军更伟大。"可见情绪对人的重要性。

一、情绪的概念

情绪,是对一系列主观认知经验的通称,是多种感觉、思想和行为综合产生的心理和生理状态。最普遍、通俗的情绪有喜、怒、哀、惊、恐、爱等,也有一些细腻微妙的情绪如嫉妒、惭愧、羞耻、自豪等。情绪常和心情、性格、脾气、目的等因素互相作用,也受到荷尔蒙和神经递质影响。无论正面还是负面的情绪,都会引发人们行动的动机。尽管一些情绪引发的行为看上去没有经过思考,但实际上意识是产生情绪重要的一环。

情绪对于我们的日常生活影响非常大,我们任何人都离不开情绪和情感。恋爱了容光焕发,神采飞扬;失恋了垂头丧气,面无表情。看到喜欢的球队比赛欢呼呐喊,随着比赛的变化,心情起伏跌宕,喜欢的球队获胜了激动而兴奋,等等。一个人情绪好时,山含情,花含笑;一个人情绪不好时,感时花溅泪,恨别鸟惊心。所以,情绪是我们"生命的指挥棒""健康的寒暑表"。

二、情绪的结构

人类在不断地认识和改造客观世界时,会产生高兴、愤怒、悲哀等一系列复杂的心理现象,我们把这种人对客观事物是否满足自己的需要而产生的态度体验及相应的行为反应叫作情绪。情绪的结构可归纳为三部分:主观体验、生理激起、外显行为。

主观体验是脑的一种感受状态,是人对外界是否满足自己的需求所产生的喜怒哀乐等态度与感知,所以人是有情绪的人,那么动物有情绪吗?曾经有个养狗的朋友谈到他家的狗因为他常年出差不能经常陪伴而得了抑郁症,大家十分诧异,狗也会得抑郁症?他谈道:狗与人类一样,感情十分丰富,你若是带它出去玩耍,它会十分活泼、开心,生气的时候会对着你愤怒地叫,害怕的时候会闪躲,悲伤的时候眼神里充满了哀怨。由此可见,动物也是有情绪的,但不是所有的动物都有情绪,这个与脑功能密切相关。见图5-3。

嘲弄   快乐

图5-3 动物也有情绪

人类的大脑由脑干、旧皮质、新皮质三个部分组成。脑干是我们同其他哺乳类和爬虫类共有的,而旧皮质是我们同其他哺乳动物共有的,新皮质则是高级动物所具有的,哺乳动物越进化,新皮质就越大。所以,只有脑干的爬虫类动物是没有情绪的,它们只有一些猎杀、逃跑、性行为等固定的行动反应模式,而那些具有旧皮质的哺乳动物,已经有情绪的产生了。灵长类动物有着更加细致、复杂的情绪,而情绪最为丰富和复杂的,当属于有着万物之灵之称的人类了。

生理激起是指在情绪活动中所产生的所有生理变化,任何情绪都有其生理基础,并总是发生在一定的生理唤起水平上。

外显行为是指情绪的外在表达方式,人在表达情绪时会有其主观体验的外部表现模式,我们称为表情。人的表情主要有三种方式:面部表情、语言声调表情和身体姿态表情。

面部是最有效的表情器官,面部表情的发展来源于价值关系的发展。人类面部表情的丰富性来源于人类价值关系的多样性和复杂性。人的面部表情主要表现为眼、眉、嘴、鼻、面部肌肉的变化。一般来说,面部各个器官是一个有机整体,协调一致地表达出同一种情感。当人感到尴尬、有难言之隐或想有所掩饰时,其五官将出现复杂而不和谐的表情。见图5-4。

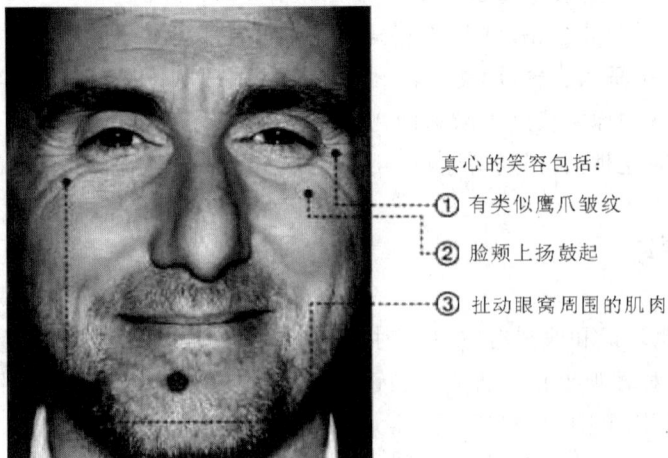

真心的笑容包括:
① 有类似鹰爪皱纹
② 脸颊上扬鼓起
③ 扯动眼窝周围的肌肉

图5-4 人的面部表情

语言声调表情是指通过一个人言语时音量的高低、快慢、停顿等变化来反映不同的情绪，比如人在心情愉快时往往语音清脆，神采飞扬，郁闷时语音低沉，垂头丧气。语言声调极具魅力，美国一位女演员用悲调念 26 个英语字母，竟使听众落泪，而一个波兰喜剧演员用另一种语调念同样的 26 个英文字母，却把听众引得哄堂大笑。

身体姿势表情是指人在情绪表达过程中，四肢及躯干的动作、姿势会发生明显的变化，如开心时手舞足蹈。

图 5-5　身体姿势也是情绪表达的方式

三、大学生常见的情绪困扰

大学生在日常学习生活中，常常会遇到一些情绪困扰，比如未通过英语四六级考试、挂科、失恋、舍友关系僵硬等，因此而产生失落、痛苦、郁闷、愤怒等不良情绪。

(一)愤怒

愤怒，是指当愿望不能实现或为达到目的的行动受到挫折时引起的一种紧张而不愉快的情绪。愤怒被看作一种原始的情绪，它在动物身上是与求生、争夺食物和配偶等行为联系着的。

一些人或许会觉得既然愤怒是一种正常情感，觉得不爽了就让自己发火不是理所当然的吗？你可能觉得你周围的人对你的坏脾气小题大做，自己有充分的理由怒发冲冠，或许你觉得向别人展示"威容"能换来尊重。但事实上，愤怒更有可能损害你的人际关系，扭曲你的判断能力，阻碍你的行事计划。坏脾气还会给你的形象带来负面影响。

1. 不受控制的愤怒会损害身体健康

如果你希望健康快乐地生活，那么就敞开心胸吧；如果你希望长寿百年，千万不要发怒。健康谚语说得好，"要活好，心别小；善制怒，寿无数"。为什么这样说呢？因为发怒对健康的危害是很严重的。中医认为，怒生于肝，肝气旺的人容易发怒。研究发现，人在愤怒时，交感神经兴奋性增强，心跳明显加快，每分钟可达 180～220 次，有的甚至更快，同时血压急剧上升,所以患有高血压病、冠心病的人,发怒时常可使病情加重,甚至导致死亡。发怒时的呼吸也比平时快,一般人每分钟 16～18 次,而愤怒时增快到每分钟 23 次左右。这样肺从血液中吸取的二氧化碳就会超过身体所制造的二氧化碳,出现手指麻木的现象。研究证明,人在发怒的时候唾液成分会发生化学变化,胃出口处的肌肉骤然收缩,整个消化道处于痉挛状态,因此进食时感到味道变异,饮酒觉酸,还会有腹部疼痛等不舒服的感觉。

2. 不受控制的愤怒会损害事业发展

很多人认为,高智商是一个人取得杰出成就的必不可少、最主要的因素之一。但是,国外的研究表明,决定一个人成功与否的因素中,智商因素只占 20%,而 80% 取决于人的情感、意志、人际关系等,即人的情商因素。情商的出现,打破了智商决定人终身成就的结论。

在现实生活中,我们会发现,有些人智商高,但情商却不高。他们可能在学习和工作能力上很出色,但人际关系却不怎么好,事业也不怎么顺利。而那些智商平平但情商很高的人,生活积极,善于控制自己的情绪,这类人特别容易获得成功。有人说"凭智商获得工作,凭情商获得提拔",是有一定道理的。丹尼尔·戈尔曼在他的《情商》一书中指出,情商与人的生活各个方面息息相关,是影响人的一生快乐、成功与否的关键,情商比智商更重要。情商低的人,往往不能驾驭自己的情绪与情感,比如任意地发怒,内心经常会发生激烈的冲突,因此就削弱了他们的实际工作能力和思考能力。也就是说,情商的高低可决定一个人的能力是否发挥到极致,从而决定他有多大的成就。

3. 不受控制的愤怒会损害人际关系

一旦消极的情绪控制了我们的大脑,我们的行为将会出现反常,我们会完全不顾忌周围朋友们的感受,为我们的正常人际交往设置不必要的障碍。

有一个坏脾气的男孩,他父亲给了他一袋钉子,并且告诉他,每当他发脾气的时候就钉一个钉子在后院的围栏上。第一天,这个男孩钉下了 37 根钉子。慢慢地,每天钉下的数量减少了,他发现控制自己的脾气要比钉下那些钉子容易。于是,有一天,这个男孩再也不会失去耐性,乱发脾气了。他告诉父亲这件事情。父亲又说,现在开始每当他能控制自己脾气的时候,就拔出一根钉子。一天天过去了,最后男孩告诉他的父亲,他终于把所有的钉子都拔出来了。

父亲握着他的手,来到后院说:"你做得很好,我的好孩子,但是看看那些围栏上的洞。这些围栏将永远不能恢复到从前的样子。你生气的时候说的话就像这些钉子一样留下疤痕。你拿刀子捅别人一刀,不管你说了多少次对不起,那个伤口将永远存在。话语的伤痛就像真实的伤痛一样令人无法承受。"

我们生活在群体之中,协调好人际关系是每一个学生健康成长的重要条件之一。情绪健康,心胸开阔,个性得到全面和谐的发展,是维系正常人际关系的纽带。一个微笑,一次握手,一个诚挚的眼神,一个友好的动作,一句温暖的话语,都会起到沟通心灵、增进友谊的效果,而冷漠、自卑、暴躁等不良情绪会影响人际交往,妨碍团结和友谊。

(二)抑郁

抑郁是指以心境低落为主的负性情绪状态。表现为闷闷不乐,对日常生活的兴趣丧失,精力明显减退,食欲不振,悲观、绝望,思维迟钝及失眠等。对于大多数人而言,抑郁只是暂时的,通过情绪的宣泄很快就会消失。但是,如果这种抑郁的状态长期存在,就有可能导致抑郁症。

近年来,"抑郁"已成为一个高频词语,渗入人们的生活中。但由于种种原因,抑郁症的话题从来都不轻松,从海明威、川端康成,到华裔女作家张纯如、诗人顾城,再到当代演艺界的张国荣、李恩珠等。

图5-6　抑郁症患者的痛苦

案例分析

　　卢家是四川省某市一户普通的工人家庭。丈夫卢满庭(化名)性格朴实,而妻子李秀蓉(化名)却是个急性子。夫妇俩有两个孩子,大女儿在成都工作,小儿子念高三。

　　同其他父母一样,李秀蓉夫妇最大的心愿就是让儿子卢刚(化名)考上大学,将来可以有一个好的前程。高考前一个月,李秀蓉就离开家,在儿子学校附近租了处房子,做起了"陪读",专门照顾儿子的饮食起居。

　　高考临近,李秀蓉变得比儿子还紧张,担心万一考不上大学,儿子的前途会受影响。她开始整晚整晚睡不着觉,只能通过服安眠药才能勉强睡上几个小时。

　　2005年6月,卢刚参加高考。从儿子考完后阴郁的表情中,李秀蓉感到事情不妙,虽然丈夫一个劲儿地开导她,但李秀蓉却像失了魂一样,家里的事情弄得一团糟,常常不是忘记了关火就是出门没有带钥匙,晚上睡不着就坐在床上发呆。

　　终于捱到了高考查分的日子,但声讯台报出的分数让全家人的心情跌入了谷底:卢刚的分数比去年的专科线还要低十几分。听到结果,丈夫卢满庭说了一句"完了",便回到了自己的房间。这边,李秀蓉还在追着儿子问:"连专科都没希望了吗?那高职呢?我听说去年还有学校没招满的呢,要不问问那些偏远一点的学校?问问你们班主任,看还有没有希望……"

"没希望了！没希望了！大不了不读！"儿子把电话一摔，"哐"的一声关上了房门。

一时间，李秀蓉觉得自己是天底下最委屈的人，丈夫无能，自己全部的生活目标都放在了儿子身上，结果儿子非但没有考上大学，反而对自己怒目相向！

这之后，李秀蓉整天恍恍惚惚，不知道什么时候吃的饭，也不知道是什么时候躺在床上的。第一天，丈夫卢满庭起床后惊奇地发现，妻子竟然还没有起床，平时靠吃安眠药才勉强睡四五个小时，今天怎么睡得这么好？一扭头看见桌上的安眠药瓶，打开一看，整瓶安眠药已经空了……

专家提醒指出，抑郁症自杀风险很高，一旦患者疑似有抑郁症，需引起患者及其家人的重视，及时去精神卫生机构进行专业诊断和治疗。

1. 抑郁症的常见症状表现

情绪症状：总感觉生活充满无助和绝望，抑郁症状在早晨最明显，晚上心情相对较好。患者兴趣丧失，对生活提不起兴趣。

认知症状：主要体现在无端地自罪、自责，夸大自己的缺点，缩小自己的优点。抑郁症患者对自己的评价总是消极的。

动机症状：做任何事情都缺乏动力，严重的话每天会披头散发躺在床上一动不动，终日茶饭不思，眉间紧锁，寡言少语，甚至以泪洗面。

躯体症状：胃口不佳，会变得消瘦，睡眠也出现各种问题，患者渐渐就会变得虚弱、疲劳、性冷淡。

图 5-7 抑郁症的黑与白

2. 抑郁症的自我诊断

美国新一代心理治疗专家、宾夕法尼亚大学的伯恩斯（David D.Burns）博士设计出一套抑郁症的自我诊断表——伯恩斯抑郁症清单（BDC），这个自我诊断表可以帮助人们快速诊断出是否存在抑郁症。

请在符合你情绪的项上打分：没有 0，轻度 1，中度 2，严重 3。

（1）悲伤：你是否一直感到伤心或悲哀？

（2）泄气：你是否感到前景渺茫？

（3）缺乏自尊：你是否觉得自己没有价值或自以为是一个失败者？

（4）自卑：你是否觉得力不从心或自叹比不上别人？

（5）内疚：你是否对任何事都自责？

（6）犹豫：你是否在做决定时犹豫不决？

（7）焦躁不安：这段时间你是否一直处于愤怒和不满状态？

（8）对生活丧失兴趣：你对事业、家庭、爱好或朋友是否丧失了兴趣？

（9）丧失动机：你是否感到一蹶不振，做事情毫无动力？

（10）自我印象可怜：你是否以为自己已衰老或失去魅力？

（11）食欲变化：你是否感到食欲不振或情不自禁地暴饮暴食？

（12）睡眠变化：你是否患有失眠症或整天感到体力不支、昏昏欲睡？

（13）丧失性欲：你是否丧失了对性的兴趣？

（14）臆想症：你是否经常担心自己的健康？

（15）自杀冲动：你是否认为生存没有价值，或生不如死？

测试后，请算出你的总分并评出你的抑郁程度。

0～4分，没有抑郁症；

5～10分，偶尔有抑郁情绪；

11～20分，有轻度抑郁；

21～30分，有中度抑郁；

31～45分，有严重抑郁。

中度和严重抑郁要立即到心理专科诊治。

抑郁症一经识别最好接受及时、充分彻底的治疗（即急性期治疗获得临床痊愈，并有充分的巩固治疗和维持治疗），否则会导致疾病的慢性化、难治化。抑郁症的治疗方式包括药物治疗、心理治疗、物理治疗。

（三）自卑

自卑感是一种不能自助的复杂情感。有自卑感的人轻视自己，认为无法赶上别人。A.阿德勒对自卑感有特殊的解释，称其为自卑情结。他对于这个词主要有两种相联系的用法：首先，自卑情结是指以一个人认为自己的能力或自己的环境和天赋不如别人的自卑观念为核心的潜意识欲望、情感所组成的一种复杂心理。自卑是由婴幼儿时期的无能状态和对别人的依赖而引起的，所以对人有普遍意义。自卑是驱使人成为优越的力量，又是反复失败的结果。自卑情感可通过调整认识，增强信心和给予支持而消除。这种心理表现为对自己缺乏一种正确的认识，在交往中缺乏自信（主要因素），办事无胆量，畏首畏尾，随声附和，没有自己的主见，一遇到有错误的事情就以为是自己不好。因此导致他们失去交往的勇气和信心。

自卑的前提是自尊，当人的自尊需要得不到满足，又不能恰如其分、实事求是地分析自己时，就容易产生自卑心理。一个人形成自卑心理后，往往从怀疑自己的能力到不能表现自己的能力，从怯于与人交往到孤独地自我封闭。本来经过努力可以达到的目标，也会认为"我不行"而放弃追求。他们看不到人生的光华和希望，领略不到生活的乐趣，也不敢去憧憬美好的明天。

自卑的主要表现在于对自己的能力、品质评价过低，同时可伴有一些特殊的情绪体现，如害羞、不安、内疚、忧郁、失望等。其表现在以下三个方面。

1. 敏感

过分敏感，自尊心强。弱体群体非常希望得到别人的重视，唯恐被人忽略，过分看重别人对自己的评价，任何负面的评价都会导致内心激烈的冲突，甚至扭曲别人的评价。比如，别人真诚地夸他，他会认为是挖苦。他们非常敏感，跟他们交往时，必须谨小慎微，别人不经意的一句话，都会在其内心引起波澜，胡乱猜疑。

2. 失衡

由于种种原因造成的弱势地位，使他们在社会的方方面面都体验不到自身价值，甚至还会遭到强势群体的厌弃。自我价值感是一个人安身立命的根本，丧失自我价值体验，使他们心态失衡，陷入恶性的心理体验之中，走不出这个心理的阴影，就很难摆脱现实的困境。别人欺负他，即使内心不服气，也自认为是正常的，非常认同自己的弱势身份。这种强烈的自卑心理极易导致自杀行为。

3. 情绪化

表面上好像逆来顺受，然而过分压抑恰恰积聚了随时爆发的能量。由于缺少应对能力，失业、离异、患病等生活事件很容易导致心理压力。当受到不公正的待遇时，认为别人瞧不起自己，难以忍受，往往产生过激言行。比如有些农民工受老板欺负，会因此自杀。他们经常为了一点小事大动干戈，拳脚相向。有时当他们无力应对危机时，还会自残，用这种极端的方式表达自己的情绪。

·【延伸阅读】·

有自卑心理的人常常在性格上表现出不当之处，如内向、不与人交往、敏感多疑等，为此我们不妨进行如下成功性格的训练。

其具体做法：

第一，随意找到 4 个熟人，问他们对你的印象如何，确定你是否喜欢他们的回答，判断你为什么喜欢或不喜欢留给别人的那种印象。

第二，确定一下，如果你是一名演员的话，愿意扮演什么角色，你为什么喜欢这个角色。

第三，选择任何一个你所崇拜的人，列出他身上那些使你崇拜的特征和品质。

第四，把第二和第三综合为你自己所选择的性格。

第五，改变你的形象、行为、个性中你所不喜欢的东西，强化你所喜欢的东西。

第六，去表现你的新个性。

需要提醒的是，不要指望很快便能发展成一种能成功地改造自己的性格，必须以自己性格的内核为基础。

(四)嫉妒

嫉妒是指他人在才能、名誉、地位或境遇等方面胜过自己而产生的一种由羞耻、焦虑、怨恨、敌意等组成的复杂的不良心理状态。每个人都有猴王心理与报复心理,故一旦放任即可能产生嫉妒心理,它让人感受到难过的滋味,严重时,人会产生恨的情感,切记一旦嫉妒心产生一定要将其克服。

嫉妒俗称"红眼病"。嫉妒就内心感受来讲前期表现为由攀比到失望的压力感,中期则表现为由羞愧到屈辱的心理挫折感,后期则表现由不服不满到怨恨憎恨的发泄行为。嫉妒是一种比较复杂的心理,包括焦虑、恐惧、悲哀、猜疑、羞耻、自咎、消沉、憎恶、敌意、怨恨、报复等不愉快的心理状态。别人天生的身材、容貌和逐日显出来的聪明才智,可以成为嫉妒的对象;其他如荣誉、地位、成就、财产、威望等有关社会评价的各种因素,也都容易成为嫉妒的对象。

1. 嫉妒源于同一领域的竞争

通过观察,我们可以发现,嫉妒心理是具有等级性的。只有处于同一竞争领域的两个竞争者才会有嫉妒心理和嫉妒行为。一个女子的多个追求者之间,一个职位的两个竞争者之间,为了争取考试排名第一的同班同学之间,同事之间,同一竞争领域且经常接触的两个人之间往往爆发激烈的嫉妒心理。人只会嫉妒与自己处于同一竞争领域里表现比自己强的人,而不会嫉妒与自己不在一个领域的人,也不会嫉妒同一竞争领域里表现比自己弱的人。周瑜嫉妒诸葛亮是因为诸葛亮和他同处一个领域并且能力比他强;周瑜不嫉妒刘备、曹操、孙权,是因为他们不在同一竞争领域。白雪公主被后母皇后嫉妒,是因为竞争谁的容貌更美,白雪公主比后母皇后更漂亮。

2. 嫉妒源于某种被破坏的优越感

嫉妒是一种被破坏的优越感,也可以称为优越感被破坏后的心理反应。人只有在自己具有优越感,并被别人超越才会产生嫉妒,如果不具有优越感他只会表现自卑和羡慕,而不会有任何嫉妒。例如,我们经常看见这样一种情形,小孩看到别人的父母抱他们自己的孩子时会产生羡慕心理,但不会嫉妒。可是当他看到自己的父母抱着的是别人的孩子而不是自己时,他就不乐意了。为什么呢?因为他在别人的父母面前不具有任何优越感,但在自己的父母面前具有绝对的优越感。这是小孩身上最明显的嫉妒心理。同样,一个一无所有的乞丐绝不会嫉妒皇帝的权力、地位、财富,以及获取皇位的机遇,因为与皇帝相比,他从未在这些方面产生个人优越感,没有个人优越感也就不可能产生嫉妒。只有那些可以对皇帝产生优越感的人才会嫉妒皇帝,如皇帝的兄弟和手握重权的权臣等。

3. 嫉妒源于猴王心理与报复心理结合

我们每个人在一生下来,就都先天具有一种强烈的自我为尊的意识,认为自己是最重要的、最强的,这就是人人都有的"猴王心理"。

当有人把自己当成最重要的人或自己认可自己是最强者时,人会表现出很喜悦、很安慰、很高兴的情绪。而相反,当有人不把自己当成最重要的人,自己也承认自己确实不如人时,人都会表现出自卑、伤心、不安、焦虑、烦躁以及恐惧等情绪,伴随而来的往往是痛苦。这就是说,猴王心理与人的焦虑反应紧密联系,是能够让人有痛感、有负面情绪的。当与自己处于同一领域的竞争者在自己面前表现得十分卓越,并且自己也在自己心底认可承认该人确实很卓越,比自己强,比自己更能够赢得更多人的拥护和喜爱时,从这位确实很卓越的竞争者及其拥护者传送过来的信息,以及自己心底反馈过来的信息会告诉自己:那位确实很卓越的竞争者才是真正的"猴王",而自己则不是,就会马上挫伤自己的强烈的"唯我独尊"的猴王心理。发现自己不如别人，发现自己不是最强的人，而是可怜的人，这一信息会严重挫伤每个人的猴王心理，被挫伤的猴王心理往往会伴随着自卑、伤心、不安、焦虑、烦躁、恐惧等负面情绪，而这些情绪又会让他很痛苦。他人的卓越给自己带来的是无尽的痛苦，人的报复心理机制决定了他一定会采取措施给该人以报复，除非克制住了自己。

嫉妒心理是人的一种很普遍的心理。人都有猴王心理和报复心理，所以人都可能会产生嫉妒心理。而猴王心理和报复心理都特别强烈的人，则是嫉妒心理最容易爆发的人。嫉妒心理是危险的，其后果往往也是严重的。它的出现也是不可避免的，但是通过教育的引导，我们是可以把嫉妒心理所带来的危险系数降低到最低，这是可以实现的。

第四节　大学生不良情绪调节

情绪是客观事物与人的需要相互作用产生的一种综合性心理过程，大学生的情绪虽然趋于成熟，但是仍存在一些问题，特别是一些负面情绪对大学生的身心、学习、人际关系甚至人格都有可能产生危害，因此，大学生的情绪管理显得尤为重要。

一、觉察、识别、接纳情绪

(一)识别自己的情绪

要学会正确识别自己的情绪，有些学生常常为集体的荣誉而欢乐，为学习成绩的降低而有愧意。出现这种情绪反应是正常的，缺乏这种情绪反应则是不正常的。如果一个学生对于损害集体声誉的行为不感到羞愧或愤慨，对于自己的成就不感到欣喜，他就不可能坚持进步与努力向上。正确识别自己的情绪，并勇于面对自己的情绪，不逃避，不推诿，才能更好地解决问题。

(1)要坦率而勇敢地面对自己的某种不良情绪，承认自己某种不良情绪的存在。

(2)弄清楚产生不良情绪的原因可以帮助解决情绪问题。

(3)寻找解决不良情绪的方式。

(二)自我暗示

自我暗示是指通过言语暗示、想象某种事物存在等的作用，对自身施加影响，达到放松紧张心理、缓解不良情绪的目的。我们每天可以给自己更多的积极自我暗示的语言，比如："我是一个聪明，漂亮的人""我是出类拔萃的""我是最棒的""我具有强大的行动力""我能实现自己的美好愿望""我一定会成功的""今天我很高兴"等。减少消极自我暗示的语言，比如："我长得太丑""我的成绩永远都赶不上你""我做不到""我找不到工作""没有人喜欢我""我不行""他们一定嫌弃我"等。

·【延伸阅读】·

"自我暗示之父"爱米尔·库埃的故事

库埃早期学习药剂学，并被认为是一位了不起的学生，后开设药店成为一名药剂师。通过试验他发现，当他向某位病人夸赞药物的疗效后，病人真的好得很快。他从此步入对想象力和催眠术的研究之路。他坚信，想象的力量可以同时起到积极的和不良的作用，一个人可以通过运用想象的力量，从身体、精神和心灵上改善自己的生活。

自己吓自己

心理学中有一个实验，以一死囚犯为样本，对他说："我们执行死刑的方式是使你放血而死，这是你死前对人类做的一点有益的事情。"这位犯人表示愿意这样做。实验在手术室里进行，犯人躺在一个小间的床上，一只手伸到隔壁的一个大间。他听到隔壁的护士与医生在忙碌着，准备对他放血。护士问医生："放血瓶准备 5 个够吗？"医生回答："不够，这个人块头大，要准备 7 个。"护士在他的手臂上用刀尖点一下，算是开始放血，并在他手臂上方用一根细管子放热水，水顺着手臂一滴一滴地滴进瓶子里。犯人只觉得自己的血在一滴一滴地流出。滴了 3 瓶，他已经休克，滴了 5 瓶，他已经死亡，死亡的症状与放血而死一样。但实际上他一滴血也没有流。

(三)升华法

将强烈的情绪冲动所带来的能量转化为建设有意义、有价值、积极事情的力量，这就是升华。情绪升华调节是改变不为社会所接受的动机和欲望，而使之符合社会规范和时代要求，是对消极情绪的一种高水平的宣泄，是将消极情感引导到对人、对己、对社会都有利的方向去。如一同学因失恋而痛苦万分，但是他没有因此而消沉，而是把注意力转移到学习中，立志做生活的强者，证明自己的能力。

(四)理性情绪疗法

理性疗法（REBT）是由美国心理学家阿尔伯特·艾利斯（Albert Ellis）于 20 世纪 50 年代创立的。理性情绪疗法的治疗整体模型是"ABCDE"，是在艾利斯的"ABC 理论"基础上建立的。他认为人的情绪和行为障碍不是由于某一激发事件所直接引起，而是由于经受这一事件的个体对它不正确的认知和评价所引起的信念，最后导致在特定情景下的情绪和行为后果，称为 ABC 理论。见图 5-8。

理性情绪法认为，人有理性和非理性两种信念，在这些信念指引下的认知方式会左右人的情绪。人的消极情绪的产生根源来自人的非理性观念，反之亦然。要消除人的消极情绪，应设法将人的非理性观念转发为理性观念。

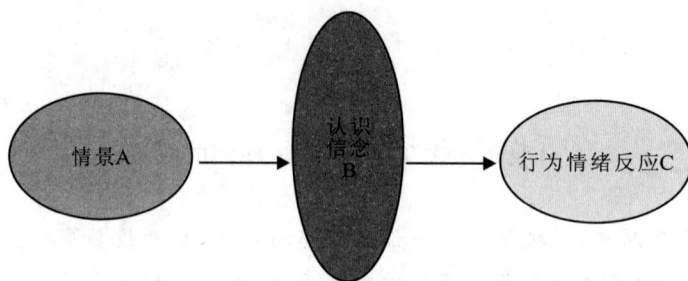

图 5-8　图解合理情绪疗法

案例分析

　　小红失恋了,男朋友离开自己后和其他女孩在一起了,小红感到很伤心,并且非常怨恨男朋友。她想:我这么爱他,他却不爱我了,不爱我就算了,还这么快又找个新女朋友,对我太不公平了,太难过了,我以后再也不想谈恋爱了,我再也不相信爱情了!

　　根据理性情绪法,小红的不合理想法有:

　　1.我爱他,他就必须爱我。

　　2.我以后再也不可能去爱别人了。

　　3.我失恋了,一切都完了。

　　要转变为合理的想法:

　　1.感情上始终如一是值得赞赏的,但是人的感情是会变化的,不能要求的事情必须按照我的希望那样始终不变地发展下去。每个人都有选择爱的权利,他可以去选择别人,我也可以有新的选择。

　　2.这次失恋只是一次感情失败的经验,并不代表我没有能力继续爱,我还可以继续寻找爱人。

　　3.恋爱只是大学生活的一部分,除了恋爱之外我还有很多丰富的活动可以做。

二、培养积极情绪

　　从情绪的两极性看,情绪可分为积极情绪和消极情绪。积极情绪就是"正能量",它符合事物发展规律,有利于个体健康持续发展;而消极情绪就是"负能量",如悲伤、愤怒、嫉妒等,它不利于个人的个性发展。大学生在日常生活中,可能会遇到各种各样的事情,有快乐的,有难过的,因此应该努力培养自己的积极情绪,拒绝负能量。

(一)知足常乐

　　人之所以不快乐,不是因为得到的少,而是计较的多,所以要培养积极的情绪,知足常乐很重要。

知足常乐,谓自知满足则心常快乐。《老子》:"祸莫大于不知足,咎莫大于欲得,故知足之足常足矣。"况周颐《蕙风词话》卷二:"委心任运,不失其为我。知足常乐,不愿乎其外。"王西彦《古屋》第一部四:"一个快乐主义者首先得有知足的修养,就是古训所谓'知足常乐'。"

知足常乐是一种境界,平生修得随缘性,粗茶淡饭也知足。现实生活中,生活不如意十之八九,如果没能有个好的心态,估计每天都活在悲伤痛苦之中。毕竟大部分都是平凡人,天生我才必有用,只要在自己的位置上发光发热,有自己的一份价值,就可平和对待人生。虽然做不了大树,但我可以做一棵小草,为春天增添一抹绿色;做不了磐石,但我可以做一粒不起眼的沙子,建造高楼大厦、修桥铺路离不开我;做不了大河,但我可以做山涧的小溪,让溪流源源不断汇入江河,有了源头,江河永不会干涸,灌溉农田滋润万物,也有我的一份功劳。

(二)热爱生命

你认为什么东西力气最大、最有力量?答案是生命。生命既是脆弱的,但它又是十分强大的,培养自己的积极情绪,就应该要培养热爱生命的情怀。

·【延伸阅读】·

热爱生命

——汪国真

我不去想是否能够成功
既然选择了远方
便只顾风雨兼程
我不去想能否赢得爱情
既然钟情于玫瑰
就勇敢地吐露真诚
我不去想身后会不会袭来寒风冷雨
既然目标是地平线
留给世界的只能是背影
我不去想未来是平坦还是泥泞
只要热爱生命
一切,都在意料之中

议一议:

(1)你印象最深刻的一句诗歌是什么?表达了什么样的内容?

(2)作者表达的对待生命的基本态度是怎么样的?

【课堂活动】

盲人拐杖

热身活动:全班同学坐在自己的座位上放松闭目一分钟,看看能听到几种声音,感受盲人的听觉世界。

游戏规则:

分两组比赛,一个人当拐杖,其他人当盲人,戴上眼罩。

当拐杖的人要带领第一个盲人胜利往返规定路线,盲人复明;

复明的人,带领下一个盲人胜利往返规定路线,以此类推,形成接力;

途中违反规则,或撞到障碍物,必需回原点重新出发。

时间最短的组获胜。

分享:

(1)请2个盲人分享心理感受;

(2)请2个当拐杖的人分享活动的感受;

(3)如果重新选择一次,你会选什么角色?

(4)还有没有其他选择?

三、合理宣泄,消除不良情绪

在日常生活中遇到不如意的事,再正常不过,重要的是,我们怎么样把消极情绪及时消除,回归到正常的学习生活中去。如果消极情绪不及时处理,日积月累,不仅会导致一些不可挽回的局面,甚至会影响个人的身心健康。如何在消极情绪产生时及时地控制它,并最大限度地减轻它的消极影响,是大学生情绪管理的重要内容。

当一个人在生活或工作中受到挫折或打击后,由于种种原因,当时又无法将受到的委屈或不满表现出来,只好把这种负性情绪压抑下去。但由于人的心理承受力是有限的,不良情绪长期积郁在心中,人的心理就会出现严重的失衡,也很容易导致疾病。为了维持自身的心理平衡,人们就需要去寻找一个恰当的对象将个人的消极情绪予以宣泄,使心中积压的负性情绪得以稀释,从而摆脱这种负性情绪的干扰,保持心理的平衡。因而,宣泄可以帮助人们排遣不良情绪,但宣泄要合理。人有苦闷就应发泄,但不是不分场合、不顾影响、不计后果,一有怒气就大动肝火、一不顺心就怪话牢骚、一来冲动就蛮干一气的乱发泄,这种只图自己一时痛快胡乱发泄,只会造成各种摩擦和冲突,对人对己都不利。因此,有消极情绪要发泄,发泄手段要合理,要正确,分寸恰当。

(一)转移注意力,消除不良情绪

当消极情绪产生时,应及时转移你的不良情绪。可以换个环境,不要待在原来消极情绪产生的现场。比如和家人吵架了,可以暂时离开,冷静后可能问题就迎刃而解了,可以去做平时爱做的事,比如看电视剧、玩游戏,暂时把不良情绪转移了,会有一个更平和的态度来对待原来的问题。

(二)适当哭泣

自古"男儿膝下有黄金,男儿有泪不轻弹",男人在遇到问题的时候为了顾及自己的面子,往往将所有的委屈和痛苦压抑在内心。医学研究已经证实,压抑情绪很容易带来疾病,久而久之容易产生抑郁症等问题。据世界许多国家的人口统计,女性一般寿命比男性长5～10年。女人之所以比男人长寿,一部分原因就在于女人较男人而言,可以哭泣。研究表明,哭泣不但能够舒缓心理压力,而且泪液可以及时排除体内的毒素。

(三)倾诉或写出烦恼

生活中,男女都会遇到各种各样的压力,但女性似乎天生比男性更容易化解压力。比如,当女性内心压抑和苦闷时,她可能会找朋友倾诉,以求得理解和帮助。男性也要学会疏解痛苦,当觉得承受了太大的压力时,应当找人倾诉,倾诉烦恼也是释放烦恼的过程。

同样,写出烦恼也是释放烦恼的一种方式。很多人爱写日记,写出烦恼,自己与自己的内心对话,能够更好地认识问题,解决问题。

若遇到不易解决的问题,或不愿向家人、朋友说,不妨主动寻求专业人士如心理医生的帮助,在倾诉的过程中,可以得到压力的释放。这样不仅有助于减轻挫折和压力感,还能预防疾病。

(四)运动调节

事实上,当消耗一定的体力时,可以缓解自己的压抑情绪,所以出现一些消极情绪时,建议打打球或跑步、爬山,大汗淋漓,把内心的痛苦随着汗水酣畅地排泄出来。

图 5-9 跑步是很好的宣泄方式

四、其他调节情绪的小技巧

(一)让幽默点缀你的生活

当产生不良情绪时,一句适当得体的幽默话语,可以消除忧虑、稳定情绪,还可以帮助我们摆脱尴尬和困境,增强自信心。

俄国文学家契诃夫说过:不懂得幽默的人,是没有希望的人。幽默是一种能量,也是一种浪漫,它能增加人与人之间的亲密度。幽默是一种品位素质的展示,更是一种聪明睿智的表现。

幽默是一种品位素质的展示。它不是油腔滑调,也不是嘲笑或讽刺。只有从容大度、平等待人、超脱世俗、游刃有余、聪明透彻的人才能幽默。

幽默更是一种聪明睿智的表现。它必须建立在成熟阅历和丰富知识的基础上。一个人只有有了审时度势的能力、广博的知识、敏捷的思维,才能做到谈资丰富,妙言成趣。

所以,生活中的我们都应当学会幽默,多一点幽默感,少一点气急败坏,少一点偏执极端,少一点刻薄挖苦,少一点你死我活。

(二)放松训练法

放松练习是一种通过将全身心调整到轻松舒适的自然状态来增强人对自我情绪的控制能力,达到稳定情绪的目的。放松训练的基本种类有呼吸放松法、肌肉放松法、想象放松法三种,而具体放松训练的形式又多种多样,有渐进式放松训练、印度瑜伽术、日本禅宗以及中国气功。

在环境安静下,练习者要做到心情安定,注意力集中,肌肉放松。在做法上要注意循序渐进,放松训练的速度要缓慢。对身体某部分肌肉进行放松时,一定要留有充分时间,以便让被试细心体会当时的放松感觉。放松训练能否成功,决定于被试对此项训练的相信程度,是否密切配合。放松成功的标志是,面部无表情,各肌肉均处于松弛状态,肢体和颈部张力减低,呼吸变慢。

(三)音乐疗法

现代医家将音乐称为人体的"特种维生素",不能缺乏。研究表明,不同的音乐旋律可起到镇静、兴奋、止痛、降压等有利于保健和疾病康复的治疗作用。

音乐疗法又称为音乐治疗(music therapy),是指利用乐音、节奏对患生理疾病或心理疾病的患者进行治疗的一种方法。主要是针对在身、心方面"有需要"进行治疗的个案,针对其"需要治疗"的部分,进行有计划、有目的的疗程。音乐疗法属心理治疗方法之一,利用音乐促进健康,特别是作为消除心身障碍的辅助手段。根据心身障碍的具体情况,可以适当选择音乐欣赏、独唱、合唱、器乐演奏、作曲、舞蹈、音乐比赛等形式。心理治疗家认为,音乐能改善心理状态,通过音乐这一媒介,可以抒发感情,促进内心的流露和情感的相互交流。

音乐疗法是最古老的治病方法之一,现今有越来越多医疗从业人员重新发现声音在治病和调整身心平衡方面的功效。以下列举一些心理功效音乐曲目:

催眠：《平湖秋月》《二泉映月》；

安神镇静：《塞上曲》《春江花月夜》《小桃红》；

解忧除烦：《江南好》《喜洋洋》《春天来了》；

消除疲劳：《假日的海滩》《矫健的步伐》《水上音乐》；

振奋精神：《步步高》《狂歌》《金蛇狂舞》；

促进消化功能：《花好月圆》《欢乐舞曲》；

兴奋开郁：《喜相逢》《喜洋洋》《假日的海滩》；

养心益智：《阳关三叠》《江南丝竹》《空山鸟语》；

娱神益寿：《高山流水》《梅花三弄》《百鸟行》。

(四)控制情绪"污染"

在一个特定的环境中，每个成员都会不自觉地觉察、体验其他成员尤其是主要成员的情绪，然后改变自己的情绪状态，这叫作"情绪污染"，也叫"情绪移入""情绪感染"。

任何人都会有情绪低落的时候，每当这时，一是要有点忍耐和克制精神，二是要学会情绪转移。把不良情绪带回家，将心中怨气发泄在家人身上，为一些小事耿耿于怀……诸如此类，都会影响他人情绪，造成情绪污染。

比如一位女医生购围巾，让年轻女售货员转身拿了几次货，女售货员不耐烦地说："你是来买围巾还是来欣赏围巾的？"女医生的购物热情一下子降到冰点，随后带着一肚子怒气上班，摆着一脸的怒容为病人看病。一位病人拿起她刚开的处方对她说："医生，这种药很难吃，是否能换一种？"女医生怒气未消，道："你是治病的还是来品尝药味的？"病人哑然。这位病人是银行职员，坐在收银柜台上越想越气，她对顾客的脸色、语气、服务态度可能难以令人满意。现代社会信息交流快捷，人际交往频繁，环境气氛对人的影响力强，情绪会相互感染。

当然，情绪有好有坏，感染的效果有正有负。良好的情绪会构成一种健康、轻松、愉悦的气氛，坏情绪会造成紧张、烦恼甚至敌意的气氛。情绪污染是指在坏的情绪影响下，造成心情不畅的氛围。现代医学告诉我们，大多数人的疾病往往会从不良的情绪、失衡的心理中产生。为此，人们应该像重视环境污染一样，重视情绪污染。

要防止情绪污染，首先每个人要从自我做起，尽量做到不将坏情绪传播给家人、朋友、同事，传播给社会。其次，要提高和学会调整情绪的技巧，遇到烦恼、挫折要善于解脱，增强心理承受力，另外，切忌把不良情绪带回家，一旦家庭成员情绪不佳，要及时做好疏导化解工作，使氛围向正效应转化。

·【延伸阅读】·

有个小男孩心情不好，在路边遇到一条小狗便狠狠踢去，吓得小狗狼狈逃窜；小狗无端受了惊吓，见到一个西装革履的老板便汪汪狂吠；心情不好的老板在公司里逮住他的女秘书大发雷霆；女秘书回家后把怨气一股脑撒给了莫名其妙的丈夫。

第二天，这位身为教师的丈夫如法炮制，对自己一个不长进的学生一顿臭骂；挨了训的学生,也就是前面的那个小男孩怀着恶劣的心情放了学,归途又碰见了那条小狗,二话没说又一脚踹去……

(五)食物也可以让你的心情变"美丽"

积极的情绪、愉快的心情不仅来自日常生活的感受,也可以来自于饮食。

·【延伸阅读】·

九种可以改善情绪的美味食物

生活总会遇到工作压力大、身心疲惫的时刻,感到悲伤或沮丧后人们应该如何调节呢?专家提示,千万不要忽视食物对情绪的作用,很多美味在给我们提供味觉上的享受时,也会对情绪有所影响。

芦笋。所有抑郁症病例中,至少一半的患者缺乏叶酸。而芦笋含有高含量的叶酸和色氨酸,二者被大脑用于制造神经传递物质血清素,血清素能传递神经之间的信息,并影响人的胃口、内驱力(食欲、睡眠、性)以及情绪。

黑巧克力。指没有添加牛奶的巧克力,可以增加血液中的抗氧化成分类黄酮,有助于促进大脑一些重要区域的血流速度,迅速改善情绪,让人的热情增加,大脑变敏锐,精力充沛。但食用要适量。

香蕉。香蕉中含钾,多吃能缓解紧张和疲惫。而且每根香蕉的热量都维持在100卡路里以下,比吃巧克力的负罪感要少很多。

燕麦。燕麦中含有丰富的可溶性纤维,可减慢血液对糖的吸收,有助于平衡血糖,稳定情绪。

三文鱼。三文鱼中含有丰富的维生素D,可增加人体内的五羟色胺。五羟色胺是影响情绪的主要神经递质之一,能缓解情绪障碍。

牛奶。牛奶含钙丰富,而钙是天然的神经稳定剂,可松弛紧张的神经,稳定情绪。另外,还有一种减缓压力的酪蛋白水解物,具有镇静作用,可通过降低血压和皮质醇,有效缓解压力。

圣女果,也就是樱桃番茄。其番茄红素含量尤其高。番茄红素是目前在自然界的植物中被发现的最强抗氧化剂之一,可以抵抗炎症,保护大脑,让大脑健康积极运行。

全麦面包。全麦面包含有丰富的维生素B群,可维护神经系统的稳定,增加能量代谢,有助于对抗压力。

红茶。红茶有降低机体应激激素分泌水平的功效,每天饮用红茶,有利于舒缓神经,同时还有提神、消除疲劳的作用。

生活是美好的

——契诃夫

生活是极不愉快的玩笑,不过要使它美好却也不是很难。为了做到这点,光是中头彩赢

20万卢布,得个"白鹰"勋章,娶个漂亮女人,以好人出名,还是不够的——这些福分都是无常的,而且也很容易习惯。为了不断地感到幸福,那就需要:

(一)善于满足现状。

(二)很高兴地感到:"事情原本可能更糟呢。"这是不难的。

要是火柴在你的衣袋里燃起来了,那你应当高兴,而且感谢上苍:多亏你的衣袋不是火药库。

要是有穷亲戚上别墅来找你,那你不要脸色发白,而要喜洋洋地叫道:"挺好,幸亏来的不是警察!"

要是你的手指头扎了一根刺,那你应当高兴:"挺好,多亏这根刺不是扎在眼睛里!"

如果你的妻子或者小姨练钢琴,那你不要发脾气,而要感激这份福气:你是在听音乐,而不是在听狼嗥或者猫的音乐会。

你该高兴,因为你不是拉长途马车的马,不是寇克(19世纪德国的细菌学家)的"小点",不是旋毛虫,不是猪,不是驴,不是茨冈人牵的熊,不是臭虫……

你要高兴,因为眼下你没有坐在被告席上,也没有看债主在你面前,更没有跟主笔土尔巴谈稿费问题。

如果你不是住在十分边远的地方,那你一想到命运总算没有把你送到边远地方去,岂不觉着幸福?

要是你有一颗牙痛起来,那你就该高兴:幸亏不是满口的牙痛。

你该高兴,因为你居然可以不必读《公民报》,不必坐在垃圾车上,不必一下子跟三个人结婚……

要是你给送到警察局去了,那就该乐得跳起来,因为多亏没有把你送到地狱的大火里去。

要是你挨了一顿桦木棍子的打,那就该蹦蹦跳跳,叫道:"我多运气,人家总算没有拿带刺的棒子打我!"

要是你妻子对你变了心,那就该高兴,多亏她背叛的是你,不是国家。

依此类推……朋友,照着我的劝告去做吧,你的生活就会欢乐无穷了。

思考与练习

1.谈谈你对感觉剥夺实验的理解。

2.在大学里,你存在哪些压力?平时你是如何释放压力和调节压力的?

3.愤怒失控的危害有哪些?

4.阐述情绪ABC理论的内容与意义。

5.结合自己的实际,谈谈在大学生活中情绪调节的方法。

参考文献

[1]沈德立.大学生心理健康[M].北京:高等教育出版社,2013.

[2]何少颖.新编大学生心理健康教育与训练[M].北京:高等教育出版社,2014.

第六章　交往心理

【心灵导读】

远亲不如近邻，这是中国人对人际关系重要性最简单直接的表述。

大学是个小社会，大学生不是封闭的个体，必然要与人交往，更要学会与人交往，建立健康的人际交流网。

如何与同学和室友交往，对于获得一个成功、丰富、多彩的大学生活，对于获得一份真诚持久的学生时代的友谊，对于获得一个今后事业成长的出发点，对于获得一份成功的个人事业并稳步发展，可以说非常重要，甚至具有非常直接的影响。

但是，又有一个现象摆在大学生面前。

如今的学生大多是独生子女，是家庭的宝贝和关爱的中心，在需要与来自天南海北，成长经历和成长环境各异的其他同学建立起友谊的时候，或多或少都还准备不足。在大学人际关系出现或小或大的一些问题的时候，大学生们还有些不知所措、任性或者无所谓。这也就可以说明，为什么越来越多的人感觉现在的大学寝室日见寂静，现在个别大学生之间的友谊有趋利化的走势。

其实，在各种计算机网络、手机网络等隐秘化个人交往手段增加的现在，在大学生恋爱、小圈子朋友等界限化明显的大学生群落日渐增多的今天，缺乏与人交往的内在主动，缺乏建立人际关系的外在经验，是阻断现代大学生学会与人交往的关键因素。

那么，积极地走出自己的小圈子、个人小世界，学会与同学、室友交往，就是大学生建立健康校园人际关系的第一步。这无疑是大学生进入大学的起步，更是大学生进入社会的起步，值得所有的大学生好好揣摩。

如果人生是一种学习，那么，我们所学习的无非是一种"关系"。在家庭中，学习的是与父母、兄弟姐妹的关系；在学校中，学习的是与老师、同学的关系；在社会中，学习的是与同事、朋友的关系。本章从心理学的角度，着重分析大学生人际交往的特点和类型，探讨大学生在人际交往中存在的障碍及克服方法，提出成功人际交往的原则和技巧，力求帮助和辅导大学生树立良好的人际交往心理，建立良好的人际关系。

第一节　大学生人际交往概述

一、人际交往的基本含义

(一)相关定义

交往是指人们运用语言或非语言符号交换意见、传达思想、表达情感和需要等的交流过程,包括物质交往和精神交往。它是人类的特定社会现象,对于社会的发展和个性的成长有重要作用。

人际交往和人际关系既有联系又有区别。人际关系是指人与人之间一切直接或间接的相互作用,是人与人之间通过动态的相互作用形成的情感联系。它是通过人际交往形成的心理关系,是人际交往的表现和结果。人际交往侧重于人与人之间的联系与接触的过程,以及行为方式。从时间上看,人际交往在前,人际关系在后,人际交往是动态的过程,人际关系具有相对稳定性。

大学生人际关系根据交往对象的不同,可分为同学关系、师生关系、亲子关系和其他关系。

1.同学关系

同学是大学生人际交往最基本的对象,同学关系是大学生人际交往的主要内容。大学生与同学的交往最为普遍,也最为复杂。一方面,同学之间年龄相近,经历相同,爱好相似,又在一起学习和生活,因此比较容易相处;另一方面,同学之间的生活习惯、个性气质存在一定的差异,加之交往频率高,交往空间小,又缺乏协调人际关系的经验,故而同学交往过程中难免发生矛盾和冲突。总的来说,大学校园里的同学关系总体是和谐、友好的,但真正达到亲密关系的不多。

2.师生关系

教师是大学生人际交往的重要对象,师生关系是大学生人际关系的重要内容。师生关系是纯洁而无私的。大学生思想品德的形成、知识的获取都与老师密切相关。在大学,老师和学生的接触不如中小学那么频繁,其交往通常仅局限于知识的传授,情感的交流相对缺乏。虽然目前我国的大学基本上都配备辅导员,辅导员又扮演大学生人生导师和健康成长的知心朋友角色,但辅导员面对的学生多,无法与每一位学生有深入的交往,再加上大学生独立意识较强,不愿主动与老师交往,所以目前高校师生之间的交往、交流不多,师生关系较疏远。

3.亲子关系

家庭是大学生的感情寄托,大多数学生在学期间远离家乡、远离父母,平时主要通过手机、网络等通信工具与家庭成员进行联系,还有就是节假日回家与家人交往,总体来说,面对面交往少之又少。在交往中,一旦孩子进入大学后,一般父母会认为孩子已长大,需要给予孩子较多的个人空间,不再过多干涉孩子的学习和生活,所以与孩子的交往慢慢趋于民主自由,孩子也喜欢这种交往模式,因此大学生与家庭成员的关系一般比以前更为融洽。

4.其他关系

大学生的交往对象除了同学、老师、家庭成员外还有社会各类成员。近年来大学生有较强的欲望进入社会实习或者创业,社会也为大学生提供更多的机会和平台。大学生在实践中锻炼自己,增长才干,与此相应由于大学生缺乏人际交往的社会经验,不能正确对待社会地位的差异等原因,有时会产生一些矛盾。将来大学毕业后,他们更多的还是要学会和社会各类成员进行交往。

(二)大学生人际交往的特点

1.交往愿望迫切

年龄的增长,知识水平的提高,认识能力的增强,生活空间的扩展,社会阅历的丰富,这些对大学生交往提供了良好的物质基础。为了更好地认识社会,认识自己,得到他人的关怀、支持、理解、帮助、认同等,大学生交往愿望越来越强烈。通过人际交往,大学生可以相互交流心得体会,一起探讨热点话题,从而开阔视野,早日成熟。

2.横向交往为主

大学生的交往对象侧重于同龄人,他们更加注重同辈之间的心理沟通,同时交往对象具有时空相似性,比如同班同学、寝室舍友等,以保持自己的平等与独立。大学生与家长的沟通不多,沟通的内容局限于经济和学习上的事情,感情、生活方面的交往较少,尽管他们有时非常希望从长辈那儿得到帮助、理解和指导,但有时担心父母不理解或者担心增加父母负担而打消念头。

3.互动效应明显

在人际交往中,大学生存在自我完善,赢得他人欣赏、尊重,避免遭他人轻视嘲笑的动机,往往希望得到对方真诚、理解和尊重,交往易受暗示和相互感染,表现出明显的互动性。别人怎样对待自己,自己将采取同等的行为方式对待别人。有时好朋友之间为了很小的事情互不让步,互不道歉,不懂得宽容;有时因为别人不经意的一句话或一个小动作而闷闷不乐好几天,感觉委屈、受伤,进而又影响与别人交往的积极情绪和行为。大学生人际关系对等互动的关系,要么良性循环,要么恶性循环,这在大学生交往中很突出。

4.感情色彩浓厚

大学生处于心理上的"断乳"期,他们非常渴望与别人进行情感的交流和沟通,以求得感情上的依靠和寄托。大学生世界观尚未定型,认识能力还不强,对人际交往的科学性认识不够深刻,社会经验和社交经验缺乏,因此,大学生往往以情感体验作为选择交往对象、交往方式、交往内容、交往深度和交往时间的依据,甚至产生哥们儿义气。情感化是大学生交往又一个突出特征。

二、大学生人际交往的意义

(一)人际交往促进大学生的社会化进程

个体社会化是指个人不断学习和掌握充当社会角色所必备的知识、技能以及特定社会规范、准则,以获得社会生活的资格,开始发展自己的过程。其间如果没有其他个体的合作,个人是无法完成这个过程的,所以人际交往可以说是个人社会化的起点和必经之路。积极的人际交往有助于大学生获得更多的信息,保持与社会的联系,明确和承担相应的社会责任,促进自身社会化。

(二)人际交往促进大学生深化自我认识

人对自己的认识总是以他人为镜,需要通过与他人进行交流、比较,把自己的形象反射出来而加以认识。大学生在交往过程中,往往以同龄人作为参照系,从他人对自己的反应、态度和评价中发现自己的长处和短处,找到自己恰当的社会位置,从而选择更为恰当的行为。

(三)人际交往促进大学生个性发展与完善

一个人的个性除了受先天遗传因素影响外,更重要的是后天环境的影响。如果长期生活在友好和睦的人际关系中,人的个性就会变得乐观、开朗、积极、主动。大学是人的个性定型的关键时期,积极的人际交往、和谐的人际关系有助于大学生培养良好的个性。

(四)人际交往有助于维持大学生身心健康

人际交往的时间和空间越大,人的精神生活就越丰富,得到支持与帮助的机会就越多,越能保持心理平衡。特别是青年学生,通过交往,获得友谊、支持、理解,得到内心的慰藉,提高大学生的自信和自尊。增强自我价值感和力量感,有助于降低挫折感,缓解内心的冲突和苦闷,宣泄愤怒、压抑与痛苦,减少孤独感、失落感。

印度曾发现一个狼孩。所谓"狼孩",即是在婴儿时被狼叼去,并在狼群中生活长大的小孩。狼孩8岁时被人发现带回,当时狼孩的心理水平相当于6个月婴儿的心理水平,生活习性几乎和动物一样,用四肢走路,用双手和膝盖着地休息,用嘴直接吃扔在地上的肉,喜欢吃生冷的食物,怕光、怕火、怕水,从不让人洗澡,不习惯穿衣盖被。狼孩经过强化训练和教育后,10岁时才学会站立,12岁时才会6个单词,14岁时才会走路,15岁时学会45个单词,并能用手吃饭,用杯子喝水,17岁时死去。狼孩具有人的大脑遗传和生理构造,但当他脱离人类社会的交往环境,就无法学会人类的社会生存技能。

三、人际关系形成与发展的心理过程

人与人之间相互交往从无到有是一个长期而复杂的历程,要经过一系列的变化过程,大致可以分为五个阶段(表6-1)。

第一阶段:互不认识。两个人彼此不认识,双方处于零接触,无任何交往。

第二阶段:开始注意。单向或双向开始注意,但此时双方无情感交流。

第三阶段:表面接触。双方因需要产生交流,交往深度仅停留表面,泛泛之交。

第四阶段:情感互动。双方沟通更进一步,心理发生变化,开始投入情感。这一阶段根据情感的相对程度,可将人际关系分为少量交往、中等交往和大量交往。其区别因素在于共同的心理领域大小。

第五阶段:亲密关系。在大量交往前提下,双方共同心理领域大于相异心理领域,达到"你中有我,我中有你"的程度。通常同性成为至交,异性发展为爱情。

需要特别指出的是,人与人之间只存在一定程度上一致的问题,而不存在完全一致的情况,所以人际交往不存在双方心理世界完全重合的时候。

表 6-1 人际关系形成与发展的心理过程

人际关系	图　解	相互作用水平
1.零接触(互不相识):两个人没有关系		低
2.意识(开始注意): 单方的态度或印象 没有交往		
3.表面接触: 双方的态度 开始有交往		
4.建立友谊: 一个连续发展过程 少量交往 中等交往		
5.亲密关系:大量交往		高

第二节　人际交往的理论

一、人际交往的心理效应

社会心理学研究表明,在人际交往中有一些非常有趣的心理现象,科学地用好人际交往中的心理效应对大学生很有意义。

(一)首因效应

首因效应又称第一印象,是指人的知觉对初次所形成的印象往往深刻牢固,并对以后的人际知觉起指导性作用。有一位心理学家曾做过一个实验:把被试分为两组,同看一张照片。对甲组说:这是一位屡教不改的罪犯。对乙组说:这是一位著名的科学家。看完后让被试者根据这个人的外貌来分析其性格特征。结果甲组说:深陷的眼睛藏着险恶,高耸的额头表明了他死不悔改的决心。乙组:深沉的目光表明他思想深邃,高耸的额头说明了科学家探索的意志。这个实验表明,若第一印象形成肯定的心理定式,会使人在后续了解中多偏向发掘对方具有美好意义的品质;若第一印象形成的是否定的心理定式,则会使人在后续了解中多偏向于揭露对象令人厌恶的部分。

首因效应使人对"第一"的事物有较大的兴趣和较强的印象。比如,人们对世界第一高峰,中国第一个皇帝,美国第一个总统,第一个登上月球的人等印象肯定比紧随其后的第二个更深刻。在日常生活中,我们也对"第一"情有独钟:你会记住第一个老师、第一天上班、初恋等,对第二印象大打折扣。同理我们在和人交往中第一印象也尤其深刻。初次见面,对方的表情、体态、仪表、服装、谈吐、礼节等形成了我们对对方的第一印象。现实生活中,首因效应作用下形成的第一印象常常左右着我们对他人日后的看法。

因此,我们在人际交往中要注意留给他人好的第一印象。具体该如何做呢?

首先,注意仪表,比如衣着整洁,服饰搭配和谐等;其次,注意言行举止,为此要锻炼和提高自身言谈技能,掌握适当的社交礼仪。

(二)近因效应

近因效应与首因效应相反,是指在多种刺激出现的时候,印象的形成主要取决于后来出现的刺激。例如,心理学家在一个关于"记忆"的实验里发现:试验者给被试者呈现一系列无关联的字词,然后让他们以任意顺序加以回忆。结果发现,位于开始和末尾部分的字词要比位于中间部分的字词更容易回忆。后者叫作"近因效应"。

在交往过程中,我们对他人最近、最新的认识占了主体地位,掩盖了以往形成的对他人的评价,表现出一个人或一件事物最后给人留下的印象很深刻、很强烈。比如,多年不见的朋友,在自己脑海中的印象最深的是临别时的情景;一个好朋友最近做了一件对不起你的事情,你提起他来就只记得他的坏处,完全忘记他当初的好处……这一切都是近因效应的影响。

我们在人际交往中如何避免近因效应呢?

首先,和熟人交往时,不管过去关系怎样好,也要注意近期的每一次表现。我们不要因一时一事评价人,要综合全面地考虑,不可因一次错误或一点缺陷而全盘否定。

其次,在和人说话的时候,如果一定要说消极或批评的话,注意语序。在批评过后,最后一定要留下积极、鼓励的话语,这样给人的感觉比较好。

(三)刻板效应

刻板效应是指我们对某一类人或某一类事物产生比较固定、概括而笼统的看法,它是思维定式的一种表现,一经形成就很难改变。

例如,人们总有这样的观念:说到商人,就和"唯利是图"联系起来;说到军人,就和威武、刚强,守纪律联系起来,这是我们对职业的刻板印象。说到青年人,就认为是单纯幼稚,容易冲动;说到老年人,就认为是经验丰富,保守稳重,这是我们对年龄的刻板印象。说到上海人,就认为比较灵活机智;说到北方人,就认为比较粗犷直爽,这是对地域的刻板印象。说到女性,就认为是软弱温柔;说到男性,就认为是坚强粗鲁,这是对性别的刻板印象。

我们在人际交往中如何克服刻板印象呢?

我们应当抛开有色眼镜,铲除心中成见的藩篱,为人处事不预设立场,而以一种客观求实的态度去看待人和事物。

(四)投射效应

投射效应,就是"以己论人",常常以为别人与自己具有同样的爱好、个性等,以为别人应该知道自己的所思所想。当别人的想法与行为和我们不同时,我们习惯用自己的标准去衡量别人,从而认为别人是错的。"以小人之心,度君子之腹"是投射效应的典型写照。

例如,1974年,有心理学家做了一个实验,他把大学生分成两组,给甲组看喜剧电影,令他们产生愉快情绪;给乙组看恐怖电影,令他们产生害怕情绪。接着给两组看同样一张照片,让他们对照片上人的面部表情进行判断,结果被试者往往把照片上人的面部表情看成是自己的情绪体验,即看了喜剧电影的甲组判断照片上的人是快乐的表情;而看了恐怖电影的乙组判断照片上的人是害怕的表情。

我们在人际交往中如何克服投射效应呢?

首先,学会换位思考,就是设身处地地站在对方的立场上去想问题。

其次,我们应该辩证地、一分为二地看待自己和他人,严以律己,客观待人,尽量避免以自己的标准去判断他人。

(五)晕轮效应

晕轮效应也称光环效应,是指我们在评价他人的时候,常喜欢从其某一点特征出发来得出或好或坏的全部印象,就像光环一样,从一个中心点逐渐向外扩散,成为一个越来越大的圆圈。

例如,心理学家让人看一张卡片,上面写着一个人的五种品质——聪明、灵巧、勤奋、坚定、热情,让人看后想象一下这是一个什么样的人。结果,人们普遍把这个人想象成一个友善的好人。然后,心理学家把卡片上的"热情"一词换成"冷酷",顺序变成"聪明、勤奋、坚定、冷酷、灵巧",这时再让大家想象这是个什么样的人,结果人们普遍推翻了原来的结论,认为这是个可怕的坏人。这说明,"热情"和"冷酷"这两个品质产生了掩盖其他品质的光环效应。

晕轮效应对人际交往有很大的影响,多数情况下,晕轮效应常使人出现"以偏概全""爱屋及乌"的错误,影响理性人际关系的确立。比如,男女青年处于热恋中,对于恋人的评价往往集中于某一两个比较优越的条件,而忽视其他条件尤其是内在素质的考察,这就是"情人眼里出西施"。

我们在人际交往中如何克服晕轮效应呢?

首先,要尽可能全面、一分为二地看待一个人,不要急于做出评价。

其次,要敢于展示自己,让他人了解自己的优点和长处,以制造有利于自己的光环效应,增加自己的人际吸引力。

二、影响人际交往的因素

经过心理学家的研究发现,影响大学生人际吸引的因素主要有以下几个方面:

(一)时空

在其他条件相同的情况下,人们在时空上越接近,双方交往距离近,接触的机会就越多,彼此间就越容易形成密切的人际关系。俗话说的"远亲不如近邻""近水楼台先得月"就是很好的例子。大学生由于同时入学,年龄相仿,或是同班同学,住同一个宿舍,又或是同乡等原因,经常接触,相互交往的次数多,更加容易具有共同的经验,产生共同的话题、共同的体会,从而建立起较密切的人际关系。

(二)相似性

对某种事物或事件具有相同或相似的态度,具有共同的理想、信念和价值观,感情就容易产生共鸣。俗语说的"物以类聚,人以群分"就很好地诠释了相似性在人际交往中的作用。相似性主要体现在三个方面:一是兴趣爱好相似;二是地位经历相似;三是观点态度相似。

(三)互补

互补性也是密切人际关系的重要因素之一。当交往双方的个性或满足需要的途径正好成为互补关系的时候,就能产生强烈的人际吸引力。互补性可分为两类:一是利益需要、能力特长上的互补。例如能力强、有某种特长、思维活跃的人对能力差、无特长、思维迟缓的人来说具有吸引力。二是性格或作风上的互补。生活中经常看到两个性格很不同的人相处得很好,并成为好朋友。这就是由于双方都知道自己的长处和短处,都想利用对方的长处来弥补自己的短处。特别是异性之间,支配型的人和服从型的人能够结为秦晋之好。

大学生长期在一起生活、学习,虽然不可避免地会产生这样或那样的矛盾,但是,如果一方所表现出来的行为正好能满足另一方的心理需求,则彼此间将产生强烈的吸引力。

需要指出的是,相似性和互补性表面上看是矛盾的,但两者事实上是协同的。当互补是建立在态度与价值观一致的基础上的时候,两者将获得协同,互补是相似基础上的互补。当双方社会地位接近或平等,社会角色作用相同时,相似性决定人际吸引水平;当社会角色不同或相互应对时(如夫妻关系),互补性成为人际吸引的主要因素。

(四)才能

在其他条件相等的情况下,一个人能力越高,越完善,就越能受到欢迎。但才能与被人喜欢的程度在一定范围内成正比,超出这个范围,可能会产生逃避或拒绝,任何一个人都不愿意选择一个总是显露无能和低劣的对象去喜欢。研究结果表明,一个群体中最有能力、最能干的人往往不是最受喜爱的人,反而是才能出众但偶尔有点小错误的人在一定程度上更受欢迎。这是因为一旦有些人的才能使人们感到可望而不可即,就会产生心理压力,而才能出众但偶尔会犯小错误的人更接近现实生活,会让人感觉更亲切。

(五)仪表

仪表是指一个人的容貌、穿着、仪态、风度等。仪表影响人们彼此间的吸引,尤其是第一次见面时,仪表占据重要的作用。大量研究表明,外貌魅力会引发明显的"辐射效应",使人们对高魅力者的判断具有明显的倾向性,人们经常会下意识地把一些正面的品质加到外表漂亮的人头上,如聪明、善良、诚实、机智等。大学生组织的集体活动中,那些最先受到关注的学生总是在同等条件下具有外貌吸引力的人。事实上,随着交往实践的增长,人们会越来越注重交往对象的内在品质,因此,仪表只在人们交往初期是人际吸引的主要因素。

(六)品质

良好的个性品质是人格美的具体表现,比起容貌和才能,品质具有无与伦比的吸引力,并且这种吸引力持久、稳定、深刻。美国学者安德森1968年做了一项调查,研究哪些品质在人际交往中最受重视。结果表明,评价最高的品质是真诚、理解、忠诚、可信,而评价最低的品质是说谎、虚伪、假装。在对大学生所做的调查中发现,大学生对他人真诚的期望是最高的。因此,要想建立良好的人际关系,一定要真诚。

第三节　大学生人际交往存在的问题

调查表明,大学生心理问题中,关于人际交往的占50％以上。仔细分析,大学生人际关系中的困惑可以分为以下六类情况:

第一类:缺少知心朋友。这类大学生通常人际交往正常,人际关系也不错,但自感缺乏能互吐衷肠、肝胆相照、配合默契、同甘共苦的知心朋友,为此,有时感到孤独和无奈。

第二类:与个别人难以相交。这类大学生与多数人交往良好,但与个别人交往不良,他们可能是室友、同学或父母等与自己关系比较近的人,并常会影响情绪,成为一块"心病"。

第三类:与他人交往平淡。这类大学生能与他人交往,但总感到与人相处的质量不高,缺乏影响力,关系比较密切的朋友没有,多属点头之交,没有人值得他牵挂,也没有人会想念他。这类同学多会感到空虚、迷茫、失落。

第四类:感到交往有困难。这类大学生渴望交往,但由于交往能力有限、方法欠妥或个性缺陷、交往心理障碍等原因,导致交往不那么尽如人意,很少有成功的体验。他们往往感到苦恼,很希望改变自己的社交状况。

第五类:社交恐惧症。这类学生对人际交往特别敏感、害怕,极力回避与人接触,不得不交往时则紧张、恐怖、心跳加快、面红耳赤、难以自制,总是处于焦虑状态。他们害怕自己成了别人嘲笑的对象,总处于一种莫名的心理压力之下。与人交往,甚至在公共场所出现,对他们来说都是一件极其恐怖的任务。

社交恐惧症是非常痛苦、严重影响生活学习的一种心理障碍。一般人能轻而易举办到的事,社交恐惧症患者却望而生畏。患者可能会认为自己是个乏味的人,并认为别人也会那样想,于是患者就会变得过于敏感,更不愿打搅别人。而这样做,会使得患者感到更加焦虑和抑郁,从而使得社交恐怖的症状进一步恶化。许多患者通过改变他们的生活来适应自己的症状,他们(和他们的家人)不得不错过许多有意义的活动。

第六类:不想交往。这是比较特殊的一类。前五类学生都有交往的愿望,而此类学生则缺乏这种愿望和兴趣。他们自我封闭、孤芳自赏或存有怪癖。一般存在这类问题的学生极少。

比较而言,前四类是一般社交中存在的问题,人数比例较高,而后两类问题属严重的社交障碍,比例虽小,但对身心的健康发展危害很大。

案例分析

尚某,女,20岁,某理工科大学三年级学生,她有个害羞的怪毛病。两年多来,从不与人多说话,与人说话时不敢直视对方,眼睛躲闪,像做了亏心事。一说话脸就发烧,低头盯住脚尖。心怦怦跳,好像全身都在发抖。她不愿与同学接触,觉得别人讨厌自己,认为自己是怪人。最怕接触男生,只要有男生出现就会不知所措。也害怕老师,上课时,不敢朝黑板方向看,老师所讲的内容不知所云。只有老师背对学生板书时才不紧张。更糟糕的是,后来在亲友、邻居面前说话也不自然了。由于这些毛病,她极少去社交场所。自己曾试图克服这个怪毛病,也看了不少心理学科普图书,按照社交技巧去指导自己;用理智说服自己,用意志控制自己,但作用就是不大。这严重影响了她各方面的发展:学习成绩下降,交往失败,同学们说她清高。

尚某从小性格内向、胆小、孤僻。父母对她要求极严甚至苛求。父亲动起怒来特别可怕。有一次考试不理想,不乐意重做习题,父亲怒气冲天地将钢笔甩到她脸上,笔尖刺破了她的脸,鲜血直流,至今想起那件事还感到很害怕。父母很正统,也很古板,对她的要求很多,而且不准和男生交往。父亲认为女孩子在外蹦蹦跳跳、打打闹闹是不正经,还容易上坏人的当。所以除了学校和家,她很少在外玩耍,从不和男生交往。中学时,见到男女生之间的往来很反感。

谈到不愉快的经历,尚某还讲到:初中时,一向成绩很好的她,一次提问没答好,老师当众批评,她难过得直流眼泪。再就是大一时,一个舍友来自农村,家境不好,她经常主动帮助和资助那个同学,可这样反而伤了别人的自尊。那位同学不但不把她当朋友,反而时常挑剔、指责、刁难她,故意当着她的面和其他同学亲亲热热,冷落、孤立她,这使她委屈极了。她恨自己,自责自己是不受欢迎的人。后来,与那位同学发生了冲突,讨厌她、恨她、和她不讲话,同时觉得对方也讨厌自己。

心理分析:

(1)内向、孤僻、胆小的性格特征是影响人际交往的内在因素。

(2)父母对尚某交往中的禁忌以及灌输的男女交往的"羞耻感道德意识",使她的性格中形成了较强的羞耻心,这对人际交往起着阻碍作用。

(3)少儿时,尚某父亲发怒导致的恐惧反应和老师当众批评所产生的羞辱反应在她的心灵深处留下了负性心理印痕。这种印痕会由于日后的负性生活事件而被激活,对心理障碍的产生和发展起作用。

(4)尚某与同学相处感到"好心未得好报",于是委屈、怨恨、激愤;又由于心理防御机制的作用,这些挫折反应在潜意识中被转换为对那位同学的敌意和回避反应,导致产生了泛化心理现象(即由对某人的敌意、回避发展为对周围的人都产生了戒备心和回避反应);另一方面,自责、自怨加重了她性格中的羞耻心和胆怯。人际矛盾的负性事件是导致她对人恐怖的直接与现实的诱因。

(5)从心理学上讲,"症状"是内心冲突的"改头换面"。正值青春期的尚某,一方面有着正常的与异性接触的愿望;另一方面内化了的两性交往的"羞耻感"有意无意地使她抑制自己的欲望。因而常常处在是否与异性交往的心理冲突之中。

（6）当尚某出现对人出现恐怖反应后，便批评、督促自己该怎样，控制自己不要怎样，这就产生了一种暗示、强化"症状"的作用。再加之愈感到"不自然""难堪"，头脑中就愈多地出现"想象观念"。这进一步导致了自我感觉恶化。如此恶性循环，"症状"便日益严重了。她在这种想改变又未能改变，想摆脱又无力摆脱的困境中，早年的负性心理印痕被激活了，与现实问题交织在一起，产生了综合作用。这就是为什么回避同性，害怕男生外，还那么怕上课老师的缘故。

治疗建议：

（1）建议尚某设身处地地站在那位被她帮助而又对她不友好的同学的角度想一想，理解并宽容同学。同时检查自己是否存在过敏、多疑等不利于交往的心理，以此逐渐解除压抑的敌意。

（2）建议尚某正确认识两性间的正常交往，认识青春期渴望接近异性很正常，摒弃旧的道德意识，尊重自己的正当意愿。

（3）建议尚某找两位关系较好的女生了解一下她们对自己在与人交往中的反应，如脸红、发抖、目光恍惚等"不自然"状态是否属实。目的是让她通过调查，克服"想象观众"的作用。

进一步的治疗计划：

（1）每天坚持写观察日记，着重观察周围人的举止言行和对自己的态度。

（2）分别调查两位老师和两位男生对自己的评价，证实自己的感受是否正确。

（3）每天做 2～3 次想象、放松训练。即在想象中将最想见又最怕见的人（如某位男生），想回避又回避不了的人（如任课老师）突然呈现在自己面前，体察自己的情绪反应和心理反应，然后放松，使情绪和肌体产生由紧张到松弛的反应，最后产生意向上的适应并扩展到现实行为中。

（4）为其布置"大目标小步走"的与人接触、交谈的作业。

（5）加深对障碍产生原因的认识，淡化负性心理印痕，提高挫折承受力，树立正确的交往观。

第四节　大学生人际交往的调适与提高

人际交往能力是现代社会人才的重要素质之一，是衡量一个人能否有效适应社会的标志。作为大学生应努力掌握交往主动权，克服交往障碍，掌握交往技巧，提高人际交往能力。

一、建立健康的人际交往模式

（一）四种人际交往模式

美国著名心理学家埃利克·伯奈（E.Berne）根据对自己和对他人所采取的基本生活态度，提出了四种人际交往模式，分别是：

我不好,你好;我不行,你行。这是一种常见的自卑者与他人的交往模式。交往特点是一方认为自己是无能和愚蠢的,别人都比自己强,因此在交往中表现出不同程度的自卑和恐慌,极端的表现就是社交恐怖症。

我不好,你也不好;我不行,你也不行。这是一种不喜欢自己也不喜欢别人的交往模式。交往特点是一方认为自己是低能或者无能的,同时也认为别人并不比自己优越,在交往中表现为既不相信自己也不崇拜他人,既不爱他人也拒绝别人的爱。

我好,你不好;我行,你不行。这是一种骄傲自大,自以为是的交往模式。交往特点是一方认为自己充满优越感,别人都是缺乏头脑的笨蛋;总是认为自己对别人好,而别人对自己不好,为此愤愤不平。人际交往多出现失败和挫折。

我好,你也好;我行,你也行。这是一种健康的交往模式。交往特点是拥有强大的理性能力,对生活的价值能有恰当的理解,能够宽容地去接纳自己和他人,使自己保持一种积极、乐观、进取、和谐的精神状态。

前三种交往模式都会阻碍人际交往,且不利于心理发展和心理健康。成熟、健康的交往模式能使人体会到自身积极、强大的理性能力,相信自己也相信他人、爱自己也爱他人。这种人虽然不是十全十美,但能客观悦纳自己和他人,正视事实,并努力改变自己能改变的事物;善于发现自己和别人的光明面,从而也使自己保持一种积极、乐观、进取的精神状态。

(二)三种人际交往的不良状态

1.怕被拒绝

这种类型的人自我保护意识较强、害怕被别人伤害,在人际交往中表现为退缩,不愿意和人交往,而且担心自己主动与人交往时,别人不理睬怎么办,或者别人不热情怎么办。当他们怀着忐忑不安与他人相处时,如果得到对方的热情回应,尚能鼓舞他的信心;如果对方未能如他所想热情回应,就可能会猜疑别人是不是不喜欢自己,于是就会采取退缩的处理方式。另外一种人际交往没有安全感的表现形式是认为世人都很狡猾,担心自己被利用、被欺骗。这类人总是不信任别人,感到人心难测,怕吃亏。

2.不会说"不"

这类人在与别人交往时常扮演奉献者的角色,自幼就是典型的"乖孩子"。他们一般认为,别人必须得到我的帮助,在与人交往时我必须做出牺牲,以使别人欢愉。"乖孩子"在幼年时的心理需求很容易得到满足,只要一声夸奖,什么付出都是值得的。然而,随着年龄的增长,他们同样以这种幼稚的心理参与社会活动,因此很容易造成理想与现实的冲突。他们往往会行善而期望有所回报,当善举无回报时,就会感到十分委屈和不平衡。

3.不能没有依靠

这是一种类似儿童对成人的幼稚的行为方式。这类人过分依赖或信赖某一个人或任何人,凡事言听计从,完全丧失自我,目的是想从所依赖的对象身上获得源源不断的支持和庇护,而自己却从来没有给对方些许心理支持。如果他只依赖某一个人,那么他就不愿意也不允许对方与别人建立亲密关系,唯恐自己被抛弃。这种人际关系的结果是造成被依赖者产生束缚感,甚至成为一种负担,如果他要摆脱这种负担,可能会导致关系破裂,给依赖者沉重的打击。

二、塑造良好的个人形象，增进个人魅力

社会交往中，个体的知识水平与涵养影响交往的效果，良好的个人形象从点滴开始，从善如流，"勿以善小而不为，勿以恶小而为之"。

（一）提高心理素质

人与人的交往，是思想、能力及心理的整体作用，哪一方面的欠缺都会影响交往的质量。有的学生在人际交往中存在社交恐惧、胆怯、害羞、自卑、冷漠、孤独、封闭、猜疑、自傲、嫉妒等不良心理，不易建立良好的人际关系。要加强自我训练，提高自身的心理素质，以积极的态度进行交往。

（二）提高自身的人际魅力

每个个体都有其内在的人际魅力，它是一个人的综合素质在社会交往中的体现。这就要求在校大学生丰富自己的内心世界，从仪表到谈吐、从形象到学识多方位提高自己。心理学研究表明，初次交往，外在良好的社交形象给对方留下深刻的印象，但随着交往的深入，学识更占主导地位。

三、培养主动交往的态度

人际交往实际上是一个互动的过程。在社会交往中，主动去接纳别人的人，在人际关系中更为自信。大学生人际交往中主动交往稀少的原因主要有：一是缺乏自信，担心遭到拒绝，担心别人不会像自己期待的那样理解、应答，从而使自己处于窘迫的局面，伤害了自己的自尊。二是大学生在人际交往方面存在一些误解，比如认为自己先同别人打招呼，是低人一等，又比如认为善于交往的人左右逢源，有些世故、圆滑。或者认为自己如此麻烦别人，别人是不是会认为自己无能，等等。

培养主动交往的态度可从以下几点出发：

（1）主动而热情地待人。心理学家发现，热情是最能打动人、对人最具吸引力的特质之一。充满热情的人很容易把自己的良性情绪传染给别人。要做到热情待人需从心里对他人感兴趣，真心喜欢他人。"对别人不感兴趣的人，他的一生中困难最多，对别人的伤害也最大；所有人类的失败都出自于这种人。"只要你对别人真心感兴趣，在两个月内，你所得到的朋友，就会比一个要别人对他感兴趣的人，在两年内所交的朋友还要多。

（2）帮助别人。心理学家发现"雪中送炭"比"锦上添花"更重要，以帮助与互相帮助为开端的人际关系，不仅能建立良好的第一印象，还能使人与人的心理距离迅速缩短。

（3）积极的心理暗示。心理研究表明，具有积极心理暗示的人大多具有良性的自我表象和自我认识，这样的心态使得他们以更加开放自如、轻松自在的方式走向集体。运用积极暗示能够减少或消除不良的自我意象。

四、提高人际交往的技巧

(一)学会倾听

如果希望改善自己的人际关系,那么从倾听开始吧。倾听不是被动地接收,而是有反馈的引导和鼓励。在与人交谈时,不要思前想后,用你全部的精神去听清全部内容。要善于从说话人的言语层次中捕捉要点,全面理解说话者想要表达的意思和观点。通过语言和表情告诉对方你能理解对方的描述和感受,可以使对方受到鼓舞。听的过程还要注意阐释,即把对方表达的含义用你自己的语言复述一下,常常是有效的鼓励技巧之一。还要学会移情地倾听。听话不仅是听"话"而且要听话中之"音"、弦外之"音",即敏感地听出说话者的忧、喜、哀等各种情绪并对此做出相应的反应。倾听时,仅仅是投入是不够的,还要鼓励说话者表达或进一步说下去。正确的启发和恰当的提问是可以帮助你达到目的的。

(二)换位思考

换位思考对建立良好的人际关系非常重要。比如我们经常思考:"如果我在他的位置上,我会怎样处理?"经常站在对方的角度去理解和处理问题,一切就会变得简单多了。一般而言,善于交往的人,往往善于发现他人的价值,懂得尊重他人,愿意信任他人,对人宽容,能容忍他人有不同的观点和行为,不斤斤计较他人的过失,在可能的范围内帮助他人而不是指责他人。他懂得"你要别人怎样对待你,你就得怎样对待别人";懂得"得到朋友的最好办法是使自己成为别人的朋友";懂得别人是别人而不是自己,因而不能强求。与朋友相处时应遵循存大同、求小异的原则。

(三)自我表露

真正可以深入下去的交谈必然是双向的,自我表露是人际交往中应该掌握的另一项技能。自我表露也就是袒露自己的相关信息,如怎样想,有什么感受,对他人的自发信息如何反应等。任何人都喜欢坦诚而不虚伪的人,自己先摘下防卫的"面具",让别人了解真正的自己,交流与共鸣才能产生。威廉·詹姆斯说过:"有些人之所以不善谈吐,是因为他们担心自己所说的东西要么会被人们认为太平淡、太浅薄,要么被人们认为太虚伪。他或者认为自己不配合对方谈话,或者认为自己所说的东西多少有点不切场合。"所以对那些表达有困难的人来说,应把谈话的目标放在内容表达上,而不应放在赢取别人赞赏上。另外,自我表露应把握时机,否则就可能犯滔滔不绝、自顾自己的大忌。一般来说,谈论自己的合适时机是当别人邀请你谈谈自己的时候或者当他人谈论的情况和感受与你自己比较一致时。

(四)善于赞扬和批评

心理学家认为,赞扬能释放一个人身上的能量,调动人的积极性。真心真意、适时适度地表示你对别人的赞扬,能够增进彼此的吸引力。我们经常认为特别亲近的人不需要说谢谢,我们在生活中不太愿意直接表达我们的感谢,而是愿意记在心中。事实上,真诚的发自内心的感谢闪烁着人性的光辉。据报道,一位欧洲妇女出门旅行,她学会了用数国语言讲

"谢谢你""你真好""你真是太棒了"等,所到之处,都受到热情接待。

批评也讲究艺术,如果能运用恰当的方法,批评会收到意想不到的效果。具体来讲,首先,批评应注意场合。批评要想奏效,必须尽量减少对方的防卫心理。批评应尽量在只有你和对方在场的情况下进行。其次,批评的内容对事不对人。有些人对自身的人格、能力比一些具体的言行看得更重,如果你的批评含有贬低其能力、人品的意味,便容易激怒对方。如果你在肯定其能力、人品的前提下指出其某一个具体方面的错误,他往往容易接受。如"以你的能力,这件事本来可以做得更好一些""以你的为人,不该说出这种伤人的话"等。最后,批评应针对现在,而不要纠缠老账。如果习惯用"你怎么总是……"之类的形式批评别人,是不会取得好效果的。因为这样的说法暗示对方"旧习难改"。另外,翻老账的做法也容易引起对方的反感。

另外,不要过分看重批评,这样往往使人寸步难行。积极的对待批评的方法是认真、冷静地分析其中是否含有可供参考、有助于自我完善的东西。

(五)正确运用语言艺术

语言艺术在人际交往中起着重要作用。人际交往过程实际上也是心理活动过程,"言为心声",通过语言活动是可以反映心理活动的。"良言一句三冬暖,恶语伤人六月寒。"在交际过程中,我们切不可忽视语言艺术。

1.言语得体

语言既然展现交际心理过程,就必须做到说话得体,恰如其分。任何夸大其词,言过其实,或者不看对象,词不达意,没有注意分寸,都会影响交际心理的展现,妨碍相互间的交流。

有这样一个笑话:一个财主请了一些朋友到家里做客,酒宴摆好,还有一个特别要好的朋友迟迟未到,财主很遗憾地说了句:"哎,该来的还不来。"在座的几位朋友听了心中不爽,其中一位忍不住起身走了。财主发现不妥,惋惜道:"不该走的又走了。"剩下的几位朋友一听,再也挂不住,全都起身走了。由于财主交往语言表达不当,不但酒宴没人吃,还得罪了朋友。

2.言语真诚

其实言语得体也是出于真诚,话说得恰到好处,不含虚假成分,然而真诚还有另外一面,就是避免过于客套,过分地粉饰雕琢,会失去心理的纯真自然。绕弯过多,礼仪过分,反而给人"见外"的感觉,显得不够坦诚。

3.言语委婉

语言的表达方式是多种多样的,由于谈话的对象、目的和情境不同,语言表达方式也没有固定的模式,这就需要有高度的思想修养,也要有丰富的汉语知识。用得好,批评的意见可以使对方听得舒服,同样的内容可以使对方乐意接受,而且在很大程度上,可以激起对方的兴趣和热情。

4.言语幽默

幽默是一种最有趣、最有感染力、最具有普遍意义的传递艺术。幽默的语言能使气氛轻松、融洽,有利于交流。我们常有这样的体会,疲劳的旅途上,焦急的等待中,一句幽默的话,一个风趣的故事,能使人笑逐颜开,疲劳顿消。

例如,在公共汽车上,因拥挤而争吵之事屡有发生,任凭售票员扯破嗓子喊不要挤仍无济于事。忽然,人群中一个小伙子嚷道:"别挤了,再挤我就变成相片啦。"听到这句话,车厢里立刻爆发出一阵欢乐的笑声。此时,是幽默调节了紧张的人际关系。

(六)处理好人际冲突

人际冲突是指两个或两个以上个体之间、个体与群体之间或群体之间存在的互不相容、互相排斥的紧张状态。这种紧张状态主要发生在目标、观念、行为期望、知觉等不一致的情况,又或者是彼此觉得对方阻挠或将要阻挠自身利益的实现时,所引起的直接对立的行为。人际冲突有时也有正面的建设性意义,它能提供一个机会,指出问题的症结,帮助我们认识自己及对方的看法,并且使情绪有宣泄的管道。

1.预计冲突

由于我们每个人都有不同于他人的经历,有自己的情感、理解和利益背景,因此,人与人之间不一致或冲突是不可避免的。无论什么样的关系,也无论交往的双方关系有多么深刻,情感多么融洽,都可能出现冲突。因此,我们在同任何人交往的过程中,都应对可能出现的冲突有所准备。预计冲突是正确了解冲突,并建设性地处理冲突,避免在冲突中付出不必要的更大的代价的最有效途径。

2.避免冲突

在实际生活中,很多人际冲突是可以避免的,若冲突未发生,采用移情方式去体验别人的言行,可以有效帮助我们正确理解别人,避免发生不恰当的行为和错误的体验。若冲突已发生,那么应该就事论事,恰当处理。经研究,心理学家提出了解决冲突的有效步骤,具体内容是:第一,相信一切冲突都可以理性而建设性地获得解决;第二,客观了解冲突的原因;第三,具体地描述冲突;第四,向别人核对自己有关冲突的观念是否客观;第五,提出可能的解决冲突的办法;第六,对提出的办法逐一进行评价,筛选出最佳的解决途径,最佳方法必须对双方都有益;第七,尝试使用选择出的最佳方法;第八,评估实现最佳方案的实际效应,并按照给双方带来最大利益和最有利于良好人际关系维持的原则给予修正。

【课堂训练】
团体训练活动——情景模拟

1.当你面临如下情境时,你会怎样处理呢?

[情境1]同宿舍的同学自己从来不烧水,老是喝我烧的开水,我很想让他自己也烧,不要老是让别人帮他烧水,但又怕这样做会伤害到两个人的关系。

你的处理方法:_____

[情境2]雨天出门时发现自己的伞不见了,没办法出门,后面才得知是舍友私自拿了我的伞。

你的处理方法:_____

[情境3]学生会干部选举,一个综合能力不如我的同学当选为学生会主席,而我只当上了文娱部长,因为我比别人更擅长歌舞。我很不服气,觉得是同学们故意针对我,想辞去文娱部长的职务,以维护自己的尊严。

你的处理方法:_____

[情境4]同宿舍有位同学来自大城市,家境好,出手阔绰,但他看不起农村人,认为农村

人没见过世面,什么都不懂,只会死读书。我来自农村,不知如何与他相处。

你的处理方法:_____

2.发现和赞赏别人的优点

6～8人为一组,组员间相互赞美。每个人对其他组员必须说一句赞扬的话或一个优点,不能重复。被赞扬的同学要全部记录下来,并谈谈感受。

【课外拓展】

1.相识就是缘

有缘千里来相会,无缘对面不相识

——佚名

俗语说得好:有缘千里来相会,无缘对面不相识。在茫茫人海中认识彼此就有缘,而能在一个班级共同学习生活更是莫大的缘分! 班级刚刚组建时,学生彼此不熟悉,为了促进学生间相互认识和相互了解,可以用该活动达到预期效果。

[训练目的]

(1)体会到与人交往的乐趣,增强学生主动与他人交往的意识。

(2)学生在彼此的交流过程中,找到"有缘人",并且意识到与人交往是件容易的事情。

[训练时间]

大约40分钟

[训练准备]

将各种不同颜色的卡片,根据班级的人数剪成不同的形状,要求同一颜色、同一形状的卡片准备两张。准备背景音乐。

[训练程序]

(1)在播放着背景音乐的氛围里,要求每个同学从袋中摸出一张卡片。

(2)每个同学分头去寻找与自己持有相同颜色和形状卡片的人,找到后两个人彼此自我介绍,并且找到彼此3个以上的共同点。

(3)全体同学交流活动感受。

(注:如果班级人数太多,可以分组进行,每组10～20人为宜)

2.撕纸

一个人必须知道该说什么,一个人必须知道什么时候说,一个人必须知道对谁说,一个人必须知道怎么说。

——德鲁克

我们沟通得有多好,不在于我们对事物诉说得有多好,而是取决于我们被了解得有多好、达成的效应有多好。在平时的沟通过程中,我们经常使用单向的沟通方式,结果听者总是见仁见智,每个人按照自己的理解来执行,结果通常都会出现很大的差异。而使用双向沟通之后,结果有所改善,但差异依然存在。由此,我们认为沟通的最佳方式要根据不同的场合及环境而定。

[训练目的]

(1)说明对单向沟通存在的问题,有可能导致结果产生差异性。

(2)体会双向沟通产生的结果,理解沟通过程的复杂性。

(3)探索不同场合和环境最佳的沟通方式。

[训练时间]

大约30分钟。

[训练准备]

总人数两倍的A4纸。

[训练程序]

(1)给每位学生发一张纸。

(2)教师发出单项指令,同学保持安静,按照老师的指令进行操作,全程不许交流、不许提问:

——把纸对折

——再对折

——再对折

——把右上角撕下来,转180度,把左上角也撕下来

——把纸打开,展示成果

同学们会发现有各种答案。

同学们就为什么会有这么多不同的结果展开交流。(因为单向沟通不许问问题才会有误差。)

(3)请一位学生上讲台,重复上述指令,唯一不同的是这次学生可以问问题。

同学们发现这次还是会出现误差,同学们再次展开交流为什么结果还是不一样。(希望说明的是,任何沟通的形式及方法都不是绝对的,它依赖于沟通者双方对彼此的了解以及沟通环境的限制等,沟通是意义转换的过程。)

3.热座

[训练目的]

通过相互提意见,从多角度看待问题,发挥集体力量协助成员解决个人困惑。

[训练时间]

60分钟。

[训练准备]

与成员数相等的信封,一些信纸,每个信封内放3张信纸。

[训练操作]

(1)每个成员随意取一个信封(内有3张信纸),信封已进行编号:1、2、3、4……信纸上也注明相同的编号。

(2)请成员记住自己的编号,然后将自己目前感到困扰、想得到帮助的3个问题写在每页信纸的顶端,将信封按顺序放在桌上,信纸交给指导者。

(3)指导者将信纸打乱次序发给每个成员。每位成员拿到他人的问题时,认真思考,根据自己的经验和体会,怀着真诚助人的心情,以自己独特的方式回答。回答没有什么对错之分,只是把自己对某一问题的真实看法写出来,回答者不用署名。答完后将信纸放在一公共区域。

（4）再拿另一信纸作答，如此继续。在预定时间喊停止，请一人上前随意抽出几张信纸读出问题及解答。另几位成员负责将信纸按序号放回各自的信封。

（5）每个成员取回自己的信封，抽出纸条，一一阅读。

（6）最后，指定成员或由成员自由阅读他人回答后的感受。由于得到了多人的帮助，丰富了个人有限的经验，常常使受益者感动不已。

4.基本交往礼仪

[训练目的]

通过现场模拟，让学生掌握基本的交往礼仪，如握手、自我介绍、站姿、坐姿、走姿、服饰等。

[训练时间]

40分钟。

[训练操作]

（1）小组进行练习，学员之间互相学习，互相纠正。反复演练，保证每个学员都有机会得到学习和帮助。每个学员谈感受。

（2）每小组推荐2名学员到全体学员中表演。

（3）每个学员写下参加活动的收获、体会、感受、评价。

（4）结束活动，全体学员手拉手唱歌。

案例分析

一、我的宿舍我的家——宿舍人际关系漫谈

案例一：孤立

小雨是大二计算机专业的一名学生，宿舍人际关系让她苦恼万分，严重影响了学习不说，更让她每天都感到难过压抑。

小雨是一个学习刻苦勤奋的孩子，学习成绩非常优秀，遗憾的是，她在高考时患严重感冒，考试水平受到影响，最终考入了本地的一所普通大学。尽管如此，小雨还是满怀憧憬进了大学的校门。她暗下决心，决不虚度大学时光，抓紧时间学习，争取通过考研，考入自己理想中的大学。一个学期过去了，小雨学习成绩名列前茅，但她没有一点儿喜悦，紧锁的眉头写满了困惑和委屈。她对咨询中心的老师说道："我一心学习有错吗？为什么宿舍的同学总是冷嘲热讽，联合起来孤立我，给我起绰号叫'雨博士'，还常常调侃我：'哟，别说话了，小心打乱我们雨博士的思绪。'这也就罢了，可是每当我上完自习回到宿舍，她们故意沉默，故意做亲密状的窃窃私语，对我爱搭不理的态度，真的让我感到非常压抑，我不知道自己做错了什么，为什么她们那样对我？"

案例二：差异

一个低着头、眼里还噙着泪的女孩走进校心理咨询中心，向老师述说她的委屈："我们是六人间宿舍，宿舍同学来自各地。我和另外一个女生来自南部山区的农村，其余四个人中，一个是本地城市的，一个是南方来的，还有两个是本地下面县市的。

不同的家庭背景让人相处起来很困难。南方人总是一副见多识广的样子,看不起别人;本地城市的那个女生总是懒得不值日,还自认为常回家,理应少做卫生;县市的两位总是形影不离,一个鼻孔出气,好像宿舍就她们两个人似的。我们两个来自农村的,习惯了任劳任怨,操心想把宿舍关系搞融洽,能容忍就容忍。可是到头来,大家还不理解,就在昨天晚上,因为我太忙忘了值日倒垃圾,她们三个竟然脸色沉沉地指责我,完全忘记了自己是什么样子的,我很不服气,觉得很委屈……"

点评:宿舍就像是个微型的小社会,能否处理好宿舍的人际关系,关系到我们能否有个愉快的心境度过四年大学生活。在案例中我们看到,由于宿舍成员来自不同的地方,在性格、习惯、价值观、环境等方面存在较大差异,舍友之间常会出现一些不和谐的情况,这些矛盾如果不及时化解,日积月累就会导致舍友间的误会和不和睦,甚至爆发战争,严重的还会诱发心理疾病。因此,大学生掌握一些基本的人际交往技巧,学会接纳不同的性格、观点、习惯等,求同存异,与他人和谐相处就显得尤为重要。

金点子:面对宿舍人际关系不和谐时,我们可以采取以下方式调适。

第一,端正心态,珍惜同学间的友情,正视并学会处理自己与周围的人际关系问题。

第二,共同商量,制定必要的制度,动员每个人都来关心宿舍的公共事务。

第三,抛弃"理想化"状态。对于人际关系不要想象得太过美好,对他人期望过高,现实生活中常会遇到"人际暗礁"。

第四,认清自己是否具有妨碍宿舍关系的人格特点并加以克服,在宿舍共同生活中努力改正。

第五,提高自己对宿舍人际关系的认知及反省能力。认清影响宿舍人际关系的关键因素,防范冲突矛盾,冷静处理解决矛盾。

第六,多沟通多交流。主动与大家沟通,参与讨论和活动,消除误会,加强理解和信任。

知识窗:人际交往法则

1.你希望别人怎样对待你,你就怎样对待别人

这是美国心理学家埃利斯提出的一条人际交往"黄金法则"。在人际交往中,很多人出现对他人和周围环境持有绝对化、不合理的要求,比如:"我对你怎样,你就必须对我怎样"或"别人必须喜欢我,接受我",而他们自己却做不到"必须喜欢别人",实际上这是违背了黄金法则,构成了"反黄金法则"。这也导致自己对别人产生愤怒和敌意等情绪。

2.别人希望你怎样对待他们,你就怎样对待他们

这是迈克尔·奥康纳博士提出的,旨在告诉我们从别人的需要的角度出发,学会真正了解别人,以他们认为最好的方式对待他们,而不是我们自己中意的方式。另外,我们要善于花些时间去观察和分析身边的人,进而调整我们的行为,以便让他们觉得更称心自在,从而使他们更容易对你产生认同。

3.人际交往中人人共有的人性特点

人们都喜欢赞同自己的人,而不喜欢反对自己的人;人们喜欢喜爱自己的人,而不喜欢讨厌自己的人;人们首先关心的往往是自己,而不是别人;人们的本性是自利

的,但也有利他的一面;人们能容忍别人自利,但不能容忍别人自私,也就是说,人们可以理解认可那些利己但不损害别人的人,但不会喜欢那些损人利己的人,哪怕是自己的家人。

二、朋友的距离——把握人际界限

案例一:朋友为什么离我而去

丽玲一周来心情特别糟糕,吃饭没胃口,还失眠,她感到很困惑,自己对待朋友真诚无比,是个"掏心窝子"的人,怎么大家都离自己而去了呢?她对男友可以说是关怀备至,从头到脚事事操心,两人天天黏在一起,形影不离。她对两人的关系很满意,但最终男友以"与你在一起感到窒息"的理由向她提出分手。而在此之前,一个好友因误会刚和她绝交,起因是丽玲意图调和好友与其男友之间的关系,而丽玲的某些言行却被好友误解了,认为丽玲与其男友暧昧,所以一气之下与她绝交。

案例二:为什么说"不"又那么难呢

小明是班里名副其实的"好好学生",从不会拒绝他人,他也常自嘲为"便利贴男生"。即使他内心极度不情愿,也无数次告诉自己下一次一定要果断拒绝,但嘴巴就是不听使唤地说着"好",永远说不出"不"。时间长了,小明无奈,只能自我安慰:"只要不违背原则,为他人做事,做个乐于助人的人挺好的。"但他发现这个"乐于助人"的自己似乎并没有换来别人的重视和尊重,有时大家对他的笑闹和忽略深深刺痛着他的心。他想,再也不能这样下去了!可是,为什么说"不"又那么难呢?

点评:案例中丽玲对待朋友"掏心窝子",小明与他人相处成为"便利贴",按理说他们的人际关系应该非常好,可事实并非如此,为什么会这样呢?原因是他们忽略了一个"度"的问题。"掏心窝子"的丽玲过多地侵占了他人的空间,"便利贴男生"小明过多地缺失了自己的世界。为什么说"不"那么困难?在我们的文化中,人们通常要面子,很多时候碍于面子不去拒绝对方,因此很多时候就会勉强答应,答应了又违背了自己的内心,所以又出现"抱怨"的行为。其实,真正的朋友并不是一味地迁就对方。一个没有人际界限的人将面临混乱的人际关系,过度掌控或顺从、想要改变别人终将会失去自我,注定一生将是不快乐的。所以,把握交往的人际界限是一种生活的智慧。

金点子:在我们的实际生活中,如何做才能有一条清晰的人际界限呢?

第一,尊重别人的隐私。不管多么亲密的人际关系,应彼此保留一块心理空间。

第二,要有容纳意识。"水至清则无鱼,人至察则无徒。"尊重差异,容纳个性,容纳对方的缺点和一般过错。

第三,懂得运用距离效应。在双方人际关系界限过于混乱时,应适当减少二人之间的接触,保持相对独立性;在双方人际关系界限过于僵硬时,应尽量增加二人一起活动的机会,不要让彼此感觉到距离和疏远。

第四,学会拒绝的艺术。要明白拒绝一件事情不等于拒绝这个人;在拒绝时既要尊重自己也要尊重别人,不能用指责的方式;不要立刻、轻易、无情、傲慢、盛怒下拒绝,而要婉转、笑容、有代替、有帮助的拒绝。

知识窗：保持人际界限

清晰的界限使每个人都能保有独特性，彼此既不会觉得疏远，又不会觉得过分纠缠，这是最好的一种状态。界限不清楚就会出现混乱的界限，完全没有边界，混为一体。过于紧密的关系阻碍了关系中每个成员的自我发展。僵硬的界限使关系中的成员之间很少或者根本没有相互作用，使他们感觉不到相互之间的归属和亲情，处于疏离状态。

三、坦然相处——克服人际敏感

案例一：封闭的我

优点清单：无！长相，又黑又瘦；学习，成绩平平；家庭背景，最穷的山区农村；身体状况，弱不禁风，长年头痛；交友，没有一个朋友。这份是署名为"小风"的同学上交的心理小练习，心理老师找到小风后与他促膝而谈。"老师，我是一个自卑又好强的人。我爸妈从小教育我，一个人的声誉最重要。我很在意别人的眼光，在意他们如何评价我，我害怕别人注意到我的'不好'，所以我封闭自己，尽量少和他人打交道。我想这样就不用担心会暴露自己的缺点了，可是我常常感觉自己活得很孤独，没有一点儿生命的色彩，人生不应该是我这样的吧……"

案例二：我是社交恐惧吗

记得那是一个阳光明媚的下午，小红敲开了心理中心的门。只见她脸微微泛红，紧握的双手显示她有些紧张。她轻轻地问道："不知老师您注意到没有，我脸红了？"咨询老师笑着点点头。"我这个脸红的毛病是从初中开始的。从我说话时别人看我就脸红，发展到在所有异性面前脸红，再后来发展到在朋友聚会时，一群人中也会脸红。除了与亲人、熟人在一起不会，很多场合我都会脸红。那时，我能感觉到脸微微发烫，血往脸上涌的过程，我觉得这样很不好。后来查了资料，说是社交恐惧症的一种表现。老师，您说我这是社交恐惧吗？"

点评：案例中的两位同学显然在人际交往中都是属于人际敏感的人。自卑与封闭的小风和小红过于敏感，让他们与别人的相处变得艰难。人际敏感的人常有以下几种表现：一是由于过度封闭，容易与他人保持一定的距离，难以与人建立亲密的关系，所以缺少知心朋友；二是敏感多虑，和别人相处谨小慎微、很不自在，经常小心翼翼，害怕带给人麻烦，害怕别人嫌弃自己；三是多疑焦虑，"小心眼"，对小事情容易耿耿于怀，且久久难以释怀，爱钻牛角尖；四是自我意识强烈，很在意他人对自己的评价，很关注自己的言行是否得当；五是特别害怕与异性交往。

金点子：如何克服不良的人际敏感呢？

第一，淡化自己的重要性。暗示自己：你认为周围的人都很关注你，实际上大家更多的是忙于自己的事，不会注意到你的言行。

其次，常做自我反思。当你在人际关系中出现敏感时，先停下来问问自己："别人的话是针对我的吗？他是自己有什么不开心还是特意要跟我过不去？"

第三，提高自己的现实检验能力。也就是分清现实和心理现实。人都有心理现实，但是人内心认为的所谓真实，并不一定就是真实，而是经过自己的认知加工而构造出来的东西。这些被加工过的心理现实直接导致人的情绪波动和行为方式，一定要防止把经过自己认知加工过的东西当成现实。

第四,对自己的心理世界有一定的了解,这样才更容易识别出哪些是现实,哪些是自己的心理现实。

第五,注意可能产生的心理认知偏差。

四、关系的基石——学会人际信任

案例一:我想有朋友

小娟是大学三年级的回族学生,上了一年预科后以优异的成绩考入她喜欢的专业,但三年的大学生活,她是在痛苦中度过的。三年里她总共换了四个宿舍,每一次换宿舍,她都期望能和大家友好相处。"我真的渴望友谊,我想有朋友",这是小娟的心声,但事实总令她失望:"怎么人人都那样不值得信任。比如,我只是和一男生老乡多说了几句话,同学就在背后说我闲话,还问我是不是交男朋友了。我是回民,有人专门买'粉嘟猪'毛绒玩具当众炫耀,还天天放在床头。一次有道题不会做去问一个同学,她竟说:'真笨,这么简单的题也不会。'好像就她能,以后我再也不理她了。哎,反正这样的事一大堆,现在我常常去表姐家住,正在考虑休学回家……"

点评:案例中小娟表现出的是对人的不信任,有较重的猜疑心理。多疑是人际交往中的一种消极的心理品质,具有多疑心理的人,往往先在主观上设定他人对自己不满,然后在生活中寻找证据。带着以邻为壑的心理,必然会把无中生有的事强加于人,甚至把别人的善意曲解为恶意。这是一种狭隘的、片面的、缺乏根据的盲目想象。多疑心理的产生有以下几个原因:一是缺乏自信心。有些人在某些方面总感觉不如别人,有自卑心理,因而总以为别人在议论自己,看不起自己,算计自己,过分关注别人对自己的评价。二是认知方式的偏差。以点带面、以偏概全的认知方式使得个人在认识周围事物时产生知觉、归因等偏差。三是对挫折的防御心理。多疑心理的产生还可能是挫折引起的一种心理防御。有些人以前遭受了巨大的挫折,并长期保留着对挫折经历的深刻体验,矫枉过正,从一个极端走向另一个极端,不敢相信任何人和事。四是长期自我封闭,不与外界接触、打交道,对外部世界感到更加陌生。在这种情况下,个体在与外界打交道时难免比常人有更多的疑虑、戒心和防备。

知识窗:信任的形成

著名心理学家埃里克森的人格终生发展论为不同年龄段的教育提供了理论依据和教育内容。它告诉每个人你为什么会成为现在这个样子,你的心理品质哪些是积极的,哪些是消极的,多在哪个年龄段形成的,给人以反思的依据。婴儿前期(0~2岁)的主要发展任务是获得信任感,克服怀疑感,在这个阶段如果发展顺利,婴儿会觉得世界是美好的,人们是充满爱意并可以接近的,会对人产生安全感。如果发展遇到障碍,在他的一生中他将会对他人疏远和退缩,不相信自己和他人。具有信任感的儿童敢于希望,富于理想,具有强烈的未来定向,反之则不敢希望,时时担忧自己的需要得不到满足。家庭环境对人的一生会产生重大的影响,特别是早年形成的人格结构对以后的心理发展影响更为深远。

金点子:如何增强信任?

第一,培养自信心。每个人都应看到自身的长处并且培养自信心,相信自己能与周围处理好人际关系,给别人留下良好的印象。当我们充满自信地进行工作和生活时就不再担心自己的行为,也不会怀疑别人会挑剔、为难自己了。

第二,及时沟通,解除疑惑。世界上不被误会的人是没有的,关键是我们要有消除疑虑和误会的能力和办法。如果误会得不到及时解决,就会发展为猜疑,所以如果可以,最好同你"怀疑"的对象开诚布公地谈一谈,以便弄清真相,消除误会。若是看法不同,通过谈心,了解对方的想法,也有好处;若真的证实了猜疑并非无端,那么,心平气和地讨论也有可能使事情解决在冲突之前。

第三,改变思维方式。对于周围的人和事要善于观察,保持客观冷静的态度去分析。比如,可以请朋友或亲属帮助你参谋分析,消除一切荒唐可笑的看法。另外,要保持积极乐观的心态,并且更多地给予自己正面的心理暗示。人在心情愉悦的时候,不会往坏处想,也可以避免多疑心理的产生。

第四,纳悦自己和他人。接纳的一个重要原则就是求同存异,我们要允许自己和别人不一样,也要允许别人同自己不一样。我们要允许自己接纳别人的言行,但是我们不一定也会和别人一样采用相同的做法。但"不接纳"的态度常常自动出现在我们对于他人的感知中。当我们开始指责别人的时候,请停下来想一想,自己是不是又开始不接纳别人了。只有在这种觉察的基础上,我们才有可能用积极的观念替代消极的观念。

思考与练习

1.人际交往中的心理效应有哪些?人际吸引因素有哪些?

2.人与人之间交往从无到有,经历了哪些阶段?

3.结合大学生人际交往的特点,谈谈大学生是如何增进人际关系的。

参考文献

[1]马立骥.大学生心理健康教育与实训[M].杭州:浙江大学出版社,2012.

[2]樊富珉.大学生心理素质教程[M].北京:北京出版社,2002.

[3]张雪琴.大学生心理发展与调适[M].北京:中央编译出版社,2011.

[4]易锦海,李晓玲.交际心理学[M].武汉:华中理工大学出版社,1997.

[5]陆卫明,李红.人际关系心理学[M].西安:西安交通大学出版社,2006.

[6]徐岳敏.学生心理拓展训练教师实用手册[M].重庆:西南师范大学出版社,2010.

[7]谭谦章,袁一平.新编大学生心理健康教程[M].北京:化学工业出版社,2011.

[8]何少颖.新编大学生心理健康教育与训练[M].北京:高等教育出版社,2014.

第七章 学习与时间管理

【心灵导读】

　　"你会学习吗?"如果这个问题摆在你的面前,也许你会嗤之以鼻。你可能会说:"我在学校里都学了10多年了,连高考都考过来了,怎么还问我这种幼稚的问题!"然而,我们会发现在现实中有好多不会学习的大学生。例如,有些学生不会自主学习,有课就上,没课的时候不知干什么;有些学生天天在上课、上自习,究竟为了什么而学却茫然不知,学习只是习惯化了的行为;有些学生对什么都感兴趣,但常常是顾了这头顾不了那头,结果两手空空;有些学生在学习上花了很多时间,很努力,但看不到学习的成效,等等。

　　对于应用型本科高校的大学生而言,这四年的学习阶段是进入职场前的最后一个加油站,是满载而归还是一无所获,关系到他们能否顺利就业并拥有美好的人生。学会学习不仅关系着大学生的就业和进一步深造,也与他们的心理健康密切相关。许多大学生在进入大学后,面对不同于中学的大学教育内容和教学方法,表现出困惑和不适应,出现厌学情绪,甚至有些学生退学。所以,了解大学学习的特点,提高大学学习技能是十分重要的。许多心理学家都赞成,我们怎样学习比我们学习什么更重要。这意味着首先要了解学习活动的工作机制,即大脑是怎样工作的,记忆是怎样工作的,是怎样储存信息、找回信息的。知道了学习的技巧,学习会变得更简单、更快乐。

　　学习是人类生活的永恒主题,《三字经》说:"玉不琢,不成器;人不学,不知义",从侧面说明了学习的重要性。从古至今,哲学家、教育家、心理学家从不同的角度提出了很多学习理论。可以说,学习是人类生存和发展的重要手段,人在学习过程中就是一种发展,只有通过学习才能不断提高自己、完善自己。

　　大学是个体学习的黄金时期,大学生在大学的首要任务和主要活动方式就是学习。步入大学后,由于没有升学的压力以及学习自由度提高等原因,大学生的学习压力似乎要比高中低,然而随着大学阶段学习任务的难度增强和数量的增加,以及学习策略和学习方法的不同,再加上要面对考试、就业等竞争,大学生实际承受的学习心理压力并不轻。良好的学习心理能够帮助大学生提高学习效率,拓展自己视野,提升个人能力,促进成长和进步,并在学习中获得愉悦感和成就感,有利于他们保持健康的心理状态。反之,不良的学习心理会影响大学生的学习成绩,进而影响到他们的心理健康,甚至还会影响到学生对整个大学生活的体验。与此同时,科学的时间管理能够有效地帮助大学生提高学习效率。因此,了解和研究大学生学习心理现象及其发展规律,让学生树立积极的学习心理,掌握科学的时间管理方法,对改善大学生学习状况,提高自我心理健康水平有着重要意义。

第一节　学习心理概述

一、学习的含义

学习是一个众所周知的术语,动物的适应与生存,人类的发展与成长都离不开学习。从心理学上讲,学习是一个十分复杂的心理现象。在中国古代社会,人们已经开始思考学习的过程,并对学习心理有了初步的探索,比如《论语·学而》中提到"学而时习之,不亦说乎"。随着社会的进步以及心理学的独立和不断发展,人们开始有意识地运用心理学的原理、方法来研究学习过程,并出现了很多关于学习的论述。如桑代克认为,学习是尝试错误的过程,他在实验的基础上提出了学习三大定律:准备律、练习律、效果律。斯金纳认为学习本质是反应的改变,如果在学习的过程中产生了令人愉快的反应结果,那么这种反应结果就会高频率地发生。又如皮亚杰认为学习是主观经验系统的变化(重组、转换或改造),学习者不是在接受客观知识而是在积极主动地建构对自己的理解[①],等等。这些都推动了学习理论的发展。

从上述有关学习理论的阐述中我们可以看出学习的一个重要特征就是引起行为或心理的变化。一般来说,学习有广义和狭义之分。广义的学习是动物和人类共有的,是人和动物在生活中获得经验,并引起心理和行为变化持久的过程。广义的学习有以下几个特点:第一,从主体来看,无论是动物还是人类都具有学习能力,它是贯穿一生的,对个体来说,他的一生都贯穿着学习,学习无处不在。第二,从实质来看,学习的发生是由经验引起的。判断学习是否发生,关键是看个体在此过程中有没有习得经验,这种经验既包括外部的环境刺激,也包括个体的联系,更重要的是包括个体与外部环境之间相互作用。第三,从结果来看,学习的结果表现为个体心理或行为的持久变化。这种变化是由于经验获得引起的,它是持久的,短暂的、偶然的变化不能称为学习。当然这种变化有时候能直接见于行动,表现为行为的改变,但有时候并不一定以外显的行为来表现,也可以是个体身上潜在或内隐的变化。

狭义的学习主要指人类的学习,即在社会实践中,以语言为中介,自觉主动地掌握人类的社会历史经验和个体经验的过程。从这一概念可以看出,人类和动物是有着重要区别的。第一,从性质上看,人类的学习具有主观能动性,是自觉主动的学习,并在适应环境的基础上积极主动地认识和改造世界,而动物的学习大多数只是被动地适应环境。第二,从实质和内容来说,人类的学习具有社会性,能够通过语言和文字掌握社会历史经验,使人类能够学习前人所积累的经验和文化。这种学习超越了时空的界限,使人类的学习内容更加丰富。

学生的学习是人类学习的一种特殊形式,是指在教育者的引导下,学生有目的、有计划、有组织地通过各类信息的影响,掌握科学文化知识和技能,发展能力形成品德的过程。它是一种特殊的认识活动,主要以掌握间接经验为主,这些间接经验主要反映了人类长期以来认

---

① 刘儒德主编.学习心理学[M].北京:高等教育出版社,2010:22.

识世界的成果。学生的学习也具有多重目的性,学生不仅要掌握经验和技能,还需要发展各项能力,培养个人良好品德,促进个性健康发展,形成正确的世界观、人生观和价值观,以利于今后的学习、工作和生活。

二、大学生学习的特点

大学是人生当中的一个非常重要的阶段。在这一阶段,大学生从青春期步入成人期,身心方面会出现一些新的变化和特征。同时,大学的学习也有其特殊性,比起中小学,大学的学习在学习过程、学习内容和学习方法以及学习目的上都出现很大的变化,了解这些变化、特征,有助于帮助大学生更好地适应大学生活。

(一)学习过程的自主性

大学学习与中学相比,一个明显的特点就是依赖性减少,更多的是学生自己自觉主动地学习,自主性是大学生独立性、自觉性和创造性的体现,也是顺利度过大学生活的首要保障。与高中相比,大学的教学有其自身特点,在教育内容上,大学既传授基础知识,又传授专业知识,教育的专业性很强,还要介绍本专业、本行业的前沿知识和技术发展状况,知识的深度和广度都比中学大为扩展。此外,大学的课堂教学往往是提纲挈领式的,教师在课堂中着重讲的是重点、难点以及教师最有心得的领域,其他部分以及课后的理解、消化、巩固等环节主要依靠大学生自己独立完成。同时,大学生在学习的时间上有很大的自主权和支配权,他们能够根据自己的兴趣、爱好、特长安排学习。

在大学阶段,学生要获得更好的学习成绩以及学习体验,更多依靠的是学生自主的学习,这种自主性主要体现在以下几个方面:第一,大学生对学习内容具有较大的选择性。随着高等教育改革的深化,大学的课程安排越来越合理,既有专业课又有公共必修课,还有大量的选修课。学生能够根据自己的兴趣、爱好进行自由选择。除了教师的课堂教学外,图书馆、阅览室、学术讲座、社会实践活动、网络、师生交流等都能够成为学生的学习资源,学生通过自主选择学习资源从而获得自身素质的提高。第二,大学生拥有更多的支配时间。大学生的课程不像高中安排得满满的,上课之余,学生有大量的时间能供自己支配,他们能够依据自身情况做出个性化的安排。第三,大学生需要自主选择学习方式。在中学阶段,学生的学习主要依靠教师的计划和安排,学生只需要执行即可,但步入大学后学生不只是单纯地接受课堂上老师所教的内容,还需要根据自己的学习目标和专业要求,自主学习一些自己感兴趣的知识。大学中,自学占了很重要的位置。

这种学习上的自主性,让大学生面对学习的时候会敢于质疑书本及老师上课的知识,他们会在学习过程形成独立思考的意识。比如在老师上课时,对一个争论比较大的问题,他们能够表达自己的观点;又比如在专家讲座后,能够向他们提出自己的问题,甚至还会质疑专家的某些观点。但这种自主性也有两面性。学生在大学拥有很多自由支配的时间,若不能正确把握,一些学生会将这些自由时间挥霍在上网玩游戏、睡觉等方面,这不仅浪费时间也会对自己身心健康造成影响。因此,大学学习过程的自主性要求学生能够提高自我约束力,拥有较好的时间管理能力和规划能力,科学利用自己的自主时间,以提高自学能力。

(二)学习内容的广泛性和专业性

大学生在校期间学习的内容是非常广泛的。在课堂上教师在讲授书本知识的同时,并不局限书本知识,而是结合本专业培养人才的要求,不断拓宽知识面,随时加入一些新知识新观点,让学生学习到更多的知识。此外,大学生在校期间除了学习书本知识外,还广泛地从社会这个大课堂学习很多书本以外的知识,比如社会交往、社会实践类的知识。作为一个社会人,大学生不管是在校期间还是以后出校找工作,都需要和周围人交往。为了更好地与各方面的人员接触,方便自己今后的学习、工作和生活,大学生需要掌握一定的社交知识。这种知识的获取,除了要通过书本知识学习外,还需要自己的社会实践活动,大学生通过走向社会,接触社会,不断锻炼成长,才能增长知识和才干。

大学教育的目标和任务是为社会培养各类高级专门人才,因此大学教育也具有明显的专业性特点。大学生在报考那一刻开始就已经确定了自己的专业,大学四年的学习活动都是围绕这一专业来安排的。大学生在学习专业的过程中,要深入了解自己的专业,包括专业的培养目标、课程设置、就业方向等,努力发掘所学专业的专业魅力,培养自己对本专业的热爱,形成对专业学科知识的浓厚兴趣。另外,大学生也应该清晰地认识到学习内容的专业性并不代表学习的狭隘化。大学学习作为一种高层次的专业学习,这种专业性,是随着社会对本专业要求的变化而不断发展的。当今社会,学科的发展已经呈现出明显的融合趋势,各个学科之间逐渐打破了原有的界限,交流和联系也更加紧密。为适应这种变化,大学的专业性通常只是一个大致方向,更具体更细致的目标需要学生本人在大学四年的学习过程中或者将来走向社会的时候才会确定下来。所以专业学习是大学的主体方向,但不是学习的全部,大学生在学好自己专业的同时还要根据自己的能力、兴趣爱好,选择其他课程,扩展自己的知识面,形成良好的知识结构,才能为以后打下基础。

(三)学习方式的多样性

大学学习渠道是非常广泛的,学生可以通过多种方式进行学习。课堂教学是学生获取知识的主要途径,但并不是唯一途径。大学生在课堂学习外,可以通过学校丰富的教学资源进行学习,如听学术讲座、到图书馆查阅资料、参加社团学习、参与老师科研课题等方式积累丰富知识。除了校园内的学习,还可以参加校外实践、社会调查等途径拓宽自己的知识面。大学生来源不一,知识结构不一样,兴趣爱好也有所差别,这也造成了学生的学习方式必然是多种多样的。大学作为一个高层次、综合性的学习场所,能够为学生提供从不同层次、不同角度获取知识的平台,为他们在学习活动中发展自己多方面的兴趣、培养多方面的能力提供便利。学习方式的多样性,不仅提高了大学生学习的积极性,还锻炼了他们独立学习的能力,为他们将来步入社会奠定基础。

(四)学习目的的探索性

大学阶段,学生的智能迅速发展,他们具备了深入思考的基础。大学生学习也具有研究和探索的性质。在大学,课堂教学从传授既定结论逐步转变到介绍各学派理论的争论、最新学术动态等方面上来,学生的学习方式和思维方式也慢慢脱离死记硬背,开始进行独立思考。学生的学习不仅满足掌握知识,更在于探索知识形成的过程。在一些学习环节中,本身也就是一种探索和创新,如专业论文写作、科学调研等。在研究的过程中,他们需要认真确定课题和研究思路,通过调研和思考,分析解决问题,并提出自己对该课题的观点。在这种研究过程中,他们能够掌握科学的研究方法,培养自己的科学思维和独立思考、探索创新的精神。

·【延伸阅读】·

学习力:最本质的竞争力

所谓学习力,乃一个人学习态度、学习能力和终身学习之总和。这也是动态衡量人才质量高低的真正尺度。有两名同一所大学毕业的学生。一名学习力一般,且踏上社会后不再继续刻苦学习了,三五年后,他的知识已被折旧了一半;而另一名学习力较强,踏上社会后边工作边学习,三五年后很可能已经事业有成。有鉴于此,国际上早在 20 世纪 70 年代就提出了终身学习、终身教育的新理论。解读"学习力"这一新观念,有助于我们把思想与学习提高到一个更高的层次。学习力是最可贵的生命力。当代社会科技发展日新月异,知识总量的翻番周期愈来愈短,从过去的 100 年、50 年、20 年缩短到当今的 5 年、3 年。有人预言人类现有知识到本世纪末只占现时知识总量的 5%,其余的 95% 现在还未创造出来。这表明"一次性学习时代"已告终结,学历教育已被终身教育取代。

三、大学生学习与心理健康的关系

大量研究表明,心理健康与否和学习是否成功有着密切相关。学习是人类生存和发展的必备条件,大学生对各种学习的兴趣和自我提高是心理健康的标志,而心理健康是有效学习的基础,两者相辅相成、相互影响。

(一)学习对心理健康的影响

从心理学上讲,学习是个体后天与环境接触,获得经验及行为产生持久变化的过程。对大学生来说,学习是他们主要活动和任务,它可以促进大脑活动,发展智力,开发潜能。学习活动的过程就是开发脑力的过程,经常用脑可以增加脑部的血流量,使大脑获得刺激,产生更大的活动,保持脑细胞的相对稳定。学生通过学习,掌握了大量的科学知识和系统的学习方法,促进其智力发展。对每个学生来说,都有大量的潜能有待开发,而不断学习才能使这些潜能得到进一步的开发。通过不断的学习,能增进和改变自己的潜能;这些潜能最终将表现于学习成绩上或表现在其他兴趣特长上。

与此同时,学习还能够给大学生带来愉快的情绪体验,好学的学生能从学习中找到乐趣。在大学,很多时候自己的尊严和价值体现在学习和工作带来的成就上,成功的学习能够给学生带来积极的、愉快的情绪体验。而当遇到不如意的事情时,埋头学习,通过学习转移注意力,能让自己忘却烦恼,化不愉快的经历为动力,最终从学习成绩中获得安慰。

此外,通过学习还能让大学生发现自身的不足和缺点,促进大学生自我认知水平和自我概念的发展。正确认识自己,对大学生极为重要,良好的自我认知,能帮助大学生了解自己、悦纳自己,从而适应整个大学生活。通过学习,能够纠正大学生错误的认知观念,发展自己正确的认知方式,并根据社会的需要,不断地进行自我调节,改善个性品质,培养健全人格。

学习作为一种复杂的活动能够给大学生心理带来积极的影响,而不合理的学习也会对学生心理健康产生不良的影响。如果大学生没有确立自己学习目标或是学习目标不明确,会造成学生每日无所事事,浑浑噩噩。若学习方式不当,则会事倍功半,严重打击学生学习的积极性,导致心情沮丧,给自己带来严重的心理负担和挫败感。若学习内容不当,也会污染学生心理,扭曲大学生世界观、价值观和人生观。这些不定因素会直接和间接地影响大学生心理健康。

(二)心理健康对学习的影响

研究发现,大学生的学习成绩和智商不呈正比关系,对于具备正常智力基础的大学生而言,他们智商差异并不显著。在大学生学习过程中,有时候非智力因素要比智力因素对学习更有影响,比如学习兴趣、学习动机、情绪、态度、意志、个性等。这些非智力因素并不直接参与认识,它们是个体内部的动力系统,但影响人们认知的方式和积极性,对人的认识活动起着动力、定向、引导、激励和强化等作用。

学生学习活动并不是单一的智力或非智力因素起作用,而是两者共同作用。大学生在学习过程中,正常的智力因素是一般条件,而非智力因素往往能够转化为学习动机,成为推动学生进行学习的强大动力。比如学生选择什么专业,以后往哪一方面发展,研究什么类型的课题,和他们自身需要、兴趣、情绪、个性特点等心理因素密切相关。因此,良好的心理健康状况,即拥有正常的智力、健康的情绪、健全的意志、良好的个性、较强的适应能力等对大学生的学习起着重大促进作用。反之,若心理健康状况差,甚至有心理疾病,则会不同程度地影响和妨碍大学生学习,抑制潜能的发挥,甚至还会对大学生产生更严重的后果。

第二节 大学生常见的学习心理问题及其调适

一、学习动机问题

从心理学上讲,动机是由某种需要引起的,推动个体活动、维持已有活动并使该活动朝向某一目标以满足需要的内在过程或内部心理状态。它具有三种功能:激励功能、导向功能、维持和调节功能。

学习动机是指引发与维持学生的学习行为,并使之指向一定学业目标的一种动力倾向[1],是学生将学习需要和学习愿望转变成学习行为的心理动因,它直接推动个体学习。一

① 刘儒德主编.学习心理学[M].北京:高等教育出版社,2010:220-221.

般我们可能会认为,学习动机越强,学习积极性就越高,学习效率也就高;反之,动机越弱学习积极性也就越低,学习效率也就越低。然而,实际情况并非如此。心理学家耶基斯和多德森经过多年的研究发现,动机强度和学习效率不呈正比例关系,动机的最佳水平会随任务性质不同而不同。针对简单的任务,效率随动机提高而上升,中等偏高最佳;对于比较困难的任务,效率随动机增强而下降,中等偏低最佳;随着任务难度的增加,动机的最佳水平有逐渐下降的趋势,如图7-1所示。

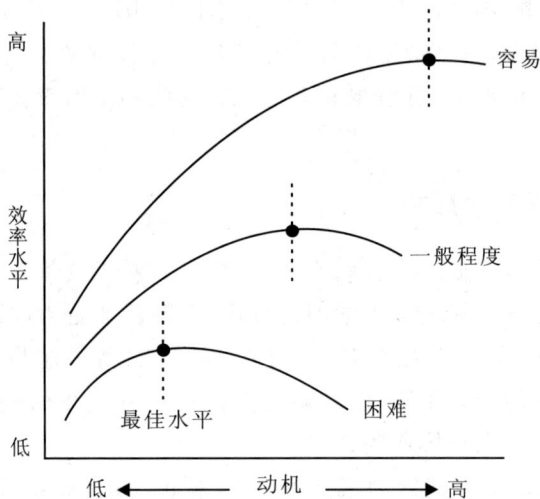

图 7-1　动机强度、任务难度与工作效率的函数关系

因此,对学生来说,适度的动机水平,能够帮助他们维持对学习的兴趣和警觉,同时减少焦虑对学习的影响。

(一)学习动机不当的表现

适度的动机水平有利于学生的学习,但很多情况下,学生动机水平会出现两极分化,要么动机过高要么就是动机不足,这两种都是学习动机不当的表现。

案例分析

我今年已经大三了,一直优秀的我一向对自己要求很高。当然这也与家庭的期望有关,父母都是具有高级职称的知识分子,在他们的言传身教下,我从小就知道奋斗与努力。在大学,我进行了认真细致的生涯设计,一步一个脚印向前走,成绩拔尖。与此同时,锻炼自己在各方面的能力。于是我在大学里像一只陀螺飞速旋转着,珍惜大学的分分秒秒,因为我相信:付出总有回报。可我却发现我离自己的目标越来越远了,我忽然怀疑自己的学习能力,感到自己在学习上的优势在失落,甚至多年积累的自信也受到了挑战,对未来,我忽然担心起来,我该怎么办?

上述这位学生所反映出来的学习心理问题就属于学习动机过强。学习动机过强的学生,主要表现为学习过度勤奋,对自己要求严格,有强烈的争强好胜心理。他们常常把学习看的至高无上,认为学习就是一切,是展示自我价值的唯一途径。这些学生从小受到"万般皆下品,唯有读书高"的观念影响,非常重视学习的分数和名次。他们给自己定下很高的目标,有些甚至超过自己现有的水平和能力。为了达到自己的目标,他们往往苛求自己,把时间都用在学习上,很少参加和过问其他活动。这类学生,往往长时间和超负荷地进行学习,导致精神紧张、记忆力减退、注意力降低等问题,而一旦失败,将承受很大的心理压力,很多人往往一蹶不振,甚至会产生轻生的念头。

案例分析

　　张某,男,20岁,某工科大学二年级学生。他中学阶段学习成绩一直非常优异,且一直担任班长职务。进入大学后,他忽然感觉到学习没有了动力,生活没有了目标,感觉心中总是空荡荡的。回想中学时代曾经的骄傲,他也想在大学里再创佳绩,但总找不到学习的动力和奋斗目标。上课打不起精神,自习从来不去,感觉学习、生活都没意思,于是经常通宵上网聊天、打游戏。

　　上面的案例就是由于学习动机不足而产生的学习问题。学习动机不足的学生,主要表现为逃避学习,不愿意动脑,贪玩,懒惰,不爱做作业,怕苦怕累;注意力涣散,不能专心上课,不能集中思考,易受外界影响,学习浅尝辄止;学习无精打采,对学习冷漠、畏缩,缺乏良好的学习方法,总是满足于死记硬背,不愿寻求适合自己的学习方法,对考试也是采取应付的态度。这种缺乏学习动机的学生往往学习成绩不好,对学习也毫无兴趣,难以享受学习带来的快乐。

(二)学习动机不当的原因

1.学习动机过强的原因

(1)过高的自我期望

一些大学生过度追求完美,争强好胜,自尊心强,总是要求自己要做到最好。他们对自己的学习能力缺乏恰当的估计,往往自我期望过高,给自己定下很高的学习目标,并强迫自己通过长时间高负荷的学习去实现这一目标,导致自身学习动机过强。

(2)对学习不良的认知

学习动机过强的学生往往错误地看待学习,把学习成绩好坏当成大学成功与否的标准,而把努力看成学习成功的唯一条件,认为只要努力学习了,就能成功。他们在大学唯一的快乐就是取得良好的成绩、获得奖学金等外在的奖励与肯定,忽略了自身的兴趣爱好,感受不到学习过程及其他活动的快乐。

2.学习动机不足的原因

造成大学生学习动机缺乏的原因有很多,大致可分为内部原因和外部原因。内部原因主要是大学生学习动机不明确,价值观念不强,学习态度不端正。高中时期,很多学生为了取得更好的成绩,考上理想的大学,长期刻苦学习,身心感到十分疲惫,上大学后,就认为万事大吉了,对学习缺乏较深的认识和明确的动机。有些学生觉得大学有着广阔的发展空间,学习成绩不是唯一的考量因素,一个人学习成绩差点,但他的组织能力和人际交往能力却非常突出,也能得到别人的认可,因此对待学习也是无所谓的态度,不像高中时候那么认真。

此外,缺乏自我效能感也是学习动机缺乏的重要原因。自我效能感是个体对自己是否有能力完成某一行为所进行的推测与判断。自我效能感高,对自己是否有能力完成学习任务的自信心也就越强,反之则越弱。大学生在学习的过程中,对自我能力的有效认识不足,会导致大学生对学习缺乏自信心,也直接影响着大学生能否正确面对并努力克服学习中的问题和困难。

外部原因主要是受到社会不良风气的影响,比如拜金主义、享乐主义、读书无用论等。不少家长和老师在指导学生学习时,往往较为功利,只考虑什么专业好找工作,好发展,没有考虑孩子的心愿,使得很多学生上学后因所选专业不符合自己的兴趣而无心学习,浑浑噩噩度过大学时光。

(三)学习动机不当的调节

1.学习动机过强的调节

(1)正确认识学习

学习是大学生在校的主要活动方式和任务,大学生在校期间必须以学习为主,但这种学习不仅局限于书本上的学习,还包括课外的、社会实践的学习。另外,大学生努力学习没有错,但不能把学习只看作是获得荣誉,而应该将注意力转移到学习过程中来,在这种学习过程中,挖掘自己的兴趣,享受学习的快乐。

(2)正确认识自己

很多时候,大学生学习动机过强,往往是由于不合理的自我认识,他们在不了解自身实际情况的基础上,给予过高的期望,从而在学习中过分苛求自己。大学生在学习过程中,首先要对自己的水平和能力有个清晰的认识,在此基础上科学地制定学习目标。另外,在确定目标后,要分阶段、分步骤实施。要知道目标的实现不是一两天的工夫就能完成的,需要长期的努力,太过苛求自己短时间完成,会给自己太大的压力,反而会影响自己的学习。

2.学习动机不足的调节

(1)培养和激发学习兴趣

兴趣是一个人积极探索某种事物的心理倾向,并在此过程获得愉快的情绪体验。对大学生来说,兴趣是最好的老师,它能帮助大学生引发强烈的求知欲,让学习变成一种愉快的过程而不是一种负担。当大学生对某门课程感兴趣就会主动去探索,在这种探索的过程中学生能够获得更多的知识或者新的发现,从而引发他们好奇心和求知欲。在这种过程中学生能够获得愉快的体验,而这种体验又进一步激发学生的兴趣,推动他们去进行更高层次的探究。

要培养和激发学生学习兴趣既需要高校教师的努力也需要学生本人的付出,作为高校教师,应该不断追求高水平的教学方法。好课程、好教材、好方法是激发学生兴趣的最有效方法。同样,学生也应该把学习看作是自己的需要,进入大学后要尽早地进入学习状态,努力培养自己专业学习的兴趣。

(2)端正学习态度,调整心态

很多学生进入大学后,没有正确认知到大学学习的重要性,他们觉得高中已经花了很大精力学习,到大学需要弥补一下,好好放松自己。还有些同学忙于参加大学里面各种各样的社团活动,以为只要参加活动培养了自己某些能力,就不需要再去认真学习了,他们对待大学学习缺乏了高中时那种认真态度。但实际上,大学对一个人的成长发展有着重要的作用,大学生应该认真学习,端正态度,若没有正确认识到学习重要性,没有踏踏实实好好学习,可能影响自己一辈子。此外,大学生在学习的过程中,会遇到各种各样的困难,有时发现付出却没有收获,难免影响自己的学习心态。但要知道困难谁都会遇到,收获不是没有,有时候只是会来迟些,我们不能因为一时的困难或没有收获而放弃学习或自暴自弃。作为大学生应该端正学习态度,敢于挑战,用坚强的意志去克服困难,遇到苦难时要及时调整好自己的心态,这样才能有效地增强自己的学习动机。

(3)培养成就动机

成就动机是学生力求通过学习获得知识、发展才能,以实现个人成就目标的动机。大学生很多希望成为工程师、教师、医生或者国际知名学者,这些都是支配他们学习的成就动机。大学生成就动机的大小以及是否拥有成就动机跟大学生学习效果及未来发展密切相关。一般来说,大学生拥有远大的成就目标时,会严格要求自己,不断努力,追求自我完善。反之,若大学生未来缺乏成就动机,他就会放松自己,从而碌碌无为。作为大学生,需要建立适当的成就动机,明确学习目标,当然这些目标是经过努力能够达到的,是具体而不是抽象的。当一个阶段的目标实现后就会获得成就感,而这种成就感又能够转化为成长的动力,使其迈向更高的台阶。

·【延伸阅读】·

培养良好的学习习惯

1978 年,75 位诺贝尔奖获得者在巴黎聚会。有人问其中一位:"你在哪所大学、哪所实验室里学到了你认为最重要的东西呢?"出人意料,这位白发苍苍的学者回答说:"是在幼儿园……"又问:"在幼儿园里学到了什么呢?"学者答:"把自己的东西分一半给小伙伴们;不是自己的东西不要拿;东西要放整齐,饭前要洗手,午饭后要休息;做了错事要表示歉意;学习要多思考,要仔细观察大自然。从根本上说,我学到的全部东西就是这些。"这位学者的回答代表了与会科学家的普遍看法。把科学家们的普遍看法概括起来,就是他们认为所学到的最主要的东西是幼儿园老师给他们培养的良好习惯。

【课堂活动】

你的学习积极性怎么样?请仔细阅读每一题,根据你的实际情况,在赞同的句子前画"√"。

(　　)1.一读书就觉得疲劳与厌烦,极少主动学习。

(　　)2.除了老师指定的作业外,不想再多看书。

(　　)3.如果别人不督促的话,极少主动学习。

(　　)4.看书时,需要很长时间才能进入状态。

(　　)5.在学习中遇到不懂的地方,根本不想设法弄懂它。

(　　)6.心里常想:自己不用花太多的时间,成绩也会超过别人。

（　　）7.迫切希望在短时间内大幅度提高自己的学习成绩。

（　　）8.为了及时完成某项作业,宁愿废寝忘食、通宵达旦。

（　　）9.为了学好功课,放弃了许多感兴趣的活动,如体育锻炼、看电影与郊游等。

（　　）10.常为短时间内成绩没能提高而烦恼不已。

（　　）11.课本上的基础知识没啥好学的,只有看高深的理论、读大部头作品才带劲。

（　　）12.花在课外读物上的时间比花在教科书的时间要多得多。

（　　）13.把自己的时间平均分配在各科上。

（　　）14.觉得读书没意思,想去找个工作做。

（　　）15.平时只在喜欢的科目上狠下功夫,对不喜欢的科目则放任自流。

（　　）16.给自己定下的学习目标,多数因做不到而不得不放弃。

（　　）17.总是为同时实现好几个学习目标而忙得焦头烂额。

（　　）18.几乎毫不费力就实现了自己的学习目标。

（　　）19.为了实现一个大目标,不再给自己制定循序渐进的小目标。

（　　）20.为了应付每天的学习任务,已经感到力不从心了。

评分与评价:

画"√"得1分,未画"√"不得分,将各题得分相加,算出总分。

如果你的总分在14分以上,说明你有严重的学习动力不足,需调整。

如果总分在6～10之间,说明你的学习动机存在问题,必要时要调整。

上述20题可分成4组,分别测查学习的4个方面的困扰:1～5题测试你的学习动机是不是太弱;6～10题测试你的学习动机是不是太强;11～15题测试你是否缺乏学习兴趣;16～20题测试你在学习目标上是否存在困扰。

如果你对某组中3道以上的题回答"是",则说明你在相应的学习方面存在一定程度的困扰。

（摘自:张大均,邓卓明.大学生心理健康教育:诊断·训练·适应·发展[M].重庆:西南师范大学出版社,2004）

二、学习疲劳

（一）学习疲劳及其表现

疲劳是由于高强度或长时间持续活动而导致个体生理和心理上产生疲劳感,致使学习能力减弱,效率降低,动机行为改变,甚至头晕目眩不能继续学习的一种状态。

案例分析

　　王某,女,21岁,某大学二年级学生。性格比较内向,爱好学习,且一直非常勤奋,成绩从小学至今一直名列前茅。她学习非常自觉,从来不浪费时间,课上认真听讲,课后自觉上自习。与同学除了在学习上没有其他交往,基本不参加学校、班级的文体活动,每天过着寝室—食堂—教室"三点一线"的生活。但她近期特别不愿意学习,上课不想听讲,课后不想看书,强迫自己也学不进去,并且总是感觉很疲惫、没有精神,即使早上刚起床也感觉很累,做什么都感觉没有意思。她知道这样不好,但又不知道怎么办。

以上这位同学就是由于学习、生活方式不科学而引起的学习疲劳。

学习疲劳可分为生理疲劳和心理疲劳两类。生理疲劳主要是肌肉受力过久或持续重复性的动作造成肌肉痉挛、麻木、眼球发疼肿胀、腰酸背痛、动作不准确、打瞌睡等。如一个平时缺乏锻炼的学生参加体力消耗较大的劳动,或参加一场体育运动,就会感到疲劳。心理疲劳主要是因为长时间从事心智活动,大脑皮层兴奋区域的代谢逐步提高,消耗过程超过恢复过程,脑细胞处于抑制状态而使得大脑得不到正常休息。这类疲劳的特点是感觉器官技能降低、注意力涣散、思维迟钝、情绪易躁动、忧郁、易怒等,这类疲劳在大学生表现较多,比如大学生不想上课,不愿见老师;不愿做作业,一提作业就发怵,一看书就发困;有时候即使在没有外界干扰的情况下,注意力也常常不能集中,有的学生虽然也在看书,却"看不进去",记不住书中的内容。

学习疲劳现象既可以是学习者主动感知的,也可以是由他人通过对学习者外在行为的观察得出"学习者已疲劳"的结论。学习疲劳对人体来说是一种保护机制,经过适当的休息可以恢复。但如果长期处于疲劳状态,勉强让大脑有关部位继续保持兴奋状态,就会导致大脑兴奋和抑制过程的失调,严重的还会引起神经衰弱,而大学生对学习也会产生厌恶情绪,学习效率也将大大降低。

(二)大学生学习疲劳的防治

1.善于科学用脑

现代科学已经清楚地揭示了大脑左右两半球功能有差异,大脑左半球主要同抽象的智力活动有关,如数学计算、语言分析等逻辑思维活动;右半球则主要同音乐、色彩、图形、空间想象等形象化的思维活动有关。因此,如果一个人长时间使用一侧大脑半球,就容易引起疲劳。所以,为了克服疲劳,需要让不同性质的学习内容互相轮换,动静配合,使大脑左右两半球交替运行。比如,当从事计算、语言、逻辑、哲学等科学活动时可以穿插色彩、音乐等艺术活动,这就可以有效缓解疲劳现象的发生。

2.注重劳逸结合

大学生要注意休息,做到劳逸结合。学习过程要有间隙的休息,特别要注意使脑力劳动与体力劳动、文娱体育活动结合起来,交替进行。一张一弛是文武之道,也是学习之道。大学里,学校安排了休息时间,一般学习45分钟,休息10分钟,平时阅读或自学40~50分钟,同样也要休息10~15分钟,这样大脑可以得到休息,有利于提高理解力和记忆力。学习之余,学生可以参加一些文体活动,使身心都得到放松和调节。大学生尤其要增强体育锻炼,锻炼能够使心脏活动量增加,血液循环加快,使人精神愉快,脑力充沛,提高学习效率。此外,大学生每天也要保证充足的睡眠,睡眠是一种彻底休息,是消除疲劳的重要手段。只有保证充足的睡眠,才能使头脑清醒,精神振奋,疲劳消解。一般认为,大学生每天睡眠时间应保证7~8小时,当然个体会有差异,每个人都应该依据自己的情况而定。

3.顺应生物钟规律

科学发现,人体的各种生理和心理功能随着时间的推移做规律性的运动,我们把这种现象称为"生物钟"。对大部分人来说,上午 7—10 时,人的生物机能处于上升状态,10 时左右精力最充沛,是学习与工作的最佳状态,以后逐渐下降,至下午 5 时后又再度上升,到晚上 9 时又达到最佳状态。当然,这一变化规律会因地区或个人而有所不同。若是每位大学生都能掌握好自己生物钟规律,合理安排作息时间,就能避免学习疲劳,提高学习效率。

·【延伸阅读】·

你充分了解自己的生物节律吗? 知道自己在一天的哪段时间里学习效率最高吗? 根据学习者对不同学习时间的偏好,可将学习者分为四种类型:清晨型(也叫百灵鸟型)、上午型、下午型和夜晚型(也叫猫头鹰型)。

清晨型:该类型学习者在清晨头脑清醒,反应敏捷,记忆和思维效率高。清晨型学习者这样描述自己对学习时间的偏爱:"我总是习惯于在清晨学习,这时候,思维特别活跃,记忆也特别好。所以,我总是把需要记忆的知识放在清晨记诵,这样往往会收到好的效果。相反,如果让我在下午学习,那简直糟透了:心不在焉,注意力不集中,反应迟钝。学习效果是可想而知。因此,我习惯在下午运动。我并非'猫头鹰'型,从不习惯熬夜,所以早睡早起成了我的习惯。"

上午型:上午型学习者在 4 个时间段中上午的学习效率最高。他们常常说:"我发现上午 9 点后头脑才完全清醒,这时候注意力集中,思维活跃,学习效果最好。所以我对这段时间抓得特别紧,绝不把它轻易放过。"

下午型:该类型学习者偏爱下午学习,他们在下午时的学习效率最高。该类型的学习者较少,但确实存在。

夜晚型:该类型学习者在夜间大脑转入高度兴奋状态,且特别清醒,注意力集中,精力充沛,思维活跃,学习效率特别高。下面是一位猫头鹰型学习者对自己偏爱的学习时间的描述:"如果让我选择什么时间来自修,那答案无疑是晚间,甚至深夜。清凉沁人的空气中,飘荡着湿润的泥土气息与淡淡的花香。此时,坐在敞开的窗户前,伏在橘黄色的光景里,头顶着星星,面对着书卷,让知识渗入脑中,的确是一种享受。那一刻的学习与在白天拥挤、喧嚣状态下的学习相比有天壤之别。乐于晚上学习的另一重要原因是,此刻我的心情特别平静,可以说是心静如水,但大脑却运转飞快。众所周知,情绪对学习是很重要的,在大喜、大怒、心乱如麻、胡思乱想等状态下都不可能进行良好的学习活动。所以,我选择了心情平和的晚间学习。"

(摘自:熊建圩,潘华.大学生心理健康教育[M].北京:北京理工大学出版社,2015:75)

4.创设良好学习环境

一般而言,良好的学习环境能让学生感到舒适,不容易产生疲劳感,学习效率也会提高。如学习环境要保持安静,防止噪声及其他影响学习效率的声音干扰;学习时应保证足够的光线,避免光线过暗或过亮,使人头晕目眩,出现视觉疲劳;保证学习环境中的空气新鲜和适宜的温度与湿度,不在空气污染的条件下学习,以免引起胸闷或呼吸困难等症状。大学生要选择优良的环境进行学习,或是自己创造适合的学习环境,这样才能减低疲劳,提高学习效率。

三、注意障碍及调适

(一)注意障碍及其表现

注意是心理活动对一定对象的选择和集中。学生在学习中的个别差异,有时候并不完全因所具有的天资不同,更主要的是由于他们在学习时注意力集中的程度不同,而高度集中的注意力又是保证学生高效率学习的必要条件。从心理学上讲,注意分为有意注意和无意注意。有意注意是学生主动、自觉、有目的地根据学习需要做一定努力的注意;无意注意是指事先没有预定的目标,不需要做意志努力,不由自主地对某一事物做出的注意。

大学生的注意障碍主要是他们在学习的过程中注意力不集中或注意力分散,也即在需要注意的情况下,受到干扰使无意注意增强,有意注意减弱。无意注意增强意味着注意保持时间短,外界稍有一点刺激就分心,主观上想把注意力集中在学习上也做不到;有意注意减弱则是注意力分散且不能持久,不能将注意力集中于一定的对象上,对已经开始的学习活动常半途而废,难以坚持始终。大学生注意障碍是导致学习效率降低的重要原因,它主要表现为:

1.易走神,无关动作较多

有注意障碍的大学生,他们在学习时不能有效控制自己的心理活动,容易转移注意力。在课堂上,总是想一些跟学习毫无关系的事情,他们的思维远离当前的学习活动,想着想着就会伴随一些与学习无关的动作,比如东张西望、讲话、玩弄手指、摆弄笔杆、摸东翻西等,始终不能把注意力维持在学习上。

2.易受干扰,学习效率低下

有注意障碍的大学生,在学习时很容易被外界无关的刺激所吸引,比如课本掉地上或教室外面的声音都能引起他们的注意,最后使得注意偏离当前的学习活动,久而久之学习效率极为低下。有些同学看起来花在学习上的时间很多,一整天都在学习,但是最终却收不到多少成效,就是因为在学习的时候常受干扰,时间虽多,效率却低。

(二)注意障碍的调适

1.明确学习目标

大学生在学习前应根据自己的实际情况,为自己确立一个具体明确而又适当的目标,并依据目标制订详细的学习计划。比如今天在课堂上要掌握一些什么知识,需要哪些方面的提高等。确立一个明确的目标,让自己每次学习时都有具体的学习任务,带着任务和问题进行学习,这样当你转移注意的时候,一想到这些目标和任务,就不会随意分心,学习才会更有动力。

2.培养学科兴趣

大学新生入学后,学校一般都会对各专业前景、发展方向作一些介绍,让学生对所学专业及课程带有新奇感和求知欲,但随着学习的不断深入,难度增大,好奇心也会减弱。因此培养大学生对学科的兴趣,首先要明确这一学科的社会意义和专业意义,让大学生认识到本学科对自己学习、品行修养等方面所产生的影响。其次大学生要主动学习,带着疑问去学,针对一些有争论的问题能够提出自己的看法,这样有了学习的兴趣,注意力必然就会集中在学习上。

3.掌握科学的学习方法

学习方法不当会使得学习效果不佳,长此以往会导致学生上课无心学习,注意力不集中。大学生在刚入学,可能会对大学的教育教学方法不适应,学习无所适从。作为大学教师,应及时对他们进行教育,使他们明白大学教学与中学教学的区别,帮助他们尽快适应大学学习。大学生也应该尽快适应大学教学,总结出一套符合自身条件的学习方法。

4.学会自我调节,排除干扰

学习本来就是一件非常艰苦的事情,需要长期的努力和顽强的意志力,有时候很多知识抽象又枯燥,这更会影响学生的注意力。因此大学生在学习的过程中要学会自我调节:一是注意劳逸结合,防止因长期学习而导致的注意力不集中。大学生在学习之余应多参加文体活动使自己有劳有逸,有张有弛。二是学会将一些自己感兴趣以及不感兴趣的内容进行穿插学习,当感到厌烦的时候,可学习一些感兴趣的知识,反之亦然。另外,每个大学生心理特征不一,对周围环境要求也不一样,比如有的人在绝对安静的环境下才能集中注意力;而有的人在轻柔的乐曲声中更能集中注意力。因此,大学生要根据个人不同情况,选择适合自己的学习环境,在出现干扰的时候要学会排除干扰,集中注意来学习。

四、考试焦虑

(一)考试焦虑及其表现

焦虑是人们由当前活动或对未来活动的预期而引起的紧张、不安、忧虑甚至恐惧等情绪状况。考试焦虑是在一定应试情景激发下,受个体认知水平、已有经验、人格倾向影响和制约,以担忧、恐惧为基本特征,以防御或逃避为行为方式,通过不同程度的情绪性反应所表现出来的一种心理状态。考试是一种高度紧张的智能化活动,它对考生的心理素质有很高的要求,目前在大学生中考试焦虑水平较高的人数达到20%以上,特别是一些基础差,学习成绩不好,性格比较内向的同学,最容易产生考试焦虑症状。

案例分析

我必须一笔一画、一字一句地看,以防止自己看错或看漏题;解完题后,必须将计算结果算一遍又一遍,有时甚至为一道题反复检查近40分钟,否则就放心不下,以至于无法及时完成后面的题目。这样长时间地反复检查同一道题,使我头晕、胸闷。这难道是考试吗?这简直就是一种折磨。

以上这位同学就是典型的考试焦虑。

大学生考试焦虑表现十分明显。首先在考前担心害怕,紧张不安,无法沉静下来认真学习,总是想着自己考试可能会失败,吃不好睡不好;学习或复习的时候注意力难以集中,大脑有时一片空白,记忆明显衰弱导致复习吃力,效果不佳;情绪易紧张,易烦躁,整天忧心忡忡,难以自控;身心疲惫,心慌气短,多感不适,产生头痛、头晕等症状。其次,在考试中出现坐立不安、心跳加快、呼吸急促、头晕、出汗等症状,严重者可能全身发抖,两眼发黑,甚至晕倒。

(二)考试焦虑的原因及危害

1.大学生考试焦虑的原因

大学生考试焦虑的原因很多,概括起来大致有以下两个方面:

主观因素:一是大学生给考试赋予太多意义。考试在大学应该是非常常见的一项活动,但有些大学生会把考试跟荣誉、面子、尊严,甚至前途命运联系起来,不断地给自己暗示,无形之间给自己很大的压力,这样遇到考试必然会焦虑。二是学生个性特点及过高的自我期望。一般而言那些敏感、内向和缺乏安全感以及追求完美的学生在考试时容易出现焦虑。另外,对自己学业期望过高的同学,非常看重学业成绩,他们对考试失败会有很大恐惧,考试焦虑水平也比平常人要高。三是知识掌握程度与备考情况。俗话说"有备无患",但在大学当中,往往一些学生平时不认真听讲,也不好好复习,只知道临阵磨枪,这样在没有准备的情况下参加考试,自然会产生焦虑。四是考试经验。大学生都是"身经百战"过来的,每个人都经历过相当多的考试,以往考试成败经验往往会影响他们对待考试的态度,进而也会影响他们对考试的归因和努力程度,更会影响他们的焦虑。

客观原因:一是外在环境给予过大压力。随着社会竞争愈演愈烈,学校、家长对学生的期望也越来越高,他们会希望学生更加优秀,进而要求学生考试成绩越高越好,这些期望对学生而言都是莫大的压力。二是考试本身。比如考试的难易程度、重要程度等。一般情况下,越重要的考试,越容易焦虑;难度越大的考试,越容易产生焦虑。

2.大学生考试焦虑的危害

一般来讲,适中的考试焦虑水平能激发学生的积极性,使学生在考试中较好地发挥自己的水平,获得满意的成绩。但是,过度的焦虑会对学生身心健康产生一定的危害,具体表现如下:

（1）危害认知过程

在正常情况下,学生在考试过程中需要将注意力高度集中在考试试题上,才能按要求答完考题,而过度的焦虑会让学生注意力分散到担忧或多余动作上来,从而影响考试。考试过度焦虑的学生会担心考不好受到家长、老师的批评和同学的嘲笑,因此考试时对偶然刺激非常敏感,东张西望,注意力难以集中,这就必然扰乱了其应试心理过程。

（2）干扰回忆过程

回忆是指个体根据当前的需要将头脑中已有的经验或信息有序地检索并提取出来的心理过程。目前,学校中的各种考试几乎都是闭卷考试,学生需要准确迅速地回忆起所学的内容,才能完成考试。但过度焦虑的学生恐惧和担忧过多,使得头脑中的信息储存出现混乱,难以检索和提出对考试有用的信息,造成错答、漏答和不知如何应答等现象,严重影响了考试成绩。

（3）破坏思维过程

思维是认知活动过程的核心,清晰流畅的思维能帮助学生考试时候顺利作答,但由于焦虑情绪的干扰作用,他们的思维活动会陷于呆滞和凝固状态,分析、比较、综合、抽象、概括等具体思维能力无法正常发挥,创造性想象、发散式思维更无从谈起,最终严重影响了考试成绩。

(4)危害身心健康

过度考试焦虑往往会伴随着生理变化,这些变化会在不同程度上破坏人体的神经系统、心血系统、消化系统和内分泌系统等功能发挥,还会破坏人体防御系统,降低人体对疾病的防御能力,严重危害个体的身体健康。同时,过度焦虑会使人的情绪难以稳定,终日焦躁不安,损害个体人格结构,形成遇事易退缩、好幻想、过分胆怯或害羞的人格。长期的焦虑得不到缓解还会使人的心理反应过于敏感,经常猜疑或挑剔,影响自身人际关系。总之,过度考试焦虑对身心健康的危害绝不能低估。

(三)考试过度焦虑的调适

1.树立正确的考试观,用平和的心态面对考试

大学生应认识到,考试不是学习的目的,只是检查教学成效,提高教育教学质量的重要手段之一。大学生一方面要充分认识到考试工作的意义,以实事求是的态度对待考试,把考试当作检验自己近段时期的学习态度、学习能力和知识水平的一种方式。另一方面也要清晰地认识到考试不是衡量学习质量的唯一标准,也不是决定终身命运的"生死战",考试失败不代表自己一无是处。对待考试,大学生心中要形成一种"常态",即用平和的心态去面对它,不管是大型考试还是小型测试都应该保持平常状态。只有这样,才能有效地降低对考试的心理焦虑。

2.从实际出发,确定恰当的考试期望

期望水平是指个体在从事某种活动之前,对所要达到目标的主观估计。心理学研究表明,恰当的心理期望能帮助大学生顺利实现目标,而过高的期望则会导致较强的心理压力。为此,大学生在考试前,要对自己所掌握的知识和具备的能力有个正确的评价,并在此基础上制定自己适合考试的目标。若是目标过高,超过自己真正水平和能力,那在考前会因为难以把握目标而失去信心,不能集中精力认真复习,最终导致考试失败,而失败后又会产生挫败感,引起自己的焦虑反应。因此,为降低考试焦虑,大学生需要从自身实际出发,调整期望水平,包括学生的自我期望,也包括教师、家长对学生的期望。

3.做好充分的准备,保持良好的考试状态

考试都是对一定知识和能力的检验,如果提前予以准备那么考试时候就能不慌不乱,沉着应考,可以说充分而良好的考试状态是预防产生过度焦虑的最有效方法。考前的准备工作很多,一般而言有知识技能准备、身心准备和细节准备等,缺一不可。

知识技能准备是学生对考试所要求的知识与能力进行自我检查、自我完善的过程,是考前准备重要的一环。参加过考试的学生都有体会,当一看到考题不难,都在自己掌握之中,所谓的紧张不安的情绪便会减少许多,脑子不再麻木,思维也更加灵活了。反之,若出现的考题都是自己没见过的,超出自己知识和能力之外的,那么就会产生焦虑反应。这就需要学生在考前将相应的知识和技能准备好。当然,知识和技能准备并不是简单地看一两遍书,而是需要认真思考自己掌握了哪些方面的知识,没有掌握哪些方面知识,在此基础上进行有针对性的学习,这样才能做好充分的准备。

身心准备主要是体能准备和心理准备。大学生在考前要坚持科学的饮食习惯和良好的睡眠,注意劳逸结合,保持身体健康。有些学生喜欢考前突击,作息时间紊乱,睡眠不足,致使大脑过度疲劳,精力不济,体能下降,最终将影响考试发挥。心理准备主要是保持平和的心态,要对自己的考试结果有一个大致的心理预期,能够在心里接受自己的考试结果。大学生还可以运用自我暗示的方法,比如,用"我已经掌握了大部分知识,只要再继续努力,就会有收获"等来为自己树立信心。

细节准备主要是把考试需要的各种证件、文具等准备好,提前把握好时间、地点,避免考试时丢三落四,因一些突发事件,如因为忘带考试证件等影响自己的考试情绪。

4.学会自我调节,缓解考前、考中的消极情绪

考试是一种高度紧张的智能化活动,引起大学生一定的焦虑反应也属正常现象,关键是出现这些情绪之后如何进行有效的化解。首先,大学生可以在考前进行适当的自我激励。考前复习时间长,而在复习过程中容易产生的自卑、消极等情绪,这时候通过运用自我激励法,从自己已取得的成绩或已有优势着眼,激发应考意识,能达到有效缓解消极情绪的目的。其次,要学会转移注意力。在复习的过程中,大学生易产生疲劳、焦虑等不良心理症状,这时候可让自己投入到一些跟考试无关的富有趣味性活动,等症状缓解后再进行复习,效果会更好。最后,要学会自我放松。在考试的过程中,遇到不会的题目使自己紧张时应停下笔,闭上眼睛,伸展四肢,做几次深呼吸,提醒自己放松下来,让大脑短暂地休息下,过一会再重新答题。

第三节　大学生时间管理

一、时间管理的意义

(一)时间的含义及特征

千百年来,人们对时间的探索和追问从来没有停止过。从"光阴似箭,日月如梭"的感慨,到"一寸光阴一寸金,寸金难买寸光阴"的警示,时间给我们留下了太多的思索。那何谓时间呢? 有人说:"时间是从过去向未来的运动。"这是物理意义上的时间,它认为时间是均匀、等同地走动着,就像人们看着钟表一分一秒地走动着一样。也有人说:"时间是世界上现实事件的次序,它是事件的开始与结尾、新兴与昌盛、衰败与灭亡的记录。它按不同的方式联系,不同的方式划分,不同的方式分配,不同的方式充实,不同的方式消磨。"[①]这是哲学上对时间的解释。现实社会中,时间每时每刻都存在于每个人的身边,每个人对时间的感知也不一样。

综上所述,我们认为时间是在长与短、快与慢的相对统一中,由过去向未来运动着的物质存在。它不仅是衡量过去式、现在式和将来式的标准,而且从本质上来说是一种稀有的、

---

① 谢玉霖.管理时间的技巧[M].北京:金盾出版社,2009:4.

珍贵的资源。它不用花费钱财和精力去获取,但也是用任何代价都买不到的。

一般来说,时间有以下几个特征:

1.时间的流逝性

时间是一直在流动的,不论白天和黑夜,时间都在不停地流逝。《论语》有云"逝者如斯夫,不舍昼夜"就是这个意思。另外,时间的流动不受任何条件的限制,它永远朝着未来的方向从容前进,任何人都不能让时间停留下来,哪怕只是暂停一小会。我们的生命也随着时间的流逝而缩短,因此,我们要更加珍惜时间。

2.时间的不可贮存性

时间同其他资源的重要区别就是它不可以采用一定的方法贮存。无论你用还是不用,愿意还是不愿意,时间都在流逝。对于时间,你不能像其他资源一样,随取随用,也不能把它积攒起来,需要使用的时候再用。时间不停地流逝,不可贮存,所以世界上没有时间收藏家,而只有时间利用家。

3.时间的可管理性

尽管时间不能够贮存,但是我们可以利用好时间,帮助我们更好地学习、生活和工作。每位学生都应该通过不断学习,了解时间的本质和特点,探索利用时间的方法和规律,掌握管理时间的方法和技能,并运用到实践当中,做时间的主人。

4.时间的公允性

时间对于每个人来说都是一视同仁、公平均等的,无论社会地位如何每个人一天都是24小时,这就是时间的公允性。可以说,时间不会因为我们喜欢而延长,也不会因为我们讨厌而缩短,纵然金钱可以买到一切,但买不到时间。权力有时候可以颠倒是非,却不能遏制时间向前。所以,时间对每个人都是公平的。

(二)时间管理的意义

对每个人来说,生命只有一次,生活无法重演,历史也无法重写。正因为如此,当时间从身边匆匆而过的时候,能否及时把握好时间,时间管理是至关重要的。从广义上说,时间管理包括对个人时间、他人时间、社会时间的统筹管理,目的是使这一大系统有效运转,为社会更好地服务。从狭义上来看,时间管理单指个人对时间的管理,也即个人在自己有限的生命时间里,高效地利用时间,将无效时间降到最低来达到为自己服务的目的。大学生的时间管理是指大学生这一特殊的青年群体为了充分而有效地利用大学时间掌握更多知识和技能以及培养良好的素质,对自我时间进行有计划、组织、控制等一系列活动的行为。[①] 对大学生而言,管理好自己的时间是大学生重要的课外学业,对于他们的学习、生活、工作,现在以及将来都有着重要意义。

1.有利于帮助大学生自我调适

大学和中学相比不但所要学习的内容多、所要掌握的信息量大,而且学习的方式也不一样。在课堂上,教师也不再是手把手去教学生如何去做而是指导学生如何掌握学习的方法和技能。尽管大学也安排诸如课堂学习、课外活动、校外实践等很多活动,但大学生的时间还是具有很大的弹性,相比中学来说,他们有了更多自主学习的时间。很多大学生刚入学的

---

① 严中华,蔡美德,彭文晋.大学生自我管理技能开发[M].广州:华南理工大学出版社,2000:64-65.

时候对这种情况不能完全适应,他们已经习惯了老师、家长给他们管理时间,按部就班地依照老师、家长安排的任务学习,当突然之间有这么多的时间自主支配的时候,反而无所适从。一些大学生由于没有尽快从高中转变过来,没有对时间进行有效的管理,浪费大量的时间,到毕业了留下很多遗憾。因此,大学生学会对时间的管理,懂得对时间的计划、运筹和实施,能帮助大学生尽快适应大学的学习方式,实现自我调适,有效度过大学求知阶段。

2.有利于培养大学生应变能力

现代社会高速发展,瞬息万变,新事物、新问题、新观念层出不穷,要适应现代生活,必须善于应变。大学生处于这种社会背景下,要获得生存就必须学会把握事物发展变化的方向,抓住事物的本质,而这种能力体现在时间管理技能上。大学生对时间进行管理,本质上也是对自我进行管理,它能锻炼大学生自我管理能力,帮助大学生在不断的变化中调整自己的学习目标,根据自身情况制订新的计划并付诸行动。否则,处于瞬息万变的时代,不能学会应变依然犹豫不决,很容易浪费时间,最终难以实现自己的目标。

3.有利于提高大学生生活质量

科学的时间管理能让大学生的生活丰富多彩,提高大学生生活质量。大学生在管理时间的过程中,会自我反思,从中发现学习和生活的不平衡状态,并及时调整过来。例如,是否过于倾向课外实践活动,而忽略课堂学习;是否花太多精力在某一课程的学习,而忽略其他课程的学习。大学生活丰富多彩,有很多的闲暇时间,但若不对这些时间充分利用,大学生活将会过得浑浑噩噩,碌碌无为。而只有科学合理地安排自己的学习、娱乐和工作时间,才能有效地提高大学生生活质量,帮助大学生过上充实、满意的大学生活。

二、大学生时间管理的科学方法

(一)大学生时间管理存在的问题

总体而言,目前我国大学生的时间观念较好,主观上有时间意识,愿意珍惜和有效利用自己的时间,但就具体的时间管理还存在一些问题。

1.时间价值感不强,目标模糊

时间价值感是个体对时间的功能和价值稳定的态度倾向,对个体驾驭时间具有动力和导向作用。大部分学生能够正确认识到时间的价值,也有不少大学生对时间价值感不强,没有认识到时间的重要性。虽然他们在学校也会表现出很多优点,比如自信、乐观、聪明等,但缺少了对时间认识,让自己大学生活茫然,毫无目标。现代社会迅速发展,生活节奏的加快让大学生习惯吃着触手可及的"方便面",习惯于不假思考地去完成一件又一件的事情,但最后却发现自己什么都没有获得。大学是一个完善人生观和价值观的重要阶段,应该腾出时间静下心去思考自己到底需要什么,想得到什么,为自己确立一个明确的目标,这样大学生活才会过得充实。

2.缺乏对时间的计划,放任自流

现在很多学生进入大学后由于对大学的片面理解加上思想上出现认识扭曲,认为大学生活是享乐的,他们认为上大学就应该彻底放松,以弥补高中时单调、枯燥的生活。纵观现在的大学校园,学生迟到屡见不鲜;上课不听讲,玩手机现象比比皆是;考试作弊现象也时有发生。很多大学生把校园当作游戏乐园,整天无所事事,要不就上网玩游戏,要不就和同学打打牌、聊天或者睡懒觉等,他们对大学生活的片面认识导致整个大学生活毫无计划,乃至放任自流。

3.盲目沉于各种社团活动,乐此不疲

大学生活极为丰富,其中尤以社团活动为最。社团作为学校教育的补充和延伸,为大学生的自由发展提供了载体,是大学生培养能力、增长知识、提高素质的重要途径,对全面提高高校大学生的素质起着不可低估的潜移默化的作用。[①] 但部分大学生由于刚步入高校生活,对大学生活充满好奇,而丰富多彩的社团活动满足了他们的好奇心理。但很多大学生没有根据自己的特点,盲目地参加各种社团,迷失于各种活动,将时间和精力都投入社团活动中,不知不觉荒废了自己的学业,虚度了求学时光。

4.时间分配不科学,滥用精力

学会合理地分配时间是大学生时间管理的重要一环,在现在的校园里很多学生时间分配不科学,导致精力滥用。有些学生没有认识或不能实践"学习是大学第一要务",将自己的时间都分配在校外活动、兼职活动等,而忽视了课程学习,影响了学习成绩。也有些同学虽然懂得学习的重要性,但完全分不清各类事情的轻重缓急,每天时间安排都是满满的,但最终做成功的事情很少。

(二)大学生时间管理的科学方法

1.做好大学学习期间总体计划,有纲有目

和高中相比,大学学习内容和方式都出现很大的变化,为适应这种变化,大学生要及早做好自己大学求学期间的整体规划。首先,大学生应认真思考自己的优势和劣势,明白自己哪些方面需要改进和完善,在了解自己的基础上结合本专业特点来制订自己整个大学期间的计划。其次,通过老师和高年级同学,了解本专业的教学计划和安排,保证自己在制订学习计划时与学校教学秩序相符。有些同学不清楚教学安排,自己报名参加很多培训和实践活动,结果两者冲突,打乱了自己的计划,影响了自己的学习成绩。最后,在实施计划的过程中要认真遵循计划,但也不能一味地对计划盲从。在某些阶段,大学生可能又会遇到新的问题需要解决,这时就要根据实施情况及时做出相应的调整,以适应当时的学习环境,更好地实现目标。

2.分清"轻重缓急",学会优先管理

很多同学大学期间认真地学习,每天的时间都安排得满满的,一天到晚忙忙碌碌,可是又不知道在忙些什么事情。有这样一个大学生,在他进入大学的时候非常积极地参加学生社团,担任宣传部干事,工作非常优秀,受到老师和同学的好评。大二后,他竞选上宣传部长,这时候他发现部门事情太多,有些力不从心,学习成绩也开始下降,因此心里想着要辞职。可是这位学生很想毕业后从事管理类工作,他又非常珍惜现在的工作岗位,但自己成绩下降又让他很担心。

这个例子告诉我们,任何事情不分轻重、缓急,一齐抓,既浪费了精力,又影响效果。这

---

① 罗开元.发挥大学生社团在心理健康教育中的作用[J].中国高教研究,2003(7):84.

位学生正是因为没有正确处理好工作和学习的关系,没有分清工作中重点,才使得他力不从心,成绩下降,想辞职。在这种情况下,我们不要一味地想着马上把事情全部做完,要分清工作中的主次,对重要且紧急的事情,优先去处理;剩下的重要但不紧急的事情可以缓一下做;不重要但紧急的事情可以再缓一下;不重要且不紧急的事情可以交给其他同学做抑或干脆不做。现代社会的竞争日趋激烈,生活的节奏也越来越快,大部分人都面临着繁重的工作任务,只有学会分清"重要"和"紧急"的事情,优先处理,才能更好地适应这个社会。

3.利用"零碎"时间,以少积多

有些大学生抱怨大学课业繁多,没有时间做自己感兴趣的事情,但俗话说时间就像海绵里的水,挤挤总会有的。有时候可能一整段的时间没有,但"零碎"的时间确实不少。这些零碎的时间虽然很短暂,但积少成多,若能充分利用起来也能帮助大学生做成很多事情。比如,每天清晨起床时可以背几个英语单词;中午午休前阅读一些课外书籍;饭前饭后思考一些课程题目;晚上睡觉前回忆一天所学的内容,等等。只要你善于利用这些零碎的时间,就会获得很多意外的惊喜。

·【延伸阅读】·

时间管理专家为同学们做了个小测验。他拿出一个 1 加仑的广口瓶放在桌上,然后取出一堆拳头大小的石块,一块块放进瓶子里,直到石头高出瓶口再也放不下了。他问:"瓶子满了吗?"所有的学生都回答:"满了。"专家一笑,从桌下取出一桶更小的砾石倒了进去,敲击玻璃壁使砾石填满了石块间的缝隙,问:"现在瓶子满了吗?"学生有些明白了:"可能还没有。"专家说:"很好。"他又伸手从桌下拿出一桶沙子,慢慢倒进玻璃瓶,沙子填满了石块的所有间隙。他又一次问学生:"瓶子满了吗?"学生们大声说:"没满。"专家点点头,拿过一壶水倒进玻璃瓶,直到水面与瓶口齐平。

4.合理利用各类假期

大学生假期多,寒暑假加起来有近三个月,加上平时周末、节假日,假期接近一年的1/3。这么多假期如果充分利用起来,对大学生自身发展将产生重大影响;若没有合理利用,会使大学生远远地落后于其他同学。对于普通周末,大学生可以适当休息,但不能把所有的时间都放在所谓的休息上,如睡觉、上网、看电影、逛街等。要拿出一定的时间给自己充电,时间很宝贵,现在多学习一点,也就意味着为以后工作和生活多一点储备。而对于漫长的寒暑假,大学生更应该合理利用起来。有些同学会去"三下乡",体验基层生活;有些同学去工厂打工,增加社会经验;有些同学参加培训学习,丰富自己的知识和技能,等等。这些事情都能丰富大学生的知识和经历。但不管做什么事情,都要依据自己的实际情况,有目的、有选择地去做,这样既增长了见识,扩大了视野,丰富了经验,还提升了自己的职业技能,可谓一举多得。

·【延伸阅读】·

大学里最重要的七项学习(节选)

——李开复

读大学时,你应当掌握七项学习,包括自修之道、基础知识、实践贯通、培养兴趣、积极主动、掌控时间、为人处世。经过大学四年,你会从思考中确立自我,从学习中寻求真理,从独立中体验自主,从计划中把握时间,从表达中锻炼口才,从交友中品味成熟,从实践中赢得价值,从兴趣中获取快乐,从追求中获得力量。

第一项学习:自修之道

教育家 B.F.Skinner 曾说:"如果我们将学过的东西忘得一干二净,最后剩下的东西就是教育的本质。"所谓"剩下的东西",其实就是自学的能力,也就是举一反三或无师自通的能力。在大学期间,学习专业知识固然重要,但更重要的还是要学习思考的方法,培养举一反三的能力,只有这样,大学毕业生才能适应瞬息万变的未来世界。

《礼记·学记》上讲:"独学而无友,则孤陋而寡闻。"也就是说,大学生应充分利用学校里的人才资源,从各种渠道吸收知识和方法。除了资深的教授以外,大学中的青年教师、博士生、硕士生乃至自己的同班同学都是最好的知识来源和学习伙伴。每个人对问题的理解和认识都不尽相同,只有互帮互学,大家才能共同进步。

应该充分利用图书馆和互联网,培养独立学习和研究的本领。首先,大学生一定要学会查找书籍和文献,以便接触更广泛的知识和研究成果。读书时,应尽量多读一些英文原版书。其次,在书本之外,互联网也是一个巨大的资源库,大学生可以借助搜索引擎在网上查找各类信息。

自学时,不要因为达到了学校的要求就沾沾自喜。21世纪人才已经变成了一个国际化的概念。当你对自己的成绩感到满意时,我建议你开始自学一些国际一流大学的课程。例如,尝试美国麻省理工学院(MIT)放在网上的开放式课程,当你可以自如地掌握这些课程时,你就可以更加自信地面对国际化的挑战了。

第二项学习:基础知识

在大学期间,一定要学好基础知识(数学、英语、计算机和互联网的使用,以及本专业要求的基础课程,如商学院的财务、经济等课程)。应用领域里很多看似高深的技术在几年后就会被新的技术或工具取代,只有对基础知识的学习才可以受用终身。如果没有打下好的基础,大学生也很难真正理解高深的应用技术。在中国的许多大学里,教授对基础课程也比对最新技术有更丰富的教学经验。

数学是理工科学生必备的基础。很多学生在高中时认为数学是最难学的,到了大学里,一旦发现本专业对数学的要求不高,就会彻底放松对数学知识的学习,而且他们看不出数学知识有什么现实的应用或就业前景。但大家不要忘记,绝大多数理工科专业的知识体系都建立在数学的基石之上。同时,数学也是人类几千年积累的智慧结晶,学习数学知识可以培养和训练人的思维能力。学习数学也不能仅仅局限于选修相关课程,而是要从学习数学的过程中掌握认知和思考的方法。

学习英语的根本目的是掌握一种重要的学习和沟通工具。在未来的几十年里,世界上最全面的新闻内容、最先进的思想和最高深的技术,以及大多数知识分子间的相互交流都将用英语进行。

信息时代已经到来,大学生在信息科学与信息技术方面的素养也已成为他们进入社会的必备基础之一。虽然不是每个大学生都需要懂得计算机原理和编程知识,但所有大学生都应能熟练地使用计算机、互联网、办公软件和搜索引擎,都应能熟练地在网上浏览信息和查找专业知识。

每个特定的专业也有它自己的基础课程。以计算机专业为例,许多大学生只热衷于学习最新的语言、技术、平台、标准和工具,因为很多公司在招聘时都会要求这些方面的基础或经验。这些新技术虽然应该学习,但计算机基础课程的学习更为重要,因为语言和平台的发展日新月异,但只要学好基础课程(如数据结构、算法、编译原理、计算机原理、数据库原理等)就可以以不变应万变。

第三项学习:实践贯通

有一句关于实践的谚语是这样说的:"我听到的会忘掉,我看到的能记住,我做过的才真正明白。"在大学里,同学们应该懂得每一个学科的知识、理论、方法与具体的实践、应用如何结合起来,尤其是工科的学生更是如此。

无论学习何种专业、何种课程,如果能在学习中努力实践,做到融会贯通,就可以更深入地理解知识体系,可以牢牢地记住学过的知识。因此,我建议同学们多选些与实践相关的专业课。实践时,最好是几个同学合作,这样,既可以经过实践理解专业知识,也可以学会如何与人合作,培养团队精神。如果有机会在老师手下做些实际的项目,或者走出校门打工,只要不影响课业,这些做法都是值得鼓励的。外出打工或做项目时,不要只看重薪酬待遇(除非生活上确实有困难),有时候,即便待遇不满意,但有许多培训和实践的机会,也值得一试。

第四项学习:培养兴趣

孔子说:"知之者不如好之者,好之者不如乐之者。"如果你对某个领域充满激情,你就有可能在该领域中发挥自己所有的潜力,甚至为它而废寝忘食。这时候,你已经是为了"享受"而学习了。

如何才能找到自己的兴趣呢? 我觉得,首先要客观地评估和寻找自己的兴趣所在:不要把社会、家人或朋友认可和看重的事当作自己的爱好;不要以为有趣的事就是自己的兴趣所在,而是要亲身体验它并用自己的头脑做出判断;不要以为有兴趣的事情就可以成为自己的职业,不过你可以尽量寻找天赋和兴趣的最佳结合点。

最好的寻找兴趣点的方法是开拓自己的视野,接触众多的领域。而大学正是这样一个可以让你接触并尝试众多领域的独一无二的场所。因此,大学生应当更好地把握在校时间,充分利用学校的资源,通过使用图书馆资源、旁听课程、搜索网络、听讲座、打工、参加社团活动、与朋友交流、使用电子邮件和电子论坛等不同方式接触更多的领域、更多的工作类型和更多的专家学者。如果你发现了自己真正的兴趣爱好,这时就可以去尝试转系,尝试课外学习、选修或旁听相关课程;你也可以去找一些打工或假期实习的机会,进一步理解相关行业的工作性质;或者,努力去考自己感兴趣的专业的研究生,重新进行一次专业选择。

除了"选你所爱",大家也不妨试试"爱你所选"。在大学中,转系可能并不容易,所以,大家首先应尽力试着把本专业读好,并在学习过程中逐渐培养自己对专业的兴趣。此外,一个专业里可能有很多不同的领域,也许你对专业里的某一个领域会有兴趣。现在,有很多专业发展了交叉学科,两个专业的结合往往是新的增长点。另一方面,就算你毕业后要从事其他行业,你依然可以把自己的专业读好,这同样能成为你在新行业中的优势。

第五项学习:积极主动

积极主动的第一步是有积极的态度。

积极主动的第二步是对自己的一切负责。勇敢面对人生。不要把不确定的或困难的事情一味搁置起来。但是,我们必须认识到,不去解决也是一种解决,不作决定也是一个决定,这样的解决和决定将使你面前的机会丧失殆尽。对于这种消极、胆怯的作风,你终有一天会付出代价的。

积极主动的第三步是要做好充分的准备:事事用心,事事尽力,不要等机遇上门;要创造机遇,把握机遇。要做好充分的准备,当机遇来临时,你才能抓住它。

积极主动的第四步是"以终为始",积极地规划大学四年。任何规划都将成为你某个阶段的终点,也将成为你下一个阶段的起点,而你的志向和兴趣将为你提供方向和动力。只要认真制定、管理、评估和调整自己的人生规划,你就会离自己的目标越来越近。

第六项学习:掌控时间

大学四年是最容易迷失方向的时期。大学生必须有自控的能力,让自己交些好朋友,学些好习惯,不要沉迷于对自己无益的习惯(如网络游戏)里。

一位同学说:"大学和高中相比……不同的只是大学里上网的时间和睡觉的时间多了很多,压力也小了很多。"这位同学并不明白,"时间多了很多"正是大学与高中之间巨大的差别。时间多了,就需要自己安排时间、计划时间、管理时间。

安排时间并不意味着非要做出一个时间表来。《高效能人士的七个习惯》一书提出,"重要事"和"紧急事"的差别是人们浪费时间的最大理由之一。因为人的惯性是先做最紧急的事,但这么做会导致一些重要的事被荒废掉。因此,每天管理时间的一种好方法是,早上确定今天要做的紧急事和重要事,睡前回顾一下,这一天有没有做到两者的平衡。

想把每件事都做到最好是不切实际的。我建议大家把"必须做的事"和"尽量做的事"分开。建议大家用良好的态度和宽广的胸怀接受那些你暂时不能改变的事情,多关注那些你能够改变的事情。

第七项学习:为人处世

未来,人们在社会里、在工作中与人相处的能力会变得越来越重要,甚至超过了工作本身。所以,大学生要好好把握机会,培养自己的交流意识和团队精神。

对于如何在大学期间提高人际交往能力,我的建议是:

第一,以诚待人,以责人之心责己,以恕己之心恕人。对别人要抱着诚挚、宽容的胸襟,对自己要怀着自我批评、有过必改的态度。与人交往时,你怎样对待别人,别人也会怎样对待你。这就好比照镜子一样.你自己的表情和态度,可以从他人对你流露出的表情和态度中一览无余。最真挚的友情和最难解的仇恨都是由这种"反射"原理逐步造成的。

第二,培养真正的友情。如果能做到第一点,很多大学时的朋友就会成为你一辈子的知己。在一起求学和寻求自身发展的道路上,这样的友谊弥足珍贵。交朋友时,不要只去找与你性情相近或只会附和你的人做朋友。好朋友有很多种:乐观的朋友、智慧的朋友、脚踏实地的朋友、幽默风趣的朋友、激励你上进的朋友、提升你能力的朋友、帮你了解自己的朋友、对你说实话的朋友等。

第三,学习团队精神和沟通能力。社团是微观的社会,参与社团是步入社会前最好的磨炼。在社团中,可以培养团队合作的能力和领导才能,也可以发挥你的专业特长。但更重要的是,你要做一个诚心诚意的服务者和志愿者,或在担任学生工作时主动扮演同学和老师之间沟通桥梁的角色,并以此锻炼自己的沟通能力。把握在大学时学习人际交往的机会,因为大学社团里的人际交往是一种不用"付学费"的学习,犯了错误也可以从头来过。

第四,从周围的人身上学习。在班级里、社团中,多观察周围的同学,特别是那些你觉得交往能力和沟通能力特别强的同学,看他们是如何与人相处的。

第五,提高自身修养和人格魅力。如果觉得没有特长、没有爱好可能会成为自己提高人际交往能力的一个障碍,那么,你可以有意识地去选择和培养一些兴趣爱好。共同的兴趣和爱好也是你与朋友建立深厚感情的途径之一。如果真的没有什么兴趣爱好,那么,多读些好书丰富自己的知识也可以改进自己的人际交往能力,因为没有什么比智慧和知识渊博更能体现一个人的人格魅力了。

(来源:开复学生网 http://www.5xue.com)

【课堂活动】

时间管理自我诊断量表

这是一份时间管理自我诊断量表,请你根据日常学习与生活中对待时间的方式与态度,在 A、B、C 中选择最适合你的一种答案。

1.星期天,早晨醒来时发现外面正在下雨,而且天气阴沉,你会怎么办?

　　A. 接着再睡

　　B. 仍在床上逗留

　　C. 按照生活规律,穿衣起床

2.吃完早饭,上课之前,你还有一段自由时间,怎样利用?

　　A. 无所事事,不知不觉地过去了

　　B. 准备学点什么,但不知道学什么好

　　C. 按预定好的学习计划进行,充分利用

3.除每天上课外,对所学的各门课程,在课余时间里怎样安排?

　　A. 没有任何学习计划,随心所欲

　　B. 按照自己最大的能力来安排复习、作业、预习,并紧张地学习

　　C. 按照当天所学的课程和明天要学的内容制订计划,严格有序地学习

4.每天晚上怎样安排第二天的学习时间?

　　A. 不考虑

　　B. 心中和口头做

　　C. 书面写出

5.为自己拟订了"每日学习计划表",并严格执行。

　　A. 很少如此

　　B. 有时如此

　　C. 经常如此

6.我每天的作息时间表有一定的灵活性,以便留出拥有一定时间去应付预料不到的事情。

    A. 很少如此

    B. 有时如此

    C. 经常如此

7.当你学习忙得不可开交,而又感到有点力不从心时,你会怎样处理?

    A. 开始泄气,认为自己笨,自暴自弃

    B. 有干劲和用不完的精力,但又感到时间太少,仍拼命学习

    C. 每天花时间分析检查自己的学习时间分配是否合理,找出合理安排学习时间的方法,在有限的时间里提高学习效率

8.在学习时,常常被人干扰打断,你怎么办?

    A. 听之任之

    B. 抱怨,毫无办法

    C. 采取措施防止外界干扰

9.学习效率不高时,你怎么办?

    A. 强打精神,坚持学习

    B. 休息一下,活动活动,轻松一下,以利再战

    C. 把学习暂停下来,转换一下兴奋中心,待效率最佳的时刻到来,再高效率学习

10.阅读课外书籍,怎样进行?

    A. 无明确目的,见什么看什么,并常读出声来

    B. 能一边阅读一边选择

    C. 目的明确,阅读快速,加强阅读能力

11.你喜欢什么样的生活?

    A. 按部就班,平静如水

    B. 急急忙忙,精神紧张

    C. 轻松愉快,节奏明快

12.你的手表或书房的闹钟经常处于什么状态?

    A. 常常慢

    B. 比较准确

    C. 比标准时间快一点

13.你的书桌井然有序吗?

    A. 很少如此

    B. 偶尔如此

    C. 常常如此

14.当你发现自己近来浪费时间比较严重时,你有何感受?

    A. 无所谓

    B. 感到很痛心

    C. 感到应该从现在起尽量抓紧时间

15.你经常反省自己处理时间的方法吗?

A. 很少如此

B. 偶尔如此

C. 常常如此

[评分方法]

选择 A 得 1 分,选择 B 得 2 分,选择 C 得 3 分。将你各题的得分加起来,然后根据下面的评析判断出自己时间管理能力和水平。

[结果分析]

35～45 分:有很强的时间管理能力。在时间管理上,是一个成功者,不仅时间观念强,还能有目的、有计划、合理有效地安排学习和生活时间,时间的利用率高,学习效果良好。

25～34 分:善于对时间进行自我管理,时间管理能力较强,有较强的时间观念,但是,在时间的安排和使用方法上还有待进一步提高。

15～24 分:时间自我管理能力一般,在时间的安排和使用上缺乏目的性,计划性也较差,时间观念较淡薄。

14 分以下:不善于时间管理,时间观念淡薄,不能合理地安排和支配学习、生活时间,需要好好地训练,逐渐掌握时间管理的技巧。

思考与练习

1.回顾以往的经历,谈谈你对学习的理解。

2.结合自己在大学期间的学习情况,分析自己存在哪些学习心理问题,并提出改进措施。

3.结合自己的实际情况,制定一份合理的时间管理方案。

参考文献

[1]刘儒德.学习心理学[M].北京:高等教育出版社,2010.

[2]罗开元.发挥大学生社团在心理健康教育中的作用[J].中国高教研究,2003(7):84.

[3]张大均,邓卓明.大学生心理健康教育:诊断·训练·适应·发展[M].重庆:西南师范大学出版社,2004.

[4]谢玉霖.管理时间的技巧[M].北京:金盾出版社,2009.

[5]严中华,蔡美德,彭文晋.大学生自我管理技能开发[M].广州:华南理工大学出版社,2000.

[6]宋宝萍.大学生心理健康教育[M].西安:西安电子科技大学出版社,2007.

[7]徐立国.大学生学习与心理指导[M].北京:人民教育出版社,2014.

第八章 性与爱情心理

【心灵导读】

爱情是一个古老而又永恒的话题,暂且不论古时的"梁祝化蝶"、"鹊桥相会",但看今日的"为爱殉情",就已经使人为之惊叹与不解。对于恋爱,在大学似乎已经很普遍了。进入大学,只要你不低着头走路,随处都能看到成双成对的恋人。于是就有了越来越多的"哥们",即使不知道自己是否喜欢对方,也会发动猛烈的攻击。当然大多数也都是以胜利告终,很少有女孩子不会被感动的。

可是俗话说"欲速则不达",很多事实都印证了这句话。好多恋情交往不长,一段时间就告吹了。因为现实中确实有些大学生没有恋爱经验,他们一开始就不确定那是不是爱情,只是被到处弥漫着的那种气氛所感染。他们打从心里觉得没谈恋爱貌似就是件很自卑的事,很天真地认为先谈了再说。在他们眼中,那只是一种时尚,就好比购买商场里的高档消费品一样。有些人甚至对在大学没有谈过恋爱的人持一种较为轻视的态度,认为他们在某些方面可能出现问题了,是没有能力的一种表现……

大学是人生的一个关键阶段,可能是一生中最后一次系统性地接受教育,可能是最后一次可以将大部分时间用于学习的人生阶段,也可能是最后一次可以拥有较高的可塑性、集中精力充实自我的成长历程。亲爱的大学生们,为了你的爱情之花盛开不败,请你在努力开掘人生、学好本领、成就事业的同时,建立正确的恋爱、婚姻观,培养理智的行为方式,塑造自身良好的人格,你定能酿就芳香四溢的人生美酒,找到真正的属于自己的感情停泊的港湾,让生命的温度永远保持在春天,让灿烂的太阳照亮你的一生。

性与爱情是一个人的终身大事,对每一个人来说,是在感情生活方面自然而然要面对的一项重要课题,也是滋生情绪困扰的主要根源,值得大家去重视和关心它。尤其青年人到了大学岁月,心智发展趋于成熟,是追求爱与被爱的亲密关系最强烈的时期。

第一节 大学生性心理

性,是一个既平常又神秘而诱人的字眼。古人云:"食色,性也。"然而,长期以来,在封建传统观念荼毒下,我们谈性色变,对性难以启齿,给性这个字眼蒙上了神秘的面纱。性神秘、性无知,曾经酿造了不少男女青年的性爱与婚姻悲剧。

青年期是个体性成熟的阶段,也是性需要的旺盛期,因而也是充满风险和最具有挑战性的时期。大学生正处于青年期,就生理和心理发展而言,已进入性生理成熟和性心理趋向成熟的阶段。与性相关的许多问题,如性意识、性冲动、性差异等直接影响着大学生心理健康和发展。

一、正确地认识性和性行为

(一)性的内涵

性,作为一种生理、心理、社会现象,是每个人生命的重要组成部分,始终伴随着一个人,深刻地影响着一个人的健康幸福。英文中的 sex(性)源于拉丁文 secus(切断、分隔),古罗马人认为天地之初存在一个雌雄同体的神,后来割裂开来才有了性别之分,苍天为父,大地为母。性包含了天性、性质、性别等多种含义,不过本章讨论的性,主要指性行为和性活动。

从科学的角度讲,人类的性是指以生物繁衍的机能为基础,受特定社会关系影响和人的心理因素的支配的性活动,既包括人自身、人与人之间的性活动,也包括人类的性心理。

从生理的角度来说,性是人类最基本的生物学特征之一,性的需要,就如人需要呼吸、饮食一样,都是人的一种自然本能。《中华性医学辞典》中对性的解释:性是指男、女两性在生物学上的差别。性是生物繁衍的基础。《韦伯斯特大学词典》中将性解释为:男女在与生殖有关的活动中的技能,从而将行为引入性的内涵。

从心理学角度说,性的基本意思是指与"性"有关的一切心理现象。它不仅包括性交、性爱抚等所有直接的性活动,还包括人们对于性的情感、态度、价值观和性方面的喜好等心理方面的表现。它不仅包括人们普遍认为"正常"的性活动,也包括所有被认为是"反常"和"不正常"的性行为。

从社会的角度说,人是社会的人,性是人类得以繁衍、进化之本,性活动则是人类社会生活的基本内容之一。人类的性行为在不同的时代、不同的发展时期,受到不同的道德观念、制度和法律的制约。至今,世界各国不同的民族,其社会意识形态和文化背景不同而造成各自性观念的迥异。因此,无论性文化的色彩是如何斑斓而令人陶醉,归根到底,它是受制于一定社会条件的。

总之,性是人类自然属性和社会属性的统一体,性既要受到人发展的生物规律的支配,也要受到人类社会发展条件和各种社会需要的制约。两者是有机联系、密不可分的。

(二)性行为

性行为是以生育和获得性的满足为基本目的的行为。性行为是指满足性欲、获得性快感而从外部所能观察到的一系列动作和反应,包括性交、手淫、接吻、拥抱和接受各种外部性刺激形成的性行为。人与动物的性行为有很大的不同,动物的性行为是一种在性激素的作用下达到繁殖目的的本能行为,其主要方式是交媾;人类的性行为不仅有以生育为目的的性交,也有处于娱情、结偶、示爱、探索、解闷、发泄等需要的非生育目的的方面。人类的性行为从目的、对象、方式和结果诸方面来考察,有远比繁殖后代更为广泛的内涵和外延。从儿童期的手淫、性游戏,青春期对异性追求的约会,成年期伴随婚姻和婚姻之外的性生活,直到老年期的性满足,可以说性行为伴随人的一生,并对个人和社会都产生影响。

依有无性对象,可将性行为划分为自身性行为与社会性行为。自身性行为是指没有第二个人参与的性行为,比如手淫、性梦等;社会性行为则是指以人为对象的性行为,这些性行为因牵涉一系列社会伦理问题而具有社会性,如异性恋、同性恋等。按照对行为的价值判断,可将性划分为正常性行为和异常性行为。正常性行为是指为社会文化认可的性行为,异常性行为是指有害健康与违反社会道德的性行为。根据性欲满足程度,可将性行为划分为目的性性行为、过程性性行为及边缘性性行为。目的性性行为是指能够达到较大性满足的性交或相当于完成性交的行为。过程性性行为是指明确将导向目的性性行为的调情或围绕实现目的性性行为的动作。边缘性性行为是指日常生活中介于性行为与非性行为之间的行为,包括男女间的眉目传情。

(三)性的功能

性首先具有生殖意义。从这个角度讲,人类是性的产物,每一个人因为性而来到这个世界上。性是人类种族延续的基本存在方式。

性是维系夫妻感情的重要环节。性是爱情的生理基础,是爱情的重要组成部分,性的存在拉近了夫妻之间的距离,是夫妻关系的重要纽带。

对于正常的成年人而言,适度的性行为能够促使血液循环,提高机体免疫力,并且能够满足个体和其他人建立亲密关系的需要。所以性也是维护个体身体健康与心理健康的重要组成部分。

(四)性道德

性道德是社会道德的一个重要组成部分。性道德是社会形成的对性行为的一些规范,人们根据这些规范对性行为作道德判断。性道德具有抑制功能和调节功能,调整和指导人们的性行为。马克思曾指出:男女之间的关系是人与人之间自然的、必然的关系,根据这种关系就可以判断出人的整个文明的程度。

性道德具有多样性、一致性、双重性、继承性等特点。

多样性指不同的文化、不同的民族、不同的社会、不同的宗教信仰,甚至统一社会中不同的阶级和阶层对性行为有不同的道德评价,由此表现出道德的多样性。

性道德虽然因不同的社会而表现出多样性,但人类大多数文化的性道德把性交行为限制在婚姻关系之内,对婚姻家庭和社会构成破坏的性关系都会遭到人们的唾弃,这是性道德的一致性。

性道德的准则往往表现出双重性。在很长一段历史时期里,在性道德方面男性与女性之间存在不一致,表现出双重性。

文化、历史、社会是连续发展的,性道德有明显的历史与文化的继承性,今天的性道德可以从传统文化中寻根溯源。

总之,性道德是用特定的伦理道德原则去指导、规范个体的性行为。性道德关系到性文明,而性文明则是整个社会文明的标志之一。在当代中国,社会的性道德强调男女双方只有以爱情为基础的自愿结合,才符合社会主义的性道德标准,要求男女双方不以对方为依附的条件,不以强迫对方为满足自己需要的手段,不以占有对方为目的,也不允许把对方作为自己发泄性欲的对象。首都师范大学高德伟教授把社会主义的性道德概括为"自愿、无伤、相爱、合法、私密"的十字原则。

（五）性态度

性态度是人的一种稳定的心理倾向性,指的是由性认知、性情感和性行为取向三种因素构成的较为持久的系统。性认知有对性规范(性法律、性道德)和性知识两个方面的认知,性情感是人对性所持的情感体验,而性行为倾向指的是人对性行为的期待和要求。

在性态度的三种影响因素中,认知成分是最重要的,是个体的性行为的前导。性认知不仅包含性知识的内容,而且必须包含性规范的认知,即相关的法律知识和性道德的知识,这是个体形成正确性态度的重要前提。性情感成分是个体对性行为的情感体验,即对性生理反应的主观感受。由于性反应是十分复杂的生理过程,人的性情感往往是色彩丰富和深刻的,对性行为倾向有重要的影响。性态度中的行为倾向因素指的是人对性行为的期待、要求和意向,它不是性行为本身,具有较强的情境性特性,既受环境等因素的干扰,也受个体心境的制约。此外,个体之间也存在着显著的差异。

二、性心理的产生与发展

性作为一种生理、心理和社会现象,始终伴随着一个人,深刻地影响着一个人的健康、幸福和人格完善。它能给人以痛苦,可以引人走向崇高的境界,也可以诱人误入歧途。

大学生正处于性生理发育成熟、性心理逐渐趋向成熟的时期,性意识已十分活跃,性冲动和性需求较为强烈。于是,性生理成熟与性心理未完全成熟之间的矛盾,性的生理需求与社会规范之间的冲突,成了大学生心理卫生的主要问题之一,直接影响着大学生的心理健康和发展。

（一）性心理

性心理是指在性生理的基础上,与性征、性欲、性行为有关的心理状况和心理过程,包括异性交往、恋爱、婚姻等与异性有关的心理问题。简而言之,就是与性生理、性行为有关的心理现象。

从本质上看,性心理是人的生物性和社会性的统一。生物性是指男女在生理结构上的差异和人生来就有的性的欲望和本能,是人类生存和繁衍后代的必要基础条件。从这个方面来说,性与一般动物具有相同之处。但是性心理的本质是它的社会属性,如人的择偶标准、恋爱等都体现出个体性的社会需求。因此,个体性心理既要受到人发展的生物规律的支配,也要受到人类社会文化发展条件和各种社会需要的制约,是两者密不可分的有机统一体。

性心理可具体分为性感知、性思维、性情感及性意志等。性感知是性心理的基础过程,性机能的成熟,使个体对性刺激反应特别敏感,这时来自异性的刺激,如俊美的容貌、柔和的声音、身体的味道等都有可能引起性冲动,主动对这些由视、听及嗅觉所引起的性冲动的反应和由于外部刺激外生殖器所得到的快感就是性感知。性思维是性心理的核心心理过程,随着生理机能的逐渐成熟和性感知的不断积累,主体就会自觉或不自觉地经常思考一些有关性的问题,从而对这些问题有所认识,这种对有关性的问题的思考就是性思维。性情感是指在性感知和性思维的基础上,个体逐渐地认识了两性的差别及关系,对异性开始抱有一定的态度和体验。性意志是指主题自我意识调节性行为的能力,性意志强的人善于控制自己的性行为,把它约束在正常的、合法的范围内;相反,性意志薄弱的人易受性冲动所左右,以致触犯性道德和法律。

(二)性心理的发展过程

人的性心理发展具有一定的规律性,是阶段性与连续性的统一,每一发展阶段都会表现出某些典型的发展特征。个体的性心理行为如果与该阶段的发展特征一致,则是性心理适应正常的表现,反之,超前或滞后都容易引起性心理行为适应不良,直接影响着个体的心理健康和发展。

1.性生理发育

目前我国大学生的年龄大多在18～23岁之间,身体已经经历了两次生长发育的高峰而进入了青年期。处于这一年龄阶段的大学生身高、体重、骨骼、肌肉、心率、血压、呼吸频率、肺活量等都已达到成人水平,身体发育已趋于成熟。同时,大脑皮层的兴奋和抑制过程逐渐平衡,抽象和概括能力大大提高,内分泌系统也迅速发展,性激素分泌增多,性机能基本成熟,出现正常的性欲和性冲动。

从男女不同的性别来看大学生性生理的发育,按照一般规律,女性生殖系统进入青春期后,在促滤泡素和促黄体素及性激素的作用下,内外生殖器迅速发育进入成熟阶段,第二性征达到成年期状态;男性生殖系统进入青春期后,在促滤泡素、促黄体素及雄激素的作用下,迅速发育,逐渐形成男性成人面貌。

因此,处于青春后期或青年期的大学生,在性生理上发育已趋于完成,并在体态上、运动素质上呈现出明显的性别差异,无论是男性还是女性均具有成熟的性功能。近些年来,由于社会经济的飞速发展,文化观念的巨大变化,青少年身体发育和性成熟出现了全球性的提前现象,青少年性生理的成熟与人格成熟之间的不平衡逐渐扩大,即"心身异步现象"很明显,由此带来的个人的性适应问题和社会的性问题也越来越严重。

2.性心理发展的基本过程

人类的性心理随着生理的变化而不断发展变化着,性心理的发展对于人格的形成以及整个心理健康状态都有着非常重要的意义。弗洛伊德认为,心理发展的动力来自性本能,追求性欲的满足是心理发展的内驱力。他把这种与生存本能相联系的、可推动机体性需要的心理能量称为力比多。按照力比多投射的身体部位,弗洛伊德把性心理发展分为五个阶段:

(1)口腔期(1岁内)。性本能通过诸如吸吮、咀嚼等口腔活动得到满足。

(2)肛门期(1～3岁)。随着个体逐渐地成长,获得了依照自己的意愿大小便的能力,力比多此时投射在肛门。

(3)性器期(3～6岁),这一时期儿童开始对自己的性器官产生兴趣,性器官成为全身最敏感的部位,儿童常常以抚摸性器官获得快感。弗洛伊德认为这个时期儿童出现恋母情结或恋父情结,在正常的发展情况下儿童通过对同性父母的认同,吸取他们的行为、态度和特质进而发展相应的性别角色而获得解决。

(4)潜伏期(6～11岁)。这个阶段,儿童的有关性的和侵犯的幻想大部分都潜伏起来,性器期时性的创伤被深藏在无意识当中,儿童不再受到它们的干扰,儿童可以自由地将能量消耗在为社会所接受的具体活动当中。

(5)生殖器期(12岁至成年期)。随着生殖系统的逐渐成熟,性荷尔蒙分泌增多,性本能复苏,其目的是经由两性关系实现生育,使成熟的性本能得到满足。弗洛伊德认为性心理的发展与人的社会化紧密相连。性心理发展的每一个阶段都有其特定的社会化任务,如果社会化过程出现障碍,将导致人格发育障碍,成为神经症等心理疾患的内在病根。

对于青少年性心理的发展更引起心理学家的关注。因为青少年期性生理变化显著,由此带来的性心理问题和适应问题也特别多,有些问题甚至表现得很严重。

美国心理学家郝洛克认为,从性意识的萌芽到爱情的产生和发展,大致可分为四个阶段:一是青春期初期疏远和排斥期。在此阶段伴随着第二性征的出现,使男女开始意识到与异性的差异,不能像以往一样毫无顾忌地玩耍,从而有意无意地躲避异性。二是向往异性的牛犊恋期。伴随着青春期性特征发育的成熟,女性的阴柔之美与男性的阳刚之魄相互吸引,既想吸引异性又想被异性所吸引的青少年像小牛恋母牛似地倾倒于所向往的年长异性的一举一动,对所向往的年长异性想入非非,处于此时期的男女不同程度地被自己的体像意识、内心性萌动所困扰。三是青春中期。这时期是积极接近异性的狂热期,青少年向往对象转为年龄相仿的异性,他们设法引起异性对自己的注意,但由于双方都具有理想主义倾向,自我意识太强,所以冲突会增多,经常变换对象。四是浪漫恋爱期。浪漫恋爱的显著标志是爱情集中于一个异性,对其他异性的关心明显减少。不愿意参加集体性社会活动,经常陷入结婚的幻想之中。

三、当代大学生性心理的特征

大学生是人群中特殊的一个群体,从生理上来说他们已经完全发育成熟,然而,他们还未走向社会,在心理上并未成熟,尚处于发展阶段。由于性生理的成熟和性心理的发展,大学生阶段的性心理活动表现多样,展现出以下四个特征。

(一)性欲求的本能性

有关研究资料表明,当代青少年性发育成熟年龄明显提前,女生初潮平均年龄由20世纪60年代的14.5岁提前到90年代末的13.06岁,男生首次遗精平均年龄由20世纪60年代的14.43岁提前至90年代末的14.02岁。12～14岁的学生已开始关注异性和对异性产生兴趣,发生好感,希望接近异性、被异性议论;14～16岁的学生已有性冲动和性欲望,一些人有手淫和性幻觉的体验。

目前,我国在校大学生的年龄绝大多数在18～23岁之间,在这一阶段,大学生的性生理发育已经成熟。大学生随着性机能的成熟,在青春期出现的性欲望和性冲动此时表现得更加强烈,这是身体发育中的正常生理和心理现象。20世纪初一项针对大学生的调查表明,有98.1%男生和80.4%的女生有性冲动的体验,并且有80.5%男生和76.4%的女生迫切希望与异性交往。可见,随着性生理的成熟,绝大多数大学生都产生了性的欲望和冲动,这是生理本能的体现。

(二)性意识的强烈性

伴随性生理和性心理的发展,青年大学生的性意识日益强烈。青年学生常常把年龄相当的异性作为交往对象,关注自己在异性心目中的地位,关注异性对自己的评价,在内心深处渴望与异性建立起亲密的关系。在逐步摆脱心理闭锁状态之后,在相对宽松的高校校园文化环境里,青年男女期待有机会展示自己的魅力,同时掩盖自己的不足之处,以博得异性的好感。值得注意的是,当这种内心强烈的渴望被刻意外显的行为掩饰时,容易导致内心的冲突,而长期得不到有效处理的心理冲突容易引发心理失调。

(三)性心理的动荡性

青年期是人的一生中性能量最旺盛的时期,但由于不少大学生的心理还不成熟,尚未形成稳固的、正确的性道德观和恋爱观,自控能力较弱,因而,他们的性心理易受外界不良的影响而动荡不安。现实生活中丰富多彩、五花八门的性信息,特别是西方"性解放""性自由"的思想,易使个别大学生的性意识受到错误强化而沉迷于谈情说爱中甚至产生性过失、性犯罪。与此相反,另一些人由于性的能量得不到合理的疏导、升华而导致过分压抑,少数人还可能以扭曲的方式、不良甚至变态的行为表现出来。

(四)两性之间的差异

大学生的性心理因不同性别而有差异。女性步入性生理发育期的时间早于男性,但男性产生性兴奋的时间和强度一般早于和高于女性。在对异性的追求的情感特点有所不同:男青年对爱情往往表现得外露、热烈,显得英姿勃勃,但有时过于粗犷;女青年对异性的爱慕情感往往表现得含蓄、娇媚,而略显着羞涩、被动。在表达方式上,一般是男生较主动,女生往往采取暗示的方式。女性对自身第二性征的出现更多是害羞、好奇、不安,男性则对此比女性表现出更高的肯定态度,更迫切地想探索性的奥秘。此外,男生的性冲动易被视觉刺激唤起,而女生则易在听觉、触觉刺激下引起兴奋。

四、大学生性心理的矛盾冲突

(一)性焦虑与性压抑

大学生性机能的成熟使性的生物性需求更加强烈、迫切,而大学生健全的性心理结构尚未确立,对各种性现象、性行为的认知评价体系还不完善,再加上性的社会性要求的约束,这些都使大学生性心理的发展处于多种矛盾的相互作用之中,并出现分化。不少大学生无法处理好这些矛盾,从而使性心理的发展出现了偏差。调查表明,有30.2%的男生和20.3%的女生对性冲动持否定、抵制的态度,采取压抑的方式。性压抑结果不仅会有碍于性心理的健康发展,严重者还会导致性变态或性过错;与此相反,还有3.2%的男生和2.8%的女生对性持无所谓或放纵的态度。有40.7%的男生和30.3%的女生有过性交行为。

(二)性自慰引发的心理冲突

大学生要掌握必要的性冲动的自我调节方式。如果把大学生在性成熟中的性欲冲动作为一种能量来看待,那么掌握适当的自我调节方式来疏导、宣泄这种能量则是必要的。在社会规范允许的前提下,符合心理卫生原则的处理这种能量的主要方式之一就是自慰。性自慰行为是性成熟的个体在性冲动时没有性爱对象参与下所进行的、为了满足自己的性欲要求的性活动,其主要形式有性的幻想和性梦、手淫。未婚时,自慰是性冲动得以发泄、性欲望得以满足的最直接方式。对于大学生而言,它是一种可行且正当的性活动。调查表明,92.9%的男生和52.4%的女生有性梦体验,75.7%的男生和43.8%的女生有手淫体验,有22.2%的男生和9.7%的女生把手淫作为排解性冲动最主要的方式。但仅有59.4%的男生和35.9%的女生认为手淫是正常行为,而30.8%的男生和50.3%的女生则认为手淫对身体有害。因此,引导大学生正确看待性自慰行为,合理采用这种方式来排解性冲动,对大学生保持身心平衡状态和健康水平具有重要作用。虽然适度的性自慰行为对身体无害且不伤害他人,但这并不意味着它是必需的,明确这一点对引导大学生采用更积极的方式来升华性能量具有重要意义。

(三)性体像引发的情绪困扰

这主要表现为青少年男女不能正确、客观地认识自己的身体及其第二性征。如唐爱武(1989)的调查报告中就有50%的女生和16%的男生对青春期出现的第二性征感到害羞、不安和不理解;女性对自己的乳房发育不满意,为形体的胖瘦而烦恼。有的女生由于片面追求苗条而形成体像障碍,男生对自己的生殖器不满意,为身材矮小而苦恼。有的青少年认识不到生长的突增在身体的各个部位并不同时开始,因而产生体像和自信心方面的问题。

(四)性行为失当带来的不利影响

不正当是指施加不适当的压力而迫使某人改变想法。性行为的失当主要是指一方滥用自己的被信任的地位,或者利用对方薄弱的意志、懦弱的体质以及精神上的痛楚而影响另一方进行自主的抉择,存在胁迫或乘人之危的情形。

大学生性行为失当主要发生在婚前性行为。大学生婚前性行为一般有三个特点:一是突发性,往往是受到强烈的性刺激下双方在无心理准备的情况下突然发生的;二是非理智型的,青年学生大多是在双方自愿而又不理智的情况下发生的行为;三是反复性,一旦防线冲破,便可能多次反复发生。

大学生婚前性行为虽然往往是男女双方自愿的,但是很可能对男女双方在心理和生理上会造成多方面的危害。

在心理上,大学生出现婚前性行为常为社会、家庭和道德所不容,容易引起心理困扰,不仅有认识、观念上的困惑与自我矛盾,还可能动摇其自我评价和对未来的信心。因为社会对男女在贞操问题上的双重标准,特别是给女大学生带来更多精神上的痛苦。且婚前性行为的发生减少了男女双方重新选择的可能性:有些女性因已失身,明知与对方没有共同语言,但受到传统贞操观念影响,也只好勉强凑合;男生也会因为即使越来越觉得对方不理想,但是已经"生米煮成熟饭",也只好勉强结婚了事,这给婚后生活投下了阴影。

从生理上看,性行为作为人类生殖繁衍的前奏,很可能造成女生怀孕,又因不具备结婚的条件,女生被迫进行人工流产,不得不忍受手术的痛苦及所引起的并发症。为掩人耳目,女生手术后往往不敢休息,营养得不到补充,可能遗留多种疾病,从而给女生身体造成很大的危害。有个别女大学生因发生婚前性行为,陷入了未婚先孕的恐惧中,产生了紧张、后悔、屈辱、担忧,甚至有的最终走上自绝道路。

个别大学生为满足自己的欲望,轻率地与人发生性关系,可能会产生染上性病甚至艾滋病的严重后果。因此婚前性行为在发生之前应该意识到其可能带来的种种后果,并且权衡自身是否有足够的力量去承担这些后果,再决定是否应该发生。总之,婚前性行为应该慎之又慎。

五、健康性心理

(一)大学生性健康的标准

1.性教养的标准

达拉斯·罗杰斯认为一个在性方面有教养的人,应当符合以下几个标准:①具有良好的性知识;②对于性没有由于恐惧和无知所造成的不当态度;③性行为符合人道;④在性方面能做到"自我实现";⑤能负责地做出有关性方面的决定;⑥能较好地获得有关性方面的信息交流。此外,还包括社会道德和法律的制约。

2.大学生性健康的标准

对于大学生而言,性健康的标准有以下几条:

(1)能正确认识和接纳自己的性别。一个性心理健康的个体,首先应能够正确认识自己的性别角色并加以接纳,同时能成功扮演好自己的性别角色,对自己的性别角色有相应的自尊感和自豪感。

(2)有正常的性欲望。性欲是一个人能够获得性爱和性生活的基础和前提,所以性心理健康的个体就必须具有正常的性欲望,且指向成熟的异性而不是同性或其他的代替物。

(3)性心理发展水平符合年龄特征。个体性心理特点和性行为符合相应的性心理发展年龄的特征。如果大学生的性心理与大多数同龄人不相同,那么他的性心理可能就有一些问题。

(4)具有较强的性适应能力。性适应是个体的性活动能够与外界形成一种和谐关系,也就是性生理、性心理、性社会的三要素在性生活过程中交互作用而显示出的一种协调能力。它表现为在个体出现性冲动后,知道如何排解、调控自己的性冲动,能够使自己的性行为与性活动符合社会的新规范和新要求等。

(5)能与异性保持和谐的人际关系。对于大学生而言,随着性生理和心理的发育成熟,渴望与异性交往并保持和谐的关系,是个体自然而然的正常的性要求,如果这种要求得不到满足,其性心理就很难达到健康的要求。

(6)性行为符合社会文明规范。性心理健康的大学生具有一定的性知识和性道德修养,能自觉地去分辨性文化的精髓和糟粕、淫秽与纯洁、庸俗和高压、谬误与真理,自觉抵制腐朽没落的性文化的侵蚀。

(二)维护性健康的途径

1.掌握科学的性知识

掌握科学的性知识,才能避免因性无知所带来的生理上和心理上的种种伤害。性是一门综合性的科学,包括性生理学、性心理学、性社会学、性伦理学等。大学生应当努力学习和掌握性科学知识,消除对性的种种误解。

2.培养健康的人格

性,不仅仅决定于生物本能,一个人对待性的态度,反映了他的成熟是否。人自身的尊严和对他人是否尊重,都会在两性关系中充分体现出来。

(1)要自爱自信。大学生要学会接纳和欣赏自己的性别角色,发展出适应时代要求的优秀个性特点。性别角色的认同和胜任是现代人成功适应和发展的重要心理基础。

(2)要对性行为负有社会责任感。如果性行为涉及另一个人,那么便涉及社会责任。性行为可以给另一方造成心理和生理上的伤害,甚至可以产生一条新的生命。这将意味着影响另一个人的生活,也将深刻影响你的生活。每一个成熟的大学生都应当了解个体性行为给他人、自我和社会带来的后果,尊重他人,尊重自我,对自我的行为负起责任。大学生要增强自己的性道德和性法律意识,用道德和法律规范自己的性行为。

(3)要培养良好的意志品质。大学生自我控制性心理的能力,在一定意义上是由个人意志品质的强弱决定的。尽管青年人有很强的性冲动,但是人不同于动物,人是有意志力的,可以抑制和调整自我的冲动,因此大学生应当努力培养自己的良好意志品质。

3.积极进行自我调节

每个大学生都应该对控制自己的性欲望与性冲动有信心。对于性冲动,除了给以适度的控制外,还可以采取一些积极的、富于建设性的、符合社会规范的方式,如用学习、工作来取代或转移。

要正确对待手淫、白日梦和性梦,不因此而产生心理困扰或自责,将其当作一种合理的性能量宣泄的方式。

4.文明适度地进行异性交往

文明适度地进行异性交往,可以满足青春期性心理的需求,缓解性压抑。异性交往有益于扩大信息,完善自我,对个人的恋爱婚姻及个人成才和发展具有重要作用。但是大学生的异性交往要把握分寸,注意场合,规范行为,处理好"友情"与"恋爱"的关系。

5.对性骚扰的自我保护

大学生在遭遇到性骚扰时,不要畏惧,要勇敢地说"不",以严厉的态度制止和反抗性骚扰,必要时向别人呼救或向公安部门寻求帮助。对于性骚扰事件的经历,不要过分恐惧和自责,因为你是无辜者。为了更快消除自己的心理困扰,可以向父母、老师、知心朋友宣泄自己的情绪,也可以寻求心理咨询的帮助。

6.寻求心理咨询

心理咨询的保密原则使性不再是一个难以启齿的问题,大学生可以尽情宣泄心中的郁闷,而不用担心自己心中的这些最私密的东西被他人获知,也不用担心被他人评头论足。当你遇到性困扰时,你可以坦然寻求心理咨询。

7.提升大学生的性道德修养

性道德规范是异性交往中应该遵守的行为准则,能不能把性道德规范化作内心的信念,并用来调节和指导日常行为,从而逐渐形成和完善道德品质,还需要进一步提高性道德认知水平,发展健康的性道德情感,养成良好的性道德行为习惯。

性作为人类生活的重要组成部分,既具有自然性又具有社会性。因为性行为涉及另一方,如果没有道德、法律的约束,把性只看作是男女两性之间私事,随心所欲,势必会导致社会混乱,危害家庭结构。关于性行为,必须遵循三个道德与法律的底线:一是双方必须自愿,不能以胁迫的方式进行,只要一方喊停必须尊重其意愿终止性行为;二是性行为发生必须在隐私的场所,不能在公众场所,影响他人;三是性行为必须发生在成年人之间,且不能乱伦,因为近亲繁殖会造成遗传病,同时也会导致伦理关系混乱。大学生一方面要掌握所学习的知识技能,另一方面还要学会正确而合乎道德地处理与异性的关系,以便为将来走入社会、承担起成年人的角色做好准备。

(三)大学生性病、艾滋病的预防

1.性病和艾滋病的界定

1975年世界卫生组织决定用性传播疾病这一概念来取代过去性病一词。把凡是通过性行为,包括生殖器的性行为和类似的行为接触而发生的传染疾病称为性传播疾病,包括淋病、尖锐湿疣、梅毒等。

艾滋病全称为获得性免疫缺陷综合征,这种病主要损害人体免疫系统,破坏人体的抵抗力,使患者容易得上一些普通人不容易发生的严重传染病和恶性肿瘤,最后导致病人死亡。由于这种病是当代对人类威胁最严重的性传播疾病,因此被称为"20世纪的新瘟疫"。

2.性病和艾滋病的危害

性病、艾滋病严重摧残着人们的身体,吞噬着人们的生命,给人类的发展带来巨大灾难。性病、艾滋病的危害主要损害人们肌体健康,吞噬人类生命,威胁后代的延续。

性传播疾病能够导致病人的皮肤溃烂、生殖器发炎,还会造成骨骼疾病、心血管和神经系统疾病。性传播疾病还会造成女性不育症,导致女性生育能力的丧失。

性传播疾病会直接导致癌症的发展,威胁人们的生命。艾滋病的治愈率很低,50%的艾滋病患者在确诊后18个月死去,80%的患者将在36个月中死去。近年来,随着社会经济的发展和艾滋病防治工作的不断深入,艾滋病疫情出现了一些新的情况,呈现三个特点:一是艾滋病疫情有所减缓;二是性传播已成为主要传播途径,男性同性性传播上升速度明显;三是局部地区和特定人群疫情严重。据2015年统计,我国艾滋病感染率总体上有所下降,但是高校大学生人群感染率上升,男男性行为是大学生感染艾滋病的主要原因。

性传播疾病和艾滋病不仅使本人遭受疾病的折磨,还会通过妇女怀孕,把罪恶的病毒传给无辜的婴儿。同时,母乳喂养也会使受艾滋病病毒感染的母亲把病毒通过乳汁传给婴儿。医学专家统计,受艾滋病病毒感染的婴儿存活时间一般不超过2~3年。据统计,全世界有300万婴儿在出生时就感染了艾滋病病毒,许多儿童很快发展为艾滋病,几年之内就失去了生命。

3.性病和艾滋病的预防

艾滋病正在全球疯狂肆虐。而艾滋病的感染者中青少年男性占了大多数。为了我们的身心健康,为了我们的幸福未来,大学生应当积极参加性病、艾滋病的预防工作。

有效地预防性病和艾滋病的传播要求大学生个体洁身自爱,遵守性道德,有效地控制自己的性行为,减少婚前性行为和婚外性行为的发生,尤其要避免高危性行为如召妓嫖娼、滥交等行为。在进行性行为时一定要注意自我保护,使用安全套,可以减少性病和艾滋病的传播。

宣传性病和艾滋病的预防知识,使青少年了解性病、艾滋病的传播途径,减少因无知带来的恶果。性渴望是本能,而性压抑却是人类所特有的,因为人的行为受道德和社会责任感的约束,正是人类的理性才使人具备性压抑,所以不必把它当成污秽的事情。

第二节　大学生恋爱心理

爱情是人类永恒而常青的主题。只要有人类存在,就必然有爱情问题。人类和爱情,就像形与影一样,不可须臾分离。它是社会发展到一定历史阶段,在男女之间所产生的一种一对一的对等的专一的爱慕关系,是人类在社会发展中男女感情的最高凝结,它在人生中的作用和地位很难估量。它常常成为天下男女长久追寻的生活目标,并且影响人的一生。

一、爱情的实质

爱情是什么?"唯精神论"认为爱情是纯精神的,它与性欲毫不相干,是男女在精神上的相互依恋,将爱者的情感完全融化在对所爱的人的关怀之中。此种观点的代表人物将爱情区分为低级的肉体之爱和高级的精神心灵之爱两种,并认为心灵之爱才是高尚的、真正的爱情。"唯性欲论"则认为,爱情是纯粹的性本能,性欲是爱情产生的唯一的根源,爱情的目的仅仅是为了性欲的满足。哲学家认为,人类的性就好像饮食,都是本能的需要,所以对性的满足就是对人的尊重,对性的压抑就会导致性饥饿,而且愈压抑愈强烈。这种理论实际上是把爱情和性欲等同起来,把人降低到动物水平,否认了人的社会属性。马克思主义爱情观认为,爱情是人的自然属性和社会属性的统一。爱情的自然属性就在于它是以性欲、性心理为自然基础,并由此而发展起来的。爱情的社会属性则在于它是在男女两性自由、互爱基础上产生的渴望在肉体和精神上融为一体的强烈倾慕之情。爱情不是一时的感情冲动,而是一个过程,它贯穿在两性结合的始终。它的初期表现为异性间相互仰慕和渴望结合的强烈愿望,中期表现为异性间的相知相守和互相依恋的执着情感,后期表现为异性间互敬互助和白头偕老的深沉意愿。爱情作为一种亲密的人际社会现象,要求情侣双方要有正确的社会道德观念并遵守相应的社会道德规范。

(一)关于爱情的含义

爱情虽然是人类社会十分普遍的现象,但要想把爱情解释清楚却不是一件容易的事,古今中外的大智大贤者,对爱情也不免众说纷纭,莫衷一是。

柏拉图在《会饮篇》中表达了自己的爱情哲学。他认为爱情是人类的一种精神现象,爱情是爱一切的善,美的爱情应排除一切肉欲,只剩下纯精神的爱慕。奥地利著名心理学家阿德勒给爱情所下的"不完整"的定义是这样的:"爱情,以及其结果的婚姻,都是对异性伴侣最亲密的奉献,它表现在心心相印、身体的吸引,以及生儿育女的共同愿望中。我们很容易看出爱情和婚姻都是合作的一面——这种合作不仅是为了两个人的幸福,也是为了人类的利益。"弗洛姆认为,"性爱是对另一异性的完全融合、结为一体的渴望。从其本性来说,它是排他的,不具有一般特性的爱。它也许是所有形式的爱中最靠不住的。""爱本质上应是一种意志行为,用自己的生命完全承诺另一个生命的决心。"恩格斯在其名著《家庭、私有制和国家的起源》一书中明确地提出了爱情的定义。他认为,所谓爱情是指两性间的特殊感情关系,即性爱。但是"现代的性爱同单纯的性欲、同古代的爱,是根本不同的。第一,它是以所爱者的互爱为前提的,在这方面,妇女处于同男子平等的地位,而在古代爱的时代,绝不是一向都征求妇女同意的。第二,性爱常常达到这样强烈和持久的程度,如果不能结合和彼此分离,对双方来说即使不是一个最大的不幸,也是一个大不幸。仅仅为了能彼此结合,双方甘冒很大的危险,甚至以生命孤注一掷。"恩格斯的这个爱情定义是十分精辟的,他不但认为婚前应该有爱情关系,而且认为婚后也应该有爱情关系。现代意义下真正爱情的实质,就是在两性平等互爱条件下的那种最真挚、最强烈的渴望彼此结合的一种高尚的道德感情关系。

爱情既具有生物属性又具有社会属性。爱情的生物属性表现在它是人类性生理、性心理发展的必然产物,是在繁衍后代的本能基础上产生的。爱情的社会属性是因为人作为一种高度社会化的动物,其行为与情感是具有社会性的,是有理智的并受社会和道德约束的,表现在爱情具有道德性、责任性、排他性、平等性和持久性。

综上,可以将爱情定义为:一定社会经济文化状态下,两性间以共同的生活理想为基础,以平等互爱和自愿承担义务为前提,以渴求结成终身伴侣为目的,而按一定道德标准自主地结成的一种具有排他性和持久性的特殊社会关系。

(二)关于爱情的心理理论

每个人虽然有千差万别的个性,但是如果抛开个人心理特点,就可以看出,作为人类两性最密切联系形式的爱情,还是具有比较稳定的心理结构的。爱情的心理结构不同于个性的心理结构,它是具有特定关系的两个异性之间个性心理结构的和谐与互补,目的在于最大限度地发挥两性的整体效益。

1.爱情色轮论

加拿大学者李约翰通过对文献作品的分析,提出了爱情色轮论,得出与爱情观相关的六种爱情态度。

情欲爱,又称为浪漫爱情,是一种最容易发生一见钟情的爱情。情欲之爱者注重外表的吸引力,碰到与自己理想形象相符的人就会狂热地追求,渴望知道对方的一切,爱听对方的承诺,且易发生性关系。

游戏爱。以自我为中心,视自己为游戏高手,不愿被爱情束缚,将性视为欲望的发泄或是一种战利品。

伴侣爱。爱情的发生是从做朋友开始的,交往过程中是信赖、平和与温馨的,即使分手亦能维持良好的关系。

现实爱。兼具游戏之爱与伴侣之爱,冷静、平稳,站在现实的角度上选择最符合条件的爱人。

占有爱。兼具情欲之爱与游戏之爱,对对方有强烈的依赖感、占有欲和嫉妒性。

奉献爱。兼具情欲之爱与伴侣之爱,深情且坚定,以对方为中心,为求对方的快乐不断付出且常不要求回报。

2.爱情三角理论

美国心理学家斯滕伯格提出的爱情三角论认为,爱情是由亲密(情感成分)、激情(动机成分)和承诺(认知成分)组成的。激情指一种情绪上的着迷,个人外表的和内在的魅力是影响激情的重要因素。亲密指的是两个人心理上互相喜欢的感觉,包括对爱人的赞赏、照顾爱人的愿望、自我的展露和内心的沟通。承诺主要是指个人内心或口头对爱的预期,是爱情中最理性的成分。亲密是"温暖"的,激情是"热烈"的,而承诺是"冷静"的。他认为,爱情的这三要素可组成一个三角形,三角形的面积代表爱情关系,并且可以排列组合成各种不同的爱情类型。斯滕伯格认为真正的爱情就是一个等边三角形,是激情、亲密和承诺三边的完美组合。见图 8-1。

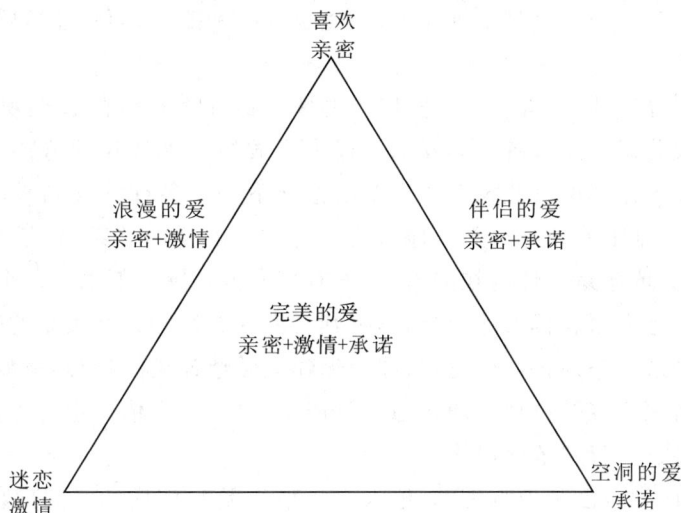

图 8-1　爱情三角理论

　　由于激情、亲密和承诺三种成分在爱情中所占的比例会不断变动,斯滕伯格将爱情关系分成了八种不同的类型:

　　喜欢式爱情(liking)。只有亲密,在一起感觉很舒服,但是觉得缺少激情,也不一定愿意厮守终生。没有激情和承诺,如友谊。显然,友谊并不是爱情,喜欢并不等于爱情。不过友谊还是有可能发展成爱情的,尽管有人因为恋爱不成连友谊都丢了。

　　迷恋式爱情(infatuated love)。只有激情体验,认为对方有强烈吸引力,除此之外,对对方了解不多,也没有想过将来。只有激情,没有亲密和承诺,如初恋。第一次的恋爱总是充满了激情,却少了成熟与稳重,是一种受到本能牵引和导向的青涩爱情。

　　空洞式爱情(empty love)。只有承诺,缺乏亲密和激情,如纯粹为了结婚的爱情。此类"爱情"看上去丰满,却缺少必要的内容,金玉其外,败絮其中。

　　浪漫式爱情(romantic love)。有亲密关系和激情体验,没有承诺。这种"爱情"崇尚过程,不在乎结果。

　　伴侣式爱情(companionate love)。有亲密关系和承诺,缺乏激情。跟空洞式"爱情"差不多。没有激情的爱情还能叫爱情吗?这里指的是四平八稳的婚姻,只有权利、义务却没有感觉。

　　愚蠢式爱情(fatuous love)。只有激情和承诺,没有亲密关系。没有亲密的激情顶多是生理上的冲动,而没有亲密的承诺不过是空头支票。

　　完美爱情(consummate love)。同时具备三要素,包含激情、承诺和亲密。只有在这一类型中我们才能看到爱情的庐山真面目。

无爱(nonlove)。三个因素都不具备。

激情、亲密和承诺共同构成了爱情,缺少其中任何一个要素都不能称其为爱情,正如三点确立一个平面,缺少任何一个点,这个唯一的平面就不存在。斯滕伯格之所以把具备三个基本要素的爱情称为完美式爱情,是因为建立一段稳定、持续的爱情需要恋爱双方耗尽毕生的精力去培育、呵护,那是一项贯穿人生的浩大工程。

然而,具备三个要素并不意味着爱情就成为现实,爱情需要更多的努力来调节这三者的关系。爱情不是一件容易的事情,难怪有人认为爱是一种能力,并非天生就有,需要不断地锻炼和实践才能培养出来。爱是一种能力,被爱也是一种能力,而且还需要成为一种艺术。

3.爱情依恋理论

Bowlby通过对离开照顾者(通常是母亲)的婴儿或儿童行为的长期观察提出了依恋理论。依恋是婴儿或儿童与照顾者之间互动过程中形成的一种特殊的情感连接,儿童在此基础上逐渐形成内部工作模型。儿童在该模型的指导下处理各种社会刺激,决定自身的反应方式,并以此来构建未来的人际关系。他认为所有重要的爱的关系(包括与父母的、与恋人的)都是依恋关系。依恋是人性内在的需要,没有依恋就会感觉孤独。一个人早期的依恋经验对其成人后的情感方面有很大的影响,影响其日后的友谊和爱情关系的模式。

成人的爱情关系也是一种依恋过程,即伴侣建立爱情连接的过程,就如婴儿在幼年时期与双亲建立依恋情感连接的过程一般。与儿童依恋一样,成人依恋也可以分为安全依恋、逃避依恋、焦虑矛盾依恋三种"依恋风格"。

(1)安全型。认为自己是值得爱的,他人也是值得爱和信任的。因此在亲密关系中,既能维持双方的关系又可以保持自己的独立性。

(2)焦虑矛盾型。在内心觉得自己的价值不肯定,甚至没有价值,不值得被爱,因此也觉得别人会拒绝自己,不值得信赖。此类型的个体期待与对方有密切的关系,但是经常担心对方是否真心愿意和自己在一起,因此他们经常逃避亲密关系或者过度依赖亲密关系。

(3)逃避型。对个人的看法相对积极,认为自己是有价值的,但认为他人会拒绝自己,这种类型的成人会以避免与他人发生联系来作为保护自己不受伤害的手段。

安全依恋风格的人一般因对伴侣很坦诚,能够心情愉快地进行自我暴露,因而与伴侣的关系会更加亲密;而不安全型的人则因对他人持有太多戒心而难以达成亲密。安全型依恋风格的人比不安全型的人有更多积极、满意、亲密的交往,因此在爱情中能体会到更多激情和美妙,也更对目前的亲密关系感觉满意。

二、大学生恋爱发展的规律

(一)恋爱心理的形成因素

1.性本能是恋爱心理产生和发展的内在动因

爱情是两性之间的特殊感情,它是个体性成熟和社会成熟达到一定阶段后产生的男女之间相亲相恋、互亲互慕的情感。因此,爱情首先是基于性生理的成熟,出现性的欲望和冲动,才会产生恋爱心理。性本能的发展成熟是恋爱心理产生和发展的内在动因。青年期性已成熟,青年具备了产生恋爱心理的生理基础。

2.恋爱观是恋爱心理产生和发展的决定因素

性成熟是恋爱心理的生理基础,与人的社会属性相关的恋爱观念则是恋爱心理产生和发展的决定因素。因为人是社会人,人的本质是人的社会属性,恋爱观影响和制约着人们恋爱与否、恋爱对象的选择、恋爱心理的健康发展,并导致人有了恋爱心理中最主要的因素——精神吸引力的产生,爱情也因此成为美好高尚的情感,升华到一种崇高的境地。恋爱心理的产生与发展不仅有生理的快感,更重要的是有精神的享受。

3.异性的特质是引起恋爱心理的特殊动力

爱情产生于性能力,但性能力就其本身而言并不具体要求特定的异性对象。人与其他动物的本质区别就在于人只有在获得关于某个异性的具体信息后,恋爱心理才真正开始产生,也就是说,恋爱心理的产生是具有明确的对象性的,只有在生活中出现了你认为最值得爱的人时,才会引起你的恋爱心理。因此只有一个独一无二具有某种特质的异性出现,才会催发爱情。

4.生活实践是恋爱心理产生和发展的外在条件

有了上述三个因素,如果没有一定的培养爱情的生活实践交流活动,恋爱心理还不足以真正产生和发展,即使产生了也会中断,达不到成熟的阶段。人们只有在生活实践中互相交往、增进了解、互相发展感情,才能使恋爱心理的产生和发展从可能变为现实。

(二)爱情的发展阶段

爱情关系并非一成不变,它会随着时间的流逝,在不同的发展阶段会有不同的表现,我们要学会用不同的心态接受不同的爱情发展阶段。

1.始恋阶段

在这一阶段开始感受到异性的特殊魅力,倾慕对方的仪表、风度、气质、言谈、品格等肉体和精神的魅力,被深深吸引而迷醉。在这一阶段总是想要去亲近对方,但是又顾虑重重不敢贸然去接近对方。这是一个如痴如醉的失魂落魄的阶段。

2.依恋阶段

在这个阶段,两个互相有好感的男女会彼此关注对方,并考虑接近对方的方法,找机会向对方表白自己的心思;同时常常揣摩对方的心理,不断评估双方的情感的持续性与成功的可能性。这是一个痛苦的自我折磨的阶段。

3.爱恋阶段

经过前面阶段的想象、揣摩,在这个阶段终于鼓足勇气向对方表白了自己的爱情,才真正意味着进入了恋爱心理状态。这时主动表白的一方常会神色紧张、心绪不宁,接受表白的一方也会不知所措。这是恋爱心理发展最关键的一个阶段。有的个体会因担心遭到对方拒绝而失去信心,有的则有可能找不到适当的机会表白或表白不当。这都有可能让即将产生或已经产生的爱情悄悄溜走。这一阶段相对而言比较短暂,但都具有很强的震撼力。

4.相恋阶段

双方经过表白并接受双方的爱慕,恋爱关系便正式建立了。这个阶段又可以细分为共存、反依赖、独立、共生四个阶段。共存期,双方无论何时何地都想黏在一起,"一日不见,如隔三秋",享受着爱情的甜蜜。反依赖期,随着情感的稳定,至少有一方会想要多点时间做自己的事情,不再想一直黏在一起,但是另一方会感到自己被冷落了,会怀疑对方对自己的爱是否改变了,因此经常会因为一些小事发生争吵。独立期阶段是反依赖期的延续,这个时期双方都会要求更多的独立自主的时间,他们会去审视自己的感情和另外一半,都开始为未来生活做准备,对对方比以前多了一份理解和深层次的爱。共生期是双方情感水到渠成,终成眷属。这时新的相处之道已经形成,双方在一起相互扶持,互相成长,一起开创人生,逐渐变成了相濡以沫的亲人。

三、大学生恋爱的特点

(一)大学生恋爱的现状

1.范围广,速度快

目前,高校大学生中恋爱现象比较普遍,发展的趋势有增无减。从大学一年级开始,谈恋爱就已经不是个别现象,有的认识几天就开始恋爱,有的频频更换对象,尚未恋爱的学生也表现出明显的迫切感,盼望爱情的发生。这种大范围的恋爱之风,形成了潮流,很多学生因为赶潮流而过于草率,难免造成不良后果,以至于影响学生的发展。

2.恋爱动机多样化

大学生恋爱,不再以结婚、建立家庭为主要恋爱动机,更多的是以丰富生活、摆脱孤独寂寞为目的,在恋爱中一般只谈爱慕之情,交流对学习、对人生的看法。有些个体只注重恋爱过程的情感投入和体验,跳出"交往、恋爱、结婚"的传统爱情三部曲,认为恋爱不必托付终身,恋爱动机呈现多样化。

3.恋爱方式公开化

大学生的恋爱方式从隐蔽化向公开化转变,结交异性朋友大方,恋人相处不再遮蔽,出入成双成对,形影不离。有的情侣还在公共场合高调"秀恩爱",不在乎他人的目光和议论。

4.恋爱失败率高

由于大学生缺乏经济基础和未来充满着不确定性,恋爱走入婚姻的概率较低,出现了"毕业就分手"的现象。部分大学生不能很好地处理学业和恋爱的关系,爱情至上,严重影响了学业,耽误了自己的前程。也有的大学生社会阅历浅,心理承受能力弱,而期望值又高,易冲动,一旦恋爱受挫,往往会造成伤害自己或他人,演绎成爱情悲剧。

(二)大学生恋爱的类型

根据我国研究者对大学生爱情价值观的实证研究,可以将大学生恋爱分为以下四种类型:

1.贪图性欲型

具有这种爱情价值取向的人,认为爱情就是能使两性结合、宣泄肉欲的途径,单纯地追求异性肉体,且一旦原有的对象不再能激起应激性性欲反应时,他们便会追求新的肉欲对象,把爱情当作一种游戏,肆意玩弄。以自我为中心,视自己为游戏高手,不愿被爱情束缚,将性视为欲望的发泄或是一种战利品。

2.现实功利型

具有这种爱情价值取向的人,并不把爱情作为最终目的,认为世界上根本不可能有真正的爱情,两个人在一起只是有利可图。把爱情看作是一种交易,是达到改变自己社会地位、经济条件、满足自身虚荣心和生活方式的一座桥梁,功利思想相当强烈。他们往往会站在现实的角度选择最符合条件的爱人,这些条件包括家庭出身、学历、能力、未来成就等。只要他们觉得与对方交往为合算的交易,就会继续对这种关系保持忠诚;反之,一旦他们觉得对方不再值得,就会提出分手的要求。

3.理想浪漫型

具有这种爱情价值取向的人,对于爱情的物质基础并不十分看重,他们不会计较对方的出身地位、经济条件,甚至并不十分在意对方的外表,他们要求的是彼此能在精神上得到很大程度的和谐统一。他们注重爱情的过程和体验,通常不在乎最终是否能走向婚姻。对爱情的期望值很高,对对方充满了浪漫的期待,有时甚至不切实际地提出要求以达到追求浪漫的目的。

4.传统奉献型

持有这种价值取向的人会有两种表现形式,其一是在爱情中付出爱情较多的一方很执着,愿意为对方奉献一切而不期望任何回报。他们认为爱情就是应该为所爱的人付出一切。其二就是在爱情中对爱情缺乏热情和主动追求,只是把爱情当作人生必经的一个阶段而已,认为这是社会、父母给自己必须完成的任务。他们不明白爱情究竟是什么,既不想从爱情中获得什么,也不想为爱情做出什么牺牲,得过且过而已。但是这种人如果组织了家庭,哪怕不爱对方,也会维持家庭的现状。

四、常见的恋爱心理困扰

(一)爱情嫉妒

什么是嫉妒?在西方的文献中,大多数从爱情方面给嫉妒下定义,如《牛津高阶英语词典》为嫉妒所作定义是:"出于怀疑、忧虑或知道有竞争者而产生的心理状态,表现在爱情等方面,惧怕在感情上被别人替代,或者对心上人的忠诚的不信任,尤其是对妻子、丈夫和恋人。"爱情中的嫉妒是由于拒绝他人分享自己的爱情,害怕自己所爱的人感情转移以致使自己的爱落空而产生的包含着恐惧、愤怒和悲伤等的复杂情绪集合体。因此可以说,有爱情就有嫉妒产生的可能性。但是嫉妒的产生,会给爱情生活带来潜在的危险。如果处理不当,就会发生矛盾,伤害感情,影响双方的关系。

爱情嫉妒产生的前提是对关系的过分依赖,害怕关系的丧失;关系的不确定感也会使个体产生爱情嫉妒,担心达不到伴侣期望,或者担心自己不是伴侣想找的人。焦虑型的个体贪婪地寻求与别人的亲密,但又始终担心伴侣回报给自己的爱不够多,因此,这些个体也更容易产生嫉妒心理。人格特点也会导致嫉妒的产生,那些看重"性爱专一"的个体,一旦伴侣出现风流韵事,他们会体验到强烈的嫉妒。另外,爱情嫉妒表现出较明显的两性差异,通过国内外的跨文化的实证研究发现,男性比女性更嫉妒伴侣的性不忠,女性比男性更嫉妒伴侣的情感不忠。

爱情嫉妒往往出自爱恋之心,唯恐失去对方,但客观效果却常常与嫉妒者愿望相反。克服嫉妒心理最好的办法是及时地打消猜疑,允许对方解释,避免误会。另外,恋爱双方应注意自我修养,扩大交往活动,给自己独立成长的空间,应意识到对方作为独立的个体有权与他人交往,甚至爱上别人。

(二)单相思

单相思就是一方对另一方发出的信息产生误解,自以为某个异性爱上自己的主观感觉,又叫单恋。

单相思是一种典型的恋爱错觉。这一般有三种情形:一是完全属于单方面的自作多情;二是恋爱中断后,其中的一方无法摆脱旧情的缠绕,情丝难断;三是在共同的学习和工作中,一方深深地爱上了另一方,可是难以启齿,于是终日魂牵梦绕,夜不成眠。不论是哪一种情形,都是没有现实基础的无效追求。

在单相思中,当事人往往对他人存在认知的偏差,把对方的言行举止纳入自己主观需要的轨道来理解。例如,对方一个眼神,一个微笑,在第三者看来毫不足道,但在他看来,似乎却暗示着什么。

如何从单相思中解脱出来呢?首先要冷静,用客观理性去分析自己的感情生活及挫折产生的原因,从中找到足以说明问题的提示。其次,一旦发现自己所追求的对象根本对自己没有爱的意思,就应该及时改变生活目标,转移感情注意力,最好把主要精力放在学习和工作上,以学业或事业上的成功来补偿在爱情上求之不得的痛苦。如果你属于第三种单恋的情形,不妨大胆表达,得到对方的回应,采取明智的做法,防止单相思的发生。

应该注意的是,当陷入单相思漩涡不能自拔时,千万不要把受滞的情感拼命压在心底,否则即使能暂时求得心理平稳,但时间长了容易产生心理疾病。

(三)失恋

失恋是男女双方在爱情建立以后,由于某种原因,其中一方终止恋爱。对于感情真挚的青年来说,失恋无疑是非常痛苦的,对爱的绝望和深深的孤独感、虚无感、失落感和悲伤是失恋者常见的心理体验。失恋对一个人而言是一种严重的挫折,会导致心灵的巨大伤害,对个体的人生信念和自信心带来冲击,严重时会给个体带来自我无价值感。

失恋伤害从心理机制来说,属于受挫后的攻击性行为,是一种挫折反应。挫折后如果愤怒情绪较多,则可能表现出攻击行为。一是直接攻击对方,反唇相讥,拳脚相向,甚至伤及生命;二是转向攻击自己或其他人、物,自责自怨,自伤自杀,找替罪羊发泄。有的个体还会因为失恋行为心理退化到未成年状态中去,以哭、闹等幼稚的方式面对问题。

如何降低失恋所造成的伤害呢?

1.合理宣泄情绪

失恋造成的情感压抑及情绪反应是十分严重的,如果不及时宣泄,就会影响到身心健康。宣泄情绪的方式很多,可以在亲朋好友面前倾诉哭泣;可以书写日记或给自己写信;还可以通过拳击、跑步等运动方式来进行宣泄。在宣泄情绪的时候应该注意不能给自己或别人带来伤害。

2.转移注意力,使用补偿或升华等积极的心理防御机制

失恋往往使人在一段时间内将注意力高度集中在这一时间上,而更难以摆脱其负面影响,深陷痛苦之中不能自拔。此时可以有意地将自己的注意力从中转移出来,使用补偿或升

华等积极心理防御机制,把失恋的痛苦转化为奋发向上的动力,勤奋地学习和工作,不断修炼自身,成为更好的自己。

3.修正不合理的认知

失恋导致的负性情绪较大,往往是因为当事人存在着不良的认知。首先要意识到对方是一个独立的个体,他有选择爱与不爱的自由,摆脱我爱他他也必须爱我的这种绝对的要求。其次客观冷静地分析失恋的原因,在失恋中学习如何成长为一个更好的自己。最后从失恋中找到积极的意义,如恢复单身意味着自己拥有了更多的选择权。

第三节　在亲密关系中成长

恋爱的过程是一个培养爱的能力的过程。爱的能力是指和他人建立亲密关系的能力,具备了爱的能力会引导个体去真正地爱他人,也真正地爱自己,能真正体验到爱给人带来的快乐和幸福。

一、树立健康的恋爱观

恋爱观是指人们对恋爱问题所持的基本观点和态度。恋爱观是一个人的世界观、人生观和价值观在其恋爱过程中的投射与反映,是一个人对爱情的本质所持的主观理解和内在尺度。正确的恋爱观是形成良好个性品质的推动力量,并对恋爱活动具有导向作用。

(一)恋爱观的形成和发展

恋爱观的形成和发展是随着青春期的到来,生理的成熟和性心理的发展而逐步建立的。一般而言,它有以下三个阶段:

第一阶段是恋爱观的萌芽阶段,一般从中学时代开始。初中阶段经历从对恋爱问题的完全无意识向有一些零碎的知觉过渡,高中阶段个体的意识领域,不但有恋爱的意向,而且有对恋爱的思考,开始探讨爱情的真谛。

第二阶段是恋爱观的充实发展阶段,一般从大学时代开始。青年学生由于对生活、对感情体验的深化,心境开始从浮动的激情向稳定的理性发展,爱情逐渐由朦胧走向真实,表现为择偶标准系统化,开始明确意识到自己的价值。当从感性和理性方面完成恋爱观的准备时,就进入恋爱对象的理性选择期,在头脑中勾画出"理想化"的异性形象,在心目中形成择偶标准。

第三阶段是恋爱观的完善成熟阶段。此时恋爱观基本形成,开始在恋爱观指导下,由对恋爱问题的内心探索到恋爱实践。当在恋爱实践中发现自己的恋爱观与现实的差距时,就会重新审视原有的恋爱观。同时,根据社会现实的可能性和要求加以调节修正,不断完善,就形成了稳定的恋爱观。

(二)树立正确的恋爱观

恋爱观是一定社会条件下的经济关系和道德关系的产物。对于当代大学生而言,我们

提倡树立科学的无产阶级的恋爱观。具体来说,有以下几个方面内容:

1.提倡志同道合的爱情

在恋人的选择上最重要的条件应该是志同道合,思想品德、事业理想和生活情趣等大体一致。大学生作为新时代的栋梁,其恋爱观应该是理想、道德、义务、事业和性爱的有机结合。

2.摆正爱情的地位

爱情是人生内容的重要部分,但不是人生的全部。人生除去爱情之外,还有亲情、友情,还有事业、学业,还有个人的兴趣、爱好等。因此,爱情并非是我们的全部,当我们得到爱情的时候,爱使我们的生活更加美好更为圆满;当我们失去爱情或者还未得到爱情时,我们也能够获得幸福的生活。大学生要摆正爱情在生活中的地位,不能把宝贵的时间都用于谈情说爱而疏远了亲情与友情,放松了学习和工作,忘却了生活中其他的志趣。为爱情放弃一切,那么爱情就会如同在沙漠中播种,缺乏坚实的根基和土壤,迟早会枯萎。

3.爱情是一种责任和奉献

在社会生活中,人具有两方面的责任:一是个人对社会应尽的责任,二是个人对亲情、友情和爱情的责任。第二个方面的责任属于私人生活的性质,是社会干预最为微弱的生活领域,是主要依靠道德的修养和自觉的责任感来维持的。正因为如此,它反映了一个人的人格品质,大学生一旦进入爱情,就必须具有强烈的责任感和奉献精神,这样才能获得崇高的爱情。

二、培养爱的能力

爱作为一种能力,不是与生俱来、不学而能的,而是需要后天学习的,但我们很少意识到这一点,一味地凭着个人的认识与心性盲目地挥洒爱,但往往让爱消失殆尽。我们必须意识到爱的能力是需要学习的,只有拥有了足够爱的能力,我们才能处理好在婚恋中遇到的各种各样的问题。

(一)爱的能力

爱的能力是指个体具备与他人建立亲密关系的能力,它对人的一生发展有着重要的意义。具备爱的能力会引导一个人去真正地爱爱人,也真正地爱自己,能真正体验到爱给人带来的快乐和幸福。恋爱的过程正是培养爱的能力的过程。

爱他人的前提是自己内心充满爱。爱的能力的强弱取决于内心爱的储存量,如果一个人的内心是干枯的,没有爱可以"浮出",也就缺乏爱的能力的素养基础。人的爱是从何而来呢?心理学家米尔曾提出了"储爱槽"的概念,他把储爱槽画成心形,一颗心代表一个储爱槽,爱好比槽里的水,透彻、明亮。如此来看,每个人的内心深处,都会有个心形的储爱槽,其中储存的爱主要源自父母的储爱槽。当自己结婚成家,生育子女之后,与父母一样,用自己储存的爱去注满子女的储爱槽,使爱代代流传下去。

父母给予孩子的爱,会使孩子切身体会到自己是一个可爱的人。一个人学会爱别人之前,首先要学会爱自己,即自爱。

真正的爱就像弗洛姆指出的"意味着关心、尊重、责任、认识,它不是为某个人所爱之意义上的一种情感,而是为所爱的人的成长和幸福的一种积极主动的奋斗,它植根于自身的爱的能力"。"爱某个人是爱的能力的视线和凝聚。"人对自己的生命、幸福、成长、自由的确定,同样植根于其爱的能力,也就是说根植于关心、尊重、责任和认识。如果一个人有能力产生爱,那他一定是自爱之人;如果他仅仅是爱其他人,那他根本不会爱,也不具备能力去爱。自私和自爱不是同义的,事实上它们是对立的。自私之人,爱自己不是太多,事实上他实则仇视自己,而不是太爱自己。在爱别人之前一定要先学会爱自己,这是十分重要的。

(二)爱的能力的组成

爱的能力实际上是一种综合素质,表现为在爱的过程中汇聚了许多方面的能力。

1.表达爱的能力

当你爱上一个人时,能否用恰当的方式和语言向对方表达出来呢?表达爱需要勇气,需要信心。表达爱是在表明爱一个人也是一种幸福,即使并不因此而得到回报,甚至会遭遇拒绝。当爱上一个人的时候,要让对方知道他在被人爱着。当然他也有接受或拒绝的权利。

2.接受爱的能力

当期望的爱来到身边时,能够果敢地接受也是爱的能力的表现。有的个体在别人向自己示爱后,内心挺高兴,又不敢接受别人的这份爱,或者对爱缺乏相应的心理准备,或者觉得自己不配对方,不值得被爱,因此而痛失发展爱的机会。

3.拒绝爱的能力

具备爱的能力的人并不会对爱来者不拒,或者只要不是自己的爱就简单地拒之千里。拒绝爱的能力,其一表现为对他人的尊重,要感谢对方对自己的欣赏和感情。其二要态度明确,表达清楚和对方只能是什么样的关系,如是同学,还是一般朋友,或什么都不是。其三是行动与语言要一致。有些同学可能怕对方受到伤害,虽然语言上拒绝了对方,但是还是与对方保持较为亲密的接触,如与其去看电影、吃饭等,这易使对方产生自己还有机会的错觉。

4.鉴别爱的能力

鉴别爱的能力是指能较好地分清好感、喜欢和爱情。具备此能力的人,一定自信且尊重别人;一定会自然地与别人交往,主动扩展交往范围,珍爱友谊,能够敏锐地体察他人的感受。而自我孤立的人过多地站在自我角度考虑问题,无法体察他人。

5.解决爱的冲突的能力

爱的冲突一方面来自日常生活中的不一致,另一方面来自于性格的差异。彼此相爱的人不是寻求两人的一致,而是冲突发生后能够相互体谅,相互协调,积极去解决问题。爱需要包容、理解、体谅。沟通是化解冲突的最具建设性的方式。恋人间需要有效的沟通,表达清楚自己的思想、感受。伤害性的争吵或者冷战都不利于问题的解决。沟通可以消除误解增加感情,是解决冲突非常有效的方式。恋人间的有效沟通提供了深入了解对方的机会,同时融合了彼此的情感,因而冲突不但被解决了,情感也会因此得以提升。

6.面对失恋的心理承受力

失恋可以讲是人生中一个很大的挫折,考验的是人的忍耐挫折的能力。失恋使人产生痛苦的感觉是很自然的,因为失去爱意味着一种重要关系的丧失,一种身份的丧失,需要一定的时间去面对和适应。大学生应该正确认识失恋:失恋是一种选择的结果,一个人不选择自己不等于自我的失败,每个人都有可爱的一面,只是每个人欣赏他人的角度有所不同;把失恋当作一种人生财富,是一种人生体验,人会在失恋中变得更加成熟与理智,把握好失恋将会敲开下一段甜美恋情的智慧之门;失恋给人再次选择恋人进入恋爱的机会,只是要用心去体验、去建设、去学习和感受,就会有收获,收获下一段爱情。

7.保持爱情长久的能力

保持爱情长久的能力需要多种能力的综合。爱需要两个人真正地关心对方,走进对方的内心世界,以对方的快乐为自己的快乐。要保持爱情的常新与活力,需要智慧、耐力、持之以恒及付出心血,同时不迷失自我,在亲密关系中保持自己的独立、自主,使双方能在独立中共同成长。

(三)提升爱的能力

爱情是一种人际特殊关系,双方要走得更近会受到很多因素影响,在这些因素中双方的依恋类型、自我表露、对两性差异的认知尤为重要,这些也正是在提升自己爱的能力时应注意的重要内容。

1.依恋类型

依恋是亲密关系发展的重要影响因素之一。个体从婴儿期就有的对抚养者的依恋,伴随着人的成长,逐步转向朋友、情侣以及未来的配偶。人的早期依恋风格会对未来产生较大的影响。不安全依恋类型的个体因为内心对自己的不肯定,在亲密关系中会因对他人持有太多戒心而难以达成亲密,经常紧张不安、忧虑,甚至疏远冷漠对方而危害到爱情关系。青年大学生如果能对自身成长过程中形成的依恋风格有比较清楚的觉察,就可以意识到自己在爱情中可能存在的问题且能以客观合适的应对方式来进行思考与应对。

2.学会自我表露

自我表露是亲密关系发展的又一重要影响因素。爱情的精髓正是在于两个自我互相联系、互相倾诉,进而互相认同;两个自我既保持自己的个性,又共享很多活动,彼此提供支持。自我表露是建立人与人之间亲密感的重要影响因素。影响人们在关系中进行自我表露的关键因素在于对自己的不自信。低自尊、自我怀疑的人因其过分敏感脆弱,会影响到自我表露而在亲密关系中引发出种种问题。因此,学习悦纳自己,学习以开放的态度与人交往尤其是与同龄人交往,学习合适的归因,都是获得良好自我感觉,促进亲密关系健康发展的重要前提。

3.认识两性差异

认识两性之间的差异也是影响亲密关系发展的重要因素。亲密关系中两性之间存在着择偶价值取向和恋爱心理表现等方面的差异。了解这些复杂的差异,有助于有效应对亲密关系中的冲突,建立更和谐的两性亲密关系。发展异性交往是一条很好的学习途径,它可以帮助青年大学生通过相互了解来提高与异性交往的能力,同时也可能在交往中降低性需要引起的紧张度。

思考与练习

1.大学生性心理具有哪些特征?常见的性困扰有哪些?你有何解决之道?

2.你认为理想的男性应具备什么样的品质?理想的女性应该具备的品质有哪些?把你的观点与你的异性朋友分享,然后观察其中存在着什么差异。这些差异意味着什么?

3.请谈谈怎样才算真正的爱,为什么?

参考文献

［1］李淑兰,赵文阁.大学生性心理现状的分析及健康性心理的塑造［J］.继续教育研究,2005(6):153-155.

［2］林艳艳,李朝旭.心理学领域中的爱情理论述要［J］.赣南师范学院学报,2006(1):40-44.

［3］桑志芹.爱情进行时［M］.北京:高等教育出版社,2008.

第九章 择业心理

【心灵导读】

四只毛毛虫的故事

这是一个关于四只毛毛虫的故事。毛毛虫都喜欢吃苹果,有四只关系很好的毛毛虫都长大了,各自去森林里找苹果吃。

第一只毛毛虫跋山涉水,终于来到一棵苹果树下。它根本就不知道这是一棵苹果树,也不知树上长满了红红的可口的苹果。它看到其他的毛毛虫往上爬时,稀里糊涂地就跟着往上爬。没有目的,不知终点,更不知自己到底想要哪一种苹果,也没想过怎么样去啃食苹果,只好一切全凭运气了。

第二只毛毛虫也爬到了苹果树下。它知道这是一棵苹果树,也确定自己的目标就是找到一个大苹果。问题是它并不知道大苹果会长在什么地方。但它猜想大苹果应该长在大枝叶上吧,于是它就慢慢地往上爬,遇到分枝的时候,就选择较粗的树枝继续爬。它就按这个标准一直往上爬,最后终于找到了一个大苹果。这只毛毛虫刚想高兴地扑上去大吃一顿,但是放眼一看,它发现这个大苹果是全树上最小的一个,上面还有许多更大的苹果。更令它泄气的是,要是它上一次选择另外一个分枝,它就能得到一个大得多的苹果。

第三只毛毛虫也到了一棵苹果树下。这只毛毛虫知道自己想要的就是大苹果,并且研制了一副望远镜。还没有开始爬时就先利用望远镜搜寻了一番,找到了一个很大的苹果。同时,它发现当从下往上找路时,会遇到很多分枝,有各种不同的爬法,但若从上往下找路,就只有一种爬法。它很细心地从苹果的位置由上往下反推至目前所处的位置,记下这条确定的路径。于是,它开始往上爬了,当遇到分枝时,它一点也不慌张,因为它知道该往哪条路上走,而不必跟着一大堆虫去挤破头。最后,这只毛毛虫应该会有一个很好的结局,因为它已经有了自己的计划。但是真实的情况往往是,因为毛毛虫的爬行相当缓慢,当它抵达时,苹果不是被别的虫捷足先登,就是已熟透而烂掉了。

第四只毛毛虫可不是一只普通的虫,做事有自己的规划。它知道自己要什么苹果,也知道苹果将怎么长大。因此当它带着望远镜观察苹果时,它的目标并不是一个大苹果,而是一朵含苞待放的苹果花。它计算着自己的行程,估计当它到达的时候,这朵花正好长成一个成熟的大苹果,它就能得到自己满意的苹果。结果它如愿以偿,得到了一个又大又甜的苹果,从此过着幸福快乐的日子。

启示:

第一只毛毛虫是只毫无目标,没有自己人生规划的糊涂虫,不知道自己想要什么。

遗憾的是,我们大部分的人都像第一只毛毛虫那样活着。

第二只毛毛虫虽然知道自己想要什么,但是它不知道该怎样去啃食苹果,在习惯中做出了一些看似正确却使它渐渐远离苹果的选择。

第三只毛毛虫有非常清晰的人生规划,也总是能做出正确的选择,但是,它的目标过于远大,而自己的行动过于缓慢,成功对它来说,已经是明日黄花。

第四只毛毛虫不仅知道自己想要什么,也知道如何去得到自己的苹果,以及得到苹果应该需要什么条件,然后制定清晰实际的计划,在望远镜的指引下,它一步步实现自己的理想。

其实我们的人生就是毛毛虫,而苹果就是我们的人生目标,我们都得爬上人生这棵苹果树去寻找未来。要想得到自己喜欢的苹果,就请做第四只毛毛虫吧!

第一节　择业心理内涵

大学时期,是人的心理频繁变化时期,是大学生择业心理形成与变化的关键时期,也是从幼稚走向成熟的关键时期。大学生择业心理的内涵被时代赋予了新内容。

一、择业与就业概念及关系

(一)择业概念

择业是相对计划经济时代的分配工作而言的一种就业方式,即就业者根据自身条件及目标,在社会中寻找适合的工作岗位的一种目的性活动。自主择业与分配工作不同,前者具有目的性、双向性、灵活性的特点。在择业过程中,择业者带有明确的目标去寻求工作岗位,却与用人单位必须同时认同对方才能够实现自主择业,在择业的过程中双方都具有选择权,灵活性较强。

(二)就业概念

教育部全国高等学校毕业生就业指导中心编著的《大学生就业指导》中认为:"所谓就业,是指劳动者同劳动生产资料相结合,从事一定的社会劳动并取得合法劳动报酬或收入的活动。"从这个定义可以看出,要能够称为就业,首先是要从事社会认同的、合理合法的工作;其次必须取得相应的报酬或经济收入。"先就业,再择业",是指就业者一直选择不到合适的工作,先找一个暂时性的工作,以解决生存问题,积累些实际工作的经验,等时机成熟时重新选择一个更适合自身发展的岗位。作为一种与社会发展相适应的新的时代观念,在其指导下,毕业生选择了某种工作,一方面解决了生活问题,另一方面积累现实的工作经验,为重新选择工作,更好地发挥潜能,服务社会奠定了基础。

(三)择业与就业关系

择业与就业是紧密联系,互相影响的,应当用科学的态度对待二者之间的联系。就业是使个体在社会分工中处于某种职业角色的行为。这种行为状态可以是连续的，也可以是间断的。而择业，则是个体进入就业状态的必要环节。成功的就业应建立在科学择业的基础之上，大学毕业生择业心理的科学健康与否直接影响其日后的就业状况。此外，个体在就业的过程中会不断修改自己对于自身与职业的认知，从而影响自己的择业标准。可以说，择业是就业的基础，而就业则反作用于择业，两者形成对立统一的辩证逻辑关系。

二、择业心理和职业心理内涵

(一)择业心理内涵

择业是人生的一次重大选择，也是对大学生综合素质尤其是心理素质的一次检验。择业心理，是指大学生在择业期间所产生的心理活动状态，是影响其正确择业和顺利就业的主要因素之一。当代大学生的择业心理十分复杂，各种矛盾和冲突交织在一起，对此，我们应当进行认真的分析并加以积极的引导、疏导。保持良好的择业心理，除了有利于维护大学生的身心健康之外，对择业活动各个环节的顺利展开都有十分重要的作用。

大学生择业心理是指大学生在考虑择业问题时为获得职业做准备以及在寻求职业的过程中产生各种心理现象。择业是大学生生活中的重要内容，也是大学生的主要活动之一，很多大学生从进校起就会考虑自己的前途问题，并为未来的择业做准备，因此，择业心理贯穿在整个大学的学习和生活中。同时，择业心理也与大学生的其他心理特点如人格、需要、学习心理等紧密相连，如大学生学习心理中的"辅修热"、大学生课外活动中的"打工热"等或多或少与未来的择业准备有关。因此，大学生的择业心理是以择业为中心，在其他心理的共同作用下形成的，它的产生、变化、发展过程较为复杂。大体可以归纳为择业心理倾向、择业心理素质、择业心态三个方面，也就是说这三个方面构成了大学生的择业心理。

(二)职业心理内涵

职业心理是人们在职业活动中表现出的认识、情感、意志等心理倾向或个性心理特征。包含以下几层含义：

1.职业活动伴随着共同的心理过程

人们在职业活动中要经历选择职业、谋求职业、获得职业或者失业、再就业的过程。在这些过程中必然伴随着认知、情感、意志等共同的心理过程。如对选择的职业进行认识和深入的了解，通过思维想象发生情感过程。当选择的职业符合个人的需要和客观现实，就会产生兴奋、愉快，甚至兴高采烈、欣喜若狂的情绪，反之则会使人情绪低落、闷闷不乐，甚至悲观失望，垂头丧气。

2.职业活动中反映出个性不同和差异

不同个性心理特征的个人，适合不同的社会职业，在选择职业时又有不同的心理表现，认识、情感、意志表现出不同的特点。有的人反应敏捷、全面，有的人反应则迟钝、片面；有的人达观、豁朗，有的人则忧虑、退缩；有的人果断坚决，积极克服困难去实现目标，有的人则朝三暮四，犹豫彷徨，知难而退。

3.不同职业阶段有不同职业心理

职业活动中的心理现象千奇百怪,纷繁复杂,依据职业活动经历的过程,职业心理可分为择业心理、求职心理、就业心理、失业心理、再就业心理等。不同阶段的职业心理对职业会产生不同的影响。

4.不同职业心理特点影响着人们的生活

择业、求职、就业、失业、再就业等不同阶段的人的心理特点,时刻影响着人们的生活态度、生活方式、价值取向。职业心理对大学生的职业选择起着重要的作用。"知己知彼,百战不殆",这句话道出了在职业选择过程中一个重要的原则——认识自己,了解自己,熟知自己的个性心理特征和心理过程,把个人的职业意愿和自身素质相联系,根据社会的需要和社会职业岗位需求的可能性,评价出个人职业意向的可行性,以积极的态度去选择职业。

由此可见,择业心理是职业心理内容的一部分,而大学生择业心理则是指大学生在择业过程中表现出的认识、情感、意志等心理倾向或个性心理特征。而择业,就是择业者根据自己的职业理想和能力,从社会各种职业中选择其中一种作为自己从事的职业过程。任何已具备劳动能力的人,都要进入社会职业领域选择特定的职业。在职业选择过程中,择业者不仅要考虑个人的需要、兴趣、能力等因素,还要考虑社会发展的需要。

(三)职业与职业心理

职业是指人们从事的相对稳定的、有收入的、专门类别的工作。它是对人们的生活方式、经济状况、文化水平、行为模式、思想情操的综合反映,也是一个人权利、义务、权力、职责和社会地位的一般性表征。可以说,职业是一个人社会角色的极为重要的方面。

职业心理是指人们在对自我、职业和社会的认识基础之上,形成的对待职业和职业行为的一种心理系统。它不但包括个体自身有关职业的一些特质和特点,也包括在对二者认识的基础上所产生的对待职业的某种价值取向、兴趣和态度。具体来讲,个体的职业心理结构包括以下三个相辅相成的系统。

1.职业导向系统

职业导向系统包括职业价值观、世界观、职业伦理。职业导向系统中的各种成分引导个体去选择特定的职业,追求特定的职业目标,接受和内化职业价值,确立正确的职业角色,评价自己和别人的职业行为,努力争取职业成功。例如,在新中国成立初期人们对职业的名声特别重视,因此,青年们往往选择当时声望比较高的军人,从而出现了参军热的现象;但是到了现今,青年们对自我发展和自我价值特别重视,因此他们往往选择那些有发展机会的职业和单位。这就是职业价值观对人们职业行为的作用,它决定了人们的职业目标和选择职业的标准。

2.职业动力系统

职业动力系统包括需要、动机、兴趣、信念、理想。职业动力系统中的各种成分推动和维持个体去努力实现职业目标,推动个体积极树立职业目标,克服各种各样的困难,坚持不懈地争取职业和人生的完善。比如,当一个人的主导需要是发展型需要时,他就会选择发展机会较好的工作,并且在工作中不断地虚心学习新知识、新技能,不断地积累自己的经验,从而能够发挥自己的特长以便在工作中获得最大的发展。但是,当一个人的主导需要是享受型需要的时候,他就会选择生活起来比较舒适的工作,并且工作热情也不会很高,他的目标就是只要生活得舒适就是了,不会努力争取,去获得很大的发展。

3.职业功能系统

职业功能系统包括气质、性格、能力。职业功能系统中的各种成分保证个体胜任特定的职业,同时,在努力胜任挑战工作任务的过程中,个体的心理功能也得到磨砺、发展和加强。一个人的气质、性格和能力特点往往决定了一个人适合从事的职业。比如,如果一个人具有音乐的特殊才能,那他就适合于从事与音乐有关的职业。当然,职业也会在一定程度上塑造一个人的气质、性格和能力。一个比较内向的人在从事一段时间的公关工作后,可能会变得活泼开朗、性格外向。因此,职业能力系统影响一个人从事的职业,反过来,一个人所从事的职业也会影响和塑造一个人的个性。

第二节　大学生择业心理状况

我国大学生就业难已成为当今社会关注的热点问题。日益激烈的就业竞争压力,使大学生在求职择业过程中产生了焦虑心理、挫折心理、自卑心理、依赖心理等不良心理状态。研究大学生择业的心理问题,帮助他们消除心理障碍,形成良好的心态,以健康的身心求职择业,具有十分重要的意义。

一、自我认知失调

雅典有一座阿波罗神殿,在神殿的石柱上面刻了两句话,其中一句广为人知,就是"认识你自己"。苏格拉底经常以此自省,同时也借此激励别人。对择业而言这也尤为重要。在择业过程中,我们每个人首先也要做到认识自己,要正确、客观评价自己,了解自身的兴趣、气质、性格和能力,对自己的所学专业、工作能力、爱好特长、优势与劣势有一个完整的把握,明白自己能干什么和不能干什么,这就是所谓"知人者智,自知者明"。这样在择业过程中才能对自己进行合理定位。但是能够准确自我认知并非一件容易的事,很多大学生择业时就存在不能够准确地自我认知和评价,对于自我认知不准确。当代大学生要么怀有一定的自卑心理,对自身素质和择业竞争力评价过低,不敢主动参与择业竞争;要么非常自负,自命不凡,认为自己各方面能力很强。大学生大都血气方刚,喜欢争强好胜,虚荣心较强,容易引发攀比心理,形成了较高的心理期望值,表现在求职择业过程中,就是忽视自身特点,对自我缺乏客观正确的评价,不从自身实际出发,不考虑所选单位是否适合自己,而是盲目攀比,总想找到一份超过别人的工作。这种攀比心理使得不少毕业生在择业过程中迟迟不愿签约,与择业职位擦肩而过,浪费了很多择业机会。自卑心理、自负心理、攀比心理、挫折心理是大学生择业时自我认知不准确的四个表现。

(一)自卑心理

自卑是一种缺乏自尊心、自信心的表现。一些大学生过低地估价自己,总是自己看不起自己。在求职择业中,他们往往缺乏自信心,缺乏勇气,不敢竞争。这种现象多见于自我意识发展不健全以及性格内向或有生理缺陷的大学生。在屡遭挫折之后,一些大学生容易产生强烈的自卑心理,胆小、畏缩,觉得自己处处不如人。过度自卑,使学生产生精神不振、消极厌世、沮丧、失望、脆弱等心理现象,久而久之还可能导致自卑型问题人格发生。某些毕业生因自己不是名牌学校毕业,专业不是热门,人的长相又一般,既没有社会关系可利用,又没有金钱的支持,总之,别人具有的优势自己都没有,自卑感油然而生。在择业中,他们往往缺乏自信和勇气,看不到自己的优势,害怕竞争。过度自卑,使这些毕业生产生精神不振以及沮丧、失望、孤寂等心理。有这种心理的学生往往表现为对自己的能力评价过低,看不到自己的长处和优势。部分学生因择业时屡屡受挫,或者是所学专业不景气,或者自己专业知识、技能及综合素质不如其他同学,或者是性格内向不善言辞,从而面对择业产生了强烈的自卑感。他们特别在乎别人对自己的态度,敏感、多疑、自闭,没有信心与人交往,没有勇气面对用人单位,表现为面对用人单位时缩手缩脚,过于拘谨,不能适当地向用人单位展示自己的长处和优势,有的甚至把自己的长处也变成了短处,因而影响了自己的求职择业。

(二)自负心理

部分毕业生自认为很有才华,各方面条件都不错,应该有个好的归宿,因而傲气十足。一旦产生自负心理,很容易脱离实际,以幻想代替现实,使自己择业目标和现实产生了很大反差,如果不能如愿,他们的情绪就会一落千丈,从而产生孤独、失落、烦躁、抑郁的心理。与自卑心理相反,有的毕业生因为自己所学的专业紧俏,或者自身的条件比较优秀,或者生活经历过于顺畅,很少甚至从未经受过挫折和逆境,因而在心理上产生了一种自命不凡、高人一等、胜人一筹的自负心理,觉得自己学有所成,满腹经纶,"皇帝的女儿不愁嫁","找一份比较理想的工作应是小菜一碟"。有这种自负心理,在求职择业时往往会好高骛远,自命不凡,眼高手低,给用人单位留下浮躁、不踏实的印象,不受用人单位的欢迎;有的则择业期望值过高,脱离实际,怕吃苦、讲实惠,不愿到基层和艰苦的地区等需要人才的地方工作,择业目标与现实之间存在巨大的反差,双向选择变成了单向选择,不切实际地挑选用人单位,幻想地择业。

(三)攀比心理

攀比心理是指大学生在择业过程中不从实际出发,不量力而行。与他人攀比的心理,表现为主观性很强的不切实际的自我欣赏,理想成分居多,求职期望过高,容易导致不能积极地对自己进行正确、客观、公正的分析,相互攀比。有这种心理的大学生,在择业选择中往往显得缺乏主见,极易受别人干扰。他们把注意力过多地集中到别人的择业取向中,即使有的单位非常适合自身发展,但因为某个方面比不上同学选择的择业单位,就放弃了选择。而且这种心理往往会延续到就业后,带着失败者的心态进入社会。在择业时,由于每个人生活的环境、家庭背景、能力、性格以及机遇是不尽相同的,因而在择业目标、择业选择上不具有可比性。而大学生大都血气方刚,喜欢争强好胜,虚荣心较强,容易引发攀比心理,形成了较高的心理期望值。大学生在择业时,不应该怀有攀比心理,要认清自己,找到适合自己的工作岗位,而不要去盲目攀比。

(四)挫折心理

挫折心理是指人在从事有目的的活动时遇到障碍时所表现出来的情绪反应。当一个人产生挫折心理后就可能陷入苦闷、焦虑、失望、悔恨、愤怒等多种复杂的情绪体验之中。因此挫折心理是一种消极的心理状态。在择业问题上当代大学生受到挫折是因为他们的取向和抱负不能为社会和亲友所理解和接受,从而产生怀才不遇的感觉。这往往是大学生自我评价过高造成的,而且通常是期望值越高挫折感就越重。如果在挫折中不是认真反思而是失去理智盲目地一意孤行就可能形成人格障碍,由此引起内心世界的严重扭曲对健康人格塑造构成严重威胁。

案例分析

小江来自江西某地区重点中学,在高中的学习期间学生成绩一直名列前茅,一直是受人注目的出色学生。高考的失利对其产生严重的打击,不得已就读现时的学校与专业,却对所学专业有抵触,不喜欢本专业,所以只有选择担任学生干部职务,与漂亮女同学谈恋爱等才能寻找失落的自我。但入学后第一次摸底考试成绩不好,对专业课程的厌学,学习压力大,竞争激烈又常使自己产生了许多心理上的矛盾,对自己的未来很困惑,很茫然,不知该怎样做。

二、人际交往障碍

大学生在人际交往的过程中,常常因为一些客观的因素以及主观认知、情绪、人格等心理因素的偏差而走入心理误区,大学生在择业中人际交往障碍心理主要表现为依赖心理、羞怯心理和问题行为。

(一)依赖心理

依赖心理是指大学生不能自主地选择就业单位,总想依赖社会关系,依赖学校和老师,甚至依赖父母和亲属为自己找工作,或当要做出选择时自身不能决断的一种择业心理。由于存在依赖心理,很多学生失去了职业选择的机会。部分大学毕业生脑子里仍然是“统招统分”的择业观念,不主动去联系单位,坐以待“毕”,守株待兔。这种依赖心理的一个重要表现是等、靠,即等待学校给自己推荐,等待用人单位找上门,等待父母亲友给自己找工作,把希望寄托在别人身上;认为毕业就可以就业,把推荐表发出去就万事大吉、不闻不问了。日复一日之后,往往是等不来、靠不住,却眼睁睁地看着不等不靠、主动出击的同学一个又一个地落实了单位。当自己没有着落时,埋怨学校不行,埋怨父母没有本事,埋怨自己生不逢时。但怨天尤人是没有用的,等、靠是行不通的,要学会积极主动,自立自强,不等不靠,拓宽自己的择业渠道。依赖心理的另一个表现是缺乏主见。有许多大学生在填报高考志愿时就是由学校或家长做主,他们对本专业与个人的兴趣、才能是否吻合,社会需要前景如何是很不明了的。临到大学毕业时又把希望寄托在家长或学校身上,怀着“车到山前必有路”的依赖心理,不投身于求职的竞争之中或者面临在几家单位抉择时个人无法定夺而需要给家长打求援电话,寻求帮助。

(二)羞怯心理

羞怯是指有的大学生在求职面试中常常出现面红耳赤、张口结舌、语无伦次,把面试前辛辛苦苦准备的"台词"、腹稿忘得一干二净。有的谨小慎微,生怕一句话说错、一个问题回答不好影响自己的形象。当代大学生在面试中过度紧张,主要是接触实际、接触社会的机会很少。在校内熟人圈子里他们还能应付,一出校门便感到手足无措。"供需见面"中羞怯心理直接影响到用人单位对他们的取舍。羞怯作为一种经常性的心态按其成因可以归纳为四种:自卑性羞怯、敏感性羞怯、挫折性羞怯、习惯性羞怯。

如何在求职择业活动中抑制并克服自己的羞怯心理呢?我们认为,首先要增强自信心。古代有驼背成为捕蝉能手者,国外有从小口吃的人成为雄辩家。关键要善于发现自己的优势,切不要为自己的短处所禁锢。其次不要过多地计较别人的评论,因为只有自己最了解自己的实力。再次平时就争取机会迎难而上,多多锻炼。最后要学会意念控制。遇到陌生场合预感自己可能紧张、羞怯时暗示自己镇静下来,提醒自己别胡思乱想,别"自己吓唬自己"。

(三)问题行为

问题行为,即违背社会规范的适应不良的行为。常见的有损坏东西、报复、迁怒于人、拒绝交往或过度消费、酗酒等。由于择业市场中确实存在一些不公平现象,以及某些专业、学校不易找工作的客观现实,一些当代大学生在遇到择业挫折时就容易出现各种不满心理,比如有些同学认为"学习靠自己,择业靠关系""自己有个好脑子,不如有个好老子"。还有些同学出现了对专业、学校的抱怨、贬低。在各种不满与不良择业心态的影响下,会出现一些不良行为和生理反应。这些不良行为有故意旷课、夜归、喝酒、起哄、闹事、损坏东西、打架对抗、进行不良交往、行为怪异、过度消费等,严重时还可能导致严重违纪与违法行为的出现。由于心理应激水平高,心理冲突强度大,有的当代大学毕业生会出现一些躯体化症状,如头痛、头昏、心慌、消化紊乱、神经衰弱、血压升高、身体酸痛、饮食障碍、失眠等。

三、对外界环境认知不准确

对外围环境认知不准确主要是指对择业环境、择业单位等客观环境的认知不准确,只是凭主观臆断。主要表现为:随着经济全球化和高科技发展,许多大学生期望到高科技公司、跨国公司或者高层政府职能部门工作,对那些他们认为是苦差事的活儿,一些人宁愿没有工作也不愿去干。在服务社会中实现自己的人生理想,是每一位即将毕业的大学生的美好心愿。但是,有部分大学生对高科技公司、跨国公司或者高层政府职能部门缺乏深入的了解,对专业的社会需求分析不透彻,对择业环境估计不足就盲目地追求这些部门。他们或是对择业信息迟迟不做出选择,造成信息利用率低;或是择业多变,随意违约。总之,对外界环境认知不准确是很多毕业生在择业过程中找不到称心职业的主要原因,能够准确认知在大学生求职择业中具有十分重要的现实意义。认识自我,应该明确知道自己最适合于干什么,自己所追求的目标是什么。具体地说,就是要知道自己能干什么,不能干什么;喜欢干什么,不喜欢干什么。同时,大学生对社会的择业环境,对各种性质的单位要有一定程度的了解,只有这样,才不会对当前择业形势做出错误的判断,对择业单位的要求和期望值过高。

四、社会心理问题

社会心理学是研究人们的想法、感觉及行为如何因他人行为或想象行为的存在而受到影响的学科。择业的社会心理问题是当代大学生择业过程中与社会或者他人的影响有关而产生的心理问题。

(一)从众心理

从众心理是指个体在群体压力下,在认知、判断、信念与行为等方面与群体多数人保持一致的心理。大学生正处于人格逐渐完善和成熟的阶段,容易受社会潮流和社会观念的影响,人云亦云,缺乏个人主见,从众心理较为严重。学成就业、服务社会,实现自我价值,是每一名当代大学毕业生的美好愿望。但是有些大学毕业生在择业过程中,忽视所学专业的特点,过分追求实惠,盲目选择大城市、大机关工作,追求功利。其实这样做并不一定是最佳选择,这是从众心理影响的结果。他们没有从职业发展、个人前途、国家需要等方面去考虑,缺乏积极进取精神,实用主义思想严重,缺乏独立意识。这种从众心理的存在,使大学生错过了许多其他就业机会。

(二)嫉妒心理

择业嫉妒心理就是在择业过程中对他人的成就、特长或优越的地位等既羡慕又敌视的情绪。嫉妒心理产生的原因是多方面的。嫉妒心理是市场经济竞争中的一种以极端个人主义为核心的有害心理。这种心理的主要特征是把别人的优势视为对自己的威胁,因而感到心理不平衡,甚至恐惧和愤怒,于是借助贬低、诽谤以致报复的手段来求得心理的补偿或摆脱恐惧和愤怒的困扰。

(三)情绪心理问题

择业情绪心理是指大学生择业前产生的一些情绪问题或择业过程中的情绪波动。情绪是大学生心理健康的晴雨表。大学生择业时情绪出现浮躁和波动,是心理成长期中不可避免的现象。但是,倘若情绪长期波动并郁闷在心中,不仅会影响到大学生的顺利择业,还会影响大学生身心的健康发展。下面我们从焦虑、急躁和抑郁三个方面的择业情绪心理问题进行分析。

1. 焦虑

焦虑是一种紧张不安并带有恐惧体验的情绪状态,多半是由于不能实现目标或不能避免某些威胁而引起的。毕业前,绝大多数当代大学生心理问题表现为过度焦虑。面对理想与现实、就业与失业、签约与违约、就业与考研等矛盾,常使他们难以取舍,忧心忡忡,无所适从,表现出焦虑情绪。这种焦虑,使当代大学生毕业时精神上负担沉重,紧张烦躁,心神不宁,萎靡不振;学习上得过且过,只是应付,反应迟钝;生活中意志消沉,长吁短叹,食不甘味,卧不安眠。由于种种原因,有相当一部分毕业生临近毕业还没有落实择业单位,心理普遍有焦虑感。特别是一些基础学科专业或学习成绩不佳、学历层次不高的大学生以及女大学生,表现得更为焦虑。他们在面临毕业走向社会选择择业时的心理准备不足,不知如何去面对择业竞争,对现实与将来的一系列问题感到束手无策,无能为力,不知如何获取用人信息,不知如何进行自我设计,如何推销自己。成绩优秀的同学担心找不到自己理想的工作,难以实现他们的人生价值;成绩不佳的同学担心没有单位选中自己;女同学担心择业中的性别歧视等。大多数大学毕业生焦虑的程度较轻,多是由于过分担心某些问题引起的心理失衡。其实,在激烈竞争的社会,理想的职业并不是很容易得到的,需要自己做出合理定位和不懈努力。对理想职业,应该怀着得之安然,失之坦然的心态,摆脱焦虑与恐惧心理。

2.急躁

急躁是一种不良心境,和冷静是对立的,其主要特征是情绪高涨低落。大学生在职业未最终确定以前,普遍都有急躁心理。许多学生希望谈判桌前就一锤定音,一部分学生在不了解用人单位的情况下就草草签约,一旦发现未能如愿,又后悔莫及。当代大学生这种急躁的心理,常使他们烦躁不安。大学生应该提前做好准备,做好知识和能力的储备,不要临时抱佛脚,这样在毕业时的求职择业时,才能做到心里不慌,也就不那么急躁了。

3.抑郁

大学生求职过程中往往因为屡屡遭受挫折,不为用人单位认可接受,导致的情绪低落、愁眉不展的抑郁心理。抑郁心理状态往往在性格内向、气质类型为黏液质和抑郁质的毕业生人群中最易出现。处于抑郁状态的毕业生,一般较长时间陷于择业失败事件的阴影中而不能自拔,表现出信心不足,过度敏感,生活中稍有不顺心的事,情绪就很难平静。长期处于抑郁心理状态的人最终会导致神经衰弱等心理疾病。

五、"啃老"心理

"啃老"是指学生毕业后不找工作,赋闲在家,衣食住行全靠父母。"啃老族"食住行全靠父母而且日常花费很高,他们不去找工作,或者眼高手低,大事做不了,小事不想干;他们怕苦,好逸恶劳,甚至游手好闲。有些人胸怀理想,但又缺乏相应的实际能力,既希望自主择业,却又不愿承担风险;渴望竞争,又缺乏竞争的勇气。部分大学生从小养尊处优,生活自理能力较差,依赖心理重,很难形成独立的人格和责任感,缺乏一定的分析和解决问题的能力。在择业过程中,面对复杂的社会环境和激烈的竞争,不知道怎样主动地适应择业市场,不知道如何去拼搏争取,缺乏主见,对自己信心不足,往往依赖于父母。

第三节　大学生择业心理调适

一、大学生自身逐步调整与完善

(一)客观评价自我,树立正确的职业观

自我评价是个体对自己的生理、心理和社会特征及行为的某一方面或整体的评价过程。正确的自我评价是当代大学生择业的基础。客观全面地分析自己的实力,做出对自己实事求是的评价非常重要。大学生应该全面恰当地认识和了解自己的理想、价值观、个人的气质、性格、兴趣、爱好、能力、知识,甚至身高、外貌等,不要以己之长比他人之短而自大,也不能以己之短比他人之长而自卑,要实事求是地肯定自己的长处的同时,善待自己的不足,通过努力逐步克服缺点。

以社会需求标准来衡量自己,把个人客观性与社会客观性统一起来,注重个人服从社会。认真分析用人单位的录用条件,看看自己具备了哪些条件,不能把择业理想建立在不切实际的幻想之上。每一个当代大学毕业生首先要认清自己,有一个适当的自我定位,客观评价自己,明白自己能干什么和不能干什么。其次要认清当前就业形势的严峻性,同时树立择业的社会意识和长远意识,在求职和择业的过程中,既有对自己正确的评价,也有对社会长远的认识和判断,从而准确定位自己的职业坐标,设计好自己的职业生涯,将国家利益和个人利益结合起来,把自己的理想和现实结合起来,形成开放的大职业观。

客观地认识和评价自我,首先要进行自我反省。面对择业中的各种矛盾问题,应当明确自己今后的职业发展方向是什么,自己的性格气质是什么,自己最适合干什么工作,自己的优势和劣势是什么。其次要进行社会比较。一是要通过与自己条件、情况类似的人比较来认识自己,避免孤立地认识和评价自己;二是要通过他人的评价和态度来认识自己,看看别人是怎样评价自己的;三是要通过参加社会活动,从活动的结果分析来评价和认识自己,如参加社会实践、毕业实习等,在客观上寻找评价的参照尺度来认识自己。最后是进行心理测验,通过测验分析明确自己的个性特点,找出自己适合的职业方向,从而减少择业的盲目性,避免承受不必要的心理挫折。

(二)客观认识竞争,保持良好心态

良好的心态在竞争激烈的社会中是不可缺少的,因为每个人都有自己的优点和缺点,同时作为社会的一分子,都有自己相应的位置和不同的分工。在求职择业中遇到挫折是正常的,切不可因此自卑,面对求职失败,应该认真反思,吸取经验教训,努力争取新的机会。在择业过程中,注重发现自己的优点或长处,并设法在应聘中突出自己的优点,最终达到目的。当前"双向选择、自主择业"的就业制度为毕业生提供了难得的契机,同时也给当代大学毕业生带来了前所未有的挑战。竞争遵循的是优胜劣汰的原则,是成功与失败俱存的。参与竞争就难免遇到挫折,毕业生应当对择业中的挫折有充分的思想准备,敢于面对现实,把挫折看成是锻炼意志,增强能力,提高心理素质的一场考验。要及时减轻思想负担,消除急躁情绪;要积极总结经验教训,冷静、理智地分析择业挫折产生的原因,找出不足之处,加以改进,将消极因素转化为积极因素;要根据客观实际调整自己的心态和择业目标,使之适应社会的需要,然后为实现这个目标做出努力,绝不能一遇到挫折就灰心丧气,怨天尤人,一蹶不振。

(三)树立艰苦创业、立志成才意识

成功的事业有时会由于良好的机遇而变得一帆风顺,但是绝大多数必须付出艰苦努力。艰苦创业、自强不息、立志成才不仅是社会主义现代化建设事业对青年一代的要求,也是大学生实现自我价值、实现理想抱负、获得幸福的良方。大学生只有不断努力、不断进取、不断付出才能获得丰厚的回报;只有从小事做起、从具体事做起、从基层做起才能最终取得辉煌的成就和业绩。因此,要树立科学的世界观、人生观和价值观,及正确的择业观和成才意识,既要追求个人的自我价值实现又要为社会做贡献。

(四)做好择业技能准备,增强择业竞争实力

大学生一进校门就要自觉把自己的专业与以后的择业联系起来,认真学习,刻苦钻研,

建立合理的知识结构,掌握扎实的专业理论知识,培养自己的实践操作能力、科学思维能力、组织协调能力等,只有如此,才能在激烈的竞争中占据有利位置。在客观条件一定的前提下,毕业生自身综合素质决定着毕业生的择业心理和调适水平。因此,强化自身素质就成为大学生主观调适的核心内容。

一是要有正确的人生观、价值观和成才观;二是要具备现代社会职业岗位所必需的科学文化知识和合理的知识结构;三是要具备社会上各类职业岗位所需的基本能力,主要包括决策能力、创造能力、交际能力、实际操作能力等;四是要具备健康的心理素质,能够正确面对择业过程中的困难和挫折,并有信心和能力调控自己的心理状态;五是要有较完善的自我意识。这些需要大学生从入学起就进行不懈的努力。

二、就业择业心理障碍及其调适

大学毕业生在就业择业过程中可能会遇到种种问题,出现一些心理误区与心理障碍。这对大学生顺利择业是十分不利的。只有主动走出心理误区,排除心理障碍,才能以最佳的心理状态去迎接就业这一人生的重大选择。

(一)择业自卑感及其心理调适

在择业问题上,自卑感强的同学最主要的问题是对自己的能力缺乏了解,缺乏自信心。这是大学生很容易产生的消极心理,面对改革的浪潮,看到人才市场的激烈竞争,涉世未深的大学生产生自卑心理是正常的,也是比较普遍的。自卑感产生的原因很多,有生理的、环境的、家庭的或社会的等原因,但主要还是心理因素造成的。比如在择业中总是自己拿不定主意,过分退缩,对自己能胜任的工作,也不敢说"行",总是说"试试看",显得很没自信等。

相信自己,树立自信心,因为自卑主要产生于缺乏自信心。车尔尼雪夫斯基有句名言:"假如一个总想着'我办不到',那他必然会办不到。"一个人的自信心并非与生俱来,而是在不断战胜困难中逐步培养起来的。其实每个人的生活中都会碰到困难和挫折。"上帝不会把所有幸运都送给别人,而把所有不幸带给你。"应该说张海迪是最不幸的,她失去了基本的生活能力,连行动的自由都没有。但她身残志坚,克服了常人难以想象的困难,她不但获得硕士学位,还自学掌握了几门外语,翻译了大量的外文资料和著作,赢得了社会的承认,成为当代青年的楷模。克服自卑感的最好办法是行动,在实际行动中逐步加强一种信念——我干什么都行。

自卑心理是大学生在进行职业选择时必须消除的心理障碍,市场经济需要开拓精神和自信心,这正是有自卑心理的人所缺乏的。自信心是求职过程必不可少的心理素质,求职时畏首畏尾会给人以无能的印象,使求职不易成功。如何克服自卑心理呢?

首先,正确评价自己对有自卑感的人来说是至关重要的。正确评价自己的办法就是要纠正过低的自我评价,多找自己的长处,即使微不足道也不要忽略。人都有所长,利用自己的优势以长补短,寻求成功的经验,增强自信,可以有效克服自卑感。

其次,要经常对自己进行积极的心理暗示,比如:"别人能干好,我一定也能干好""我行,我一定能干好"等。

最后,克服惧怕心理。不要怕失败,因为失败并不表示你不如别人,失败更不表示你一事无成。充满自信心,是成功的前奏。

(二)择业焦虑及其调适

毕业分配制度的改革,使大学生求职呈现出多元化的趋势,拓宽了大学生职业选择面。职业选择自由度越大,职业选择行为的责任越重,择业心理压力就越大。面对风云变幻的市场经济、激烈的竞争,大学生择业会感到无所适从,不知所措,产生了危机感、迷茫感,甚至恐惧感。实施双向选择、自主择业,总有一部分人一时没找到工作,这本来是正常现象,找到本人求职愿望与市场需求的结合点需要时间,甚至是机遇。但不少同学怕自己找不到工作,忧心忡忡;有的同学面对用人单位严格的录用程序——笔试、口试、面试、心理测试等,胆战心惊。有的因自己是女生而怕求职困难,有的因自己学习成绩不佳而烦恼,有的因自己能力低而紧张。这些都是择业心理焦虑现象的表现。

刚走出校门,没有社会经验的大学生对选择职业这一人生大课题产生择业的焦虑心理是正常现象。一般来说,适度的焦虑使学生产生压力,这种压力是对自身惰性的进攻,可增强人的进取心,人只有面对压力才会迫使自己积极行动起来,产生求胜的心理和行动。战胜压力取得成功的事例不胜枚举。但是,如果心理过度地焦躁、沮丧、不安,自己又不能在一定时间内化解这些情绪,就会成为心理障碍或心理疾病,会严重影响学生本人主观能动性的发挥,埋没潜能和才华,给就业带来不必要的困难,影响择业的进程,甚至造成择业失败。

克服焦虑的心理,主要是要更新观念,打破中国传统的事事求稳、求顺的思想,树立市场竞争的新观念。市场经济就是竞争经济,生活在市场经济中,竞争恐怕要伴随你一生。大学生求职过程就是竞争过程,即使你得到了比较理想的职业,如果没有竞争意识,不继续努力,也可能会丢掉工作。有竞争必定会有风险和失败。确立了竞争意识,不怕风险和挫折,焦虑的心理必定得到缓解或克服。当然还应克服择业心切、急于求成的思想。急于求成的思想容易使择业失败,失败的体验又会强化沮丧、忧虑的情感。客观地分析自己,合理地设计求职目标,尽量减少挫折,增强求职的勇气,也会减轻心理焦虑的程度。

(三)择业嫉妒心理及其调适

所谓嫉妒,就是在求职过程中对他人的成就、特长或优越的地位持既羡慕又敌视的情感。这种情感的内化就是嫉妒心。这种心理的主要特征是把别人的优越之处视为对自己的威胁,因而感到心理不平衡,甚至恐惧和愤怒,于是借助贬低、诽谤以致报复的手段来求得心理的补偿或摆脱恐惧和愤怒的困扰。实际上这是一种变态的心理满足方式。强烈而持久的嫉妒心往往会对本人及对方产生严重的后果,因此在某些国家正式将其列为一种心理疾病。

嫉妒心在大学生中是比较常见的一种心理,只不过是轻重有别。在实际生活中,任何理由都可以成为嫉妒的对象,如嫉妒别人长得高、漂亮,嫉妒别人能歌善舞,嫉妒别人朋友多,嫉妒别人学习好等。在求职问题上嫉妒心理的表现如看到别人某些方面求职条件好,或找到比较理想的工作时,产生羡慕,转而痛苦,又不甘心的心态。甚至为不让别人超过自己,而采取背后拆台等不良手段。别人成功了则说风凉话、讽刺挖苦、造谣中伤以发泄自己的恼怒。在择业中嫉妒心会使人把朋友当对头,使朋友关系恶化。嫉妒心还会使团体内(班级或宿舍内)人心涣散,人际关系冷漠,嫉妒者本人也会增加内心的痛苦和烦恼,甚至影响求职的顺利进行。所以嫉妒心是于人于己都不利的不良心态,大学生一定要注意克服它。

嫉妒心产生的原因是多方面的,如心胸狭窄、虚荣心太强、名利思想太严重等,实质上是自私的表现。嫉妒心是市场竞争中一种不正当的以极端个人主义为核心的有害心理。它主要靠加强自我修养,提高道德水平来克服。其中最重要的是要做到两点:其一是要真诚待人,其二是要学会爱人。做到这两样,就能够设身处地为别人着想,别人有困难时给予帮助,有痛苦时给予安慰,就不会产生嫉妒心理。当然提高道德水平绝不是一朝一夕的事情,需要在日常生活中从一点一滴做起,长期地加强自我修养。如果体察到自己有嫉妒心,就要通过自我意识的控制、调节,及时把这种不良意识排除在自我人格之外。如果别人在某些方面确有优势,而自己明显不足,就要坦然对待,审时度势,下决心去超越,或转移竞争方向,在其他方面努力做出成绩。

(四)择业怕苦心理及其调适

现代大学生没有经过艰苦生活的磨炼,普遍缺乏艰苦奋斗的创业精神。目前在大学生中存在着学工不爱工,学农不爱农现象,择业时死守"北上广深",不去新(新疆)、西(西藏)、兰(兰州)。择业怕苦,不愿去艰苦行业和边远地方就业。在怕苦心理的驱使下,选择职业的面很窄,增加了大学生求职的失败率和困难。怕苦的心理严重影响择业的成功率,因此大学生求职前应克服怕苦的心理。

要克服怕苦心理,首先要从思想上认识到能吃苦是一个人最基本的能力,不能吃苦就不会有事业的成功,即使是"高收入、高福利、高地位"的"三高"职位也同样需要吃苦。一些大学生,千辛万苦挤进了外企后,又很快跳槽了,其原因是受不了外企紧张的节奏和工作的高效率。另外,也应认识到最艰苦的环境,最容易锻炼人,也最易成功。例如,世界大富翁、世界级企业家美国的哈默博士,他在23岁时已是百万富翁,他完全可以在美英这些发达国家发展自己的事业,但是在第二次世界大战结束后,他勇敢地进入百废待兴、千疮百孔的苏联,在那里他住的是从未见过的污秽的房间,与臭虫、老鼠为伴,没有洗澡间,没有水,没有面包。在这种艰苦的环境下他做了石棉、铅笔、毛皮、古董等多项生意,他的事业又取得巨大的成功。大学生要在日常的学习生活中有意识地做好吃苦耐劳的思想准备,对求职成功会大有益处。

三、进行有效心理调节和控制

(一)理性情绪法

美国临床心理学家艾利斯创立了"理性-情绪疗法",认为情绪困扰并不一定由诱发事件直接引起,而常常是由经历者对事件的非理性解释和评价引起的。如果改变非理性观念,调整了对诱发事件的认识和评价,领悟到理性观念,情绪困扰就消除了。因此,大学生在择业时遇到不良情绪时,要善于分析,避免非理性解释和评价,概括出理性的看法,使自己走出非理性的误区。

(二)合理宣泄法

大学生择业中处于焦虑、抑郁等消极情绪状态时,不能一味地把不良心情藏在心底,而应进行适当的宣泄。比较好的办法是向知心朋友、老师倾诉,把心中的不快说出来,甚至可以大哭一场,还可以去打球、爬山,参加比较轻松愉快的活动,使紧张的情绪得以缓解或消除。但宣泄情绪要注意场合、身份、气氛,宣泄要没有破坏性。

(三)自我慰藉法

自我慰藉要适度。毕业生择业中遇到困难和挫折,经最大努力仍无法改变状况时,要说服自己,适当让步,将不成功归因于客观条件和客观现实。同时要勇于承认并接受现实,树立继续努力的信心。

(四)情绪转移法

有时不良情绪是不易控制的,这时可以采取迂回的办法,把自己的精力和注意力转移到其他活动中去,使自己没有时间沉浸在不良情绪中。胸怀要开阔,精神要放松。要拿得起,放得下。可以通过一些集体活动或参加一些社会工作来分散对苦恼情绪的注意力,升华心境,以求得心理的平衡。

(五)自我激励法

自我激励法主要是指用生活中的哲理、榜样的事迹来激励自己,同各种不良情绪进行斗争,坚信未来是美好的。遇到意外事件出现或择业受挫,也要鼓励自己不要惊慌失措、冲动、急躁,而是要开动脑筋,冷静思考,寻找对策。大学毕业生在择业面试中常常出现胆怯、信心不足等现象可以通过积极的自我暗示、自我激励进行调节,增强自信心,走出自卑,消除怯懦。

(六)松弛练习法

松弛练习是一种通过练习在心理和躯体上放松的方法。常用的有肌肉松弛训练、意念放松训练等放松练习法。放松练习可帮助人减轻和消除各种不良身心反应,如焦虑、恐惧、紧张、失眠等症状。大学毕业生在择业时如有此类心理反应,可在有关人员的指导下尝试进行放松练习。

总之,当代大学生在择业中,社会、学校和家庭各方面应给大学生提供积极的关注和引导,帮助他们面对现实,排除心理困扰,缓解不必要的择业压力,促使他们尽快实现角色转换,顺利走向工作岗位。而大学生自身,要提高自我调整的自觉性,懂得自我调整的方法,不断完善自己和提高自己,立足于自身的努力,始终以乐观的心态看待择业这一问题。

案例分析

缺乏脚踏实地的精神①

去年,陆某从某高校会计专业毕业,应聘到某公司财务部门当出纳。上班后,部门负责人并没有分给她具体工作,只让她协助一位"老出纳"工作。跑银行、核对财务报表、打字、复印,陆某对这些琐碎的事很不耐烦,但她耐着性子去做。

有一天,"老出纳"搬出3摞1米多高公司10年的财务凭证,让她和另一位新来

---

① http://www.elsyy.com/news/2014/0507/18402088060.html

的男生整理。每天,她和那名男生先用抹布将凭证表面擦干净,再将不整齐的纸面折叠整齐。男生边干边抱怨,可她干着干着发现,这些凭证里不仅可以看出公司每年的经济状况,还有许多学校里学不到的知识。发现了这个诀窍,她整理凭证变得非常认真。

一周后,那名男生离职了,她却留了下来。后来,部门经理告诉她,整理凭证是公司考验新人能否脚踏实地的必修课,很多新人都过不了这一关。

思考:对于刚刚入职的大学生来说,在职场中收获什么才是最重要的?

不诚信大学生"骑驴找马"

这两天,某高校大四学生小蔡遇上了烦心事:他在一场招聘会上签下徐州一家公司,成为全班最早落实工作的学生之一。可一周前,某知名企业向其发出邀请,希望他能到该公司工作。而且,该公司还承诺了一份颇有吸引力的薪资和工作平台,并要求他在一周内与公司签订"三方协议"。小蔡为难了,因为毕业生拥有的唯一的一份三方协议,他已经签给了第一家公司。

小蔡只好找到第一家公司,恳请解约并愿意承担一定的违约金。然而,第一家公司对小蔡不讲诚信的做法十分恼火,拒绝"放人"。眼看这家公司的签约期限愈发临近,小蔡焦头烂额。而徐州这家公司也很恼火,称明年"一般不考虑'骑驴找马'的应届生了"。

除了以上这些"通病",造成毕业生求职失败的原因还包括独立性欠缺、缺乏团队合作精神、自以为是、对企业不了解、应聘职位太盲目等。就拿独立性欠缺来说,许多大学生在学习中只知死啃书本,没有足够的社会实践,应聘都要父母参与,自己则缺乏主见。

理论与实践脱节

"我现在都有点怕去面试了。"李某是南京某高校应用化学专业的应届毕业生,昨天他垂头丧气地告诉记者,几次面试经历让他对自己大学里取得的优秀成绩产生了怀疑。

据他介绍,他的各门成绩都很优秀,而且英语六级、计算机三级都已经通过。上个月招聘开始后,他就接到了三家单位的面试通知,一家是化工公司。走进公司的实验室,他就看到操作台上放着一台机器。"这是台色谱仪,学校实验室也有。但是当负责面试的工作人员让我去操作这台机器时,我的手却开始发抖。这个机器很贵,在学校实验室也就几台,我们在学校也只是看着老师操作过,自己根本没有动手的机会。"

另一家通知他面试的公司是制药厂,面试人员提出的问题也和实际操作有关:"合成药物时,你做过几步反应?"李某知道,合成药物越往后做难度越大,步数越多表示水平越高,而自己只做过单个的简单实验,根本没有连续几步做下去。还有一家化工单位面试时的问题也都和专业知识有关,而当他按照学过的知识说出解决问题的方案时,面试人员告诉他,这个技术已经落伍了。

思考与练习

1. 如何做好求职就业的心理准备？

2. 如何调适就业焦虑症？

3. 大学生在择业过程中应该树立什么择业意识？

参考文献

[1]胡平.职业心理学[M].北京:中国人民大学出版社,2014.

[2]聂振伟.大学生心理健康[M].北京:中国人民大学出版社,2014.

[3]王迪.经济危机背景下大学生择业心理的调查与研究[D].长沙理工大学,2010.

[4]丛建伟.大学生择业心理分析及促进择业成功的举措[D].哈尔滨工程大学,2003.

[5]慕祎.当代大学生择业心理问题及对策研究[D].西安科技大学,2010.

第十章　大学生生命教育与心理危机应对

【心灵导读】

苏格拉底和一个朋友相约到一个很远的地方去游览一座大山,据说那里的风景如画,犹如仙境。几年以后,两人相遇了。他们都发现,那座山实在是太遥远了,他们就是走一辈子也难以到达那个令人神往的地方。

朋友十分沮丧地说:"我用尽精力奔跑过来,却什么也没有看到,真是太叫人伤心了!"

苏格拉底掸了掸身上的灰尘说:"这一路上有那么多美丽的风景,难道你都没有看到?"

朋友说:"我只顾朝着遥远的目标往前奔跑,哪里有心思欣赏沿途的风景啊?"

"那就太遗憾了。"苏格拉底说:"当我们追求一个遥远的目标时,要知道沿途处处有美景!"

人生何尝不是如此呢?只有认识到生命的短暂、一去不复返,才会想到珍惜生命。只有意识到生命属于自己且只有一次,才渴望抓紧每一个现在,重视每一个过程!只有了解生命的真实过程,才会让人们更加尊重和热爱生命,甚至能够更加平静地面对死亡。

生命的自然属性也即自然生命,决定着人的生命长度,即寿命的长短;生命的社会属性也即社会生命,决定着人的生命宽度,它是以文化为内核和根基,从零开始不断拓展的;生命的精神属性也即精神生命,决定着人的生命高度,它并非纯粹指人在成功的顺境中所能达到的高度。人在失败的逆境中所处的低谷,因为生命的深刻体验和灵性的深层次激发,也构成了富有意义的生命高度的一部分。生命长度、生命宽度和生命高度统一在一起,共同凝成了人的生命亮度,也即个体生命我之为我的生命亮点。

第一节　生命教育

一、生命的特征

(一)生命的不可逆性

生命的宝贵,就在于它的不可重复性。人的生命只有一次,失去了就永远不会回来。从胚胎起,生命便一直生长、发育、发展,直到衰亡。它绝不会时光倒流,返老还童。正是生命的这种特征,才使得人们更加关注、珍惜和呵护自己的生命。因为生命是不可能走回头路的,生活中懊恼、悔恨的事情也不可能推翻重来。

(二)生命的有限性

人的生命有限性表现在三个方面:第一,生命存在时间的有限性。人的寿命一般七八十岁,最多百十来岁。第二,生命的无常性。生老病死、旦夕祸福等的不可预测,任何人都逃脱不了,都必然会走向死亡。第三,个体生命的存在不能离群索居,不可能不食人间烟火,每个人都需要别人的帮助、支持和关怀。正是生命的有限性,才促使人去努力思考、发奋创造、积极生活,以实现自己生命的意义。

(三)生命的不可换性

生命为个体所私有,相互不能交换,彼此不可替代。生命对每个人来说只有一次,任何人都是无法复制的孤本。每个人都有自己的需要、兴趣、特长和认知思维方式,人总是赋予自己的生命以不同的内涵,从而形成个人化的精神世界,使生命展现出不同的特色。

(四)生命的双重性

在人的生命体中存在着两种生命:一种是人作为肉体的存在物,它是自然界的一部分,受自然规律的决定和制约,具有自然性。二是人作为精神的存在,要受到道德规则的决定和支配。每个时代、每个人都必须面对这种矛盾。人的这种双重性、矛盾性及其之间的相互作用,是人的生命存在的最根本的动力。人就是在生命的双重性中寻求到生命的意义,实现了生命的价值。

(五)生命的完整性

人的生命也是完整的。人是生理、心理和社会性的统一体,是自然生命和价值生命的统一体,人的生命是一个不可分裂的整体,人通过实践活动在认识世界和改造世界的同时,也发展了人自身,使人能不断超越自我。

(六)生命的创造性

人的生命本身就是一个不断成长、发展、生生不息的过程,生命是创造的、超越的。生命就是不间断的运动,但生命比单纯的持续运动更为丰富,生命乃是在此基础上不断产生新内容的创造性活动。人通过创造去把握生活的变化,通过创造去发现生命的意义,通过创造去实现对自己生命的认识与超越。生命的过程就是超越自我、追求意义的过程。

二、生命教育的定义及层次

(一)生命教育的定义

生命教育由美国学者杰·唐纳·华特于1968年首次提出,此后在世界范围内引起了广泛关注。生命教育有广义与狭义两种:狭义的生命教育指的是对生命本身的关注,包括个人与他人的生命,进而扩展到一切自然生命;广义的生命教育是一种全人的教育,不仅包括对生命的关注,而且包括对生存能力的培养和生命价值的提升。因此,所谓"生命教育"就是在实施教育的过程中既要重视科学教育,又要重视人文教育,让人在生命活动中把握世界和生命的意义,提升生命质量,解放精神,培养生命意识,从而取得人生的成功,享受人生的快乐。它是一种关注生命状态,丰富生命历程,激发生命潜力,促进生命成长,提高生命质量的教育。

(二)高校的生命教育的四个层次

1. 认识生命

认识生命就是要让大学生充分体验到生命的存在。首先,要使大学生认识到生命的不可替代性。日本学者池田大作说过:"生命是尊严的,就是说,它没有任何等价物、任何东西可以交换。"其次,要使大学生认识到生命的不可逆性,生命的宝贵就在于它的不可重复性。人的生命只有一次,失去了就永远不会回来,要彻底破除部分学生思想中存在的生命可以轮回的荒谬想法。最后,要使大学生认识到生命的宝贵性。关注个体自身的健康成长,对自己生命的存在和价值能做出合理的阐释,懂得重视自己的生命。

2. 尊重生命

尊重生命首先要尊重自己的生命。任何人的死亡总是指向自己的。生命的绝对责任不是别人或外部力量强加的,而是我们的意识或意志固有的自由的结果,是我们自身的逻辑要求,即便一个人想逃离某种责任,也要对他的这种自由选择负有责任。生命教育旨在帮助每一个生命拓展眼界,使他能感受、理解人类生命的火花,明白自己的独特性,努力去做自己,从各方面找出真实自我,建立自尊与自信。其次,尊重生命要珍视他人和万物的生命。每个人的存在都有其意义和价值,每一个体的生命都是人类生命的一分子。人的成长和发展都与他人密切相关。"正是由于人们对生命的投入,生命才有价值;正是由于人们对他人生命的投入,他人的生命才有价值。"因此,大学生要学会尊重、关爱、宽容和接纳他人。同时,大学生也要学会与大自然和谐相处,尽可能对其他生命保持尊重和关照,以维持人和自然的动态平衡。

3. 体验生命

首先,体验生命重在体验生命的价值。"人类在获得'浓缩果汁式'知识的同时,却忽视了生命的丰富性与完整性,忽略了对成长过程的直接经历与体验。"人的生命存在不同于一般动物的生命,这是一种历史性的和有意义的生命存在。"舍生取义"说的是,有时道义比人的生命更为贵重,人的生命因道义而有价值。人不仅要活着,而且要活得有价值,活得精彩。热爱生命就是要让每一天都很充实、有意义,尽可能多地创造生命的价值,让生命焕发光彩。其次,体验生命还在于体验生命的美好。生命教育并不是要大学生"好死不如赖活着",而是要他们充分欣赏和感受生命的美好,让他们有一双发现生命美的眼睛和一颗感受生命美的心灵。最后,体验生命还在于体验生命的挫折。生命教育不只是教会大学生欣赏生命美,感受生命美,更重要的是教会他们能坦然接受生命中的挫折和苦难。人生充斥着曲折和坎坷,这就要求大学生时时刻刻都要做好面对困难的准备,从困境的搅扰中感受生命的尊严和伟大,以及人之为人的意义和价值。

4. 死亡教育

中国传统观念中忌讳谈"死",中国大陆对死亡问题表现出来的一些忌讳已经成为开展生命教育和死亡教育的阻力,死亡教育的发展举步维艰,针对普通百姓的死亡教育更难广泛开展起来。台湾地区在实施生命教育的过程中,有很多内容在谈"死亡"。实际上生命教育离不开"死亡教育",因为生与死构成了不可分割的一体两面,生命的意义必须借助于死亡的意义才能彰显,谈死的同时就是谈生。人只有确立正确的死亡意识,才能获得正确的人生观念,从而懂得珍惜生命,热爱生命。死亡的意义或价值问题,归根到底是一个人生的意义或价值问题。

三、生命教育的意义

(一)有助于唤醒大学生的道德意识、法律意识和责任意识

具有道德意识、法律意识和责任意识是人们在社会中能够顺利成长和发展的重要前提。由于传统道德、法制教育的不足和社会不良风气的影响,现在有些大学生的道德意识、法律意识和责任意识非常淡薄甚至缺失,心中只有自我,生活上只懂得享受。在一些大学生眼里,责任、道德、法律、社会正义早已荡然无存,他们极端蔑视和公然挑战社会道德和国家法律,只关心自己权利的实现,千方百计规避自己的责任和义务。李铭启开车撞人,不仅没有丝毫的愧疚,反而盛气凌人,高喊出"我爸是李刚"。药家鑫因为丧失对道德底线的遵守,在撞到被害人后,不但不尽基本的救助义务,反而因为害怕"农村人特别难缠"而不惜采取残忍的手段杀人灭口,让一起轻微的交通事故瞬间演变成血腥暴力的悲剧。

开展生命教育,就是要唤起大学生的道德意识,认识到尊重他人生命是最基本的道德标准;增强大学生的法制观念,认识到违反了国家法律,必然会受到法律的严惩,从而提高自我约束管理能力。开展生命教育,还有助于扭转有些大学生责任意识下降的趋势,唤醒他们承担起对家庭、社会和国家的责任,尊重他人的生命,对自己的人生负责,不因犯罪而给社会、家庭和自己造成不可挽回的损失和无法弥合的心灵创伤。

(二)有助于推动大学生的全面发展

我国传统的学校教育主要是应试教育、成才教育,十分重视对学生的知识传授和专业技能训练,却忽视了学生的全面发展,对学生的人格、道德、心理承受能力等没有给予足够的重视。这样成长起来的大学生无暇思索和生命密切相关的问题,不懂得珍惜自己及他人的生命,表现出冷漠、孤僻的情感特征。这也是长期以来家庭教育功利化的后果:一方面,家长"望子成龙"的期望过高,为了"不让孩子输在起跑线上",孩子们从小就承受着巨大的成才心理压力和功课负担,自由玩耍和自主支配的时间少,造成精神生命的压抑和发育不全。药家鑫的童年就是在不断练钢琴和学习中度过的,经常"觉得活着没有意思",多次想自杀。另一方面,这一代大学生大部分是独生子女,激烈的社会竞争使家长们往往陷入"监控和保护"双管齐下的"疯狂",物质上对孩子过于娇宠和放纵,精神上无法走入孩子的内心世界,最终造就这些孩子自私、功利、以自我为中心、依赖性强的个性,形成一种后天型的人格缺陷。当独立面对突如其来的变故时,往往表现出无助、无情、冷酷和残忍的一面。社会不良风气的影响,网络时代缺乏感情的人机对话交往方式也使有些学生趋向于孤立、冷漠和非社会化。现代社会要求高等学校培养出具有良好素质和较强技能的全面发展人才。高校开展生命教

育,就是通过重视人的思想道德素质培养、人格健全发展、身心健康教育帮助大学生认识生命的内涵,树立珍惜生命的意识,实现生命的意义和价值。通过提高大学生身心健康素质、明辨是非能力等综合素质,让他们树立积极、健康、正确的生命价值观,感悟生命的有限性、唯一性、不可逆转性,珍惜生命,尊重生命,做一个全面发展的人。

(三)有助于推进和谐校园、和谐社会建设

大学生承载着社会各界的期待。大学生恶性伤害案件不仅令受害人受到伤害,给双方家庭带来重大的损失,还严重影响高校正常的教学秩序和和谐校园建设,并给社会带来恶劣的负面影响。大学是人生成长过程中承前启后的重要阶段,是人生观、价值观形成并基本定型的重要时期,也是进行生命教育的关键时期。

通过生命教育,让大学生体悟生命的珍贵,善待自己的生命,并推己及人地善待一切生命。确立生命尊严的意识教育不仅可以减少甚至杜绝校园恶性伤害案件的发生,更是减少和杜绝大学生自杀事件的重要途径。通过生命教育,让大学生理解"人是一个共在体",理解他人的存在对自己生命的价值和意义,学会尊重他人,关怀他人,学会宽容和接纳人与人之间的差异,提高人际沟通和交往能力,创造一个友好的人际环境,也是为自己的生命创造一个和谐的成长发展环境。通过生命教育,引导大学生聆听内心的声音,了解自己真正的生命需要,做一个拥有崇高精神追求的有生命质量的人,不把生命当成实现利益的工具。这些教育会在很大程度上影响他们在未来社会生活中的行为,使他们变得人格更健全,更有道德规范意识,更奉公守法。

四、探寻生命的意义

人不仅是个实体的存在,更是一个意义的存在。当一个人开始独立自主地思考人生的重要问题时,就一直想知道:我是谁? 我从哪里来? 我往哪里去? 人生的意义何在? 我们生活在这个世界上究竟为了什么? 这种思考实际上是青年人开始积极探索自己的人生意义。对意义的追寻是人的生存方式,人就是在追寻意义中获得精神生命的超越和心灵的安顿。我们应在意义创造中实现自我价值和生命的意义。

(一)热爱生命,在现实生活的积极展现中赋予生命以意义

生活总是有生命的生活,生活意义总是有生命的生活的意义。生命是生活之本,对生命的热爱是生活意义的根源。热爱生命就是积极去生活,生活不是身外之物,生活就在人的身边;热爱生命,意味着要抓住现在,努力将生命展现于当下,不沉溺于回忆,不耽于幻想。只有真正热爱生活的人,才能处处享受到生活的欢乐,深切体悟着生命的意义。

(二)提升自我意识,在审察自我中发现生命的意义

自我意识是对自我存在、自我认识和实践活动的认识和评价。个体对自我人生价值的询问正是建立在个体自我认识的基础上的。人们只能在审察自我、理解自我、超越自我的过程中获得生活的意义。自我意识的强弱在某种程度上决定着主体对自身发展的自知、自控、自主的程度,从而决定着其主体性的发展水平。

(三)向死思生,在挑战苦难中实现生命的意义

个体的生命体验不仅有愉悦、幸福的人生体验,还有生活中的重大挫折、苦难、逆境甚至死亡的威胁。这些负性体验并不都是有害的,只有在面对苦难和死亡时体验生活的失意,才能更好地体会到生命的脆弱和不可逆转,进而敬畏生命。

(四)激发责任感,在创造性劳动中开创生命的意义

人对自己生命意义的追求和探寻不仅仅停留在满足于发现生命的意义,体验生命的意义,更在于创造生命的意义。人只有通过自己的实践,通过创造性的劳动,才能满足社会和他人的需要,升华自己的精神境界,使自己的生命价值得以实现和发展。而这种创造性的生命活动,又源于有高度的社会责任感,以及担当责任的勇气和能力。在德国奥斯维辛集中营经历磨难的奥地利心理学家维克多·弗兰克在其名著《活出意义来》中写道:"一个人不能去寻找抽象的人生意义,每个人都有他自己的特殊天职或使命,而此使命是需要具体地去实现的。他的生命无法重复,也不可取代。所以,每一个人都是独特的,也只有他具有特殊的机遇去完成其独特的天赋使命。"

【课堂体验】

活动一:生命线

(一)准备步骤

1. 请备好一张洁白的纸,还有一支红蓝铅笔,彩笔也行,需一支较鲜艳,一支较暗淡,以便能用颜色区分心情。

2. 先把白纸摆好,横放最好。在纸的中部,从左至右画一道长长的横线,然后给这条线加上一个箭头,让它成为一条有方向的线。

$$\longrightarrow$$

3. 请你在线条的左侧,写上"0"这个数字,在线条右方,箭头旁边,写上为自己预计的寿数,可以写68,也可以写100。此刻,请你在这条标线的最上方写上自己的名字,再写上"生命线"三个字。游戏的准备工作就基本完成了。

(二)具体操作

1. 返回你的生命线。请按照你为自己规定的生命长度,找到你目前所在的那个点。比如你打算活75岁,现在是25岁,你就在整个线段的三分之一处留下一个标志。

2. 请在你的标志的左边,即代表着过去岁月的那部分,把对你有着重大影响的事件用笔标出来。比如7岁你上学了,你就找到和7岁相对应的位置,填写"上学"这件事。注意:如果你觉得是件快乐的事,就用鲜艳的笔来写,并要写在生命线的上方。如果你觉得快乐非凡,就把这件事的位置写得更高些。假如,10岁时,你的祖母去世了,她的离世对你造成了极大的创伤,你就在生命线10岁的位置下方用暗淡的颜色把它记录下来。抑或,17岁高考失利,你痛苦非凡,就继续在生命线相应下方很深的陷落处留下记载。依此操作,用不同颜色的彩笔和不同位置的高低,记录了自己在今天之前的生命历程。

3. 在坐标线上,把你这一生想干的事都标出来。如果可能,尽量把时间注明。视它们带给你的快乐和期待程度,将其标在线的上方。如果它是你的挚爱,就请用鲜艳的

笔墨高高地填写在你生命线的最上方。当然,在将来的生涯中,还有挫折和困难,比如父母的逝去,比如孩子的离家,比如各种意外的发生,不妨一一用黑笔将它们在生命线的下方大略勾勒出来,这样我们的生命线才称得上完整。

(三)分享与感悟

世上没有什么事是一定指向倒退或前进的。承认自己的局限,承认人生是波澜起伏的过程,接纳自己的悲哀和沮丧,都是正常生活的一部分,犹如黄连和甘草,都是医病的良药。

活在当下,活在此时此刻,这是获得幸福百试不爽的诀窍。

生命最宝贵之处,并不在它的长度,而在它的广度和深度。如果我们能很精彩地过好每一分钟,那么这些分钟的总和也必定精彩。生命线不是掌握在别人手里,它只有一个主人,就是你自己。无论你的生命线是长是短,每一笔都由你来涂画。

不要因为将来的改变,而不肯在今天做出决定。

活动二:写下你的墓志铭

(一)具体操作

请想象自己坐在一架客机上,宽敞平稳,飞机在万米的高空翱翔。突然,机身发抖,像个咯血的肺结核病人一样连续抖动,颠簸如此厉害,空姐要求大家把安全带系好。广播里传来机长的声音,他通知大家说飞机发生了严重的机械故障,正在紧急排除。但为了预防最危急的情况,现在乘务小姐将分发纸笔,如有什么最后的遗言要向家人交代,请留在纸上。一切要尽快,乘务小姐会在三分钟后收取大家的纸条,然后统一密闭在特制的匣子里,这样即便飞机坠毁,遗言也可完整保存下来。按照飞机现在的飞行高度,在完全失去动力的情况下,还可以滑翔极短暂的时间……

乘务员小姐托着盘子走过来,惨白的面颊上,职业性的微笑已被僵硬的抽搐所代替。盘子里盛的不是饮料,不是纪念品,也不是航空里程登记表,而是纸和笔。人们无声地领取这特殊的用品,有抽泣声低低传来。

你领到了半张纸和一支短笔。现在,面对着这张纸,你将怎样写下你的墓志铭?

(二)分享与感悟

不要害怕,更不要回避,能在有生之年认真、有准备地思考死亡是人的一种福气,更是人生的一种境界。

思考死亡,是为了有备无患,为了更胸有成竹地生活。让自己多一些掌控,少一些遗憾!

·【延伸阅读】·

聆听生命的美丽

婴儿的第一声啼哭,你是否聆听到了生命延续的天籁之音?蓓蕾绽开的声音,硕果丰收的声音,和你在狂喜的刹那手捧婴孩的心是否有所相通?

人的出生本就美丽,而生命力的延续更是一个美丽而幸福的过程,那就不要忘记让自己聆听生命中每个瞬间的美丽。

当你漫游生命之旅时,自然会遇到狂风暴雨的袭击,自然会遇到分别离愁的悲楚,自然会遇到痛心疾首的悔恨……无论每一个恶与善、美与丑、分与离、哭与笑的空隙都有生命划过的痕迹,你是否聆听到?你是否在珍惜?生命在延续,美丽却是有限的。

蹒跚学步的那刻,无数次跌倒、爬起,泪水糊满了小脸。当甩手踏开第一步时,听到的是父母的赞扬,你聆听到了生命力张扬的声音,而此时的你尚小,没有把聆听到的存储在记忆中,但你真的带来了喜悦。接着,你可以自己走路了,你会在流年岁月中聆听着自己的脚步声,踏入用心筑成的征程,奏起用心谱写的歌声。

聆听生命,用什么来诠释?生命的解释是:"生物体所具有的活动能力,生命是蛋白质存在的一种形式。"一颗胚胎在母体内发育,此个体的生命就已存在。有了生命力,思维也随之存在,具备了思维能力就可以用心去聆听生命中每个美好的瞬间。

生命的存在就会创造美丽,而生命的存在更能创造奇迹。一只鸟雀为奋力保护幼雏而展翅和苍鹰拼搏,一只猎豹为逝去相爱的伴侣而自绝身亡……看到这些感化人心的报道时,眼角总在不经意中湿润,人和动物都是带着生命力的生物体,动物尚会聆听,尚会分辨好坏善恶,尚会感知奖惩分明,而人呢?

有了生命就会有蓬勃的欲望,对美好的向往,对浩瀚世界的迫切相知,这一切的一切都是生命中自然的滋生,是你内心真实的颤音。此时你已聆听到了生命之水在哗然而逝,生命之音在瞬间绽放。你可仔细聆听感悟?

用善良仁慈来聆听生命的乐章,你会听到枝间小鸟的呢喃;用热情赤诚来聆听生命的张力,你会听到山涧小溪潺潺而过的心动;用知足平和来聆听生命的得失,你会听到春夏秋冬轮回演绎的规则;用淡定宽容来聆听生命的睿智,你会听到风霜雪雨狂罡的脆弱;用博爱真实来聆听生命的心音,你会听到漫旅中琴瑟和鸣的音符;用绚烂多姿来聆听生命的色彩,你会听到挥毫泼墨恣意渲染的舒畅。

当夕阳下一对老人相互牵缠缓步余晖,我的心聆听到了路经沧桑的幸福;当婚姻的殿堂素手红衣相拥而来,我聆听到了停靠在彼此波心的亘古;当儿孙绕膝执手相伴的欢笑弥漫,我聆听到了天伦荡漾的惬意;当花开花谢悄然滑落为泥,我聆听到了来年新绿的期待;当漫舞雪花融释为一珠冰冷,我聆听到了春暖花开的芬芳;当蚕儿作茧自缚安然而待,我聆听到了破茧而出的重生;当小狗依偎脚下恬然熟睡,我聆听到了忠诚而相通的信任;当幼儿挥臂扑入怀抱,我聆听到了母性伟大的骄傲;当秋风拂起满目萧条,我聆听到了硕果飘香的喜悦;当艰难困苦横扫生活,我聆听到了尖锐而强大的奋搏;当跋扈残忍之徒绳之以法,我聆听到了狂傲不屑的悲哀;当悲情离别志在挥手转身,我聆听到了拿起放下的豁然;当残障肌体抨击命运的挑战,我聆听到了憧憬美好蓝图的豪迈;当挺胸挥洒失意之泪,我聆听到了成功在召唤的彼岸;当凄清落寞席卷孤独,我聆听到了境界升华的超然……

轻轻捧起你的心灵,静静安放在感知的渡口,你会聆听到每一缕微风、每一股清泉、每一丝豪爽、每一段时空、每一副胸怀、每一个苍生都携满了美丽。

让我们用情用真来聆听世间幸福欢乐的美妙,来聆听灵魂疾苦忧愁的挣扎,来聆听红尘情爱的娇嗔,来聆听相知相交的依赖!用爱拥抱你的生活,美丽就在心间!

生命的每个瞬间都充满了诱惑的音节,无论陌生还是熟识,无论刻意还是偶然,无论伟大还是渺小,无论富有还是贫穷,无论在任何角落,只要带着会聆听的心灵,偶然会被一个举动感染落泪,会被一首老歌打动,会被一刹真诚温暖心扉,你已经聆听到了生命的美丽。美丽虽在瞬间即逝,只要你曾经聆听过,余音就会萦绕,给你香甜。

生命的聆听需要用心去释怀,用心去感悟,用心去磨砺,用心与心之交融感动生命;用情去抚慰,用情去传递,用情去释怀,用情与情之沟通感恩生命。你才可听到无数生命中的美丽。

第二节　大学生面临的心理危机及其干预

一、心理危机概述

(一)心理危机的概念

一般而言,危机有两个含义,一是指突发事件,出乎人们意料发生的,如地震、水灾、空难、疾病爆发、恐怖袭击、战争等;二是指人所处的紧急状态。当个体遭遇重大问题或变化发生使个体感到难以解决、难以把握时,平衡就会打破,正常的生活受到干扰,内心的紧张不断积蓄,继而出现无所适从,甚至思维和行为的紊乱,进入一种失衡状态,这就是危机状态。

心理危机既可以指心理状态的严重失调,心理矛盾激烈冲突难以解决,也可以指精神面临崩溃或精神失常,还可以指发生心理障碍。当一个人出现心理危机时,当事人可能及时觉察,也有可能"未知未觉"。一个自以为遵守某种习惯了的行为模式的人也有可能有潜在的心理危机。染有严重不良瘾癖的人,常常潜伏着心理危机。当去戒除瘾癖时,心理危机便会暴露无遗。

(二)心理危机包含的最基本要素

心理危机包含三个最基本的要素:①重大改变。如个体生活中发生重大事件(天灾人祸),遭受挫折境遇(被遗弃、贫穷、失恋、离异),面临严峻挑战(艰巨的任务、艰难的选择),遇到严重阻碍(升学失败、升迁无望)。②无能为力。惯用的应对策略防御机制失效,努力尝试解决失败,产生严重的乏力感和失控感。③心理失衡。以往平静、平衡和稳定的状态被打破,各项功能出现明显失调,认知狭窄负性(只看到消极、悲观、无望),情感低落易躁(抑郁、烦躁、易激惹),行为僵硬刻板(不能做灵活地选择、不作为或重复无效行为)。

以上三个要素都要具备,才构成心理危机。

二、心理危机反应的演变过程及后果

(一)心理危机反应的演变过程

在危机的不同阶段,个体会有不同的心理和行为表现。卡普兰在他的危机理论中描述了危机反应的演变过程。

第一阶段:当一个人感受到自己的生活突然出现变化,或即将出现变化时,他内心的基本平衡被打破了,表现为警觉性提高,开始感到紧张。为了达到新的平衡,他试图用自己以前在压力下习惯采取的策略做出反应。处于这一阶段的个体多半不会向他人求助,有时还会讨厌别人对自己处理问题的策略指手画脚。

第二阶段:经过前一阶段的努力和尝试,个体发现自己习惯的解决问题的方法未能奏效,焦虑程度开始加深。为了找到新的解决方法,个体开始试图采取尝试错误的办法来解决问题。在这个阶段中,当事人开始有了求助的动机,不过这时的求助行为只是他尝试错误的一种方式。高度情绪紧张多少会妨碍当事人冷静地思考,也会影响他采取有效的行动。

第三阶段:如果经过尝试错误未能有效地解决问题,个体内心的紧张程度持续增加,并想方设法地寻求和尝试新异的解决办法。在这一阶段中,个体的求助动机最强,常常不顾一切,不分时间、地点、场合和对象发出求助信号,甚至尝试自己过去认为荒唐的方式,比如一向不迷信的人求神占卜等。此时,个体也最容易受到别人的暗示和影响。在这个阶段,当事人会采取一些异乎寻常的无效行动来宣泄紧张的情绪,比如无规律的饮食起居、酗酒、无目的的游荡等。这些行为不仅仅不能有效地解决问题,反而会损害个体的身心健康,增加紧张程度和挫折感,并降低当事人的自我评价。

第四阶段:如果当事人经过前三个阶段仍未有效地解决问题,他很容易产生习惯性的无助。个体会对自己失去希望和信心,甚至对整个生命意义产生怀疑。

(二)心理危机的后果

心理危机是一种正常的生活经历,并非疾病或病理过程。每个人在人生的不同阶段都会经历危机,由于处理危机的方法不同,后果也不同。一般有四种结局:

第一种是顺利度过危机,并学会了处理危机的方法策略,提高了心理健康水平;

第二种是度过了危机但留下心理创伤,影响今后的社会适应;

第三种是经不住强烈的刺激而自伤自毁;

第四种是未能度过危机而出现严重心理障碍。

对于大部分人来说,危机反应无论在程度上还是在时间方面,都不会带来生活上永久或者极端的影响。他们需要的只是有时间去恢复对现状和生活的信心,加上亲友间的体谅和支持,就能逐步恢复。但是,如果心理危机过强,持续时间过长,会降低人体的免疫力,出现非常时期的非理性行为。对个人而言,轻则危害个人健康,增加患病的可能,重则出现攻击性和精神损害;对社会而言,会引发更大范围的社会秩序混乱,冲击和妨碍正常的社会生活。如听信传言,出现超市抢购,哄抬物价,犯罪增加等。其结果不仅增加了有效防御和控制灾害的困难,还在无形之中给自己和别人制造新的恐慌源。

三、大学生心理危机的类型、表现及分析

(一)大学生心理危机的类型

大学生在人生发展的不同阶段会遇到各种各样不同类型的心理危机。心理学家 Brammer

认为,从心理危机的性质入手,可以将其分为以下三类:

1. 发展性危机

发展性危机又叫适应性危机或成熟性危机。个体在成长与发展期间,在遇到环境或者自身生理的突变时,会产生激烈、异常的应激反应。目前对于大学生来说,发展性危机的表现有升学心理危机、性心理危机、就业心理危机等。大学生遇到的发展性危机也许不尽相同,处理方式也不相同,但大多数被认为是正常的。

2. 境遇性危机

境遇性危机是指罕见或突如其来,并且个人无法预测和难以控制的悲剧事件发生时出现的危机,如人际交往中出现突出矛盾、家庭突然变故、突然遭遇暴力等。这些事件的发生通常是随机的、力度强烈的、影响震撼的。

3. 存在性危机

存在性危机是指随着年龄增长,人在面临一些重要的人生问题时,产生的内在心理冲突和焦虑。人的存在特征决定了人的一生必然要面对关于人生价值、责任和义务等问题,这些问题所带来的思考和困扰极易引发个人的心理冲突。大学生是这一危机特征表现比较明显的群体。

(二)大学生心理危机的表现

1. 无法适应新的环境

据一项调查披露,在北京某所院校里,每届有5%以上的学生会出现各种问题,2%～3%的学生可能会退学或被开除学籍,有40%的学生出现不及格门次,15%～20%的学生可能会拿不到学位证书。其他的院校也存在类似现象。而这些大学生入学时都是非常优秀的,他们不能正常毕业的原因,很多是由于不适应大学的学习方式和生活环境,由此引发心理危机,不得不因严重的心理疾病而休学或退学。

2. 严重的孤僻性格和自闭心理

在大学校园里,有一些心理自闭和性格孤僻的学生,往往多见于一些贫困的大学生。他们将自己隔离于同学和学校之外,人际关系淡漠,甚至产生恐怖心理;缺乏获得安慰、支持的环境和宣泄转移的条件。因此,在遭到挫折和打击时,缺少别人的安抚和帮助,不良情绪得不到宣泄和释放,导致心情郁闷,严重的甚至会引起自杀。尤其是一些贫困生,家境困难,进入大学后,他们强烈感受到了与他人之间的差距,常会因贫困、经济拮据感到自卑,又羞于接受他人的帮助。即使得到别人的理解和帮助,也容易背上心理负担,总是觉得亏欠同学的情,往往觉得在同学面前抬不起头。同时,他们对社会及他人对自己的评价和态度又非常在乎,极其敏感。一些贫困生不愿与同学交往,或在交往中沉默寡言,慢慢地就自觉地将自己封闭起来,远离人群,形成自闭心理和孤僻性格。

3. 心理极度的偏激

一些家庭经济比较困难或个性不良的学生心理和行为常常很偏激。因为经济贫困常使他们比一般的同学早熟,他们见惯了社会上各种世态炎凉,由此产生心理的不平衡,觉得世事不公平,容易养成愤世嫉俗或玩世不恭的人生观。而一些个性不良的学生看问题容易走极端,心理偏激,在与他人发生冲突时,容易采取过激的行为。

4. 严重的心理抑郁

抑郁是指大学生在受到学习成绩不良、恋爱或生活受挫、家庭中出现重大变故等消极因素刺激后,因心理无法承受而出现的不良情绪反应。通常表现为对日常活动兴趣显著减退,感到生活无意义,对前途悲观失望,遇事往坏处想,精神不振,自我评价下降,不愿主动与别人交往,严重的心理抑郁将产生自杀的念头。我国有学者报告,在自杀未遂的大学生中,有35%～79%可被诊断为抑郁性心理问题,可见心理抑郁已经成为一个危害我国大学生心理健康的重要因素。

5. 严重的自卑心理

大学生的自卑心理主要表现在能力、自身价值等方面低估自己,并且认为自己得不到别人的尊重,因而终日忧虑不安,乃至自暴自弃。生理有缺陷、相貌不佳、才不如人、家庭困难等都可导致大学生的自卑心理。一般的大学生个体或多或少在自身某个方面都体验过自卑这种消极情绪,但只要通过积极的自我调节手段调节,就能减轻或消除自卑心理。如果沉湎于强烈的自卑之中不能自拔,心理很容易失去平衡。

(三)大学生心理危机的主要应激源分析

"应激源"即能引发应对反应的刺激或环境需求,也就是能引发心理危机的刺激或者环境需求。一个人在一定的社会环境中生活,总会有各种各样的情境变化或刺激对人施以影响,作用刺激被人感知到或作为信息被人接收,一定会引进主观的评价,同时产生一系列相应的心理变化。一类是积极的心理反应,另一类是消极的心理反应。积极的心理反应是适度情绪唤起,有助于人注意力集中和积极思维的调整。消极的心理反应是过度唤醒、紧张,导致人过分情绪激动或低落,降低认知能力等。这种反应超出人所能承受的适应能力,就会引起人心理和生理平衡的失调,出现心理危机。大学生心理危机产生的原因主要有以下几方面:

1. 主体内在因素——个性

个性是构成一个人的思想、情感及行为的特有统合模式,这个独特模式包含了一个人区别于他人的稳定而统一的心理品质,一般认为由三部分组成:①动力结构。即个性倾向性,是个性结构中的核心和最高的层次,是人的心理活动的基本动力。②特性结构。即个性特征,是个性差异的具体表征,如能力、气质和性格。③调节结构。即个性自我调节,是自我意识对心理与行为的控制调节。三者紧密联系在一起,形成一个统一的个性结构系统。当一个人的个性结构在各方面彼此和谐一致时,他的心理就是健康的。否则,会出现适应的困难,甚至出现"人格障碍"。个性的差异与发展的影响因素主要包括生物遗传因素、社会文化因素、家庭环境因素、早期童年经验和自然物理因素等。个性决定一个人的生活方式,甚至决定一个人的命运,因而是人生成败的根源之一。当面对挫折与失败时,坚强者能发奋拼搏,懦弱者会一蹶不振,这就是大学生主体个性功能的表现。

2. 主体外在因素

(1)环境变化的迷茫与恍惚

刚刚步入大学的新同学普遍存在着不同程度的心理压力。这种压力主要是由外界环境的突然改变引起的。现实中的大学与他们心目中的大学不统一,由此产生心理落差;大学生活的压力,让学生觉得自己再不是天之骄子,一枝独秀,由此产生失落。奖学金的评定、入党等竞争初见端倪,从个人中心的小圈子到人才济济的大学校园,不能很好地完成社会化转换,必然产生挫折感,因此大学新生对新环境不适应,如果得不到及时调整,便会产生失落、自卑、焦虑、抑郁等心理问题。

（2）人际关系的不协调及情感危机

当前大学生多为独生子女,任性自私,以自我为中心,得不到群体认可后就感到孤立无援。大部分独生子女进入大学后,交往圈子宽了,接触的人多了,由于从小缺乏集体环境而导致缺乏集体意识与合作精神,易于自我封闭,不善与人交流,在恐惧失败的心理下,不敢与人交流合作以防止自我暴露和竞争力的丧失。由于交际困难,一方面导致大学生产生自闭偏执等心理问题,另一方面因无倾诉对象,有问题的学生更会加重心理压力,还易导致心理疾病。大学生正处于青春期,情感丰富,情感波动最为激烈,一旦情感破裂,就可能诱发心理问题。

（3）网络的沉迷

不少大学生因生活、学习受挫、人际交往困难等,网络便成了他们逃避的渠道和方式,在虚拟世界里寻找心理满足,逐渐对网络产生了依赖性。每天花大量时间泡在网上,沉迷于虚拟世界,自我封闭,与现实生活产生隔阂,不愿与人面对面交往,久而久之,会影响大学生正常的认知、情感和心理定位,还可能导致人格分裂,不利于健康人格与人生观的塑造。另外,迷恋网络还会使人产生精神依赖性,在日常生活和学习中举止失态,精神恍惚,胡言乱语,行为怪异。

（4）就业、生活和学习压力

在扩招与就业市场化的双重作用下,就业结构性矛盾日益突出。大学生就业心理期望值与现实之间存在落差。求职成本的增加、就业薪酬的普遍降低与就业期望值的升高之间的矛盾日益突出。

大学生中有相当一部分来自于偏远的山区,经济比较落后,进入大学后家庭经济压力使部分学生心理失衡。一些心理承受能力差的学生由于接受不了这种贫富差距,出现高度焦虑、压力大、抑郁等心理问题。

进入大学后,由于教学方式的改变,自由支配时间增多,没有了教师和家长的监督,外在压力减小,学习热情消失,学习成绩一落千丈。特别是到了大二后,由于学业的荒废导致心理恐慌,表现为焦虑、惶恐不安,心理承受能力差些的学生甚至会产生自杀的念头。

四、大学生心理危机干预

心理危机干预是在心理学指导下对有心理危机的个体或群体的一种短期的帮助行为,其目的是及时对经历个人危机、处于困境或遭受挫折以及将发生危险的对象提供支持和帮助,使之恢复心理平衡。

（一）大学生心理危机的识别和判断信息

根据大学生心理危机发生的一般特点,可以从其语言、行为、个性上及时发现异常信息,并进行危机干预,将有效预防危机事件的发生。

1. 语言方面的改变

面临心理危机的大学生一般都会在语言上有明显的表现。如小到对他人、家人、舍友、老师的种种不满,大到对社会环境、生活、国家时时处处都有不满和怨言,甚至对自己也持不满意和否定的态度;情绪常常易波动,烦躁,易激惹,很少体验到快乐的感觉,总是觉得生活不如意和困难,觉得别人不理解他。心理危机严重、有自伤或自杀想法的同学会公开讨论生存的价值和意义、死亡的方式,在现实生活中表现为没有可以珍惜的事和人,生活没有意义,有要彻底摆脱现有世界和生活的想法;让周边的人原谅他的种种不足,希望能为他人做点什么;他们对各种媒介上的关乎生死的报道比较关注,常会表达与之相关或者类似的观点。

2. 行为方面的变化

心理危机比较严重的大学生体验快乐、幸福的能力下降,他们很少有愉悦、轻松、从容的感觉,原本对于他们意义重大的人或物也不能唤起生活的热情。他们会将很重要或贵重的物品送人;对自身形象的关切态度发生变化,如原本朴素、不爱穿着的大学生突然很大方,热衷于购买衣服、鞋袜、化妆品或者饰品,曾经很关注个人形象的同学突然变得很邋遢,不拘小节,常常睡懒觉,生活作息规律颠倒;常常会有回避他人的行为出现,并且频率越来越高,总给人一种神秘的感觉;情绪波动异常大,忽而喜欢清净独处,忽而又高谈阔论,与人打闹说笑,但总给人一种不真实的感觉;整理个人的私人物品,常常默默流泪;打电话或者发短信给自己的家人和好友,告知他们请保重自己,不要担心自己。

3. 个性的变化

个性是先天的遗传和后天教育相结合而形成的稳定的个性心理特征和心理倾向性。大学时期正是个性最终形成的关键期。个性的稳定性是衡量心理正常与异常的重要指标。大学生在面临心理危机的时候性格变化比较明显,如内向的学生突然表现得爱说好动,活泼阳光的学生变得抑郁、沉闷,原本优柔寡断的突然变得很果断、刚毅;生活的兴趣减退,不再关注自己的爱好和需求;生活能力减退,甚至不能自理;对人、事和自己要求严格的同学突然表现出无所谓的态度;对亲近的人情感冷漠;学习、社会交往能力下降,社会功能损伤严重,等等。

(二)大学生心理危机干预原则

心理干预的目的就是对那些处在心理危机中的大学生给予及时的关注,采取有效的措施,使他们避免自伤或伤及他人,并且能恢复其心理上的平衡与积极性。因此,在进行大学生心理危机的干预和预防过程中要始终坚持原则,有效地预防和干预大学生心理危机。

(1)预防性原则

导致危机最本质的因素是压力和问题的重要性,个人经历或目睹重大突发事件发生,一旦超过其平时身心所能承受的压力,又无法通过常规的问题解决手段去对付面临的困难,便会陷入惊慌失措的情绪状态,从而使个人失去导向及自我控制力。这是一种无法承受的局面,它具有引起人的心理结构颓败的潜在可能,因此必须尽早干预,一般在数小时、数天或数周以内为佳。

(2)释放为主的原则

心理危机是不良情绪积累到超过心理防御临界点而发生的。理性的压力和非理性内驱力(潜意识状态)经常出现相互倾轧。即使理性获胜,个体也将产生抑郁或焦虑,如果能及时恰当地释放这种不良情绪或冲动,将很好地减轻心理压力。有关研究显示,处在心理危机状态的大学生以性格内向者为主,往往不善于表达自己的情绪,不喜欢与人交往,适应困难,情绪不稳定,多愁善感,致使来自内部的欲望冲动和外部刺激形成的不良情绪日积月累,遇到生活事件的刺激时更容易出现心理危机。对于我国大学生来说,尤其需要及时提供释放的机会。

（3）发展性原则

危机既意味着"危险",又存在着"机会"。一方面危机是危险的,它可能导致个体严重的病态;另一方面危机也是一种机会,因为它带来的痛苦会迫使当事人寻求帮助。如果当事人能利用这一机会,则危机干预能帮助个体成长和自我实现。危机干预应遵循"促进当事人和当事人所在团体的发展"的基本原则。通过危机干预,充分调动当事人的积极资源,在有效应对当前危机的基础上,从中获得新的经验,重整认知结构,能够从不利中看到有利,从绝望中看到希望,从危机中看到生机,使自己变得坚强和自信,全面提高应对未来的心理素质和能力。

（4）多方参与干预的原则

大学生心理危机的成功干预要靠多方力量的参与和协调。辅导员是大学生心理危机干预的主要力量。辅导员应与学生干部和学校其他部门,比如心理咨询室、校医院、校学生工作处和校保卫处等部门保持密切的联系,经常沟通并商讨危机干预的常规措施,组成立体的心理危机干预支持系统。这样在危机真正发生时,方能做到协调有序,有规可循,取得较好的干预效果。辅导员除了与学校各方面配合外,在对心理危机高危个体或人群实施心理危机干预时,还必须要求家长或亲属、朋友、同学的积极参与和配合。

(三)大学生心理危机的预警机制

1. 建立大学生心理危机预防机制

心理危机预防是心理危机干预系统的基础环节,主要从以下两方面来开展。

（1）积极开展心理危机宣传教育。通过相关课程、讲座、心理辅导网站、热线电话、知识展板、学校电台、校报等形式来宣传和普及心理危机应对的基本知识,有针对性地开展心理危机教育,教会大学生及时处理心理危机的基本知识,引导他们树立防范心理危机的意识,帮助他们提高应对心理危机的能力。

（2）增强大学生社会支持系统相关人员的危机意识。大学生社会支持系统相关人员包括同学、朋友、家人、老师等,心理危机干预中心要对相关人员进行系统和针对性的培训,同时要加强学生干部、辅导员、教师和学生管理人员,特别是专职学生管理人员的心理健康教育知识和干预能力的培训工作,如危机的识别及上报、家校联动、危机学生监护及心理疏导等,使他们具备初步的识别心理问题的能力,有较强的心理保健意识和心理危机救助意识。

2. 建立大学生心理危机预警监控机制

预警监控机制是通过对预警对象、范围、信息进行分析和评估,及时发现和识别潜在的或现实的危机因素,采取相应的防范措施,以减少危机突发和意外发生。

（1）定期开展心理健康测评,建立学生心理档案。大一新生刚入学时,就建立学生心理档案,以便做到早期发现、早期干预,防患于未然。组织有关专家对有心理问题的学生进行心理鉴别、咨询和跟踪调查,形成心理问题筛查、干预、跟踪、评估一整套工作机制,提高心理危机干预工作的科学性和针对性。

（2）构建并完善学生心理危机干预预警"四级防护"系统。"四级防护"系统应从宿舍心理信息员、班级心理委员→辅导员、院系心理辅导老师、党总支书记→心理健康教育中心、学生处→学校学生心理危机干预领导小组、学院主管领导四个层面进行设置。四级防护体系建立后,对危机干预防护网络成员进行系列培训,并辅以相应的制度性管理。

3. 建立大学生心理危机干预机制

(1)实施"六步干预法"进行危机干预。①确定问题。干预人员从求助者的立场出发,使用积极的倾听技术确定和理解求助者的问题。②保证求助者安全。在危机干预过程中,干预人员应该将保证当事人安全作为首要目标。这里的安全是指将对自我和对他人的生理和心理的危险性降低到最小的可能性。③给予支持和帮助。危机干预强调与当事人的沟通和交流,让求助者认识到危机干预人员是能够给予其关心帮助的人。④提出应对方式。帮助当事人探索可能的替代解决方法,促使当事人积极地搜索可以获得的环境支持,启发其思维方式。⑤制定行动计划。根据当事人应付能力,与当事人一起制定现实的短期计划。⑥得到当事人的承诺。帮助当事人向自己承诺采取确定的、积极的行动步骤。

(2)启动社会和家庭心理支持体系。根据心理危机者的实际情况,动员需要的社会支持系统,共同参与危机干预,给其关爱、安慰和帮助,使其产生对家庭、亲友和生活的留恋,增强其对生活美好的向往和对未来的希望。

(3)加强与校外精神卫生医疗机构的联系,做好危机转介工作。对某些心理危机恶化到精神病状态,学校无力解决的心理异常学生,要及时转移到专业的精神治疗机构,请专家对处于危机中的学生进行心理评估,把不属于心理障碍或心理疾病的学生转介到精神卫生机构,以便及时采取心理治疗或住院治疗等干预措施。

4. 建立心理危机事件的后干预机制

危机情形得到有效控制后,建立一个由心理健康教育专业人员和其他社会资源相结合的后续支持系统显得尤为必要。心理咨询专业人员负责从危机体系转入心理咨询体系后当事人的进一步矫治,以辅导员为主组成的相关危机干预人员也应该介入工作,观察危机者的情况并及时提供支持性帮助。同时,必须建立后续干预的制度,为当事人建立完善的档案,对其心理状态进行科学评估,避免后续干预的随意性。此外,一些重大危机事件或集体性危机事件发生后,还涉及对相关外围人员的后续干预。

五、在心理危机中成长

(一)心理危机是大学生个人成长的动力

心理困惑进而引发心理危机对大学生个体成长的影响是巨大的,个别学生甚至因为不能摆脱心理危机最终走上自杀的道路。客观地分析,心理危机是个人成长过程中不可回避的现实。心理学研究表明,心理危机最初都来源于恐惧,而恐惧是与生俱来的。"自出生之日起,个体就开始了一个在恐惧环境中成长的过程。成长是痛苦的,成长意味着必须离开舒适的逃避之所,走出去直面恐惧与真实挑战,由此往往使人失去安全感。"从健康角度出发,人不能总是生活在失衡的状态中,心理危机尽管是暂时的,也必须找到解决的办法。对于大学生来说,心理健康是衡量其成才的一个重要方面,必须承受心理危机的压力,最终实现健康人格。

根据动态平衡理论,事物能够通过内部调节实现动态平衡。就心理危机而言,每一次心理失衡都可能导致心理危机,这种危机会给人带来心理压力和痛苦,同时也是促进个体心理成长的契机。当个体承受住心理失衡并达成新的心理平衡时,对个人的健康成长是非常有帮助的,也有助于解决个人的心理问题。毫无疑问,大学生的心理健康就是在心理危机中一次次的自我突破与自我提升而实现的,是一次次超越挫折与失败达到自我发展与成长的过程。因此,正确认识大学生心理危机,以心理危机为契机,就可能在心理危机干预过程中顺势而为,实现自我成长。

(二)大学生心理危机的自我调适原则

1. 不要等待,主动寻求帮助。

2. 要相信会有人愿意帮助你,但是你得将自己真实的困难和痛苦告诉给你所信任的人,否则他们对此一无所知。

3. 如果你的倾诉对象不知道如何帮助你,可以向学校的心理咨询机构寻求帮助。

4. 如果担心你的心理问题被发现,可以向心理热线或校外的心理咨询人员寻求帮助。

5. 有时为找到一个真正能帮助你的人,你需要求助几个不同的人或机构,你应坚持下去,能提供帮助的人一定会出现。

6. 解决心理危机通常需要一个过程,可能你得反复多次去见咨询人员或心理医生。

7. 如果医生开了药,应按医嘱坚持服用。

8. 避免用酒精甚至毒品来麻痹你的痛苦。

9. 不要冲动行事,强烈的痛苦会使你更难做出合理的决定。

(三)大学生心理危机的自我调适步骤

人们在遇到危机时,首先要努力让自己的情绪镇定下来,然后按以下步骤进行思考,通常可以应对危机。

一是自己到底遇到了什么事?仔细回想事情的始末,把每个细节都想清楚,然后坦然面对现实,尽量放松,不要紧张,也不要抱怨和愤恨。

二是我现在的感受是什么?有助于摆脱困境吗?人非圣贤,遇到困境发生心理危机,感到软弱、慌乱、悲哀是正常的应激反应,要明确自己当前的紧迫任务是控制住失衡的状态。控制它们的方法是暗示自己:我现在最需要理性思考,我应该尽力找到战胜困境的对策。一旦稳定情绪,开始理性思考,消极的情绪就会减轻。

三是现在具体有哪些情况对自己不利?明确存在的问题,才能找到解决困境的突破口。要全面分析所遇问题的各种矛盾,找出主要矛盾和矛盾的主要方面,然后思考解决矛盾的办法,一旦找准了问题,就有了解决问题的目标,行动才更有效。

四是眼前的事情会有几种结果?分析问题是解决问题的前提,要分析问题就必须用全面、发展的眼光,对一件事的利弊得失要尽可能都想到,眼睛不能只盯着一点。思路不开阔,往往会使人陷入绝境。

五是我能从哪里得到哪些方面的帮助?一个篱笆三个桩,一个好汉三个帮。遇到困难要积极求助,调动一切可以调动的资源。确定后马上行动,越早与外界沟通并得到支持,越有利于缓解危机。

六是怎样才能争取一个对自己真正有利的结果？真正对自己有利的结果应该是既能使自己战胜眼前困境，又能使自己在危机过后的日子里快乐地工作和生活。在自己最失望，准备放弃努力之前，最好再做一次努力，往往那便是成功的转折点；在自己准备一搏的时候，最好在实施行动前睡上一觉，等待一天，那可能就是你清醒的机会。世界上任何事物都是一分为二的，对于心理危机而言，它潜藏着危险，也暗示着机遇。战胜危机，生命就实现了一次飞跃。它能使人增添智慧，积累经验。事实上，最能帮助自己的，就是你自己。

【心理测试】

社会支持评定量表

指导语：下面的问题用于反映你在社会中所获得的支持，请按各个问题的具体要求，根据你的实际情况选择。

1. 你有多少关系密切，可以得到支持和帮助的朋友？（只选一项）

(1)一个也没有　　　(2)1～2个　　　(3)3～5个　　　(4)6个或6个以上

2. 近一年来你：（只选一项）

(1)远离家人，且独居一室

(2)住处经常变动，多数时间和陌生人住在一起

(3)和同学、同事或朋友住在一起

(4)和家人住在一起

3. 你和邻居：（只选一项）

(1)相互之间从不关心，只是点头之交　　　(2)遇到困难可能稍微关心

(3)有些邻居很关心你　　　(4)大多数邻居都很关心你

4. 你和同事：（只选一项）

(1)相互之间从不关心，只是点头之交　　　(2)遇到困难可能稍微关心

(3)有些同事很关心你　　　(4)大多数同事都很关心你

5. 从家庭成员得到的支持和照顾：（在合适的框内画"√"）

	无	极少	一般	全力支持
A. 夫妻(恋人)				
B. 父母				
C. 儿女				
D. 兄弟姐妹				
E. 其他成员(如嫂子)				

6. 过去，在你遇到急难情况时，曾经得到的经济支持和解决实际问题的帮助来源有：

(1)无任何来源

(2)下列来源（可选多项）

A. 配偶；B. 其他家人；C. 亲戚；D. 同事；E. 工作单位；F. 党团工会等官方或半

官方组织;G. 宗教、社会团体等非官方组织;H. 其他(请列出)

7. 过去,在你遇到急难情况时,曾经得到的安慰和关心来源有:

(1)无任何来源

(2)下列来源(可选多项)

A. 配偶;B. 其他家人;C. 亲戚;D. 同事;E. 工作单位;F. 党团工会等官方或半官方组织;G. 宗教、社会团体等非官方组织;H. 其他(请列出)

8. 你遇到烦恼时的倾诉方式:(只选一项)

(1)从不向任何人诉说　　　　　　(2)只向关系极为密切的1~2个人诉说

(3)如果朋友主动询问会说出来　　(4)主动诉说自己的烦恼,以获得支持和理解

9. 你遇到烦恼时的求助方式:(只选一项)

(1)只靠自己,不接受别人帮助　　　(2)很少请求别人帮助

(3)有时请求别人帮助　　　　　　 (4)有困难时经常向家人、亲友、组织求援

10. 对于团体(如党组织、宗教组织、工会、学生会等)组织活动,你:(只选一项)

(1)从不参加　　　(2)偶尔参加　　　(3)经常参加　　　(4)主动参加并积极活动

计分方法:

1. 第1~4、8~10条,选择1、2、3、4项分别计1、2、3、4分。

2. 第5条分A、B、C、D四项计总分,每项从"无"到"全力支持"分别计1~4分。

3. 第6,7条分别如回答"无任何来源"则计0分,回答"下列来源"者,有几个来源就计几分。

客观支持分	2、6、7条评分之和
主观支持分	1、3、4、5条评分之和
对支持的利用度	8、9、10条评分之和
总分	10个条目计分之和

注:分量表与总分越高,表明社会支持水平越高,反之则低。

· 【延伸阅读】·

生命因磨炼而美丽

平心而论,谁也不希望自己的生命经常忍受磨炼——折磨式的历练,哪怕真的因此可以增加人的美丽,也不会有人欢呼:"啊,我多么喜欢折磨式的历练呀。"人总是向往平坦和安然的。然而,不幸的是,折磨对生命之袭来,并不以人的主观愿望为依据,无论人们喜欢与否,它只管我行我素,甚至有时还要强加于人,谁奈它何?

既然如此,人们为什么不让自己振作起来去迎接这挑战呢?人们为什么不能把它变作某种养分去滋润自己的美丽呢?人们回避磨炼,是因为不想忍受它;当回避不了时,人们又说,磨炼原来是可以美丽人生的,两边皆有道理。

避开折磨是生命的最佳选择，一旦躲避不开，就让折磨变作美丽人生的养分，此亦是生命的最佳选择。之所以这样说，乃是因为，人们在陷进折磨时，他面对的选择不止一个，比如痛苦、焦灼、失恋、迷茫、束手无策或一蹶不振，而这些选择，就没有一个具有积极的性质，皆是对人生的消沉与颓废。比起这些选择，唯有选择让折磨变作美丽人生的养分，方才算是最佳。

生命因磨炼而美丽，关键在于人对磨炼认识的角度和深度。应该说，磨炼本身就具有美丽人生的功能，假若由于认识上的原因，反让磨炼把自己丑化了，这就有点划不来了。

生命因磨炼而美丽，不仅仅因为生命需要在磨炼中成长，更主要在于，磨炼对生命的不可回避性。人群之中，物欲横流，而且方向和力度又不尽相同，谁料得到何时何地就会滋生出一种针对自己的折磨来呢？谁也不想使自己一蹶不振地消沉下去。经过努力，使磨炼转化为对自己有用的能量就成为不选之选。这时候的磨炼对生命来说，已变作美丽的阶梯，虽然阶梯的旁边充满荆棘，但在阶梯尽处却充满鲜花，坦然走过荆棘，就必然置身于另外一重天地。

生命因磨炼而美丽，还在于它使人生收获了用金钱买不到的某种负面阅历。人生阅历，正面的居多；人生的教诲，善良的居多。这些东西都构不成对人生的考验，唯有折磨具备这种恶质。常言说"猪圈难养千里马，花盆难栽万年松"。生活也一样，凡没有接受过考验者，就很难断言它是否完整和美丽。而这种考验，又不是谁有计划地出的考试题，它不期而然地就横亘在人的面前，使人猝不及防。由于它的这种突发性质，所以它对于人这种考验的意味就足得很。经此一番挣扎磨炼，人没有颓废，反而更加精神了，这样的生命不走向美丽还走向哪里呢？

固然，磨炼也是可以丑陋人生的。经过数次折磨之后，非但没有使其成熟和美丽，反倒使它充满痛苦、迷茫、彷徨，甚至瞻前顾后，畏首畏尾，唯唯诺诺，没有一点棱角了。这是不是有点丑陋呢？

对于这些人来说，所有的磨难都不能称为磨炼，而是灾难。只要有点挫折和难受，就无不如同灾难临身，什么坐卧不安呀、神不守舍呀、食不知味呀，这些消耗情绪的东西就都来了。如此人生，让它如何从废墟中走向美丽呢？

这样对磨炼的感受，实际上大可不必。

退一步说，假若无力使折磨变作美丽生命的阶梯，但也不该使它变作生命的灾难之门。在美丽与灾难之间，保持个中立的态度如何？

不错，人总是希望平坦的，谁也不想要折磨式的历练。但是它并没有因此而不来，作为被动的承受者，又不想就此妥协，那么，就拿出你的智慧，化腐朽为神奇吧，人生将因此而走向美丽。

思考与练习

1. 生命教育有什么意义？
2. 大学生面临的心理危机有哪些类型和表现？
3. 如何对大学生的心理危机进行干预？

参考文献

[1]张纪梅.大学生心理健康教育[M].北京:人民卫生出版社,2010.

[2]蔺桂瑞,杨芷英.大学生心理健康与人生发展[M].北京:高等教育出版社,2010.

[3]王新塘,骆新华,李殿录.大学生心理健康教育[M].西安:陕西人民教育出版社,2009.

[4]闫华,张澜,欧阳辉.当代大学生心理健康教育认知与训练[M].长春:吉林人民出版社,2012.

[5]蔡培培.大学生心理健康教育[M].成都:电子科技大学出版社,2011.

[6]钟向阳.高校新生心理适应素质训练手册[M].广州:广东高等教育出版社,2009.

[7]黄希庭.心理学与人生[M].广州:暨南大学出版社,2005.

[8]樊富珉.大学生心理素质教程[M].北京:北京出版社,2002.

[9]张厚粲.大学心理学[M].北京:北京师范大学出版社,2001.

[10]汪向东.关于心理学的 100 个故事[M].南京:南京大学出版社,2011.